平成二十年 至誠館三十五周年

平成二十一年 旭日小綬章受章

平成五年 至誠館開設二十周年記念式典大前奉納演武

演武映像『合気道－神武の心－』より

平成二十八年 専修大学春合宿

至誠と情の人

田中茂穂先生追悼集発行にあたって

田中先生がお亡くなりになってから早くも一年半が過ぎようとしている。

この度、田中先生門下の多くの方々から切望されていた追悼集を発行するにあたり、編纂委員会としてご挨拶申し上げたい。

令和二年五月、先生をお送りしたご葬儀後の会席で、各大学合気道部ＯＢ会メンバーがそれぞれ先生との思い出を語る中、自然とそのご事績とお人柄を後々まで伝え遺したいとの話が持ち上がった。

これが「追悼集」の制作と発行のきっかけとなったが、当初は漠然とした構想のみで、まずはＯＢ会として田中先生の「お別れの会」を何時、どのように開催するかに注力することになった。

「お別れの会」については六月に東京・専修・中央・富山・金沢の五大学と至誠館並びに穂和会の合同による「お別れの会実行委員会」を立ち上げ、開催場所も明治記念館に決定して本格的な準備に入った。しかしながら予想以上に拡大した新型コロナウイルス感染症の影響から、その開催自体も危ぶまれる事態となり、ぎりぎりまで判断を迫られる状況にあっては、追悼集発行の準備を延ばさざるを得なかった。

そのような中ではあったが、十一月十五日に「お別れの会」が約六百名もの方々の参列を得て簡素ながらも厳かに無事開催され、あらためて先生の遺徳を偲ぶ事が出来た。本来ならば会の終了後、直ちに追悼集発行の準備に取り掛かるべきであったが、その直後からコロナ感染が更に深刻な状況を呈し、緊急事態宣言が発出される中では迂闊に会合も出来ぬ事態となり、各大学・至誠館の意思をあらためて確認した上で、委員会発足に漕ぎつけたのは令和三年二月に入ってからである。

それから約十か月、この度ようやく発行の運びになって委員会一同安堵しているところではあるが、田中先生がお喜びになる内容になったかどうか正直不安な思いもある。曲がりなりにも一冊の書籍として編纂し終えることが出来たのは、ひとえに「至誠」と「情」の人であった田中先生のご恩に少しでも報いたいと、お忙しい中にもかかわらず執筆をいただいた寄稿者の皆様方のご協力によるものである。

田中先生は、合気道の指導を始めてから六十有余年、各大学の学生達や至誠館の門人達に限りない愛情を注ぎ続け、時には叱咤激励をして来られた。中には家族同然のお付き合いを受け、計り知れないご恩を賜った弟子も数多くいる。それが各大学合気道部・至誠館の創立期メンバーのみならず、孫にも等しい若い弟子たちにも慕われた所以である。

そういった先生のご功績、お人柄は、寄稿下さった方々の追悼の文で十分感じ取っていただけると思うが、常日頃、先生がどのように考えられ、思いを抱いておられたかについては、必ずしも系統立って語られてはこなかった。

今回追悼集を企画するにあたって最も意を用いたのは、先生の九十二年に渡る人生を敬仰しながら、その時代、その時々においての先生の「思い」をつまびらかに出来ないか、という点にあった。幸いなことに平成二十八年に至誠館が先生の随筆をまとめて編集した「穂雲閑話《すいうんかんわ》」が発行されていたので、ここから先生の主だった随筆を編集し、出来上がったのが「田中茂穂先生の足跡」である。

田中先生の我々への「思い」は、次の言葉に集約される。

「如何にして武道の精神を身に付けた有為なる人物を世に送るか」

それは「武道・武士道精神の継承」であり、祖国を愛してやまなかった先生の思いを、弟子である我々自身が個々人としてどう受け止め体現していくか、大変重たい課題であり責務である。

想いの籠ったこの追悼集をご覧いただき、それぞれの先生との絆を思い出しながら、在りし日の先生を偲んでいただければ幸いである。

田中茂穂先生追悼集編纂委員会

代表　鶯海　徹

目次

弔辞

追悼の辞 Ⅰ

田中茂穂先生の足跡

追悼の辞Ⅱ

道場風景

編集方針について

この追悼集は、全体を通して次の方針で編集いたしました。

・数字、固有名詞の漢字については表記をそろえました。
・句読点の打ち方、記号の使い方、仮名遣いなどは、原文のまま掲載しております。
・執筆いただいた方の肩書は、執筆当時のものにしております。
・編集部で作成した文章では、行事の呼称は各団体で使用しているものを採用しました。また、極力敬語表記は使用せず簡潔に表現しました。

皆様からのご寄稿、穂雲閑話からの引用は、原則として原文をそのまま掲載するようにしたため、追悼集全体の文章表記の統一をとっておりません。文章に表れるお人柄を尊重したく、ご理解いただければ幸いです。

弔辞

本章に掲載した弔辞のうち、中島精太郎氏、宇田川哲哉氏、矢代隆義氏及び高橋武彦氏の各弔辞は、令和二年十一月十五日に開催された「田中茂穂先生お別れの会」において、各氏がお読みになったものとなります（一部加筆修正あり）。そのため、時制等の点で、一部疑問をお感じになる表現があるかもしれませんが、あらかじめご了承ください。

明治神宮宮司
（現 名誉宮司）　中島　精太郎

「至誠の人」、明治神宮武道場「至誠館」、元の名誉館長田中茂穂大人命の御霊前に、心より哀悼のまことを捧げ、謹んでご報告申し上げます。

お蔭様で、明治神宮鎮座百年祭にあたり、去る十月二十八日に畏くも天皇・皇后両陛下、上皇・上皇后両陛下、秋篠宮皇嗣・同妃両殿下の御参拝を賜り、十一月一日には、「明治神宮鎮座百年祭」を滞りなく斎行致すことが出来ました。

田中先生、今頃は、隠世において島田和繁先生、相原光義さん、黒須勝治郎さんなど、至誠館創設時にご尽力頂いた方々を始め、多くの友人知人と、連日、現世の時代と変わらない、賑やかな宴に、お付き合いされ、楽しくやっておられることと思います。

今日は、植芝充央先生、亀井静香先生を始め、至誠館運営委員の各先生もお越し頂き、田中先生が手塩に掛け、お育てになられました東京大学、専修大学、中央大学、富山大学、金沢大学の五大学合気道部、更には、各大学OB会会長、また、穂和会代表などの皆さまを始め、門人の代表等が、先生をお慕いして大勢参会致し、遅ればせながら、「田中茂穂先生お別れの会」を申し上げる事となりました。

これより暫し、現世に集いし、私共に一時を頂けますでしょうか。

想い返しますと、私が先生に最後に御目に掛かったのは、過ぎる三月十二日のことでありました。その日、午後一時過ぎに、私のところに、わざわざ訪ねて来られましたので、コロナ禍の最中の事でもありましたので、「至

誠館」の稽古の中断か何かと思いながら、お待ちしておりましたが、お会いすると、突然、

「長きに亘り、明治神宮に大変お世話になりました。医師から余命二ヶ月と宣告を受けました・・・。」

私は強い衝撃波に遭ったかの如く、暫くは言葉もなく、茫然自失でありました。暫し沈黙の後、

「どう見ても先生、お元気で、そんなわけがないでしょう。」と、語気を強めて申し上げながら、先生がお話し下さる、今生の一言、一言に留めなく涙が溢れ、言葉なく、夢幻なのか、現実なのか我を忘れ、現実をなかなか受け入れることが出来ませんでした・・・。

私は狼狽し、「先生、秋の明治神宮鎮座百年祭まで、頑張って下さい、天皇皇后両陛下を一緒にお迎えしましょう。」と、申し上げるのが、私には精一杯でありました。

今、改めて先生の遺影を前に、五十数年の長きに亘り、公私ともに言葉に言い尽くせないご厚情、ご高配を賜りましたことに、深く感謝を申し上げます。

その長き歳月のご縁は、まさに「縁尋機妙」・「多逢勝因」のごとく、先生が「明治神宮」の為にと、取り持って頂きました良縁の数々は、明治神宮武道場「至誠館」のみならず、明治神宮の為にお尽くし下さいました数々のご功績は、後の世まで語り継がれることでしょう。

私事になりますが、顧みますと、先生との出会いは昭和四十五年（一九七〇年）激動の七十年安保闘争を経て、三島由紀夫事件の年でありました。それは明治神宮鎮座五十年の年でもありました。当時は明治神宮に奉職してまもなく、私は、上司の副島廣之権宮司と國學院大學で同級生でありました毛呂清輝先生の、「新勢力社」の勉強会に、紹介を頂き、通っていた時代でありました。

今、想い返しますと、将に、「毛呂塾」とも言うべきところは、私の青春の学び舎であり、そこで田中先生を始め、田尾先生、稲葉先生との知己を頂きましたが、ほどなく、先生方を明治神宮にお迎えしたことは、将に、両御祭

神の「御神縁」の賜物であり、田中先生には、その後、数々のご高配を頂きましたが、中でも、宮司に就任しましてからは、事あることに、何かと相談に乗って頂き、年を経るごと、その有難さが身に沁み、奉仕の誠を重ねて参りました。

また、「至誠館」創立当時を想い返しますと、田中先生を明治神宮にお迎えした背景には、七十年代の国民精神混迷、著しい時代でありましたことから、第七代伊達巽宮司と葦津珍彦先生の高見のもと、健全な青少年の育成の道場として、明治神宮武道場「至誠館」が創設されたのでありました。

申すまでもなく、その文武両道の錬成の道場「至誠館」は、近代スポーツ競技場としての、明治神宮外苑ではなく、明治神宮内苑の御祭神の御そば近く、常に御照覧賜るべく、「至誠館」を内苑に定められたのでありました。

更には、田中先生は文武両道の指導者として、伊達宮司・葦津先生の絶大なる信頼と期待を、一身に担われ、東京大学での重責を賭して、昭和四十八年十月十日、明治神宮武道場「至誠館」開設と共に赴任されてまいりました。

開設当初は、なれない明治神宮の気風にも、先生は己を無にされ、修養に努められ、昭和五十八年十月一日、「至誠館」初代館長に就任されたのであります。

それから凡そ半世紀、先生のご尽力のお蔭で「至誠館」は、本年開設四十七年の秋を迎えました。

現在では、在籍門人数も一三九〇名を超え、更には、至誠館武道の国際的精神普及を目的とした、国際交流事業もＩＳＢＡ（国際至誠館武道協会）及び、ＣＳＢＤ（ロシア至誠館武道道場共同体）を中心に、海外におきましても、年年歳歳充実され、発展をみておりますことは、これも偏に先生の多年に亘るご尽力のお蔭でございます。

いかならむ　時にあふとも　人はみな
まことの道を　ふめとをしへよ

この明治天皇御製さながらに、先生は大御心を奉戴され、これまで多くの門人をお育て頂きましたことに、両御祭神もさぞかし御嘉納のことでありましょう。

改めて、田中茂穂先生が明治神宮にこれまでに奉公滅私に努められた多大なる御功績に対しまして、満腔の敬意と感謝を捧げる次第であります。

田中茂穂先生が、現世を去りては、惜しむれども、惜しむれども、痛恨の極みでございます。

願わくは、最愛の奥様、牧子（まきこ）夫人を始め、ご家族の皆さん。そして「至誠館」にて日々錬成に励む門人、及び五大学の門人と関係者の方々を、幽明境を異にされても、守り導き恵み賜いますことを願い、田中茂穂大人命の御霊安らかならんこと、深く深く祈りを捧げまして追悼の詞と致します。

安らかにお休み下さい。「有難うございました。」

令和二年明治神宮鎮座百年の霜月十五日

明治神宮武道場至誠館 館長　宇田川　哲哉

本日ここに、謹んで明治神宮武道場至誠館名誉館長　故田中茂穂先生の御霊に申し上げます。田中先生、本当に長い間、日本武道の為にお尽くしいただき誠に有難うございました。ここに、ありしながらの温容を仰ぎ見つつ、明治神宮武道場至誠館館長として心からお礼を申し上げ、お名残尽きぬお別れを申し上げます。

先生は、武術・武道の真実を追求し、実践された方でした。圧倒的な稽古量、読書量に裏打ちされた鋭い合気道、剣術の妙技の数々はさりながら、それは畳上だけのものではなく、実戦で鍛えられた本物の武であります。

私も壮絶な体験談をいくつも先生から直接拝聴いたしました。その中でも、特に感激したのが「湊川決戦」のお話です。

それは、昭和三十五年六十年安保闘争のときのこと。日米安全保障条約の改定に際して調印式を行う為にアメリカのアイゼンハワー大統領の訪日が予告され、天皇陛下が羽田空港でお出迎えすることになっていました。それを全学連の学生達が阻止しようと待ち構えていました。そこで田中先生の尊敬する葦津珍彦先生を中心に僅か六名で、天皇陛下を暴徒化した圧倒的なデモ隊からお護りしようと決起されました。結局はアイクの訪日延期で流れましたが、そのとき先生方は武器不携帯で立ち向かおうとされたと伺っております。
死を覚悟して天皇を護らんというご決意は、南北朝時代に天朝への忠誠の人楠木正成が後醍醐天皇の為に湊川にて足利将軍の大軍を前に散った七生報国の精神と先生方は一致されていたのでした。

先生が道場に立たれると、正に生気が漲り、眼光鋭く、とても大きく感じられました。

先生は、自立歩行ができる内は、道場に立ち、武道の指導に力を尽くしたい、とおっしゃっていました。最晩年には、先生は腰や膝をはじめとする全身の痛みで満身創痍であったと存じます。私は館長として、先生に、移動の際には是非ともタクシーをお使いください、とお願いしたのですが、これは私の美学なのだ、とおっしゃり、ご自宅と至誠館の間、ほとんど最後まで、電車と徒歩で通勤されていました。
そして、その通りこのコロナ禍の中、至誠館が三月二十六日に臨時休館となる直前の三月二十四日まで至誠館の畳の上には、道着を着て門人を指導する先生のお姿がありました。

先生は、御祭神の大御心を奉戴し武道を通じて心身の鍛錬、誠実なる人格の陶冶訓育を行い以て国民の健全なる精神作興に寄与するとともに、至誠館武道を通じて諸外国との交流を図り国際理解に貢献することという至誠館の目的を全うされたと、私はその偉大さに感嘆するのです。

初代館長の存在は大きい、あまりにも大きい。
しかしながら、私は田中先生の弟子として、四代館長として、千万人と雖も吾往かんの気概をもって初代館長田中茂穂先生が築いた礎を継承し、至誠館武道の発展に専心努力していかなければならない。
あらためて肝に銘じ、彼岸の先生にお誓いいたします。

令和二年十一月十五日

東京大学 昭和四十三年入学
赤門合気道倶楽部 会長

矢代 隆義

東京大学、専修大学、中央大学、富山大学、金沢大学、以上五大学の合気道部関係者を代表し、謹んで田中茂穂先生の御霊に申し上げます。

先生は、昭和二十七年に東京大学に奉職されて後、広く学生合気道の発展に尽力されるとともに、昭和四十八年には明治神宮に転じられ、明治神宮の総合武道場である至誠館の館長、或いは名誉館長として長きにわたり門人の指導に当たられました。

先生が正式に東京大学を始めとする五大学の合気道部の指導者に就任されたのは昭和二十九年から四十九年にかけてでありましたが、先生はその後終生にわたり五大学の合気道部のご指導を続けられました。

それぞれの部に在籍し先生のご指導を受けた学生の数は、卒業者名簿に名が残る者だけでも総勢二六〇〇名に上り、在学途中で稽古を離れた部員を含めると実際の数はその何倍にもなります。

また、これまでに至誠館の門人に名を連ねた人の数は、延べ一万人を超えており、これに海外での演武指導その他先生の諸活動を通じ、直接、間接に先生のご指導を受けた人の数を加えるとその数はおびただしいものになります。

先生の日頃のご指導は、単に稽古を通じて合気道の技を教えるということにとどまらず、社会の中で生かしていくべき武道の精神を門人に教え示し、社会有為の人材を育て、世に送り出すことを念頭に置いたものでありました。

　また先生は海外の諸行事における招待演武や海外の武道愛好家に対する演武指導を重ねられましたが、このような海外での指導も単に合気道の技術を教えるという以上に、日本文化としての武道の精神を諸外国に広め、理解してもらうことを一つの大きな目的にしておられました。

　この武道あるいは武士道についての先生のお考えは、昭和六十二年五月に西ドイツマンハイム大学訪問の際に行われた講話に良く表れております。

　以上のような先生のご功績の数々は、つとに公に認められるところとなり、平成五年には文部大臣表彰、平成十一年には外務大臣表彰を受けられ、平成二十一年春の叙勲においては旭日小綬章を受章されたのであります。

　先生の人となりを一言で言うならば、先生はまさに「至誠の人」でありました。これは、先生と接した多くの人が等しく認めるところであろうと思います。

　先生は、人に対するに当たり、常に信義を重んじ、誰に対しても分け隔てなく、相手を思いやり、真心をもって行動されました。その行動・振る舞いは、すべてにわたりすこぶる律儀であり、私共門人にとって恐縮するほどのものでありました。

　そして、生涯を通じこのような先生の心の根底にあったものは、皇室に対する深い崇敬の念と皇室を中心として形成されてきた我が国の精神文化と伝統への深い思い、そして揺るぐことのない愛国心であったと思います。

　先生はまた、「情の人」でありました。先生は、人とのつながりをことのほか大切にされ、多くの方々と親交を深められましたが、それぞれの人との一つ一つの思い出をいつまでも大事にされ、酒席や会合の挨拶等では、かつて苦労を共にし、今は物故された人々のことを思い、一人ひとりの名を挙げてその事績を語るのが常でした。

先生は、平素、「来るものは拒まず、去る者は追わず」と仰っておられましたが、その桁外れの包容力の故に、先生の周りには常に多くの人が集まり、その集まりの中にまたお互いの人のつながりができるということで、今に至る長年の間に先生のご縁を介しおびただしい人のつながりの輪が広がっています。

先生は、人と人の間の様々な縁を紡ぐ存在でもありました。

先生が亡くなられて半年、改めて先生の存在の大きさを実感しております。

私ども、先生から賜りましたご恩は決して忘れず、先生が示された教えを深く胸に刻み、これからも一人の国民として、そして社会の構成員として恥ずかしくない生き方をしてまいります。

先生、大変有難うございました。

長年にわたる先生のご指導に対し、心からの感謝を申し上げますとともに、謹んで哀悼の真を捧げ、お別れの言葉とさせていただきます。

令和二年十一月十五日

専修大学 昭和五十九年入学
黒門合氣道倶楽部 会長

川端　登

田中先生がお亡くなりになり、一年以上の月日が経ちましたが、未だ悲しみはそのままであります。専修大学OB会を代表して、在りし日の先生を偲び感謝の気持ちを述べさせて頂きます。

田中先生は昭和三十七年に創部五年目の専修大学合気道部に師範として就任され、以来、大変長きに渡りご指導を頂きました。

田中先生を師範としてお迎えするに至った経緯は、当時養神館道場で先生と共に稽古をされていた専修大学OBで労働文化社社長として活躍されていた河野来吉先輩のご推薦と伺っています。河野先輩は土佐のご出身で小柄ながら全身これ「胆」全身これ「闘志」の素晴らしき経営者であり、また、人情味あふれるばかりの方であったと語っておられました。また、0期の綱嶋先輩、中島先輩、若林先輩とも養神館道場で一緒に稽古をされたことも語られており、先生が深い感謝を持って縁《えにし》を大切にされ続けているお人柄に私は深い感銘を受けたものでした。

先生はまた多くの弟子を限りなく愛し、夭折された弟子の想い出を語るときは時に目に涙を浮かべられておられました。多く語られた弟子のお一人に黒須勝治郎先輩がいらっしゃいます。田中先生が師範に就任された年に入部された黒須勝治郎先輩は、その後監督・師範代をお務めになり、田中先生が至誠館に招かれると直ちに自らの職を辞し、至誠館で先生のお手伝いをされた方です。私が入部した頃には既に彼岸に旅立たれた後でしたが、先生は蒙古放浪歌を歌われる前に、いつも「黒須勝治郎君が好んだ歌」と前置きをされてから歌を歌っていらっしゃいました。先生の黒須先輩への深い思いは、部の行事などで先生にお目にかかる度に伺うことが出来ました。私は田中先生から専修大学合気道部の歴史や諸先輩の活躍を多く教えて頂きながら、先生のお人柄と生き方を学ばせて頂いたものでした。

以降、恐縮ですが私自身と先生とのお付き合いの中でのエピソードで先生のお人となりを語り偲ばせて頂きます。

私は昭和五十九年に入学と共に合気道部に入部しました。

昭和六十一年に合気道部が創部三十周年を迎えた当時、田中先生は還暦をお迎えになられていました。技も円熟の域に入られていた頃だと思いますが、時折道場では先生の雷が落ちていました。その気迫は終生変わらず続いていたと思います。当時の至誠館火曜日稽古は、前半が柔道場、後半が剣道場でした。剣道場では稽古前に先生から武士道精神や国家観のお話を中心に色々と講話をお聞きすることができました。社会人となった現在、そこでのお話がとても貴重であったと今更ながら思っています。

当時は稽古に通う子供の数が多く、先生から子供の時間を手伝うようにとお声を掛けて頂きました。水曜日・土曜日・日曜日に子供の稽古があり、監督であった夏目先輩も講師として来られ、私は卒業時までお手伝いをさせて頂きました。先生は子供達に対して「約束は守る」、「ご両親を大切にする」など、人として大切なことを子供の目線に合わせたお言葉で教えておられました。

至誠館での稽古は次第に田中先生以外の先生からご指導を頂くことや他大学、一般門人さんと稽古する機会も多くなり、専修大学以外の方との交流も増えていきました。稽古が終った後に田中先生や至誠館の先生方、他大学の先輩方と飲みに行く機会もあり、稽古を離れたこのような場では、稽古の時とは違う先生の一面に触れさせて頂く事ができ、懐かしい思い出です。

先生の指導の場は日本国内に止まらず海外にも向けられました。先生の姿勢に大きく影響を受け、専修大学合気道部初の海外遠征が、昭和六十年に越智・小幡両先輩が指導をされていたカナダで行われました。

その後もカナダ遠征は三回、創部四十周年を記念して行なわれた韓国遠征や創部六十周年におけるロシア遠征など、武道を通じた海外交流は続いていきました。

私が四年次の五月には、西ドイツのマンハイム大学とハイデルベルク大学より田中先生が招聘されました。遠征団メンバーは、田中先生、笹田先生、東大OBで至誠会門人代表の岩崎様と、東京大学、中央大学、専修大学の主将です。ドイツの学生は体格も大きく、身長一八〇センチメートルを超える学生も多い中で、私などは稽古の際に上手く技が掛けられず苦慮する場面もありました。ところが先生は親子ほどの体格差のある西ドイツの学生を軽々と投げ飛ばしていらして、改めて先生の凄さに感動を覚えたのは私だけではなかったはずです。遠征期間中の宿泊は、ホームステイ以外は現地で私達学生が不得手な英語とドイツ語少々をおりまぜながらホテルを探し歩きました。そのホテルで先生は、西ドイツと日本の歴史・文化の違いや改めて海外から日本を見てどのように感じるか等、私達学生に色々と意見を求められました。

この遠征により、先生との距離が近くなったことを感じました。先生は武道を通じた海外交流に労を尽くされ、同行する学生にも貴重な経験の場を与えて下さいました。

就職活動の時期に入ると、先生は進路、就職のことを気に掛けて下さいました。先生からのお尋ねに、私が不動産関係に進みたいと申し上げたところ、少々驚かれたご様子でした。前主将は警察官、前々主将は自衛官だったこともあったのでしょうか。しかし先生は、館長室から直ぐにお知り合いに電話をかけて下さり、就職先の会社の方を紹介して下さいました。私は先生のご紹介でもあり、父の勧めもあった会社に入社させて頂きました。他社は一社も受けておりません。幸せな人間です。

私は昭和六十三年に卒業し、平成三年には全日本学生合気道連盟の合宿が縁で桜美林大学合気道部出身の妻と結婚しました。田中先生ご夫妻に仲人をお引き受け頂き、家族ぐるみでお付き合いをさせて頂くこととなりました。家庭人としても先生のご一家をお手本とさせて頂いています。

平成二十年に創部五十周年を迎える頃には、私もOB会役員として記念誌の発刊やパーティーの準備など、仕事の合間を見ながら活動していました。

そのような折、田中先生から他大学のOB会役員の住所が変わったことなど、直接携帯電話にお電話を頂いたことがあります。田中先生からのお電話は緊張するものですが、部を想う先生の温かいお気持ちを感じ嬉しく思いました。先生にもご臨席頂いた五十周年のパーティーも盛会の内に終了し安堵していた私に、先生から記念誌については特段のお褒めの言葉を頂戴し感激しました。

平成二十四年には、専修大学合気道部の師範就任五十年を迎えられ、OBOGが数多く参加しての合同稽古と記念パーティーを開催させて頂きました。専修大学から永年のご指導に対する感謝と敬意を込めて、理事長から先生に感謝状が贈られました。

私がOB会長の職を拝命すると、今まで以上に先生とお手紙のやりとりやお話しをする機会が増えていきました。私も先生の真似で、葉書や手紙は比較的書く方ですが、先生のマメさには遠く及びません。部の懇親会などでお目にかかると、翌日にはびっしりと細かな字で埋め尽くされたお葉書やお手紙を頂きました。

私達は田中先生から合気道を通じて、様々な教えを頂いて参りました。武士道精神や合気道の和の精神は、現在、社会人として日々活動していく中で、とても大切な教えとなっています。

田中先生は、合気道を通じて日本人として大切なことや人として大切なこと、すなわち「人間道」を説いていらしたのだと思います。田中先生が自ら「人間道」を実践され、私達に対して範を示して頂きました。

永年にわたり専修大学合気道部へのご指導を頂き、誠にありがとうございました。

先生のご冥福を心よりお祈り申し上げます。

中央大学 昭和三十九年入学
白門合気会　会長　澤畑　寛治

中央大学合気道部卒業生の組織である白門合気会を代表して田中先生への弔辞を述べさせて戴きます。

田中先生が初めて中大合気道部へのご指導にお見えになられたのは昭和四十年（一九六五年）、私が二年生部員の時でした。

当時の合気道部は世界的にトップクラスの実力を誇る中大レスリング部の道場を借りて稽古をしておりました。同棟隣りにはボクシング道場、前棟には相撲道場、横に重量挙げ道場と云う環境でした。富坂にある理工学部キャンパスです。毎日午後三時から五時半迄借りての稽古でした。

田中先生は当時東大に勤務されており毎週水曜日三時前になると乗用車で来られ道場脇に停められ道場に入られました。

当時先生の御指導の技のウケを取るのは八期藤田主将、次年度は九期脇坂主将、その次に十期主将の私でした。皆相当の緊張感を持ってウケを取り、私は特に新しい技の御指導には固く身構えウケを取った事、未だに記憶しております。田中先生が来られる前は準備運動に臂力の養成等養神館流合気道を稽古していた我が部でしたが、それが開祖の薫陶を受けられた田中流合気道に転回した訳です。

先生は毎週の稽古指導の外春夏に行われる合宿に同行戴き御指導されました。夏の合宿は比較的近場で設定され、我々卒業生も暇を見つけ参加致しました。夕食後卒業生、現役幹部で先生を囲み懇談するのが我々にとって無上の幸福の時でありました。先生はご自身の人生観を語られ、世情を憂い、又気になる卒業生の消息を尋ねられたり致しました。或る時卒業生の一人が先生を巻き込む事業のアイディアを出され、先生は苦虫を咬みつぶしたお顔になられました。翌朝の散歩時二人だけであった為お話する事が出来、その案に猛反発され、商売人の金儲け話を嫌悪される御様子を拝見致しました。

合宿参加時懇談会の為に酒の抓みを持参しますが、或る時広島の紅葉饅頭を持参しましたが、先生は大好物と云われ、それ以降毎回紅葉饅頭を持参するようになりました。

中大合気道部は昭和三十三年（一九五八年）の創部です。創部後周年事業をかなり真面目に実行して参りました。それは田中先生の「人間節目を大事にすべき」とのけじめを非常に大切にされる人生観に大きく影響されたものであります。

十周年は我々の手で記念パーティーを皮切りに昭和五十七年には二十五周年記念事業として米国遠征し、デンバー、デトロイト、ワシントン、ロスアンゼルスを二十五期生とOBで回りました。昭和六十年にはパラオに遠征、創部三十周年記念として、新潟、金沢、尾道、高松、大阪を部員三十三名で回り、田中先生にも同行して戴きました。各地では当部卒業生の参加は固より三条合気会、金沢大、富山大合気道部、専修大OB道場の方々と交流させて戴きました。大阪では白門合気会関西支部発足の構想さえ出されました。それ程熱意溢れる遠征でした。創部四十周年記念事業として豪州遠征が行われ、総勢四十五名が参加致しました。田中先生は飛行便の都合で永島君達と共に一日ずれて参加して、御指導下さり、成田到着まで御一緒でした。アデレードのフリンダース大、キャンベラのANU、シドニーのNSWとの交流で稽古、演武を田中先生御指導の下、実行し、現地の人達からも大いなる感謝を受けました。平成九年の事で四十期主将の各務君の代です。私は会社の休暇を取り途中のキャンベラから参加致しました。現地ではジョン先生の指導で学生主体に熱心に稽古している様子で、田中先生の御指導にも誠に素直な態度で稽古していました。ジョン先生も田中先生の御指導に感謝し、大いなる謝意を表されていました。キャンベラの印象に残る出来事は私の到着日の夕食です。酒類持ち込み可のレストランに五本のワインを持ち込んで夕食を始めたのですが、あっと云う間に無くなり、店のワインを追加し、一ダース以上のワインを八人程で空けたことでした。豪州産のワインは旨い、旨いと云い乍ら。

田中先生は帰国後「中大合気道部誌―白門合気―」に豪州所感と題され寄稿されました。そこには「最後の行事はシドニー市の合気会支部道場と演武会、合同稽古を行ったが、心配した学生諸君の演武も、二度目からは見事に立ち直り中央大学合気道部四十周年を飾るに相応しい立派な演武を行った。労を多とする次第である。」との評価を戴きました。

又田中先生は豪州国会に於て見学をされた松尾中佐に係わる記念の品物とその精神に深く感動されその思いを述べられています。「私はさきの大戦でシドニー軍港を攻撃し、散華した軍神松尾敬宇中佐搭乗の特殊潜航艇を拝観する事を、何年も前から熱望していたのであるが、幸いジョン先生の御案内によりオーストラリア国会議事堂を見学した折、その遥か真正面に松尾艇が展示されているといわれている戦争記念館が望見された」「今日の平和も繁栄も、あたら青春を国家に捧げた悲しき勇者のお陰であり、この事は一人己の記憶に止めるだけでなく、子々孫々に語り継いで行かなくてはならない事である」又豪州軍人の騎士道精神を称賛されています。

この旅行で私は田中先生との距離をぐっと縮めた感が致します。帰りの便では隣に座り、成田から新百合ヶ丘の御自宅迄ずっと御一緒でした故に。先生の練馬での生い立ちから始まる半生を語って戴きました。家族に対する思い、特に二人のお兄様を戦争で失われた田中家の惨状に思いを寄せた時落涙を禁じ得ませんでした。後の田中先生からの御手紙にも豪州遠征が私と親しくなった機会だったと記されていました。

創部五十周年記念には平成十九年沖縄への記念合宿を実施、沖縄の合気道関係者との稽古交流、現地高校訪問による合気道紹介、在沖縄の学員との交流を行い、その折当時の永井中大学長（私の高校、大学の同級生である）から田中先生へ感謝状の贈呈式が行われました。田中先生の合気道部への多大なる貢献に対し、大学より謝意を表わしたものです。

創部五十五周年記念は高知合宿でした。合気道部二十三期生で高知大学教授の中川香代さんが同大合気道部の顧問を務められており、合同稽古等が実現したものです。田中先生も同行され、高知大学現役学生及び卒業生、高知県立大学の学生も含め御指導されました。文武両道を学んだとの学生感想がありました。平成二十四年です。創部六十周年記念は平成二十九年に実行されたフランス研修合宿です。テロが横行する状況の現地治安に対し、様々の対策を行い、実行したものです。学生の御父兄に対する説明会を持つ等万全を期し、現地には大半を合気道部ＯＧの立川さんに付き添ってもらいました。パリ、リヨン、マルセイユと回り、大学、道場の方々と稽古を行い、交流を深め、帰国致しました。或る団体は翌年、翌々年と来日、中大道場で交流を続けております。

渡仏参加学生は二〇名で、幸いにも白門合気会の応援で、旅行代金を賄えた程の寄付を集めたものでした。又田中先生の御威光を放すお話として、学生たちが仏に初めて足を降ろしたパリの空港で、ホテル迄のバスを運転された方が田中先生の御指導を受けられた方だったのです。昭和五十四年渡仏時演武、指導をされた時のお一人であった由、人の世の縁を感じさせる出来事でした。

創部周年行事から田中先生の御指導の一端を述べさせて戴きました。

田中先生は訓話をされた折、佐藤一斎の言志四録の中味を持ちだされ、人間如何に生きるべきかのお話をされました。言志四録は御承知の様に西郷隆盛の座右の書です。中で私の最重要と思われる事柄に「人生は立誠と居敬である」自己を磨く場合誠を立て根本を確立する縦の努力と他人を敬い自分に慎み深いとの横の努力の相方組み合わせが大事である（超訳言志四録　岬龍一郎著）との説話に田中先生のお姿が写し出されて止みません。

令和二年四月に田中先生よりお手紙を戴きました。体調の急激な変化と余命宣告の件をお知らせ下さり乍ら、これからの中大合気道部の発展を切に望まれる内容でした。中大合気道部は現在三十五名で新型コロナ禍の下、様々の工夫をし乍ら頑張っております。

田中先生五十五年間に亘り、中大合気道部をご指導賜り誠に有難う御座居ました。深く深く御礼申し上げます。

田中先生安らかにお休みくださいませ。衷心より田中先生の御霊に捧げます。

令和三年六月記

富山大学 昭和四十六年入学
富山大学合気道部OB会 会長

宮崎　辰男

田中茂穂先生の御霊に哀悼の誠を捧げます。

昨年の初め、東京大学OBの鴛海氏より、「先生の体調がすぐれず、ある意味で覚悟をしておいてください。」との連絡がありました。体調が悪く足が不都合とは以前より聞いており、四十五周年の時、富山に御来県していただいた折にも先生より直に聞いておりました。また少し後、金沢大学の春合宿で能登に来られた時、富山大学長井師範より、久しぶりなので挨拶へと誘いがあり宿舎に行った時も、随分と痛そうにしておられたのを覚えております。思えばこれが先生との最後の面会となりました。

先生がなくなられた昨年は、実は富山大学合気道部にとって特別な年でした。昭和四十五年、初代の磯部・酌井両氏が同好会を旗揚げしてより五十年目の節目の年でした。この前年にはプレ五十周年として、沢山のOB・OGが集まり、来年は、あれもしたい、これもしたいと全員が先生を囲んで共通の時間を過ごせることを期待し、盛り上がりました。残念ながら、コロナ禍の影響もあり、また先生の喪に服するために一年延期といたしました。鄙に生活する我々にとっては、年に数回しか会えない先生との時間は掛け替えのないものであり、この機会が今後二度とないことはとても悲しく、言葉もありません。

昨年十一月のお別れの会でいただいた冊子で、先生の遺言を拝読いたしました。「彼岸にありても常に諸君と共にある思いです。」我々が思っていたと同様に、否それよりもっと温かく見守っていただていたことに改めて感謝申し上げるばかりです。そして最後に「武士道精神の継承、よろしくお願い申し上げます。」とありました。

今本棚より「穂雲閑話」を取り出し改めて読んでおります。その巻頭言に、明治神宮宮司中島精太郎様が先生を「至誠の人」と述べておられました。先生との初の出会いから最後の出会いまでを思い返してみると、常に武を語っておられ、そのバックボーンには誠がありました。浅学菲才の身には深く理解できない部分があったことも事実です。先生のお導きもあり、今では少しは先生の思いを理解できるようになったかもしれません。

南宋末期の文天祥もまた先生の言われた至誠の生涯を示した一人ではなかったかと思います。

十三世紀、日本は二度の国難に会いましたが、執権時宗の指示もあり見事にこれを退けました。しかしながら中国南宋は、同じく元の攻撃を受け国家消滅の憂き目を見ました。その折の右丞相が文天祥でした。若干二十歳で科挙に首席で及第した彼には、国家に対する忠誠心もただならぬものでした。彼の代表作に「正気の歌」があります。大都（現北京）の地下牢に三年にわたり幽閉されても尚挫けることなく、史書に記された忠義の先人達のように正しい気の輝を信じ続けたのでした。

天地有正気　雑然賦流形
下則為河嶽　上則為日星
於人曰浩然　沛乎塞蒼冥
皇路当清夷　含和吐明庭
時窮節乃見　一一垂丹青

宇宙に宿る正しい気とは、雑然として決まった形はとらないが、地上にあっては山河となり、天空にあっては太陽や星となる。人間のなかでは浩然の気となり壮大な世界に満ちるものである。天下国家が正しく清らかならば、それは和やかに宮廷に吐き出される。しかしひとたび危急の時となれば、人間の忠節となって現れ、一つ一つが史書に書き留められて後世に伝えられる。六十句におよぶ長詩であり全ては記せないが、次のように締めくくるのである。

悠悠我心悲　　蒼天曷有極
哲人日已遠　　典刑在夙昔
風簷展書読　　古道照顔色

ゆっくりと心の悲しみが広がってくる。大空には何故限りがないのか。史書に書かれた先人達は日に日に遠くなっていくが、彼らが身をもって示した忠節は記録に残されている。風の通る庇の下で書物を開けば、古からの正しい道が自分の顔を照らしてくれる。

彼は大都に投獄される少し前、敵将張弘範に率いられ南宋最期の地崖山に来て、宋将張世傑に投降を勧める文章を書かされようとした。当然ながら文天祥はこれをきっぱりと拒否し、つぎの詩を作って示した。弘範も天祥の意を酌み笑って許したという。

辛苦遭逢起一経　　干戈落落四周星
山河破砕風漂絮　　身世飄揺雨打萍
皇恐灘頭説皇恐　　零丁洋裏嘆零丁
人生自古誰無死　　留取丹心照汗青

国難に遭い苦労しだしたのは経書を読んで進史に及第し官吏になってからのこと。干と戈を手に戦ってきたものの結果を残せない四年間であった。山河は荒れ果て、柳絮が風に舞うばかり。我が身はさすらい、まるで雨が浮草を打つようだ。先の皇恐灘のほとりでは、国家滅亡の罪を恐れて説き、いままた零丁洋のうえで、身の零落を嘆くばかりである。古より誰か死なない者などあっただろうか。どうせ死ぬ身のこの身ならば、この忠誠の赤心を留め残し、史上に輝かせたいものである。

彼の名は宗王朝（北宋南宋）随一の忠誠の士としてたたえられている。末期は悲惨であったが、彼の丹心（赤心、誠、至誠）は当に先生の説かれていた日本の武士道の根幹をなすものではないかと思っております。

半世紀前、この富山の地に灯していただいた先生の熱き思いは、その御名とともに永く伝え守っていくことを改めて決意するものです。

有難う御座いました。

金沢大学　昭和五十年入学
金沢大学合気道部ＯＢ会 会長

中川　透

昨年の二月に先生は余命三ヶ月の告知を受けられました。以前から「死ぬ前日まで、道場に立って稽古をしたい。」と言っておられましたが、立っていることも不思議なくらいに悪化した病状の中で精力的に稽古を続けられました。その気力と使命感はものすごいものでした。そんな中、コロナ禍が起き春合宿を中止しなければならなくなりました。その頃は、一ヶ月あまりに五通ものお手紙を頂いていましたが、先生からご自身の余命を書かれたお手紙を頂いた直後に、春合宿中止のお電話をしなければならなくなりました。覚悟を決めてお電話をしたところ、「手紙に書いた通りですが、名古屋の合宿で皆とお会い出来ることを楽しみにしています。」と言われました。それに応える言葉が出ず、ただただ取り乱してしまいました。何とか春合宿中止をお伝えして電話を切った後、私は泣き崩れてしまいました。もう会えないかもしれない恩師の真心を「合宿中止」と言う言葉で踏みにじってしまったのです。その翌々日にはお手紙が届きましたが、「貴君を悲しませて、すまなかった。」と書かれていました。何ということでしょうか、ご自身の天命を知りながら、出来の悪い弟子のことを気遣うお言葉に居たたまれませんでした。

春合宿は中止になりましたが、江戸川橋武道館での先生の最後の稽古に参加することが出来ました。東大と金大のＯＢや穂和会の門人など五十名以上が集まった中で、最初の受けに「中川君」と指名して頂きました。突然のことで驚きましたが、大変名誉なことでした。受けを取れる喜びに浸りながらこれまでの思いが一気に駆け巡りました。そして四方投げをされる先生の腕から「これからも精進して稽古に励め」と言う言葉が伝わってきた思いがしました。

金沢大学は、先生の門下大学の中では一番の若輩者で在京大学とは遠く離れた所にあります。先生にお目にかかれるのは、夏合宿と春合宿の年に二回のみでした。我々にとって厳しさもあり大変貴重なご指導でしたが、いつも緊張しながら稽古をしていました。そんな合宿にもＯＢが大勢集まるようになりました。そして稽古の後には、先生とお酒が呑めることを楽しみにして一升瓶が沢山並びました。ＯＢのための合宿かと揶揄されることもありましたが、弟子を大切に育てて頂いた先生のお人柄に少しでも近づきたいという思いの表れだったと思います。

先生がご指導された大学の合気道部は、ただの課外活動として稽古をしていた訳ではありません。それまでぬるま湯に浸って平和ボケした生き方をしていた学生が、先生から国を思う心や武道を通しての人の生き方の話を聞いた時、みんな目が覚めた思いをしています。先生の合気道は、技の形だけを習得するものでも､体力的強さだけを求めるものではありません。稽古を繰り返して、自分の損得にとらわれず他人を思う不動の心の強さを鍛えなければなりません。もう道場で先生のお話を聞くことが出来なくなりました。本当に悲しいことですが、我々はこの悲しみを乗り越えて、先生の教えを後輩にも伝えて行かなければなりません。先生の教えを受けた者の使命だと思っています。

江戸川公園にて　最後になったお花見
令和２年３月22日

先生の英国でのご指導には、私もお供させて頂きました。学生時代に英国に行った時は、私は一人でしたが、初段を頂いてすぐのことで、英語もろくに話せないまま、訳も分からず稽古をしていました。その頃のPatさんの道場はまだ小さくこじんまりした稽古でした。その後、先生や田尾先生のご指導のたまもので英国合気道連合も門人が増えて大きな組織になりました。先生のご指導のお手伝いとしてお供出来たときには、英国人の前でも本当に誇らしく嬉しくてたまりませんでした。平成十三年のハイドパークでの日本フェスティバルでは、皇太子時代の今上天皇とチャールズ皇太子の前で、先生の指導を受けた英国人の門人が演武をしています。これで英国にある多くの合気道の団体の中で、Patさんの団体が一気に名声を上げることが出来ました。Aikido Union Englandのホームページにも田中先生のことが大きく取り上げられています。また、先生のご指導を受けたWendyさんが先生の教えを主体にした英語の合気道教本を発行しています。先生の技をなんとか習得したいとセミナーを受けるためにイングランド全土から百名もの受講生が集まりました。その後来日して、至誠館で稽古をして日本文化も学んでいった門下生もいます。受講生は、先生の教えを真剣に受け止め、稽古を通して日本の武道の神髄を感じたことでしょう。真心を持ってご指導される先生のお姿に、英国人も大きな尊敬の念を持っていました。

英国ダービー市にて　田中先生とPatさんを中心に
平成17年5月

先生は人と人の繋がりを大切にして、いつも結び付けてくださいました。先生が育てた門下の輪はこれからも限りなく続きます。我々も先生の弟子であることに誇りを持って稽古に精進する所存です。先生は将来、田中門下がバラバラにならないようにして欲しいと仰っていましたが、心配は要りません。門下生は強く結ばれ、先生の教えを守り継承して参ります。田中合気道は永遠です。

先生の生き様そのものがお手本だと思っています。ご自身の健康を管理して亡くなる直前まで稽古を続けることは、生涯その体力と気力を充実維持しなければなりません。先生の弟子として、「生涯稽古」が求める生き方だと思っております。先生のこれまでのご指導に感謝するとともに、これからも見守って頂きたいと願うばかりです。

穂和会修武館　館長
東京大学 平成三年入学
高橋　武彦

先程、中島宮司のお話にありました、「田中先生に余命を宣告した医師」とは私であります。検査結果を前に、どうお伝えしたものかと思っていたところ、それを見透かしたように先生からお手紙がきまして、君の冷徹なる意見が聞きたい、と。その一言で、あぁと私も覚悟してそのままをお伝えしました。

ご列席の皆様には私よりも田中師範と長い時間・濃い時間を過ごされた方も少なくないと思いますが、大変僭越ながら、先生のご指名にて、弔辞を述べさせていただきます。

田中先生。

今日はとてもよく晴れています。三月二十二日に修武館で稽古をなさったあとのお花見、その日も晴天でした。今日もたいへんな晴天です。先生とのイベントはいつも、よく晴れました。今年のお花見は、先生と奥様のお誕生日会をあわせまして、桜の下でケーキを食べるという…非常に幸せな時間でした。そのお花見の前の修武館の稽古、ロッカールームでの先生は「歩くのもつらい状態」だったと思いますが、稽古場での先生は、弟子の身で師範を評するのもおかしいとは思いますが、たいへんご立派で、堂々としたもので、先生のご病気を知らない者にとってはきっと、普通の先生の稽古と目に映ったことでしょう。相当にしんどかったことと思いますが、たいへんご立派だったと思います。

先生がそういう、道場で「つらい姿を誰にも見せずに」いた話といえば、九年前の二〇一一年、普通の人なら歩くのも難しいような膝の状態で、東大の夏合宿の稽古をされ、私は宿舎の階段で少し気がついて「あれ先生、ちょっと膝の調子が悪いですか」と声をかけました。そのとき先生は「高橋、ちょっとじゃないんだよ」と笑っておられましたけれども、そのあと検査をしたところ、もう本当にひどい状態で、「医者には行ってないんですか」と言ったら、「行ったんだけど歳なんだから人工関節にしろと言われた」と。「人工関節は正座ができなくなるからお断りしたよ」ということで（痛み止めの処方もなく）、先生に全く医療の手が届いていないことに、愕然としてしまいました。それ以来私は先生をなんとかサポートしようと思いまして、膝に関してはさっそく大宮の自治医大のスポーツ整形外科に一緒に行っていただきました。私は先生のことを「ご老人」と思ったことはなかったつもりですが、でも、膝は「治るかなあ」と内心心配していました。しかしそこでスポーツ整形外科のドクター（秋山先生／自治医大スポーツ整形外科）が最初に言ったことは、「田中さん、あなたはご高齢ですけれども、『現役の、プロの、アスリート』なんですね？」と。田中先生も、ややあって、「そうですな」と。私は、その会話を聞いて、そのように自分でも思っていたつもりなのですけれども、他人に言ってもらうと嬉しいものでした。その会話で、私は、「これでなんとかなる」と思いました。

結果、先生の膝は良くなったわけですが、その膝もただ単に寝ていて良くなったわけではなくて…。私からも先生に、普通だったら言えないようなことを言わせていただきました。正座をしないでくださいとか、痛みがなくてもこの薬は飲んでくださいとか、たいへん無礼なことも申し上げたと思います。

「正座をしないでくれ」と申し上げたあと、なにかの明治神宮の行事だったと思いますが、どう考えても正座がふさわしいような場面で、先生は直立不動で儀式に参加しておられました。先生の執念というか信念というか、先生は私の言ったこと、すなわち、合気道を続けるためのことは、何をおいても守ってくださいました。私は、そのお気持ちに応えて、先生をなんとかしてもっと合気道を続けられるようにしようと思いました。私は先生がご高齢になっても合気道を続けていられることは、先生はスーパーマンみたいなものだと思っていました。でもそうではないです。先生はご自分の体を大事にされていて、人並みならぬ努力をされていて、それで先生があられるのだと思いました。先生はスーパーマンではありませんが、スーパーマンよりもすごいことだと思います。

今年の二月十一日に先生からお電話をいただき、ご病気が判明してから、私は余命の宣告とともに、先生には「もう嫌なことや面倒なことをする時間はありません」と申し上げました。そのあとで先生から、「君のところで稽古をしたい」と言われたときには、私は涙が止まりませんでした。私と平岩さんで、できるだけのことをしよう、と…。先生はどんなお見舞いよりも一緒に稽古をなさることをお喜びになられるだろうと思って、今は私が代表してお話しておりますが、東京では岡田くんや近藤くん、名古屋では佐藤さんや柏森さん、他にもたくさん、お名前は挙げきれませんけれども、総力をあげての対応となりました。子どもたちも一生懸命やりました。子どもたちも先生が大好きです。「偉い先生だから」ではなくて、「誰かに言われたから」でもなくて、ただ先生が好きだから頑張っていたのだと思います。三月の名古屋の稽古は、お体のことを心配しましたけれど、稽古に関しましてはその心配は杞憂でした。先生は、生涯、「プロのアスリート」であったと思います。

さきほどの中島宮司のお話にもありましたが、いつも先生は稽古や学園祭のあと、一人ひとり名前を挙げて、今日は誰々が来てくれたとか、誰々も来てくれたとか、嬉しそうに話され、それを聞くのが、私は大好きでした。

今日の偲ぶ会も、みんなの名前を挙げるのはたいへんだと思いますが、先生の笑顔が目に浮かびます。きっと今頃先生は晩酌、ではなくて、宴席の途中かと思いますが、どうぞ今日のことは酒の肴にしていただいて、先生とはしばしのお別れとなりますが、さきに一杯やっていてください。私のほうは、先生からまだお願いされていることがあります。奥様のことやご家族のことです。もうひと仕事してから、先生のもとに参りたいと思います。

追悼の辞　Ⅰ

田中茂穂師範を偲んで

合気道道主　植芝　守央

令和二年五月十一日にご逝去された田中茂穂師範を偲んで、私の幼き日の記憶を思いおこし師範の追悼文を書かせていただきます。

田中師範が合気道本部道場に入門されたのは私の父、植芝吉祥丸二代道主が会社勤めをしながら、朝六時半、夜六時半と一日二回の定期的な稽古を再開して二、三年後の昭和二十六、七年頃です。祖父である合気道開祖・植芝盛平翁は岩間（現在の茨城県笠間市）の地で武農一如の生活を送りながら、時折上京して本部道場で指導するという日々でした。

後に合気道発展に大きく尽力することになる門人の方々が入門した頃で、私はその方たちから「守央ちゃん」と声をかけられ、かまってもらっていたそうです。母は門人の方の入門時期について、私の生まれた年を基準にして話すことがあり、「田中さんは守央が生まれてからだったね」と言っておりました。

その当時、まだ植芝家と道場が同じ建物で、道場には戦争被災者が何世帯か住んでおり、合気道本部道場というよりも合気道植芝道場という趣きでした。稽古がない昼間、道場で母が編み物をしており、幼かった私がその近くでハイハイをしたり、一人で遊んでいたりという写真が残っています。

大阪府、和歌山県、熊本県その他で復員した開祖のお弟子さんたちが稽古を再開しはじめた頃です。また本部道場で育ったお弟子さんが米国、フランスなどの国へ合気道普及のために若き指導者として旅立っていった頃でもあります。「一人でも多くの人に合気道を」という各人の情熱のもと静かながらも合気道普及の流れが生まれ始めていました。

父は合気道のさらなる普及のため大学に合気道部をと考えていましたが、昭和二十九年頃、東京大学工学部の数土（泰道）直方さんが本部道場に入門されました。父が当時東京大学の医局に勤めておられた田中師範に数土氏を紹介し創部の話をすすめたことが現在の東京大学合気道部の誕生へと繋がったと聞いております。そして昭和二十九年、都内で初となる大学合気道部が東大に設立されました。その後も田中師範は中央大学、専修大学、富山大学、金沢大学の合気道部設立に携わり、学生への指導、普及に尽力されます。明治神宮武道場至誠館設立にも尽力され、昭和四十八年、至誠館の専任師範となられ、さらに館長、名誉館長を歴任し指導に当たられてきました。

田中師範は昭和三十年頃より合気会という組織とは距離をおかれましたが、合気道の道統への思いは決して変わることなく、植芝家と田中師範とのご縁が途切れることはありませんでした。

昭和四十三年に建て替えられた本部道場にも、道友の島田和繁さんとお二人で父のところによく訪ねてこられていたのを覚えています。

私が大学を卒業し合気会に奉職してから、父・吉祥丸二代道主のお供で東京大学合気道部のＯＢや至誠館道場の関係者が集う会合に同行することがありました。その折に田中師範の父に接する姿勢から、合気道の道統を重んじ、開祖、吉祥丸二代道主に対しての師弟関係をとても大切にされているということを強く感じたものです。

父が逝去した時には、私は父とご縁のある方々から、組織の責任者としての在り方についていろいろと助言をいただきましたが、田中師範も貴重な助言をくださった方のお一人です。

父亡き後も引き続き、道統を継承する植芝家との関係は変わることなく、田中師範の関わりのある団体の集まりにもお招きくださり、多くの方々との接点を作っていただいたことに感謝しております。

ここに謹んで、合気道を通じての人間教育に長年にわたり情熱を注いでこられた田中茂穂師範のご冥福を心よりお祈りし、お悔やみ申し上げます。

田中先生を偲ぶ

近江神宮宮司　佐藤　久忠

短歌三首

太刀風の鋭き音澄みて師の演武　思ひ出となる永遠の別れは
太刀風に邪気を祓ひて澄める道　旅立ち往きぬ師の潔さ
笛吹きて別れを惜らむ比良坂に　師は泰然と黄泉人に坐す

〝健全なる精神は健全なる身体に宿る〟と言ふ諺がある。（此の諺の解釈を巡って異論がある様なので一言・西洋の言葉の中から日本化されたものの様で、本来の意味から大分離れた解釈も成り立つと思はれますが）

扨て、右の諺の精神に繋がる魂や霊魂など〝こころ〟と表現される事も多く、生命体の中には皆、此の心が宿って居ると考え、目に見えなくとも健全で、身体も勿論健全で、全部が健全でといふ祈りが含まれた諺なので、冒頭に掲げ田中先生を偲ぶ事とする。

先生は常に日本の行く末を慮っておられ、将来を託すその夢を特に青少年への健全なる育成に掛けられて居た。日本の教育が昭和二十年以後の、つまり戦後教育の軟弱性が指摘され、民主主義の名の元に日本の骨格が抜き取られ、支えの柱が倒れそうになる気配を感じて居た。

「降る雪や明治は遠くなりにけり」と言ふ俳人の句が大流行したのを覚えて居るが、心ある人は日本の将来を皆、心配して居た。日本の明けぼの〝明治魂〟などが言はれる中で、明治神宮は当然の如く日本の将来を憂い、将来を背負いゆくべき青少年の育成を、先ずは武道場と言う形で進めたのである。茲に田中先生側の想いも一致し、田中先生が当時の明治神宮宮司伊達巽先生に懇願され、〝三顧の礼〟を以て初代至誠館館長にご就任されたのである。

先生は植芝盛平先生の高弟であるが、植芝先生は和歌山県のご出身で地理的にも近江神宮と近い事もあり、幾度か近江神宮言霊研究会にお顔を出され、言霊の霊能者として日本の何人かの中に数えられて居た。植芝先生、田中先生、明治神宮、近江神宮が此の様な一線状の形に並び結ばれるご縁の中で、田中先生には近江神宮の事に関し、大変ご心配を頂き幾度かご来宮ご参拝を賜りご指導に預かり居りました事、只々感謝に堪えない処であります。

又それとなく植芝先生合わさって言ひ知れぬ御霊の影を今更の様に懐かしく思っております。

合気道の実技と共に、和の魂を研ぐ正に心身の鍛錬の中で〝武学〟と言ふ講座も、教室の形を取り入れて、主に大学生が中心の様であったが一般の門人も混じっての勉強会は、高名な方々のお話しも度々であった様に覚えて居る。此の様に、身や心を同時進行的な形で武道鍛錬を進めて居られる武道場は至誠館独自の方法を選び取られたものであろう。日本の将来を案じ、またこの様な道場が他にあるとしても、数は少なかろうと思はれるが、お弟子さんの中には相応しい方々が大変大勢揃って居られて、先生自身が逆にお弟子さん達に背を押される幸運に恵まれて居たのかも知れないと思って居る。

又、中には天真爛漫なお弟子さんも居られて、ある道場開き〝お祓い〟を頼まれ、終わって帰り路の事である。運転手は坊さん、その助手席に私ともう一人、後部座席に田中先生とお弟子さん三人、合計七人が乗った普通乗用車で、誰が見ても定員オーバー、それにお祓い後の直会がありまして〝おみき〟が入っているから後部座席は雄弁家揃い、声高に車の窓は開いたまま信号機が赤になると、止まっている他の車の人たちがチラリチラリと皆見ぬ振りをして居る。田中先生は笑っている丈、坊さんは真面目に寡黙で、明治神宮の神主さんは全く話さない、すると後部座席の誰かが、

「おい！ 車がトロイぢゃないか？ もう少しスピードを上げろ、坊主が運転で、隣に神主がいるんだ、事故が起きる訳がない」と。此のお弟子さん、あの直会のおみきが今利いて来た様だ。

先生は「今日はもう帰るだけだから、そんなに急がんでいいよ」と窘めて居た。

多少の雲はあったが、遠くの稜線がくっきりと晴れて、陽が沈んだばかりの夕茜に涼風が窓に涼しかった。備え付けのテープだろう、音楽が掛かった。童謡だった。運転をしながらお坊さんは童謡を聞いて居たらしい。〝夕やけ 小やけで～〟稜線から次第に暮れてきた〝山のお寺の鐘が…〟幼き遠き日を乗せて、悠茜がまだ薄く広がって居る。文部省唱歌を歌いながら育って来た年齢の私は、早くも後期高齢者と呼ばれて後は無いが、人間には情緒が必要なのだと思って居る。田中先生は武道家でありながら、大変情緒的な人であった。恩師を思い、友人やお弟子さんは言ふに及ばず、ご家族愛の素晴らしさや情感の深いものを持って居た。あるお弟子さんが

事故で亡くなられ、そのご命日には毎年欠かさずお参りされた。明治神宮時代は私もご一緒させて頂いて居た。先生は「歳を取ると涙腺が弛くなって」などと言いながら知人の不幸に涙を拭う言が間々あった。人徳というものは、長年の心身の鍛錬に深まって来るものらしいと思う事があった。神の道、仏の道に理解度が深まり、生命に対する理解度は知的なものと共に人間の〝哀れ〟を知る情感の深さが悟りに近づくにつれ其の人格が表明されるものなのでしょう。先生が思はれる理想とは、日本は古代より皇室を中心とする、平和を愛する国柄である、日本の歴史から御皇室と国民との間柄を見てみると、「御皇室が国民を思う大御心は常に、世界の平和も併せて日本の平和を祈る、つまりは、世界人類すべての平和を祈っておられる」

忌まわしい過去の戦争の教訓から、日本の在り方を思うとき、それは年月が掛かろうとも世界の人々に共通の納得出来る学問の普及が必要となって来るが、それは天智天皇の白村江の戦いや、近代の広島・長崎を含む太平洋戦争の大惨事を経験する日本なればこそ、平和の道の先頭に立つことが出来ると、否、しなければと思って居た。合気の道と言ふ様に皆手を携えて健全な精神が健全な身体（健全な正しい考え方が出来る身体）と共に、平和へと結ばれる「神武」の道が至誠館の理想として掲げられ、至誠館創建以来から玄関に据えられた。神武の衢立が理想として至誠館に据えられた理由は、御祭神　明治天皇様の大御心に結ばれて居る言事もあろう（明治神宮宮司髙澤信一郎様の筆跡である）。

扨て、何か急がされて居るような朝だった。近江神宮の「お守り」を持って、至誠館を訪ねた。何時もそうだが、先生にご連絡を取って伺った事は一度もない。ご連絡を取ると必ず都合を付けてお出座しになるからで、そんなご迷惑は掛けたくないからである。先生の錬成は大抵午后だから、午后一時頃までに着き、ご出勤を待とうと伺った処、先生はこの日に限って午前中に来られて居たとの事、惜しい事をしてしまった。たわいない事をしゃべって三時頃至誠館をお暇した。昨年の二月九日の事である。新型コロナ禍に世界中が混乱する中、至誠館も休館を余儀なくされ、先生もご自宅待機となられた。欠かす事のない道場の錬成がプツンと切れた事で、どんなにか消沈なさっておられる事やら？

「至誠館での錬成中に畳の上で死ぬことが出来たら、こんなに武道家冥利に尽きるものはない」と仰って居られた先生の道場が休館とは、しかし先生は「命」となられても、あの執念は並みのものではなく、何時も道場にあって錬成をされて居る事だろう。

何卒、此の道場を、門人の皆様方、小職もお忘れなく今後共ご教導賜ります様お願い申し上げ、先生のご冥福を心からお祈り致して居ります。

頓首

田中茂穂先生を偲ぶ

賀茂別雷神社（上賀茂神社）宮司　田中　安比呂

先ず以て令和二年五月十一日帰幽なさいました明治神宮武道場至誠館名誉館長の田中茂穂大人命に対し謹んで哀悼の意を表し、御霊永久に安らかなる事をお祈り致します。

小職は御縁あって平成十五年八月に京都市北区鎮座の賀茂別雷神社（上賀茂神社）第二百四代宮司を拝命致し

ましたが、それ迄は昭和四十年大学卒業から四十年弱明治神宮に奉職しておりましたので、田中先生と御縁を頂き恩恵を被った一人でございます。先生が帰幽なされる二ヶ月程前の三月十七日午後至誠館貴賓室で先生と暫し歓談する機会を得ました。その一週間前明治神宮の中島宮司（現名誉宮司）から「他言無用と言われたが名誉館長には病魔に冒され危機的な体調である」と連絡を受け、只ならぬ何かを感じ急ぎ先生が指導を勤められる火曜日を選び家内共々上京し、幸い小職は先生と家内は新百合ヶ丘で牧子夫人と面談が叶いました。お目にかかった先生は普段と何ら変わる事無く、淡々と病気の事や優秀な教え子達との師弟関係を築く事が出来た武道に一生を捧げられた幸せな人生であった事を述べられ、その言葉一つ一つ胸に迫るものがありました。お暇する時「会いに来てくれてありがとう」と玄関でお見送り頂いた道衣姿が今も昨日の如く思い出され、よもやそれが先生と今生の別れになってしまった事は悔やまれてなりません。先生から薫陶を受けた全ての方夫々に積もる思い出があろうかと存じますが、お許しを得て我が人生で幾度の困難をお助け頂きご指導頂いた先生との思い出の一端を述べさせて頂きます。

先ず昭和五十九年五月より同六十二年十一月迄教学部至誠館担当時代には、家内は敬神婦人会で牧子夫人と活動を、娘と息子二人も武道研修課の門人として且つ少年武学にてご教授頂く等家族ぐるみで先生と至誠館にお世話になっておりました。特に小職は毎年七月と十二月に先生のお供で鎌倉に住まいされる神社界の重鎮・葦津珍彦先生宅を訪問し、暫しご高説を賜る機会に恵まれました事や、武道場至誠館設立の目的である人材育成に資する為の各界著名人による講話（武学）を度々拝聴し様々な知識を得られました事は、至誠館担当者の特権として得難い経験を積む事が出来ました。その後昭和六十三年四月に総務部警衛課長を拝命した当時は、毎週日曜に代々木公園で反体制派の集会デモが行われ原宿周辺は騒然としておりました。そんな折先生には当時の警視庁岡村副総監と面会の手筈をお取り頂き五月六日副総監室にご案内頂きました。

岡村副総監は先生を正に師と仰ぐお方で、「明治神宮の護守は警視庁がしっかり致しますので何でもご相談下さい」と仰って頂きましたが、まさかその時は後に大変なお力を頂く事になろうとは夢想だにしておりませんでした。同年九月二十日に昭和天皇様御不例の報道が為されてから、天皇制反対を唱える輩の一部は原宿口にも押し寄せシュプレヒコールを轟かせ参拝者の境内参入を阻止する迄に至り、その都度代々木警察署へ排除を依頼する大混乱の状態が毎週日曜ごと続きました。師走を迎え来る初詣の警備計画を立てる頃、警視庁の警備管理官より呼び出しがあり「陛下の御不例により社会情勢が大混乱になっている中、例年通り初詣警備は実施出来ない、ましてや境内の警備は不可能であるので自主警備をするように、然し課長の一存で決められないだろうから一度上司と同道で来られたい、私から了解してもらうよう良く説明します」との指示を受けました。それからというもの、警備担当者として指示通りどれだけ多くの警備員を確保しても三が日で三百五十万の初詣参拝者を無事故で迎える事は不可能である事、仮に上司が説明を受けても到底納得しないであろう事、以前から境内で催事実施の際にも自主警備の要請があった事等が次々と頭によぎり無理難題と理解しつつも解決策が見出せず苦悶した結果、此は先生におすがりする他なしと考えるに至りました。

子細をご相談した処、早速に先の岡村副総監との面会を取り付けて頂き同行致しました処「明治天皇様を慕う多くの国民が今年一年の幸せを祈る初詣を無事故で過ごして頂く事が私達の仕事です、都内の治安警備にも万全を尽くしながら明治神宮と参拝者の安全は必ず守ります」との大変強いお気持ちを頂きました。こうして先生のお陰を以て明くる昭和六十四年は例年と変わりない体制で迎え、陛下の御平癒を祈る人々の影響か三が日は例年以上の参拝者で賑わい、初詣を無事過ごす事が叶いました。捉え方次第でしょうが此の件は昭和二十年の空襲による明治神宮本殿焼失以来最大の危機を先生が救って下さったと申しても過言ではないと考えております。

御平癒祈願も虚しく一月七日昭和天皇様御崩御遊ばされた後も、天皇制反対を唱える輩は全国規模で多数の神社・皇室関連施設に放火やロケットの打ち込み等益々過激な行動をエスカレートさせ、愈平成二年十一月十二日新帝陛下即位の礼当日が近づくにつれ被害は止まる事無く、傍若無人さに手が付けられない有様でした。即位の礼前日に代々木警察署警備課長から「今夜が最大の警戒日である、明日陛下が御即位為されれば最早彼らの打倒天皇制を主張する意味も価値も虚しいものになってしまう、それだけに彼らからすれば今夜は最大の決戦の夜と捉えているだろう、今夜を無事にやり過ごせば多少明治神宮の危機も緩衝されるかもしれないので今夜が山場だ」と、警備に万全を尽くすよう要請がありました。閉門後に各参入口を代々木警察署・機動隊に固めて頂き、境内はガードマン・職員と共に意を決して警備車で徹夜の巡回を致しました。最中の午後十一時頃至誠館の田尾憲男師範がお越しとの連絡があり急行致しますと「今夜は調べ物があり本を読みたいので至誠館で一泊します」と仰います。刹那田中先生が昭和三十五年六月米国アイゼンハワー大統領来日を羽田空港でお迎えになる昭和天皇様を、来日に反対する膨大なデモ隊から御守りすべく決死隊を結成された事を思い起こし、今正に田尾師範は明治神宮の危機に際し嘗ての田中先生同様に一身を以て明治天皇様を御守りする決死隊の覚悟で至誠館に籠もり今宵を過ごされるのだと直感致しました。田中先生の教えを実践なされる田尾師範のお姿を拝し、かような指導を為された先生との絆の強さ心の結びつきに心底感銘を覚え、その後は涙にむせび乍ら朝迄警備に勤しみ明治天皇様のご加護もあり即位の礼当日も被害は無く明治神宮を御守りする事が出来、先生には大きな危機を二度も救って頂いた事となりました。

平成十五年に賀茂別雷神社宮司として転任致しましたが、当神社には平安時代より二十一年毎に本殿以下諸社殿の檜皮葺屋根葺替等を行う「式年遷宮」の制度が定められており、平成二十七年は第四十二回目を迎える事になっておりました。現在国宝・重要文化財指定建造物で四十棟、他を含めると六十棟の檜皮葺屋根葺替を行う為には資金は基より文化庁との折衝が不可欠乍ら今迄深い繋がりがございませんでした。そこで又もや先生にご相談した処、元文科省官僚の草原克豪氏との御縁が結ばれ先生と田尾師範夫妻共々ご来京の際に開始された遷宮事業の状況を視察頂き更に文化庁担当者との御縁も結ばれたお陰により令和二年度にほぼ全社殿の檜皮葺屋根葺替が無事完了致しました事は、やはり先生のお導きがあればこそと今更乍ら痛感致しております。明治神宮奉職時より先生が厳しい乍らも至誠溢るる指導を為され各界各層に輩出なさいました多くの門人方と出逢い、今日に至る迄変わらずお付き合いを続けさせて頂いておりますが、その多くの種を蒔かれた偉大な武人で至誠を尽くされた先生に出逢えた事が我が人生で至高の宝と感謝に堪えません。

到底至らぬ事乍ら一門人としてこれからを生きる人たちへ先生の意思を伝えて行く事をお約束し、拙い言の葉を結びと致します。

近藤勇の再来

東京大学 昭和三十一年入学
東京大学合気道部 第三代主将
元衆議院議員
亀井静香

田中先生は近藤勇のように、真っ直ぐ一筋の道を貫かれた方でした。

先生との出会いは合気道の植芝盛平翁の高弟にあたる塩田剛三先生の養神館道場が新宿の筑土八幡にあり、そこへ私が通ったことから始まりました。田中先生はそこの師範をしておられ、私は当時東大の合気道同好会に所属しておりましたが、後にエスエス製薬の会長になられた数土直方さん、ＴＢＳの幹部になられた大川光行さん、東大教授になられた齋藤孝基さん、早くに亡くなってしまった親友の相原光義君、国鉄幹部になった田尾憲男君などと共に田中先生を師と仰ぎ、東大に正式の運動部としての合気道部を創設致しました。

当時の部員は田中先生の家族同然にご自宅に伺い、素晴らしく出来た美しい奥様の手料理で大酒を飲んで騒いだものでした。数土さんが先生愛用の日本刀を持ち出し、庭の桜の木をバッサリ切り倒し、刀を曲げてしまったこともありました。その後も田中先生を慕って中央大学、専修大学など多くの大学で合気道部が出来ましたが、私は先生にもっとご活動頂きたいと思い、広島県で同郷の明治神宮伊達宮司を訪ねました。伊達宮司は民間人で初めて明治神宮の宮司になられた方でした。私は宮司に明治神宮は六大学に神宮球場を貸して青少年教育に貢献しておられるのは非常にありがたいことですが、日本武道館のように日本の武道を広めることは青少年の心身育成にとって大切なことだと思いますので、更にそのためのご努力もされたらどうですかと申し上げた。当時一介の警察官であった私の突然の訪問にも拘らず、その主張に同感して頂き、当時の金で三十億円をかけた道場を神宮内に造って頂きました。道場名は僭越ながら私が至誠館と命名させて頂き、田中先生を初代館長としてお迎え致しました。先生が東大職員を辞められて館長として専念されるに至り、先生のお人柄、実力を慕って、その後全国の多くの大学が教えを乞うことになっていきました。

私が突然警察を辞めて何のバックアップもなく、故郷の選挙区に帰り衆議院議員に立候補した際には田中先生は草深い田舎まで応援に駆けつけて下さいました。当時マスコミも共産党候補者の名前は出しても、私は名前すら出して貰えぬ程の泡沫候補で、当選した時は奇跡の当選と言われたものです。そうした中で田中先生の応援がどんなに心強く有り難かったことか、四十年以上も昔のことですが忘れることが出来ません。

議員になり、忙しさにかまけ合気道から遠ざかっても先生との親交は途切れることがありませんでした。先生を慕う先輩友人らと共に年に数回は先生を囲んでの会が開催され、いつも皆の中心で微笑んでおられました。筆マメな先生が度々下さる手紙には引き続き至誠館の名誉館長として指導に励む先生の元気なご様子や門人達への気遣いなどが綴られており、ご無沙汰しているＯＢ連中の近況も手に取る様に伺い知ることができました。病気が判明してからも最後まで普段通りの生活をされ、合気道を通じた交流は途切れることがなく、亡くなる数ヶ月前にも先生を囲んだ会にご出席頂き、そのお姿に触れることができました。

私は先生と知遇を得て、学生時代から先生が亡くなる直前まで半世紀以上もの長きに亘り続いたご縁とご指導を頂いてきたことに心から感謝し、お礼を申し上げたい気持ちでいっぱいです。心からのご冥福と奥様はじめご遺族様のご健勝を祈念しております。そして動けなくなる直前まで至誠館に通い、合気道という一筋の道を貫いた先生を見習って、現在八十四歳を迎えた私ではありますが太陽光とバイオマス発電という新たな事業にも着手し、生涯現役を貫きたいと思っているところです。

神籬《ひもろぎ》を立て、神々に祈る

田中師範の臍下丹田力～戦後教育の忘れもの～

明治神宮武道場至誠館 名誉師範　稲葉　稔

一燈を提げて暗夜を行く。
暗夜を憂うること勿れ。
只だ一燈を頼め。

〔訳文〕暗い夜路を行く場合、一張りの提灯をさげて行くならば、如何に暗くとも心配するな。ただその一つの提灯を頼んで行けばよいのだ。（佐藤一斎著　川上正光全訳注　言志四録（三）言志晩録　講談社学術文庫）

○

昨年五月、田中師範が他界されたのに際しては、既に十月の時点で赤門誌に追悼の辞「田中茂穂大人命《うしのみこと》」を書いたものの、その師範への思いがしっくりと表現できていない感が残った。

でも葬儀場に飾られていた写真は、印象深いもので、脱俗した顔つきをされていた。

東大合気道部の師範とともに至誠館館長も引き継いで、今日まで文武両面で、田中師範のもとで微力をつくしてきたつもりだが、こうして帰幽という現実に直面してみると、私自身、田中師範の武道から何を学び取っただろうか、を考えると忸怩たるものがあって、その辺を少しでも言葉に出来ればと思った。

明治記念館の追悼式の日には、田中師範の思い出のアルバムの一つとして、昭和五十一年の六月に、パリのユネスコで開かれた日本フェスティバルの時の演武の写真三枚を出しておいたが、思い出がよみがえって私には、田中師範の武道の威力を学びとる契機にもなったのではないかと感じたので、ここにその時の写真を掲載して一言附する。

明治神宮の社務所で準備して頂いた〝ひもろぎ〟を彼の地にしつらえて、神前への拝礼を中心にした。（神籬を前に、田中師範、その後ろに稲葉、西村、中田の三者が並んで、神籬・磐境（いわさか）のまわりに、多くの観客が坐るという写真①の配置である）

日本の武道演武では大学の校旗などが掲げられているので、さして珍しくない状景ともいえるが、外国の地で、特にヨーロッパ文化の中心パリのユネスコで、こうした状景をつくり出したのは、遠く日本を意識し、あらためて神道的武道の姿を自覚した場面になって、日本武道とは何かの問題提起になったのではないだろうか。

そして二枚目の写真。これは写真撮影の出来はよくなかったが、私の記憶に鮮やかに残る。私が大舞台での攻撃役となって田中師範に〝迫った〟貴重な写真で、それなりに体感を得たとの実感がある。私にとっては、タイムを逸した写真②③ではあるが、威力を秘めて敵前に一歩を踏み込んで来る田中師範をまざまざと感じとった場面であった。無刀取りの足の踏み込みの一瞬のくずしを、この写真から学び取ることが出来るのではないかと思う。まさに体のひらめきを体感した瞬間と言ってよい場面でもあった。

果たして同じく攻撃に徹した西村、中田両君や他の見学者にはどう見えただろうか――。また真横で椅子に坐ってみていた主催者側の文部省（当時）出向の草原さんにはどのように映ったかは、興味深いところ。

これは単なる昭和五十一年（一九七六年）の三枚の写真ではあるが、こうした一瞬、一瞬の積み重ねにこそ、修錬者の丹田の力が重ねられ、練り上げられて不動の精神・気概・体となって行く。そこに学びの教えが出てくるのだろう。

その意味で、田中師範の生涯は〝永世師範〟を全うされた人生となったといえるのだと思う。

（令和三年六月記）

①昭和五十一年六月、パリのユネスコ、日本フェスティバルで神籬を立てての演武。前列が田中師範、後列に稲葉、西村、中田。

②無刀取りの体の捌き。

③半身、半立ちの当て身技。

いずれの技も、逃げずに入身して敵の体（攻撃）を崩しているのが特徴で、臍下丹田の威力と言ってよいだろう。

田中先生を偲ぶ

明治神宮武道場至誠館 第三代館長　荒谷　卓

田中先生にはじめてお目にかかったのは、東京理科大学在学中、恩師西村司先生によって至誠館に連れていかれたときであった。その後、度々日曜日の稽古に西村先生と参加させていただき、稽古の後は決まって参宮橋の上海飯店で昼ご飯をご一緒させていただいた。どんなお話をされていたかほとんど記憶にないが、西村先生が父親のように慕っている様子が印象的であった。

私は、性質が攻撃的で、当時は空手に没頭していたせいか合気道には全く興味を持たず、先生とのご縁は薄いものと思っていた。

自衛隊に入り習志野駐屯地第一空挺団の基本降下課程に入校中の折、鎌倉の葦津珍彦先生のご自宅を訪ねた。私が至誠館との関わりを話すと、葦津先生は島田和繁先生のお話をされ、至誠館で学ぶのであれば島田先生に師事しなさいとおっしゃった。続いて、田中先生のお話となり、昭和三十五年六月十九日のこととなった。アイゼンハワー米国大統領の訪日に際し昭和天皇が羽田までお出迎えになるにあたり、極左学生の襲撃から天皇陛下の御身を守る為玉砕を覚悟で羽田に突入するという話である。

実は、この話はそれ以前に島田先生からうかがっていた。当日、島田先生は白装束で奥さんと水杯を交わして「いざ湊川」と出陣したというものである。しかし、アイゼンハワー大統領の訪日が中止となり、突撃は断ち消え家に戻ると、島田先生の奥様が言ったのは「今朝、水杯を交わして出て行きながら、よくもおめおめと帰れましたね」というような話だった。私は、この話を聞いて島田先生を崇敬するようになった。

ただ私は、その一党に田中先生も入っていたということは、この時葦津先生から初めて聞いた。葦津先生は、「突撃に際し武器はどうするか質問したところ（田中先生は）『なに、敵の武器を奪えばいい』と答えた。強い人だ。」というようなお話を本当に感服している様子でなさった。いつもの稽古帰りに上海飯店で飯を食いながらお話をされている田中先生からは、そのような印象を全く受けていなかった私はとても驚いた。

後に、ご本人にそのことについて質問をすると、「生まれて間もない子供の顔がちらついて即答できなかったが、島田さんの申し出は断れなかった。」ということを聞いて感銘を受けたのを覚えている。おそらく、島田先生がいたからこその決断ではあったろうが、正に玉砕の覚悟を決断されたことは私の心をひきつけた。そのような生き様死に様は、私が小学生のころからの願望であるからだ。それ以来、田中先生には敬意を払うこととした。

葦津先生が、田中先生を明治神宮武道場至誠館館長にと推挙した理由も腑に落ちた。そして、島田先生、田中先生という行動の決断ができる国士がいる至誠館に対し、強い思いを抱くようになった。

とはいっても、一般門人に過ぎない私にとっては、それ以上に深いご縁ができるものとは思ってもみなかったが、稲葉稔二代目館長の推挙で三代目至誠館館長となることで、田中先生とのご縁は深まることとなった。

田中先生は、私が館長になることをとても心配していた。それもそのはず、私は一門人で指導員でもなく、しかも自衛官として国内外を転々としており熱心に稽古に通っていたわけでもないのだから当然である。もし、田中先生が、断固として反対されれば私は館長には就かなかったであろう。しかし、田中先生は、大変心配しながらも、武道家としては素人の私を明治神宮至誠館館長とし、それを支えようと心遣いをされた。それは、明治神宮武道場至誠館を何とかして守り続け発展させたいという思いであったろうと推察する。

遠くから見ていると立派に見える人間でも、一緒に仕事をしてみると全く期待外れの人間がいる一方で、田中先生の場合は、明治神宮至誠館館長として親しく関わりだしてそのお人柄のすばらしさがしみじみと分かった。明治神宮至誠館のためであれば、ご自身の考えや思いを押し殺してでも協賛する姿をよく目にした。そして、御祭神の大御心への忠の精神は誰にも劣ることがなかった。正に、明治神宮武道場の館長として生涯力を尽くされた方であった。

私が、至誠館の館長になる前は、西村先生に同行してお会いすることしかなかったわけだが、館長就任後は、毎日のように田中先生とお話しすることとなった。至誠館についてのお話の端々に、田中先生がいかに至誠館を大切になさっているかが分かった。

そうした話の中で、田中先生が話したのは、初代至誠館館長に就任した当初、門人に対し明治神宮武道場至誠館としての段位授与をしたかったという話である。しかし、当時は創設したばかりの至誠館が、独自に段位を付与するのは時期尚早ということで断念したということだった。至誠館は、開設当初より弓道科、剣道科、柔道科、武道研修科そして武学という構成になっており、弓道科の門人は全日本弓道連盟から、剣道科の門人は全日本剣道連盟から、柔道家の門人は全日本柔道連盟からそれぞれ段位を授かるというものだった。しかし、明治神宮境内に武道場を創設することを願った葦津先生の思いは、御祭神の、大御心を奉戴する日本人の育成にあり、明治神宮武道場至誠館で鍛練する目的はそこになくてはならない。術技の練度評価認定は夫々の団体に任せるとしても、根本において至誠館での武学と武道の文武両面の修養は明治神宮至誠館の責務である。特に、私のような一般門人が、明治神宮の武道場に入門する意義は、御祭神に対する崇敬の念があるからであり、私をはじめ多くの一般門人は、明治神宮の武道場で修学鍛練する以上、段位は明治神宮至誠館から頂けるものだとばかり思っていた。ところが、武道研修科における授与段位は公益財団法人合気会の段位であり、私はそれまで合気会と自分が関わりのあることさえ知らなかったので大変驚いた。そういう経験を持つ私にとって、田中館長が初代館長として明治神宮至誠館の段位を授与したいという思いには強く共感した。

そこで私は、明治神宮武道場至誠館としての段位授与制度の制定について、田中館長と明治神宮宮司（当時中島宮司）に相談した。田中先生は、門人をはじめ周りの者が明治神宮至誠館の段位を頂きたいという思いがあるのであれば、それは結構なことだというご意見であった。中島宮司は趣旨に賛同するので委員会を立ち上げて細部を検討してもらいたいということであった。その後、権宮司を長とし、田尾運営委員と歴代館長から成る委員会を立ち上げ検討することとなった。

結果としては、明治神宮武道場至誠館武道段位制度は制定したが、田中館長には多大なるご心配をおかけすることとなった。

田中先生から頂戴した御恩に報いることなく不敬のままの私ではあるが、遠く熊野から田中先生に対する報恩感謝の念だけは祈り続けている所である。

武人《もののふ》　田中茂穂先生

東京大学　昭和三十年入学
東京大学合気道部 第二代主将

大川　光行

昭和二十九年（一九五四年）の暮れ、七徳堂の一隅で田中茂穂先生が一人の学生を相手に稽古を始めたのが「部」

の歴史の始まりであり、この事実をもって先生は東大合気道部の創始者となった。当時は、ご自身が作った勧誘ビラを立ち木に貼るなど苦労もされたが、時が経つほどに学生の数も増え、練習内容も充実していく。最初は東大合気道会と称したが、大学公認の部となるのに時間はかからなかった。その後も着実に発展を続け、創部十周年には、記念事業として田中先生以下学生十数名が二か月にわたる米国遠征を挙行するまでになった。東大合気道部の歴史の中で、この辺りまでが草創期というべきか。先生とOB、学生が一体になって新天地を開拓していった波乱の時代だ。

先生の活躍は東大だけにとどまらない。昭和四十八年から明治神宮至誠館の師範となり、さらに館長となって武道の振興発展に大いに尽くすのだが、その一方で、中央大、専修大、金沢大、富山大など、いくつもの大学の師範を兼ね、多くの門人を育てた。全国組織「全日本学生合気道連盟」の設立にも関与し、学生合気道界の先駆的指導者となって行く。これも又、先生の大きな功績の一つであろう。

私が田中先生に初めてお会いしてから、六十数年もの刻が経つ。先生には、学生時代だけでなく、社会人になってもご厚誼を戴き、随分とお世話になった。誠に良き師に巡り合えたと、嬉しく誇らしく感謝しているが、そう思うのは、私一人だけではあるまい。

初めて袴をはいて稽古した日は随分と遠い昔のことだが、今でも技をかける先生の身体の動きや、投げられた時の浮遊感、汗の滲んだ稽古着の臭いなどを思いだすことがある。

創部の頃の先生は若かった。我々と年の差も少なく、師弟というよりも兄弟という間柄だった。我々の多くが初心者で、技も理論も知らない若者を、先生は丁寧に一人一人、手を取って教えてくれた。

先生は、武道家にままある権威主義者ではなかった。礼節を重んじたが、細かいことは学生に任せた。道場には、いつも明るく自由な雰囲気があった。合気道自体が、歴史が浅く、あまり知られていなかった時代である。歴史が浅いことが幸いして、厳しすぎる規律や、悪しき慣習は生まれず、上下関係も良好に保つことが出来た。そんなわけで、「非権威主義、自由、自主」が合気道部の伝統の一つとなった。

我々は、よく新婚ほやほやの先生宅へ押しかけ、痛飲放歌した。そのまま泊まっていく者もいたし、中には先生の刀で庭先の木に切りつける乱暴な先輩もいたが、先生は笑ってこれを許した。先生だけでなく、奥様も、ご家族挙げて我々を歓迎してくださった。

時が移り、人は去来し、学生気質は変化していっても、良好な師弟の関係は長く保たれ、卒業後も先生との交流は絶えることがなかった。

先生は、道場においても、日常の付き合いにしても、変わらぬ温顔で人に接した。学生やＯＢの集会や宴会には必ず顔を出し、言葉を交わした。筆まめで手紙をよく書かれたし、文章もよくした。親しい知人が亡くなれば涙し、慶事あれば自分の事のように喜んだ。

情義篤い田中先生は、自らの行動によって「人と人、過去と現在」を結んだ。

指導者、部員、先輩の三つの要素がうまく融合し、纏まって機能すれば、組織は勢い盛んとなる。東大合気道部は、田中先生を中心に現役学生、ＯＢが結束して部を発展させ歴史を創っていった。「絆の固さ」それも東大合気道部の伝統の一つだ。

先生は合気道を心から愛し、この技を磨き人に伝えることを無上の喜びとした。六十年以上も現役の指導者として活躍し、炎暑の夏、酷寒の冬でも変わらず畳上に立ち稽古をつけた。晩年になって、身体を案じた我々が、「稽古をお控えになったらどうですか。椅子に座って全体を監督する方法もあります」と勧めても「畳の上で死ねば本望」と言って、それをしりぞけた。お亡くなりになる直前は、さすがに足腰が弱くなり道場へ通うことが難しくなっていたが、それでも家人に車で送ってもらい至誠館の畳上に立つ執念を見せたという。

先生は行動の規範を「武士道」においた。日本古来の精神を尊び、常日頃から武人らしく、武道家らしくあれと自分を律していた。「武士道」を声高に語ることはなかったが、日常の佇まいや、行動、語る言葉、残された書簡などに、それは伺える。先生は、平成二十一年の全日本学生合気道連盟の五十周年記念号に寄せた文章の中で、次のように記している。

「武道、合気道を学ぶということは、武士道を学ぶということである。
夢忘れることなかれ」

先生は、人生の最終章に至っても「もののふ」の心を失わなかった。医者から「余命いくばくもなし」と告知された後も、「老生は、武人として、雄々しく凛として人生を全うしたい」と人に告げて、言葉通り従容と逝かれた。

墓は、多摩丘陵の広大な霊園の一角にある。墓石には、近江神宮佐藤久忠宮司の雄渾な字で「田中家」と彫れており、側面には「田中茂穂大人命　令和二年五月十一日帰幽　享年九十三」と記されている。

春には万朶の花が咲き匂うという。先生はそこに静かに眠っている。

田中先生と養神館道場

専修大学 昭和三十一年入学
専修大学合気道部 初代主将
若林 喜美

昭和三十年十月、私と同郷の中島久夫君（後に専大合気同好会メンバー）は、同年六月に新宿区筑土八幡に開設された合気道養神館道場に松田喬平先生の紹介で内弟子として入門した。養神館道場は開設後四ヶ月程であったが既に数百名の門人が朝・昼・夜の稽古に励んでいた。

此処で養神館道場設立について記します。設立にあたっては、政治・経済・文化等様々な分野の先人の思いを松田喬平先生が「養神館道場設立趣意書」として纏めました。その趣意書の中には「合気道の発展が社会の人々を益すること多きを確信する」として居ります。そして設立賛助員芳名者として、緒方竹虎、岸信介、辰野隆、堤康次郎、工藤昭四郎、南喜一、等二十三名が署名。初代合気道養神会（養神館）会長に緒方竹虎氏が就任。指導者は塩田剛三館長、寺田精之、松尾忠敬、田中茂穂、渡辺準任、杉井初太郎、野口幸男の各師範。

田中先生は養神館にこられる以前は植芝道場で既に指導者としてご活躍されて居られたが、養神館にこられたことについて先生は、塩田館長の懇請により、松田喬平先生ともお会いして決めたと仰っておりました。

この時期は出張稽古がまだ続いて居り、師範は交代で経済同友会会員会社や日本鋼管京浜地区四事業所等へ指導稽古に出掛けて居りました。田中先生は結婚されるまで道場の夜稽古・泊り・朝稽古が多くありました。内弟子の稽古は「受」を取るのが大変で内弟子の三人は皆必死でした。

先生は自分自身にも厳しく、合気や居合の稽古に打ち込む姿が何時もありました。稽古後の風呂は内弟子三人が交代で先生の背中を流しました。先生と内弟子は事務所の二階が寝室でしたが、寝る前に雑談していると、先生が背広から一枚の写真を出され、「此の方（女性）はどうかね」と三人に見せ、私達が「先生は美人好みですね」と言うと、先生は笑って背広へ仕舞われたことがありました。この様に田中先生と私達は年齢差が七つ位ということもあり、道場外では「長兄」のように接して下さいました。

養神館での内弟子は三年間程でしたが、この間に一生の友となる専修大学の綱嶋辰平君との出会い、また専修大学の大先輩である河野来吉労働文化社社長ともお会いすることができました。河野社長は養神館道場で田中先生に稽古で指導を受けるうち先生の大ファンとなり、綱嶋君や私に田中先生を我が校へお迎えしようではないかと言われました。しかし綱嶋君も私も卒業を控え困惑してしまったのですが、幸いにも綱嶋君がその後も河野社長との付き合いを保って居ったことにより、昭和三十七年に河野社長の推挙により田中先生は専修大学合気道部師範になられました。以来六十年、正に専修大学合気道部の「師」として「親」としてご指導を賜り誠に有難うございました。心より御礼申し上げます。

専修大学合気道部はこれからも師と共に有り、武士道精神の継承に務めて参ります。

先生のご冥福を心よりお祈り致します。

今こそ合気道の稽古を！

中央大学 昭和三十一年入学
中央大学合気道部 名誉監督

椎津 信一

田中先生に初めてお目に掛かったのは、私が大学に入学し、養神館に入門した後でした。先生のご功績は多々ありますが、その中でも全日本学生合気道連盟の発足に寄与されたことは特筆するべきことだったと思います。昭和三十四年六月頃だと思います。東京大学、中央大学、専修大学、明治学院大学、拓殖大学が参加して、どの団体にも属さず学生だけで運営する全日本学生合気道連盟を作ろうという機運が高まりました。もちろん、田中先生の存在があればこそのことでした。

東京大学は、亀井静香、相原光義、倉田出。中央大学は、小山章二郎、堀田泰弘、椎津信一、木下勝裕、若狭博。専修大学は、網嶋辰平。明治学院大学は宮下が、それぞれ集まりました。中央大学の椎津は合気道部大学公認の作業に専念するため、協力は全面的にするがメンバーからはずれ、他の四人に任せる事になりました。

昭和三十五年六月、後楽園ホールで第一回全日本学生合気道演武大会が開かれました。私も出場し、演武に参加しました。その後、昭和三十九年に日本武道館ができるまで、開催場所は転々としていましたが、毎年、演武大会を行っていました。東京オリンピック後は、日本武道館で毎年秋には、全日本学生合気道演武大会が開かれ、現在に至っております。

一昨年は、二回目の東京オリンピックに向けた日本武道館のリニューアルのために、そして、昨年は、コロナウイルスによる使用禁止により、令和元年から演武大会は中止となっていますが、再開できたときに備え、稽古に励むべきと考えます。このような時こそ、稽古に励むことが大切なのです。

そして、それが田中先生の願いであり、生きている弟子が取るべき道です。門下生が合気道の稽古に励むことが、田中先生に対する最大の供養なのです。田中先生のご冥福を心より祈念致します。

田中先生とともに六十年の恩義

至誠館 運営委員・名誉師範
金沢大学合気道部 武学師範
東京大学 昭和三十六年入学
田尾 憲男

明治神宮至誠館名誉館長・田中茂穂先生は、九段位という合気道現役最高位の九十二歳で大往生を遂げ、ついに彼岸の人となられた。

令和二年五月十一日朝、ご自宅のベッドに横たわる先生の死に顔は、安らかに眠るがごとく、おだやかで実にいいお顔だった。ご自宅で御家族に見守られての、覚悟の死だった。

先生は令和二年の年明けから病院で検査を受け、余命長くて半年の宣告を受けてからも、門人の運営する名古屋や都内江戸川橋の道場に指導に赴き、至誠館では、コロナ禍で休館を余儀なくされた三月末まで、毎週稽古指導を続けられた。四月からは、ご自宅で療養につとめられ、時に痛みをこらえながらも、可愛いひまごさんの顔を見て日々の成長を喜び、ご家族と訪問医の看護を受けながら静かに過ごされていた。「人事を尽くして天命を待つ」とのご心境ではなかったろうか。「死して後、止む」、先生の生前のお言葉どおりの最期だった。

田中先生は私にとっては大恩人である。若くして田中先生に出会えたことで、その後の私の人生行路が方向づけられたといってよい。先生とともに歩んだ人生は、実に六十年にも及ぶ。

最初の出会いは、私が東大入学を果たすと同時に文武両道を志し、初めて見知った合気道のクラブに入部した時だった。これが機縁となり、稽古を積むうちに、先生の刎頸の畏友で、部のコーチでもあった島田和繁先生を知ることになった。当時は都立高校の先生だったが、やがて学習院の中等科に移り、当時の皇太子殿下と秋篠宮殿下の歴史を担当されることになった。晩年は至誠館の少年武学も担当して下さった。この島田先生の親切なご紹介により、これまた私の人生の大恩人となる葦津珍彦《あしづうずひこ》先生とめぐり会うことができ、その卓越した日本人としての思想と論理に魅了され、師と仰いで門下生となることを志した。

私は誠に幸せなことに、大学六年間の合気道部生活を通じてこの得難い三人の師とめぐり会え、卒業後も引き続きご指導を仰ぎ、終生それぞれに一方ならず知遇を得て恩顧をこうむってきた。そして昭和六十年には、「名伯楽」の島田先生を五十八歳で、平成四年には葦津先生を八十二歳で、令和に入って田中先生を九十二歳で、それぞれ最期を見届けることとなった。こうして三人の師を彼岸に見送った私も、過去をふりかえる暇もなく、いつの間にか八十路を間近に迎える老身となった。私が真に「先生」と呼べる人物は、今生にはもういない。

田中先生ならびに島田先生、それに私共々師と仰いだ葦津珍彦先生は、「昭和の北畠親房」といわれるほどの偉大な在野の戦闘的思想家だった。とくに敗戦後は、自ら日本の神道と皇室の「社会的防衛者」を自任し、占領軍ＧＨＱに対抗するべく神社新報社を設立してその主幹となり、ペンをもって果敢に実戦された。独立後は、傷ついた日本の伝統回復を目指す様々な国民運動を企図され、多くの人々から頼るべき理論的指導者として仰がれた。とくに神社界では高名な人物で、明治神宮でも『明治天皇詔勅謹解』の編纂などを通じ、また後には、明治天皇欽定の『大日本帝国憲法制定史』を執筆するなどして、神宮の大事な事業に貢献しておられた。先生から私どもは、武道を志す者として「己の本心」に忠に、「生命以上の価値」をもとめて生き、「士は己を知る者のために死す」との大事な精神と心得を教わった。

合気道道主植芝盛平翁から、「合気道は皇祖皇宗の御遺訓」と教わり、その精神を終生大事にしておられた田中先生も、やはり島田先生を通して葦津先生を知り、昭和三十五年の「安保騒動」の激動の時代に、米国大統領を迎える天皇陛下を反対派の過激暴徒からお護りするために、少数の同志で羽田への決死行を誓ったことで葦津先生から絶大なる信頼を得た。合気道本部道場で島田先生とめぐり会った稲葉稔氏も、島田先生の紹介で葦津先生を知り、以後ひんぱんに指導を受け、彼もまた先生の信頼を得て門下生となって亡くなられるまで先生の活動を支えた。

昭和三十～四十年代の国内騒乱の乱世の時代を背景に、明治神宮が至誠館創設に至ったのは、こうした葦津先生を中心とする得難い人縁にもとづくもので、田中茂穂・稲葉稔という二人のすぐれた武道家の存在を前提に、島田先生の元々の「小さな道場建設」の発意を、葦津先生が「日本武士道精神復興」の基礎となる堂々たる道場にと、綿密に練り上げてその建設を明治神宮にはたらきかけたことによる。田中先生を「国士」として終生兄事して尽くした、当時若き警察官僚だった亀井静香氏も助力された。

こうした熱意にいたく共鳴された伊達巽元宮司らが、鎮座五十年の記念事業として武道場の建設を決意され、それが神宮外苑ではなく内苑の教学施設として建造され、昭和四十八年十月十日開館の運びとなった。当時、東大の職員で合気道部の師範をされていた田中先生がその専任師範として、同じく師範代だった稲葉氏は師範として招聘され、後にお二人は初代館長、二代目館長として至誠館発展の基礎を固められたのであった。私は、翌年に当時の日本国有鉄道の金沢鉄道管理局から東京本社に戻ってきてすぐに、至誠館の四科門人全員を対象とした「武学」と称する座学の担当師範を拝命し、田中・稲葉の二代の館長を補佐して平成二十一年まで、三十五年余の師範としての務めを果たしてきた。

田中先生の一人間としての偉さは、若い時から合気道の稽古を楽しみとされ、死の床に就く九十二歳まで、生涯現役で「武の道」を貫き通されたことだった。これは驚くべきことで、どんな武道家であれ、容易に真似できることではない。そこには御祭神のお力もはたらいていたと思われるが、先生のご努力の凄さがあった。

八十歳頃の心境を吐露されて自らお詠みになった次のようなお歌にそれがうかがえる。

御祭神の　お諭《さと》し胸に　かしこみて　生きんと思ふ　死なんと思ふ
老残の　身にしあれども　益荒男《ますらお》の　道をもとめん　魂離《たまさか》るまで

先生はまた明治神宮に奉職されてしばらくたってから、葦津先生が「剛直なる憲法学者」として敬事されておられ、先生もまた畏敬されていた井上孚麿《たかまろ》先生に報告に行かれた折に、井上先生からは

身をつくし　心をつくし　鍛えこし　いのち捧げて　つかへまつらめ

という激励のお歌を賜っていた。先生が常にそれを抱持され、心の支えとしていたことも、生涯現役の大きな力となっていた。

田中先生は「武の道」とともに、「文の道」、「敷島の道」をもとめることにも終生熱心だった。よく読書され、益荒男の歌を愛好され、学生や門人たちは酒席でその美声を聞くのが楽しみだった。大学の部誌や至誠館の記念

誌などには、武士道の精神に関する熱意の文や政治・社会の乱れた風潮を憂える文などをよく寄稿されていた。また、滅入った時などには自ら歌に托して己を奮起しておられた。私はよく書簡を頂いたが、文のあとには、折々の心境を暗示させる気に入った俳句や和歌が添えられていた。死を覚悟されてからの手紙文には

死に支度　いたせいたせと　桜かな　（小林　一茶）

ともすれば　若き身力　還り来む　目覚まし後の　夢のごとくに　（窪田　空穂）

などが添えられていた。

田中先生は人に対しては誠に「情義」に厚い方だった。義理人情を大切にされ、各大学の学生や先輩、至誠館の門人たちに対する情愛は一入で、特に自分より先に逝った若い人たちに対する惜別の情は格別のものがあった。しかし、道にはずれた行いをする者は許さなかった。道義をわきまえぬ、恥を知らぬ者には厳しいところがあった。田中先生が生涯を通じて時代と社会に果された役割と功績は限りなく大きい。何よりも、大学の学問教育を補う大事な人格形成の場として、武道のクラブ活動指導の「教育者」としての功績が大きい。生涯にわたり、五大学を中心に、大学の道場と至誠館において武道を通じて学生達の心身を鍛え、毎年数多くの前途有為の人材を世に送り出してこられた。卒業後も良好な師弟の関係は続き、昭和の終わり頃には一度「田中先生仲人の会」を開いて夫婦で集ったことがあったが、私を含め、結婚で媒酌の労まで取っていただいた者は、その後も含めれば五十組を超えていただろう。

さらに「武道家」としては、合気道と鹿島神流の日本武道を、国の内外に紹介して広めた功績が大きい。国内では全日本学生合気道連盟での指導にも当たり、海外では欧米やアジアの諸外国に何度も出かけて演武や指導を

行ってこられた。その数は十ヵ国以上にのぼる。外国で活躍する門人たちの指導、協力も大きかった。私は五大学の部の周年行事で、東大時代にはアメリカとカナダへ、また専修大学と金沢大学とは韓国へ、それぞれ武道を通じた学生交流で先生と行をともにした。とくにイギリスとは、私が留学先の大学で合気道クラブをつくり、また道場指導者の招請で英国各地の稽古指導を手伝ったことが機縁となって英国合気道連盟ができ、会長のパット・ストラトフォード氏と田中先生は兄弟のごとき親交を結ばれた。東大や金沢大のＯＢや至誠館の門人らの協力もあって、先生と一緒に英国に何度も赴いたことが今はなつかしく想い出される。

こうした一連の功績で田中先生は、中央大学、専修大学、東京大学、金沢大学などの諸大学から、学長や理事長表彰などを受けられるとともに、体育功労者として文部大臣表彰、日本武道を広め、武道を通じた外国との親善功労者として、英国の会長とともに外務大臣表彰を受賞された。さらに叙勲で、平成五年に木杯一組台付、平成二十一年には「旭日小授章」を受章された。受章の折には、先生は奥様とともに皇居豊明殿に参内し、天皇陛下に拝謁、陛下より優渥なる御言葉を賜り、「洵に生涯の光栄」と感激された。

先生は生涯を通じて多くの人々から慕われ、益荒男の道をもとめて意義ある人生を全うされた。関係大学の合気道部に対しては、生前に遺言で「武士道精神の継承」を託された。先生の教えを受けた私どもは、これを肝に銘じて忘れず、日々実践努力して後世に伝えて行かねばならない。それが先生の教えに報い、先生によろこんでいただける道でもあろう。

田中先生との六十年の思い出は尽きない。今生の恩義に只々感謝申し上げるのみである。

武に七徳あり

東京大学 昭和五十七年入学
赤門合気道倶楽部 理事長
平間 久顕

田中先生がご逝去され、あっという間に一年が経ちました。今なお、またお会いできるという気がしてなりません。先日、久しぶりに七徳堂に立ち寄りましたが、ふと、田中先生の面影が浮かんできました。そして、その一番弟子の一人である藤森先輩のことを思い出しました。「武道場の裏の木の芽のはじくころ医学部食堂の匂いたちそめにけり」。藤森さんの遺歌集『武徳』から一つ引用させていただきました。七徳堂には、田中先生の稽古での畳の感触、道着と汗の匂い、技と技の間に息を整えながら聞いていた田中先生の訓話の数々、演武会の後で酌み交わした酒の味など、五感をくすぐる空気が満ちています。

スマートフォンに保存されている最近の写真を指でめくっていくと、いつもと変わらない先生が写っています。一昨年の夏、田中先生門下の専修大と中央大の合気道部同期と、先生のお宅におしかけて酒を酌み交わしている写真があります（毎度、ろくに片づけもせず、奥様、お嬢様には申し訳ございません）。そして、その年の十二月三日、秩父夜祭にも、先生ご夫妻のお元気な姿がありました。

田中先生はそれこそ数えきれないほどたくさんの学生を指導されました。弟子たちは、大学卒業後は本格的な合気道の稽古から遠ざかることが多い訳ですが、久しぶりに先生とひとこと言葉を交わしたくて、年に一度の赤門総会では、先輩から若手まで、先生を囲んで次から次へと談笑の輪ができます。先生も、弟子たちのことを良く覚えておられて、それぞれの近況を気にかけ、また各界での弟子たちの活躍を心から喜んでいらっしゃいました。

創部当時の大先輩たちによる先生を囲む会に陪席させていただいたことがあります。宴もたけなわになると亀井さんを中心にして歌合戦が始まります。先生ご自身も歌われますが、何より先輩方それぞれのキャラクターがにじみ出る歌いっぷりに、本当に楽しそうにそれを眺めている先生の表情が忘れられません。

先生から時々お葉書をいただくことがありました。いつも小さな字でぎっしりと、激励のメッセージを届けてくださいました。道場にはすっかりご無沙汰している不肖の弟子としては、ちょっとした折に先生のお葉書が届くと恐縮するばかりでした。

四十年近く前、私が合気道部の現役だった頃を思い出します。主将ともなると、田中先生の受けをとることも多くなりますが、特に演武会の時は、先生の投げはとても厳しく、私はいつも緊張していました。緊張するとますます体が硬くなって、投げられた時の衝撃もより大きくなるもので、先生には無駄な力が入りすぎていることをよく注意されたものです。

現役三年の時に、創部三十周年を記念して、一年先輩の山岸主将のもと、韓国の五大学を訪問して演武会を行いました。いずれの大学でも大いに歓迎を受け、訪韓プロジェクトの趣意書に掲げた、両国の若者が武道を通じてお互いの理解を深めるという思いでみな懸命でした。しかし、当時も日韓には難しい側面があり、訪韓中に何かが起きるかもしれないという緊張感が少なからずありました。そのような中、ご同行いただいた田中先生にはご心配をおかけすることも多々あったと思いますが、先生はいつもと変わらない威厳をもって、我々の後ろ盾となっていただき、彼の地においても思う存分日頃の鍛錬の成果を発揮することができたと思っています。帰国後も、先生を慕って、何度か来日し交流が続いた大学もありました。

田中先生を偲ぶ『お別れの会』でパネルに掲げる写真を選ぶために、韓国遠征のアルバムを引っ張りだしました。先生のとっておきの笑顔の写真をいくつか見つけました。テコンドウのチャンピオンを部屋に招いて酒を酌み交わしている写真があります。彼は徴兵で北との最前線に立っていた筋金入りの武人であり、とても礼儀正しい方でした。東亜大学の舞踊科の女子学生たちとの記念写真があります。演武会終了後、彼女たちはサプライズで韓国の伝統舞踊を披露してくれました。そして無事帰国して成田空港で撮った集合写真もとても穏やかな笑顔です。

東大合気道部は、田中先生が手塩にかけて育てられ、今日まで歴史を刻んできました。先生の盟友である島田コーチ（島田先生が生前最後に来られた稽古が私の現役最後の夏合宿でした）が、赤門誌に寄稿された「思い出すまま」という文章の中で、創部当時の様子を語っています。「東大の医学部勤務だった田中さんは、やがて七徳堂でも稽古を始めた。昼休みに七徳堂に待っていて迷い込んだ学生に稽古をさせる。かくして日本で初めての大学合気道同好会が発足した。医学部の学生が中心だった。若先生（吉祥丸さん）を誘って応援に駈け付けたこともあったが、学生が永続きせず田中さん一人七徳堂で待つ日が続いたようだ。（中略）しばらくの空白期間を置いて七徳堂に再び学生が集まり始めた。それが今日の赤門合気道倶楽部につながる。」

思い出は尽きません。田中先生が赤門誌の訪韓演武特集において寄稿された文章で、今も読み返すと心にしみる一節があります。「己れが才能の貧しさを知りつつも、コツコツと一生涯、精進がつづけられれば、確かなものが身につき、世の為、人の為に役立つ人物となれるのである。人間には、辛抱が大切だが、それには己れの志が那辺にあるかを摑み、世塵に塗れつつも、世俗に流されつつも、高き志を失わないことであろう。」

田中先生、先生の教えを受けた弟子たちを、そして東京大学合気道部を、これからも見守ってください。

令和三年六月

生涯現役師範

東京大学 昭和三十五年入学
赤門運動会 理事長
島崎 誠一

二〇二〇年五月十一日、田中茂穂先生が九十二歳の生涯を閉じられた。その年の二月に、病状がかなり進んだ状態で癌が見付かったと、自ら衝撃の公表をなさってから三か月後のことであった。

この間先生は、明治神宮至誠館を中心に、毎日のように稽古を続けられた。時には東京からかなり離れた遠方の地まで、出稽古に行かれたこともあった。それは予て私たちが感じていた先生の念い、「生涯現役師範」のお姿そのものであった。

先生がある程度のお歳になられてからは、時代劇の定番シーンによくあるように、床の間にでんと座って頂いて、稽古は師範代格の弟子につけさせてもいいのではないかなどと考えたこともあった。しかし今思えば誠に至らないことであったとつくづく思う。

「生涯一捕手」と称したプロ野球の有名選手が居た。私如きが達人たちの高い境地を窺い知ることなど出来ないが、何処か相通ずるところが有ったのではなかろうか。

思えば先生との本格的な出会いは、入学した年の四月に合気道部に入部して三か月経った、一九六〇年七月の夏合宿であった。部員意識も未だ薄く、それまで先生とまともな会話をしたことも無い状態でのことであった。場所は会津若松で、その頃次第に隆盛を迎えつつあった合気道部は、部員も増えて来ており、二軒の旅館に分宿する形であった。(翌年の夏合宿は仙台で、参加者は百人を超えた)。そのうちの一軒が、一九五六年ミスユニバース日本代表、馬場祥江さんの実家で、美人の妹さんが居られ(定かではないが、合宿の手伝いに戻っておられたとか)、先輩たちが色めき立ったとか立たないとかで騒々しかった。我々一年生は、初めての合宿ということもあって完全にばてており、食事も殆ど喉を通らぬ有様で、とてもじゃないがそれどころではなかった。合宿後のコンパでは不覚にも酔い潰れてしまったが、先生の歌われた「白頭山節」と先輩たちの「北帰行」が心地良く耳に響いたのを、六十年経った今も懐かしく覚えている。

最初にお目に掛かった時から、先生はお若いという印象だったが、私が一年生から二年生に掛けての冬合宿だったか春合宿だったかの打ち上げコンパの席上(駒場の「伊東屋」だったと思う)、先生が「俺のことは先生ではなく、十歳年上の兄貴だと思ってくれ」と仰った。

三、四歳上の先輩たちにはピッタリの話だなと聴きながら、日頃の先生の雰囲気がそのような感じだったので自分もすっかりその気になってしまった。その後暫らくその感覚で過ごしていたように思うので、きっと随分と失礼をしたのではないかと、今更ながら冷や汗ものの思いである。

昭和二十九年（一九五四年）の秋の頃、東大の武道場「七徳堂」の一隅で、稽古着姿の若者二人が、何やら稽古らしきことを始めた。未だ二十六歳の医学部職員であられた若き田中先生と、医学部学生の一人であった。後年の先生の話に依ると、学生は豊嶋（てしま）範夫先輩（昭和三十一年医学部卒）だったという。

観ていた人に「何をやっているのですか」と問われた先生が、「合気道です。」と答えられたとのこと。東大合気道部では、この時・この年を以て「創部の年」としている。

やがて医学部学生数人と、学内の職員などが稽古に加わるようになり、一般の学生たちも次々と参加して来た。一九五五年春には、「東京大学合気道同好会」がスタートした。そして一九五九年（昭和三十四年）には、念願の「東京大学運動会」への加入を果たし、「東京大学運動会合気道部」としての活動を開始した。この年には、OB会である「赤門合気道倶楽部」も発足し、更に同年には「全日本学生合気道連盟」が結成された。部誌「赤門合氣道」が創刊されたのも同じ年のことである。

振り返ってみれば、我が部にとってこの昭和三十四年という年は、部の歴史上特別の意味を持つ年であったことが良く分かる。それはまた、その年が何とも慌ただしくも活気溢れる、濃密な一年だったであろうと想像させる。そして、田中先生にとっても恐らく同じ様に、忙しくもまた意義深い日々であったことであろう。

かくして、我が部と田中先生とは、文字通り一体となって歴史を刻んで来た。何時頃のことだったかハッキリとは覚えていないが、ある時、渡邉衡三君（昭和三十六年入学）が、「田中先生の師範歴も随分長くなりましたよね。大学合気道部としては例が無いと思うので、ギネスブックに登録したらどうですかね。」と言い出した。

ギネスブックの話は別として、先生の東大合気道部に於ける師範歴年数は、記録ものではないかと思っていたので、即座に「そいつは面白そうだな。」と応じた。

しかし、いざ実際に取り掛かってみようとすると、これが意外に難しいことに気が付いた。先ず「分野」をどう設定するのかで躓いた。「大学合気道部師範」とするといかにも狭すぎる。「大学武道部師範」と拡げてみても、日本中心で、とてもグローバルとは言い難い。「大学運動部」の監督、師範、ヘッドコーチ等とすると、範囲は充分と思われたが、何せギネスブックのこと。今度はどんなとんでもない記録が飛び出して来るか見当も付かず、先が見通せない状態になってしまった。そんなこんなでこの話が実行に移されることは無かった。

そのような勝手な思惑を他所に、先生はその後も長い歳月に亘って、東京大学・専修大学・中央大学・富山大学・金沢大学などの合気道部に於いて、日常の稽古や合宿の場で、ひたすら道場に立ち続けられた。異常な猛暑が続いている近年の真夏の合宿にも、毎年元気に参加されていた。

また明治神宮至誠館では、一般の門人達にも広く武の道を説かれた。そしてその稽古姿は、この度の病と闘いながらも最後まで道場の畳の上に在られた。

六十六年間に亘る「現役師範」としてのご生涯であった。今はただただ、「長い間のご指導有難うございました。どうかごゆっくりお休み下さい。」とお送り申し上げたい。

田中茂穂先生の思い出

東京大学 昭和三十六年入学
東京大学合気道部 元部長

菅野　和夫

私は、東大の学生時代四年間と、同大学の若手研究者（助手・助教授）の十数年間、田中茂穂先生から直接合気道のご指導を受けることができた。また、その後約十年を経て教授として東大合気道部の部長を仰せつかってから大学定年退職までの十年間、部の演武会や合宿等の行事に参加しつつ先生の謦咳に接し続けることができた。この拙文では、田中先生とのほぼ三十年間の交流の思い出を記して、先生の遺徳を偲ぶこととしたい。

まず現役学生としての部活動時代、東大合気道部は約百名の部員（男子のみ）を擁して盛況であり、若き田中先生はまだ合気道に剣術を取り入れる前で、体術のみの稽古を厳しく密度濃く行っておられた。我々現役学生も先生の熱心な指導に応えて、投げ技、絞め技共に手加減しない稽古を行い、頭を打つ者、筋を痛める者など続出した。ついに、甲府市の警察道場での夏合宿で一年生のY君が脳内出血で倒れて同市の警察病院に担ぎ込まれ、人事不省となる事態が生じた。今でも、昏々と眠るY君の病床の傍らで懸命に平癒の祈りを捧げておられた先生のお姿が、目に浮かんでくる。Y君は、先生の祈りとご自身の胸板厚い偉丈夫の体力で、奇跡的に全面回復を遂げてくれた。Y君自身のためには勿論のこと、創部十周年の北米遠征を控えていた東大合気道部のためにも、誠に幸運なことだった。以後練習では、けが人を出さないように注意が払われるようになった。そして、翌年のアメリカ遠征では、田中師範を頭に手塚コーチ、泰道先輩と、島崎主将率いる現役学生十二人が米国（とカナダの一部）を一周するように二ヶ月間旅し、各地の大学等で十五、六回の演武会を、日の丸を掲げ国歌を斉唱して真剣に遂行した。演武に交流に田中先生と一体で様々な体験をすることができたのは、遠征チームが共有する貴重な思い出である。

次に、司法修習を終えて大学に戻って十数年間の助手・助教授時代、私は、気分転換のため昼休み研究室から七徳堂へ駆けつけて、合気道の稽古を行っていた。当時は、部員が少なくなっていて、昼の稽古には数名しか現れないこともしばしばだった。少し遅めに道場に着き、現役諸君が午後の授業のために姿を消した後も道場に居残って体を動かしていたが、これに目を付けた田中先生が、しばらくの間木刀で鹿島神流の基本の型を教えて下さった。しかし、やがてご自身の武道実践のために私を稽古台とされるようになった。例えば，先生は当時柔道の寝技を研究しておられたようで、私が道場に着くとお待ちかねのご様子で、私を組み伏せて寝技を仕掛けられ、必死に逃れようとする私を畳の上に完膚なきまでに押さえ込まれた。このようなお相手をしていたある日、稽古の後、先生が更衣室で「人生とはたいくつなものだなー、すげの」とほろりと述懐された。その後しばらくして先生は東大の職員をお辞めになり、明治神宮至誠館の師範に就任された。あの日々は、先生は人生の進路につき大きな決断をされておられたのだなと、思い当たる。

十数年を経て私が東大合気道部の部長になったとき、先生は至誠館館長をされながら東大合気道部の師範を続けておられた。その時期、駒場祭演武会後の打上げコンパに出てみると、冒頭、先生は、女子学生を含む駒場の現役部員に対しお孫さんを諭すように、急性アルコール中毒の恐ろしさを警告され、お酒の一気飲みや暴飲を強く戒められた。現役部員時代、コンパでの大酒飲みを実践していた我が身としては、自分の現役時代との違いを思い知り、学園生活の一大変化に気が付いたものである。先生は、数十年の時代変化の中で、学園の状況と学生の気質の変化に即応しつつ、師範としての役割を果たされ、部員に慕われ続けた。柔軟な人間力をもった指導者だった。

部長をしていたある年、赤門合気道の中心的先輩から、部を巣立った田中先生の教え子の中で、将来、先生の後継者（部の師範）となるべき人物につき、先生のお考えをそれとなくお聴きして欲しいと依頼された。そこで信州の夏合宿に宿泊した朝、先生を宿から散歩にお誘いしてお聴きしたことがある。四方山話に交えて、部の現状や見通し、田中合気道を引き継ぐ指導者のイメージなどをお聴きし、具体的な名前などもお聴きしてみた。なるほどあの人物なら心技体いずれもふさわしいというお名前が二、三示唆されたが、いずれも要職コースにあり、後継者選定の難しさを思い知った。その指導者の継承が見事に果たされたことは幸甚であり、関係者のご苦労に感謝している。

田中先生は、皇室を尊崇し神道を信奉する堅固な日本精神の持ち主であったが、他方では異なる思想信条にも耳を傾ける度量の大きさをお持ちであった。現役時代の最終年であったか、同期生の一同で先生のお宅を訪問した折り、どういう訳か日米安保体制の是非に話が及び、賛否両論に分かれた議論となった。先生は勿論保守派に属され、私は法学部の友人達と少数革新派に属して、延々と議論を行った。しかし、何のしこりもなく先生のお宅を辞し、師弟として同期の桜として、長年の交遊をさせていただいている。思えば、私たちの世代は、六十年安保、大学紛争、七十年安保など学園が大きな政治対立に揉まれる時代を通り抜けてきた。そこで、多感な学生の常として、合気道部にもときどきの政治問題につき様々に考え行動する学生が集まっていた。しかし、先生は、保守本流の信念を持ちながら、世界観を問わず弟子達を受け入れる包容力をお持ちであった。多様多感な学生達が田中先生の指導下、合気道に集中して精神的安定を得ていた場が七徳堂であったような気がする。先生は信念ある心広き教育者として、人材の生い茂る大樹を育てられたと考えている。

神界への手紙

専修大学 昭和四十年入学
黒門合氣道倶楽部 前会長
中野　郁雄

拝啓　風薫り新緑が目に眩しい好季節となりましたが、御地は如何でしょうか。

先生が突然旅立たれてから早一年が経ちましたが、俗界では相変わらず新型コロナウイルスの感染が収まらず、更に変異株が猛威を振るっており、ウイルスと人間との闘いが続いております。

人間が自然界の犯すべからざる領域に踏み込んだため、神がウイルスを使って人類の覚醒を促しているかのようにも感じます。

　先生は今何処におられますか。

黄泉の国でしょうか、あるいは高天原でしょうか。

俗人には分かりませんが、先生はきっと神界に行かれたことでしょう。

昨年先生の旅立ちに際し、お見送りも出来ず誠に申し訳なく又残念に思っております。

先生にご指導を頂いた五十五年。未熟で不肖の弟子を、お見捨てなくお導き下さいましたこと、衷心より感謝申し上げます。

　思えば昭和四十年専修大学に入学し、合気道部に入部した一年生のころ、師範稽古は怖い先輩たちの厳しい稽古から解放される唯一の時間で、不遜ながら先生は正に救いの神でした。

ただその頃は我が部もまだ創部八年目で、先生も師範にご就任されてから僅か三年目のことでもあり、更に先生は東京大学に奉職されておられましたので、残念ながら師範稽古の回数はそう多くはありませんでした。しかし若干三十六歳の青年師範であった先生は、実に逞しく力強く溌溂としており、我々は先生の一挙手一投足を一つも見逃すまいと凝視したものでした。

ただ当時の私学の運動部では先輩後輩の「鉄の掟」があって、一年生が四年生と直接話をすることも憚られるような雰囲気の中、先生とお話をする機会は殆ど無かったと言っていい状況でした。

何しろ四年生は神様ですので、師範は神様の上ですから、雲の上の存在でした。

遠くから尊敬の眼差しで見ていたように思いますが、晩年先生が「遥拝や敬遠はよくない。会って話すことが大切だ」とおっしゃっていたことを思い出します。

　先生は未熟で無知な我々に、日本人の心や武士道の精神を説いてくださいました。

「千万人と雖も吾往かん」との壮烈な覚悟や、「忠孝」「武勇」「信義」「慈愛」など、解り易くお話し下され、特に武士道の精神については「神聖なもののためには一命を捧げる覚悟を持つこと」とお示しくださいました。

しかし今振り返りますと、我々は師弟関係において先生を余りに高みに戴くことにより、人間的な繋がりを希薄にしてしまったように感じます。

我々の現役時代に、先生と十分に会話をした経験を持つ人はまずいないでしょう。

私などは現役の幹部になって、先生に様々なご連絡をするたびに、電話機の前で正座をして深呼吸をして、それでも用件しか伝えられませんでした。

ただ私が監督時代は合宿で同室にさせて頂いたり、常にお傍にいさせて頂きましたので、お話をさせて頂く機会を多く得られました。

　また当時他大学で稽古中の死亡や、脳内出血事故などがあった事から、監督としてかなり厳しく指導したため、「監督にはついていけない」と学生から集団で抗議を受けたことがありました。

私が先生に「監督を辞任する」と申し上げた時「本末転倒でしょう。監督が辞めるのではなく、ついてこられない学生を全員辞めさせればいいでしょう」とおっしゃいました。

正に目から鱗でした。

そのお言葉により、結果として学生は一人も辞めず卒業していきました。

ＯＢ会長になってからは更にお会いする機会が増え、先生がすごく身近になりました。

ところがＯＢの中には卒業後何年経っても、先生に電話も出来ない人が多くおりました。

畏れ多いと思って敬遠してしまうのでしょう。

　しかし先生は人との繋がりをとても大切にされ、特に弟子との交流を何よりも楽しみにしておられましたね。

それは先生宅に大勢で押しかけても、先生も奥様もご家族も常に歓迎してくださったことでも分かります。

ご迷惑な時も沢山あったことと思いますが、それを感じたことは一度もありません。

若いころタバコを吸う人が多くいて、新しい畳を焦がしてしまった不届き者もおりましたし、他大学では、先生の強さを感じたくて、酒席において先生に挑みかかった弟子もいたと聞きました。

それでも先生は、どんな弟子でも変わらずに、分け隔てなく可愛がってくださったのです。

その心の広さと大きさと慈悲深さを感じずにはいられません。

　またある人に「みんなが先生は偉いというがどこが偉いのか」と藪から棒に尋ねられたことがありました。私は先生を普通の人として見ておりませんので答えに窮しましたが、その人は「まず先生には品がある」と胸を張って言ったのです。

なるほどそれは全く同感でした。

先生は品格をとても重んじておられましたね。

武術の技にも品格を求められましたし、何よりも先生ご自身の、立ち居振る舞いやお言葉にも品格を感じました。

それに先生は嘘をついたり、人を騙すといった下賤で卑劣な行為とは全く無縁で、真実一路天皇陛下を敬い、皇室と我が秋津洲の弥栄を願い、前途有為な青年の育成に心血を注がれました。

更に情に厚く弟子を思いやる心は、師匠と呼ばれる人の中で、先生に比肩する方がどれほどおられるでしょう。

　それについて思い出すことがあります。

昭和四十八年、先生が「明治神宮武道場　至誠館」の専任師範（開館時は館長という名称は無かった）として招かれた際、先生は我が部のＯＢ黒須勝治郎氏に一通の手紙を出されましたね。

軽い気持ちで協力を求める内容であったと述懐されておられましたが、その手紙を受け取った黒須氏は、即刻会社を辞めて先生の下に馳せ参じました。

身の保証も収入もない環境に・・・

先生はその心を終生忘れず、感謝の気持ちを持ち続けておられましたね。

遠い昔私は黒須先輩に「先生からお手紙を頂くのですが、字が分かりづらいんです」と訴えたことがありました。

その時黒須先輩は「馬鹿だなお前は。字は心で読むんだよ。先生の心が分かっていないから読めないいんだよ」と諭されました。

字は心で読むという事を、その時初めて聞きましたが、師弟の心が通い合っていると感じたものでした。

その黒須氏は四十年も前から、先生が来られる時の為に、先に行って準備をして待っていたことでしょう。

もうお会いになられましたか。

我々弟子たちは突然のことで困惑しておりますが、何よりも奥様が一番淋しく感じておられると、お手紙にありました。

ご家族も当然ながらまだ現実を受け入れ難く思っておられるご様子です。

私は俗人ですので、先生のおられる神界には行かれませんが、いずれあの世のどこかでお目にかかれる機会を心から願っております。

神界に季節があるかどうか不明ですが、お風邪など召されませぬよう、ご自愛のほど心よりお祈り申し上げます。

合掌

令和三年　五月吉日

中野郁雄　拝

田中茂穂　先生

玉案下

在りし日の　師との会話の少なさを　悔めど帰らぬ　日々の長さよ
百寿なる　師匠の受けを取りたしと　伝へし願い　叶ふこと無く
夢に出る　師の面差しはやはらかく　今は懐かし　稽古の鬼顔

交歓を愛す

東京大学 昭和四十一年入学
東京大学合気道部 師範
山田 高廣

二十年近く前のことであるが、田中先生が相撲の席を手にいれたことがあって、中央大学合気道部の同期のOBの永島彰夫君等と一緒に小生も誘われて見物に行き、跳ねた後はこのまま帰るのは何だからと、両国駅のチャンコ屋で歓談したことがあった。

誘いの電話を受けた時の、「喜びは共にしないとね」という田中先生の言葉が今も印象に残っている。

大学の合気道部というものは、新入生の殆んどが未経験者である。それが学業の傍ら稽古をするのであるから、卒業時といっても初心者に毛が生えそろって目鼻立ちが出来上がってくる段階である。これからという時期であるが、卒業後も稽古を続ける者は、近年は少しは増えたといえ少ない。社会人として稽古を続けるにはそれなりの負担が伴うのだから止むを得ない現象である。大学合気道部の宿命である。

そのような中で、田中先生は、稽古の場を離れた実に多くのOBと生涯にわたる交流を続けてきた。自ら積極的に交流を求めた。折にふれて戴く葉書には虫眼鏡が要りそうな小さな文字でびっしりと細やかに書き込まれていた。小生のような筆不精にしてこうであるから、他の人には如何ばかりであるか。大変なエネルギーと努力と思うが、先生には苦にならなかったのであろう。

このような交流は、東京大学だけでなく先生が関係した他大学でも同様で、この結果、先生を巡る交流の場は、先生と大学・大学間と重層的に広がって来たのである。

ところで小生は少数派の社会人稽古者である。昭和四十一年の入学であるが、本郷キャンパスに移った四十三年からはいわゆる大学紛争の真っ盛りで、そのせいという訳でもないが、四十五年に卒業する気にならず留年して四十六年に卒業した。従って稽古する時間は他の者よりあった。加えて稲葉稔さん（明治神宮武道場至誠館二代館長）の存在があった。

稲葉さんは小生より三学年上で、明治大学生田の合気道部（山口清吾師範）の主将であった。稲葉さんが東大合気道部と縁が出来たのは、田中先生の盟友であった故島田和繁先生のお蔭である。島田先生は自らは稽古をあまりしなかったが、武道に一見識ある人で、合気会の本部道場で高校生の稲葉さんを見出し、以来武道上思想上影響を与えてきた。その一環として、明治の学生時代、鹿島神流の国井善彌師範の指導を受けることにもなった。国井先生の最晩年僅か一年半であったが、毎日稽古をつけて貰うことで、持ち前のセンスもあって、国井先生の武術の本質を体得したとは言わぬまでも感得したのであろうと思う。

島田先生の縁で、稲葉さんは小生が二年生の頃から東大に指導に来るようになった。衆に優れた体力があるわけでもないのに、しなやかで伸びやかな動きで相手を崩すことに刺激を受け、小生も剣術を始めることとなった。その結果極めて漠然とした形ではあるが、剣体一致の武道という方向性の目標を持つようになり、ＯＢとなっても稽古を続けることになったのである。

昭和四十八年に明治神宮に武道場至誠館が設立されると田中先生は専任師範（後に館長）に招聘された。指導陣が手薄なので、小生も、今から思えば教える程の見識も持たずに、その一角に加わった。もっとも四十六年に警察庁という役所に入っていたので、流石に平日ではなく主として土日に手伝ったのであり、翌年には転勤したので一年弱のことであった。

赴任先は熊本県警の捜査二課長職で、新米ながら選挙違反取締、汚職や暴力団捜査に従事して一年程して落ち着いてきたころ、ちゃんとやっているか心配してくれてか田中先生の来熊（一期後輩の長澤・野中君同道）があった。当時の小生は車はおろか運転免許も無かったが、幸い県警に専修大学ＯＢの林君がいて同君の助力を得て、阿蘇を見物してから球磨の方に降りて行き、人吉盆地の奥の鄙びた温泉場に泊った。翌日は人吉の街を散策、町には球磨焼酎のメーカーが多くあり、いろいろな陶の容器に入った焼酎を買い込んで一荷物になったので、東京に郵送したことを覚えている。当時は東京でも九州の焼酎が流行りだした頃で、大分や宮崎はまだで焼酎といえば薩摩か球磨の時代であったのである。

課長とはいえ二十代後半給与も下から何番目かで、大した接待も出来なかったが、機嫌よく過ごして貰えたようで有難かった。以後五十半ばで退官するまで東京と地方を行ったり来たりする生活を続けたが、赴任した地の多くに田中先生の来遊があった。平成四、五年の滋賀県警在職時には二回の来訪があったが、特に思い出深いのは二回目の来滋である。

小生の四期上の岩崎毅さんの代は、岩崎主将の統率力もあってまとまりが良く、毎年建国記念日（紀元節）に田中先生夫妻を主賓に旅行会をするのが慣例であった。副将の石川雅義さんから、いつもの穏やかな口調で、「山田君、今回は滋賀に行きたいんだけど」と電話があった。ということは行くぞということであるから、早速一行二十名強の受け入れ準備に取りかかった。

同期会旅行といっても、メンバーは五十歳になるかならぬかの壮年のバリバリ、それに今回は大先輩の関肇さん、藤森明さん（小生の三期上）、薮下忠良さん（二期上）の名うての酒豪三人が加わるという。風流よりは学生時代に戻っての談論風発の大宴会になるに決まっているから、それをメインにすることにした。宿泊は共済組合の会館、女っ気無しで安上りで済むから、酒の肴に張り込むことにした。幸い小生の部下の伝手により、近江の名産鮒ずしの良品を大量に確保出来た。これに合わするに冬の名物鴨の鋤焼きをこれまた多目に準備して万全である。

田中夫妻一行が大津に到着すると先ず、天智天皇を祀る近江神宮にお参りする。佐藤宮司は明治神宮に奉職し至誠館の面倒を見たこともある方なので歓待してくれ、奉納酒を横流し？して造ったブランデー？を振舞われて、下地が出来上がった。その後共済会館に行き一休みしてから大広間に行くと一升瓶が十七、八本ずらっと並んで壮観であった。

奉納ではないのでそれを消費しながら宴が始まり、時の経つのも忘れて賑わいは続いた。宴果てた時は、鮒ずしも鴨も綺麗に無くなり、一升瓶も粗方消費され会館の職員が驚いていた。翌日はマイクロバスをチャーターして、湖北に行き、国宝渡岸寺の十一面観音像と長浜の盆梅展を見たのだが、昨日の元気冷め遣らず、風流より酒で缶ビール・ワンカップの売れ行き良く、日本一美しいと称される十一面観音の佇まいもふくよかな腰に特に興味を示す先輩もいたりして、最後までワイワイと過ごし、米原駅で解散した。

この間田中先生は晴れ晴れとした表情に終始した。先生にとっては社会の各方面で活躍しているOBに囲まれている時が至福の時間であることを改めて認識したことであった。

彼岸では先に逝ったOBと交歓していることであろう。ご冥福をお祈りする。

最後の稽古

専修大学 平成五年入学
専修大学合気道部 師範　堀越　祐嗣

令和二年三月二十四日（火）が田中先生最後の稽古日となりました。

私は、毎週二回至誠館での先生の稽古に参加しておりましたが、御病気の事を直接お聞きしたのは二月中旬か下旬であったかと思います。しかし、普段と変わらないそのお姿を見て、先生の御病気を信じることが出来ませんでした。

三月中旬には下肢の浮腫の為、正座はなされませんでしたが、稽古ではいつもの様に体操をして、四股を踏み、学生達を投げ飛ばしておられました。

そして、先生の最後の指導は「正面打」の技でした。最後の稽古も正座をされない以外は傍目に病を感じさせない、いつもと変わらぬお姿でした。稽古中、いつもの様に門人達に対し様々なお話をされましたが、最後まで御自身の病に触れることはありませんでした。

先生の稽古が終わり、いつもは私が道場に残り後半の指導を続けるのですが、その日はなぜか名誉館長室にお戻りになる際に、私も御一緒させて頂きました。先生のお足元が不安だったからかもしれません。途中、階段を大変そうに一歩一歩上っていく姿を見て、涙を堪えることが出来ませんでした。

二日後の三月二十六日より至誠館は新型コロナ感染症対策のため休館となりました。

四月には先生と電話にて最後のお話を致しました。

そして、その一カ月後先生とお話しすることは永遠に出来なくなってしまいました。

「世の中には、
肉体的に生きているが、心はすでに死んでいる者があり、
身体は滅びてしまったが、魂がまだ生きている者がある。
心が死んだのでは生きている意味はまったくないが、
魂が残っているならば必ずしも生きていなくともよい。
死して不朽の見込みあらばいつでも死すべし、
生きて大業の見込みあらばいつまでも生くべし。
僕の所見では、生死は度外において、唯、言うべきを言うのみ。」
幕末の志士高杉晋作が、「死に所」について尋ねた時の師吉田松陰の答えです。
きっと先生の魂は多くの人々の心の中に生き続けているのだろうと思います。
ここ数年は腰や膝にも病を抱え、常人では歩くことも困難な状況にもかかわらず、お一人でバスに乗り、電車に乗り、至誠館や各大学に通われておられました。
ご無理をなさらぬ様勧めても、笑いながら
「もう無理しなきゃ何も出来ませんよ。」
とその歩みを止められることはありませんでした。まさに身体を削り、命を懸けて門人や学生の指導をなさってこられたのだと思います。
生前先生は、

「君達に色々と教えてきたけれど、死に方だけは教えられない。」と語っておられましたが、武道を志す人間としてその死の二カ月前まで道場に立つという事は私にとって大きな教えとなりました。

今後、先生の御霊に見守っていただきながら、稽古を通じ少しでも先生の精神と技を後世に伝えていくことが御恩義に報いることだと思っております。

ご冥福をお祈り申し上げます。

貴部と共にあり

富山大学 昭和四十八年入学
富山大学合気道部 師範
長井 忍

当部には、四十年以上前から、稽古前に必ず道場正面に据える三種の神器があります。「田中先生の顔写真」、「田中先生から頂いた?植芝吉祥丸二代目道主の色紙『合氣』」、「田中先生の書かれた道場訓」です。稽古のたびに目にする「田中先生」は、学生・OBにとって滅多に会えない特別な存在です。かといって疎遠であったわけではありません。いつも当部を気にかけ、支えていただいていました。私の手元には、細かな文字でびっしり埋め尽くされた二百四十五通（S58.3.16～R2.3.28付）の手紙や葉書があります。そこには、半世紀近くの当部とのかかわりと田中先生の人となりが詰まっています。読み返すと、田中先生との思い出の数々やその時々の当部の状況が昨日のことのように蘇ります。

「井波にて散策の折、目に止まりました木彫のお雛様…美しい立山連邦が目に浮かびますよ。（H16.11.25付）」の葉書を手にすると、ＯＢ会で喜寿のお祝いにご夫妻を招待した山あいの温泉宿で、聴いたことのない歌を何曲も歌い踊られる先生の姿が、今も脳裏に浮かびます。私には、まさに夢のようなひとときでした。

また、「近況報告まで」ということで、よく至誠館の行事や他大学の合宿や講習会、お弟子さん達との旅行や懇親会のことも綴られています。どの便りにも必ず記されているのは、交わる人たちへの感謝とねぎらいの言葉です。身近なお弟子さん達との旅行先でもきっと楽しい時間を過ごしておられたのでしょう。いつも在京の方々をうらやましく思ったものです。

部員の減少により当部の存続が危ぶまれていた時期には、ほぼ毎月のようにお便りをいただきました。「老生の最も心配しているのは貴合気道部のことです。どうか募集につき遺漏ない努力をお願い申し上げる次第です。（H24.3.5付）」翌月にも励ましとねぎらいのお便りをいただき、新入部員勧誘に尽力するＯＢ達の姿を伝えると「伝統の力は誠に有り難いことですね。老生は感泣するばかりです。こんな人々が存在することを以てしても富大合気の存在意義はあります。どうか、今後のことはご自由にご判断ください。廃部になっても、老生は何の不満もなく只々感謝するばかりです。（H24.7.11付）」との葉書が届きました。部がなくなるということは、田中先生とのご縁が切れると言うことに他ならず、何としても部を存続させてみせるとの思いを強くしたものです。

いつの頃からか体の痛みや体力の衰えを吐露される文言が目立ち始めました。同時に、お弟子さん方との交流で「有り難きこと」、「幸せを痛感」、「いつ倒れても悔いなし」と感謝の念を綴られることも次第に増えていったように感じます。

そのような中、今年になって、先生の詳細な病状が綴られた手紙が届き「老生、富山大合気、そして貴君と不思議なご縁にて結ばれ今日に至りました。わが人生にとり本当に幸せ、そして幸運でした。感謝ばかりです。…富山大学合気道部、ますますのご発展とご活躍を祈念してやみません。（R2.2.29付）」そして、まるで私の思いを察するかのように「わざわざの上京無用」と言葉が添えられていました。一ヶ月後には「江戸川桜公園で花見をしました。数十名の方々と酒盃を交しつつ心ゆくまで歓談できました。老生はもう呑めません。…（薬の作用で）本当にヨロヨロと終日眠いように感じて頭もおかしいですね。まあ順調に悪化しつつあるのでしょう。（R2.3.28付）」老いと死を真正面から受け止める強さは一体どこから生まれてくるのでしょうか。これを最後に私からの葉書に返事が返ってくることはありませんでした。

思えば二年前「数日前、貴君と稽古する夢を見て懐かしく想いました。愚老は、貴部の合宿にここ数年参加していませんので申し訳なく、かつ残念ですが、いつも貴部と共にありの思いでいまして、これは彼岸に行きても変わることではありません。（H30.5.1付）」との手紙を頂きました。そして、この思いを証明するかのようにその年（平成三十年）と翌年（令和元年）の夏、病を押して戸狩での合宿に出向いてくださったのです。道場に立たれる姿は、体全体から凛とした空気を醸し出されるいつもと変わらぬ田中先生でした。

今も、ポストに目がいきます。道場では写真の中の田中茂穂先生と目を合わせ、変わらぬであろう「貴部と共にあり」の思いに挨拶して、稽古を始めています。

我々が失ったもの

金沢大学 平成元年入学
金沢大学合気道部 師範
村角　美登

田中茂穂先生が昨年五月に亡くなられて、一年が過ぎた。

その間、新型コロナウイルスは国内外で猖獗を極め、石川県内でも感染者数が激増。金沢大学は道場を含む全施設を昨年四月に閉鎖し、当部も創部以来初の活動停止となった。七月には学生だけの少人数による活動再開が認められたが、「学外者」である小生の参加が大学当局に認められたのは十月であった。

半年ぶりに学生達と再会した際は、変わらぬ姿にほっとしたが、稽古の質・量の絶対的な不足が如実に表れており、参加部員数も少なく、一昨年の創部四十五周年記念演武会に向けて向上したレベルや活気はすっかり消え失せ、暗澹たる気持ちともなった。コロナ禍の中、道場に来るＯＢもおらず、誰にも相談出来ない中、「こんな時に田中先生がおられれば」と何度も思ったものであった。

その後、合宿は全て中止となったが、学生達の頑張りもあって、本年二月末には何とか大学道場で昇級昇段審査を行えるところまで漕ぎ着くことが出来た。審査では、いつもであれば審査員席におられるはずの田中先生のお姿がなく、自分一人だけが座っていることに、何とも言いようのない寂しさを感じた。今にして思えば、日々の学生達に対する指導も、年二回の審査時に田中先生に見て頂いても恥ずかしくないよう、そして、金大合気は遠く離れていても大丈夫と安心して頂けるように頑張っていたようにも思う。審査後も、いつもであれば、田中先生から厳しく細かなご指摘を頂き、隣に座る小生は「頂いたご指摘を忘れずに、今後も稽古に励むように」と一言加えるだけで毎回終わっていたが、今回は「田中先生であればこのようなご指摘をされるのではないか」と考えながら、審査を行ったところであった。

これまで全て田中先生がやって下さっていたその後の証書発行の手続きも、今回初めて小生が行った。昨年三月に田中先生から「あとはよろしく」とのお便りを頂き、合気会本部の連絡先なども教えて頂いていたが、何種類もある書類や料金の取りまとめ、確認、送付、合気会本部との連絡調整に手間と時間が非常にかかり、先生はこのようなことも毎回、しかも、門下の大学分全てをやられていたのかと今更ながら驚かされた次第であり、我々が失ったものの大きさを改めて実感した一年であった。

「先生」は中国語で「師父」とも言うが、田中先生は当部にとって、まさしく師であり、父であった。

一昨年十月の当部の創部四十五周年記念演武会及び祝賀会には、奥様とご一緒にご参席を賜ることが出来たが、先生は既にご体調が良くなく、お膝の方も、外を歩かれている途中に痛みでしばらく立ち止まられてしまうほどであった。そうした辛い状況の中にあられても、遠路お越しを頂き、当日は演武を行って頂いた上、祝賀会も二次会までご出席を頂いた。そして、その後、何度も「楽しかったですね」とのお便りを頂いた。

学生時代も、カナダのトロントやバンクーバー、バンフでのご指導、演武にご一緒させて頂いたことをはじめ、思い出は尽きない。バンフでバスの車窓からクマが見えた際に「クマだ！」と少年のように目を輝かせながら、バスの最前列で身を乗り出して叫ばれていたお姿が思い出される。

若輩未熟の小生を当部師範にご推挙頂いたのも田中先生であった。平成十七年に当部師範を拝命した際、その前年に田中先生が東京大学運動会合気道部の師範となられて五十年を迎えられたことを踏まえて、「最初から師範を何年やろうと考えていたのではなく、稽古を一回一回積み重ね、それが五十年になったのです」とのお言葉を頂いた。以来、一球入魂ならぬ一稽古入魂を積み重ねてきた。（ただし、会心の稽古と言えるものは未だ一年に一、二回しかなく、恥じ入るばかりである。）指導や部の運営などで悩みがあれば、ご相談することが出来、折々に叱咤激励のお便りも頂いた。田中先生にご相談して「私の目が黒いうちは大丈夫です」「任せなさい」と言って頂いた時は、まさに大船に乗った気分であった。田中先生がおられたからこそ、師範を続けてくることが出来たのであり、田中先生のお言葉やご指導が小生の武道に対する思いを確かなものとし、人生の道標となっている。

田中先生は常々、学生達との稽古は「楽しみ」であり、「喜び」であり、「幸せ」であると言われていた。小生にとっても同様であるが、先生ご逝去後、小生にとって、それはさらに「使命」ともなっている。田中先生のこれまでのご恩に報いるには、武に赤誠を尽くされた稀代の武人の技と心を次代に伝え、当部を含む田中門下のさらなる隆盛を目指すのみである。

今月に入ってから、当県内では感染者数がまた急増しており、連日、過去最多の新規感染者数を更新している。そして、二十一日にはついに大学当局から、来月十三日まで全課外活動を禁止する旨の通知が出され、当部は再度、活動停止となり、小生もまた一人稽古の日々となった。

新型コロナの桎梏がなかなか解けぬ中、その影響は当部にもこれから先、数年間に及ぶことは必至であろう。令和六年の創部五十周年に向けた当部の再興も漸進的な道のりを覚悟せざるを得ないが、泉下の田中先生に明るいご報告が出来るよう、今後も一稽古入魂を積み重ねていきたい。

（令和三年五月記）

晩年の師に教えていただいたこと

穂和会 名古屋至誠館館長
東京大学 昭和六十三年入学
平岩 雅彦

私は大学一年生から合気道を始め、今年で三十四年。今まで平均して週三～四回のペースで稽古を続けている。道場を立ち上げ指導するようになってからは十三年になる。現在は東京・伊勢原・名古屋・大阪で活動する「穂和会」の主宰者の一人である。

学生時代に田中先生の薫陶を受け今に至る点は諸先輩と全く変わりないが、自己紹介のように合気道を通しての田中先生との関わりが長い一人であるので、武道家・指導者としての先生の晩年の想い出をここに記したい。

十三年前に兄弟子とともに初めての道場を立ち上げた際、すでに先生は八十歳を超えられていたが、弟子達の旗揚げを心よりお祝いして下さった。当時まだ各大学の指導と明治神宮至誠館の名誉館長として御多忙の中、わざわざ名古屋での講習会に何度かお越し下さった。その時でさえも弟子のためにここまでして下さる先生に感謝と尊敬の念を強く抱いたが、今からすれば先生の本当のお人柄には全く触れていなかった。

師匠としての先生、を心から感じ戦慄したのは、合気道への考え方の相違から兄弟子の道場を独り去った時であった。当時の経緯を全て御存知だった先生は私に「今後どうしたい」とお尋ねになられた。「自分の道場を立ち上げたい」と答えた私に、先生は「わかった」とおっしゃられた。その後道場の立ち上げについて各所に相談をした際、どこにおいても既に先生がお話をされていて、時には頭まで下げて下さっていたことを伺った。心から驚愕した。師とは一弟子のためにここまでするものなのだろうかと。今は断言できる。全ての師がそうなのではない、我師、田中茂穂先生だからなのである。何千人もの教え子の名前を憶え、卒業後についてもきちんと把握される。誰であっても弟子のためであれば、可能な限りの力添えをする。そういう先生なのだ、と。

もう一つ、そして何より師としてそして武道家としての先生を恐ろしく思ったのは、昇段の際である。高位の昇段については推薦制で、その機会は年に一回のみ。当時昇段の機会を逸していた私を呼び出し、先生はおっしゃった。「来年まで一年待て。来年まで生きて必ず昇段させてやる」。当時の先生は八十六歳であった。普通に考えれば鬼が笑うような話であるが、その時の先生の静かだが鬼気迫る迫力は鬼すら近づき難い様子であり、自分にとってはこの上ないお言葉であるにも関わらず嬉しさよりも全身の毛が逆立つような怖さを感じた。できるかできないかではなく、自分がしなければならないことはする、淡々としつつも揺るがない意志。それが常識的に考えて困難を伴うものであっても。そして約束は絶対に破らないという信念。私はそれが先生の武道家としての覚悟と信念なのだろうと考える。私にとってこの二つの事件は、武道家そして師としての先生に深く接した契機であり、そのお蔭で今の自分があるのと同時に、それまで私の中にあった甘さを消し飛ばしてくれるものであった。

この時から私は学生OB（としての弟子）ではなく、先生の直弟子として生きていくことを決意した。師である先生が何を考えられ、どのような姿勢で合気道と向き合われ稽古されているかを知りたい。そのためにも可能な限り先生の下で稽古をしたい、と考えた。幸いにも日常の時間の自由は利くため、可能な限り先生の各大学の稽古や明治神宮至誠館での稽古に参加し、先生の姿を目に焼き付け、色々なお話をさせていただいた。

先生の指導は基本的な姿勢はどこでも変わらない。しかし、実は微妙に異なる。穂和会修武館では小さなこどもが声をあげて遊んでいる中、子どもをあやしながら稽古をする。穂和会名古屋至誠館では、子どもと大人同じ技を稽古しつつ、子どものために技の種類を絞って稽古する。また学生に対しては行わないように丁寧に手足を取り指導される。時には子どもの受けを取って下さる。大学でも同じである。普段なかなか接することができない学生には、学生向けの話を増やされる。その時々の状況を汲み取り稽古される。それぞれの弟子がそれぞれの場面で指導頂いた稽古は全てがその時その時の弟子たちへの配慮がなされたものなのである。その背後には弟子に対する真摯な姿勢がある。

私の昇段の話でも触れたが、先生は守れない約束はされない。一時期膝の半月板を悪くされた際には大学の稽古や合宿をはじめ、様々な行事をお断りされていた。我々からすればそのような状態であっても先生にお越しいただきたいと考える。しかし、先生御自身は万全の（ここでいう万全のとは体調が万全ではなく、無理をすればきちんとした責務が果たせるという意味での万全）状態でなければ、相手に申し訳ないから約束したくないとおっしゃられた。膝の手術後、明治神宮至誠館で正座の練習をされている先生の姿があった。八十代後半の、しかも我々の大師範がなぜ痛みに耐えて正座の練習までされる必要があるのか。別に正座できなくても誰も何も思いはしない。まさにそれが、田中先生の合気道家としての矜持であり、信念なのだろう。その後を御存知の方には周知のとおり、しばらく後には再び座り技を稽古されている先生のお姿があった。

先生の最晩年の想い出の一つが伊勢原合気道塾での稽古会である。稽古は伊勢原の道場にふさわしい稽古をされ、その後の懇親会にて武道談議（もしくは稽古談義）になった。その席ですでに九十歳を超えられていた先生は「（合気道の技について）どのようにやったらよいかは頭では（やり方の理屈は）わかる。ただ、何度やっても思ったようにできないし何が正しいかわからない。だからずっと稽古を続けていかなければならないんだ」とおっしゃられた。もう少し色々な話も交えてなのでこのままではないが、先生の言葉は弟子への説諭という形ではなく、御自身で確認するかのような口調であった。この年齢になられてもまだ飽くなき向上心を持って稽古に臨まれていることが身に染みて感じ取られた。この言葉は私の耳に沁みつき一時たりとも離れたことはない。合気道は理が大切な武道である。だが、やはり身体で行う武道は果てしなき反復の稽古によってのみ達成できるものであろう。理論を組み立てて満足すれば研究家、その理論の体現に向けて終わりなく反復稽古を行うのが武道家なのかもしれない。

時間は短かったかもしれないが、穂和会立ち上げ以降本当に先生とはたくさんご一緒させていただいた。毎年御夫妻で伊那の穂和会の夏合宿にお越しいただき、大いに稽古して飲み、翌日には諏訪湖で花火をご一緒させて頂いた。毎年二回程名古屋に御夫妻で御指導に来て頂いた。バーベキューにも御参加頂いた。修武館には毎月御指導に来ていただいた。修武館、伊勢原合気道塾の忘年会や稽古会にも来て頂いた。金沢大学と富山大学の夏合宿にも同行させて頂いた。特に十年ぶりに参加させて頂いた富山大学の夏合宿は色々と感慨深い。両大学の記念行事でもご一緒させて頂いた。富山大学の演武で足の痛みに耐えて演武をされる姿に感動した。修武館の稽古では、毎回御夫妻とカレーを食べて談笑させて頂いた。その折にはお二人の昔の写真も思い出話とともに拝見させて頂いた。各地へ行く度に、先生を慕うOBとご一緒させて頂いた。もちろんそれ以外の通常の稽古にもできる限り参加させて頂いた。そして多くの私の弟子達が先生の薫陶を受け、直接御指導賜ることができた。何より、私にとっては社会人となり合気道を生涯続けていく中で、再度先生に、一合気道家としてのみならず指導者としても色々と教えていただけたことは生涯の宝である。指導者としてそして武道家としての先生に接することができたことが嬉しかった。

病気が見つかってからご一緒させていただいた最後の二か月は本当に思い出深い。可能な限り毎週のように先生の稽古に参加した。先生はいつも通り淡々と稽古をされ、稽古が終わると色々なお話をして下さった。

先生がお亡くなりになる一か月前の、四月の頭にどうしても先生ともう一度お会いしたくて、ご自宅を訪問させていただいた。かなり社会状況も緊張した下であったが先生御夫妻は私を迎え入れて下さった。その際に先生はこの不肖の弟子にこうおっしゃって下さった。「あなたの顔を見ていると、また稽古がしたくなるね。」

今でも道着を着て道場に立てばいつも先生は目の前にいらっしゃる。やさしくも厳しい眼で、武道家としてそして指導者としての私を御覧になる。先生が私に下さった思い出と教えを忘れないためには、いつまでも稽古を続ける以外の方法はない。私にとって師匠であり武道家である田中茂穂師範は現在進行形の存在である。個人的には追悼するよりも追随に必死な稽古を日々繰り返しているのが正直なところだ。
最後に、穂和会と先生の様子を特徴的に表す写真を思い出の一枚として載せたい。伊那での夏合宿の写真で、先生御夫妻と名古屋至誠館の子ども、東大の学生が一緒に写った写真である。

田中茂穂先生の足跡

序

田中先生はご存知のように「情の人」であった。一方で、戦後日本の在り方に疑問を呈しつつ、祖国の行く末を誰よりも憂えた人でもあった。まさに「至誠」そのものの人であったと言える。先生は、指導していた五大学の部誌や至誠館の会誌等にその時々の行事に対する感想を述べながら、憂国の思いを語っていた。それら先生の随筆をまとめた「穂雲閑話」が、平成二十八年に至誠館から刊行されている。

先生の思いについて、指導者としての生涯を「穂雲閑話」を中心に年代を追って辿ってみると、先生の合気道指導者としての六十有余年の歩みには、三つの大きな節目がある。最初は、昭和二十六年に植芝道場に入門後、昭和二十九年の東京大学合気道部創部に関わって以来、専修、中央、富山、金沢と次々に大学合気道部の師範として活躍していた時代。

次は、昭和四十八年に明治神宮に奉職し、至誠館館長就任から平成五年同館長を退任するまで。そして名誉館長に就任され亡くなるまでの期間、である。

本編では、この区分けに沿って、先生の足跡を振り返ってみたい。

なお、先生の文章は仮名遣い等書かれたままを引用する。出典は可能なかぎり初出を記した。

第一部　昭和二十六年〜昭和四十八年

武道精神の萌芽　学生合気道の先導者として

合気道との出会い

田中先生は、何時頃から武道に、なかんずく合気道に傾倒したのだろうか。

小学生の頃は、「剣豪」に憧れていたようで後で述べる「剣の指導者・国井翁」の道場を捜し回ることもあったようだが、合気道に対し具体的なアプローチを試みたのは青年になった頃からで、その一端を穂雲閑話で次のように語っている。

――先生はどういういきさつで合気道を始められたのでしょうか。

田中　私は、少年の頃から武道というものにたいへん関心をもっていました。小学生の頃から柔道、剣道の真似事をやっていたのです。中学生になれば、柔、剣道が正課になりますので、当然私もやりました。

そして、昭和十五年に講道館に入門しました。しかし、それは入門したというだけのことでした。やがて戦争が激化し、武道をやる余裕もなくなってしまったのです。

戦後になると、今度は食糧難。お腹の空くことはなるべく避けようという時代で、すぐには武道ということには結びつきませんでした。

昭和二十一年に拓殖大学に入学して、空手部に入ったものの、校内で武道をすることは、占領軍から禁止令が出されてしまい、結局活動はできませんでした。武道に対する関心はあったものの、やりたくてもできない状態だったのです。

昭和二十六、七年頃になって、一つの転機がありました。当時、世の中で最高の娯楽は映画を見ることでした。映画館といっても座席もないようなところで、そこに、立錐の余地もないほどお客が溢れていました。私も立ったまま何時間も映画を見たものでした。

映画の前には、必ず「ニュース」が上映されます。時局のいろいろなトピックスが紹介されるのですが、ある時、たまたま見た「この手千人力」というニュースに植芝盛平先生が登場したのです。

話は前後しますが、私が拓大に入学した当時、植芝道場に入門していた黒石公男氏から盛んに合気道の素晴らしさを聞いていました。昭和二十一、二年のことです。一度、若松町の道場にもお訪ねしたことがありました。吉祥丸先生が、結婚されて間もない頃だったと思います。道場は閑散としていたという印象があります。関心はもったものの、そのままになっておりました。

しかし、数年が経ち、「この手千人力」というニュース映画を見るにおよんで、これが自分が多年求めていた本当の武道ではないかという気がして、急に我慢しきれなくなって、入門をしたのです。

―当時稽古されていた方には、どういう方々がいたのでしょうか。

田中　名前を覚えているのは奥村さん、多田さん、有川さん、山口さん、西尾さん、田村信喜君という方々です。同期がだれだったかよく覚えてません。強いて言えば、西尾さんなんかが同期になるのでしょう。

―開祖に初めてお会いになった時のことを覚えていらっしゃいますか。

田中　さあ、私なんかにとりましては、開祖は雲の上の人でしたから、会うも何もありませんでしたね。当時は、開祖は岩間においでになりまして、たまにしかいらっしゃいませんでした。

突然現れて、神様のお話を始められ、どういうお話かよくわからずに、足がしびれて辛かったということを覚えています。やがて、講習会と称して、開祖の特別な稽古が行なわれるようになり、実際に先生の合気道を肌で感じるという機会も得られるようになりました。

穂雲閑話『明治天皇を祀る大社の森深く、武士道を伝える憂国の士』より一部抜粋（平成十年）

合気道指導者への道
―東京大学合気道部創部―

昭和二十四年紅陵大学（現拓殖大学）卒業後、二十七年に東京大学に奉職、二十九年には在籍していた医学部職員等と合気道の稽古を東京大学構内の武道場「七徳堂」で始めた。

東京大学運動会合気道部の始まりである。

その頃の思いを、合気道部OB会（赤門合気道倶楽部）が発足した昭和三十四年の部誌創刊号に次のように述べている。

私の楽しみ・私の願い

私の楽しみは合気道をやることである。元来、無趣味、無器用に生れついている私には、多くのものを消化する能力もないし、興味もない。それにあまり気の長い方でもなく、負けることは好まないので、野球・卓球・テニスを始めとして碁・将棋・麻雀等にも自然と気が向かない。性に合つた合気道で投げたり投げられたりしながら、充分に汗を流すということになる。

稽古の〝ダイゴ〟味は稽古をやつた者でなくてはわからない。殊に勝敗にとらわれず、稽古の出来る楽しみは合気道をやつた者でなくては味わえない。こんな楽しい（楽しいばかりではないが）稽古を東大の諸君と始めてから、もう五年近くたつてしまつた。随分と永いような気もするし又始めて間もないような感じもする。最初はただ稽古が出来るという喜びだけであつたが、最近では、社会人として成長しつつある卒業生の近況を知る楽しみがある。まだ数も少ないのでその一人一人の思出がいつも胸中を去来する。大変年寄臭いが、その成長を見つめることは良い気持ちのするものだ。今年の一月だつたと思うが、冬の休みで人気の少ない七徳堂内を足慣しのため走つていると、ヒヨツコリと北海道にいる数土君が帰省したと顔をみせてくれた。先々代の主将であつた数土君は、苦楽の思出を持つ七徳堂に自然と足が向いたと思われる。神戸にいる横田君も上京の折には必ず訪ねてくれる。合気道を続ける限り七徳堂を離れまいと思う。小峰君は、合気道部出身者として最初に結婚され、その盛儀に列することが出来た。又、一月の赤門合気道倶楽部の発会式本年の五月祭には、大雨の中にも拘わらず在京の卒業生の大部分が顔をみせ歓談することが出来た。その他、各分野に乗出した諸君から便りを受取り、元気でいることを知ると、何ともいえぬ嬉しさを感ずる。若い諸君と飲み、食い、歌い、一夜を明かす楽しさ、合宿の苦しさや楽しさ、殊に昨夏より始つた遠征合宿！毎夏の合宿行は私の一年の最大の行事の一つとなつている。このような種種の出来事も合気道をやつておればこそ味わえる良さだ！　そして、私の此の上ない楽しみである。考えてみると植芝先生からお教え戴いた合気道を、一人でも多くの人に知つてもらいたいと、未熟さも忘れて有志の人達と稽古に熱中した。真に身の程を知らずというほかはないが、幸にも有能なる諸君の協力宜しきを得て同好会となり、又現状の如き有力な部として成長し、更に、先輩・部員を一丸とする赤門合気道倶楽部の発足迄に至つたことを見ると本当によかつたことと思う。やり甲斐があつたなあと思う。

私も稽古を続け乍ら、私なりにああもしたい、こうもしたい、こうもやつてみたいと思うことが一・二あつた。それを記して一層の協力を得たい。

その一は、身近なところから、東大の同好会が部になつてもらいたいということであつた。これは既に実現したので、今更云々する迄もないが、数土、大川両主将の時代から、如何に諸君の努力によつたことか！　努力は続けられ、その労は報われて大学最初の合気道部としての栄光を有することとなつた。今後益々稽古に精進して、名実共に天下に誇れる合気道部になつてもらいたい。

その二は、全国の大学で合気道を練習してもらえたらと思う。これは思うだけで何も出来ずにいるが、合気道を大きく発展させるためにも、是非とも必要なことなので、実現に努力しなければと考えている。幸い都内各大学には合気道部が創設されつつあり、亀井、渡辺両君等の熱心な働きによつて、学生合気道連盟の結成も間近いと聞く。ある程度の時日はかかるが、学生間に芽ばえた合気道が、やがて大きく花開く日を思うと、真に力強い限りである。

その三は、中学校、高等学校の正科迄にもつて行きたい。これには、設備、指導者、宣伝等の不足、指導方法の研究、或は武道に対する誤つた考えの是正とか、困難な問題が山積している上に、有力者の方からの政治的働きがなければ実現が難しいが、とかく、軽兆浮薄に流れ易い現今青少年の健全な成長に、大和（たいわ）の武道「合気道」が大いに役立つことを信じて、気長な努力を続けたい。

以上申述べたことを煎じつめれば、〝正しい合気道を多くの人に〟ということになる。この私の考えを知つてか、知らずか、卒業生の諸君も実によくやつてくれる。同志と共に神戸支部を作つて普及に努力している横田君、会社内に同好会を作ろうと着々準備中の青柳・奥津の両君、その他多くの諸君が、身近なところから機会があらばと努力を続けているらしい。真に頭の下がる思いがする。在学中、碌な指導も出来ず、慚愧にたえない。何かお役に立てたらばといつも思つている。人生経験も短く、ここれといつて取柄のない私が、合気道部の発展と共に歩み、曲りなりにも、ここまで来られたことは、一重に師の植芝先生を始め、諸先輩、友人及び在部の諸君のお蔭と感謝にたえない次第である。

今後もゆるされる限り、東大合気道部と行を共にしたいと思つている。前記の二・三の愚考も少しずつではあるが前進を始めて来たかに見える。合気道がより全国的、国際的になる迄、微力を尽す積りでいる。御叱正、御指導を願つてペンを置く。（三四・七記）

東京大学・赤門合氣道（昭和三十四年）

学生合気道連盟

先生は、東京大学で合気道を学生に指導していたころから、若者への合気道の普及には積極的であった。

昭和三十四年、東京大学合気道部二代目主将大川氏や三代目主将亀井氏（元衆議院議員）等が、学生間の合気道の普及発展、相互交流、親睦融和を目的として「学生合気道連盟」結成を呼び掛け、奮闘努力の結果、慶応、専修、中央、中央商科、明治学院の賛同を得て準備会設立に至った。

先生の言によれば「学生の学生による学生のための連盟」を目指したものだった。

その後、紆余曲折を経て昭和三十六年「全日本学生合気道連盟」として発足、今日に至っている。

その連盟の第三回演武会が東京・水道橋の後楽園ジムで挙行された時の情景を語りながら、将来の合気道の姿、例えば「試合化」についても自身の見解を披露している。

全日本学生合気道連盟演武会　感想の記

第三回全日本学生合気道連盟演武会は、新たに早稲田大学の加盟を得、新装なつた後楽園ジムにおいて盛大に催された。これは、日頃学生間への正しい合気道の発展を願い、微力を尽くしている一員として誠に感銘深いものがあつた。

一年ぶりに見る各校の部員層の厚さ、技術的な進歩は著しいものがあり、まずは充実した演武会であつた。

この演武会を泰道初代主将其他のO・B諸君とみ、終了後は現役学生を交えて一夜歓談することが出来たのは望外の喜びであつた。以下は当日見たまゝ感じたまゝを雑然と書きつゞることゝする。

最初に本学についてゞあるが結論から言えばまずまずの出来であつた。これは諸先輩が学生合気道界の指導的な立場を示して来た、輝かしい伝統を受け継ぐものとして当然の責務と言わねばならない。

幸い以前にも増して高水準の演武を示したことは観覧の諸先輩に対して何よりのはなむけであつたと思う。しかし、難を言えば概して元気のない様子に見えた。も少し若さ溢るゝ演武を行なえたら申分なかつたのだが……力、タイミング、身体のさばき、総合的な動きは日頃の稽古を現わし、学生らしい品位と相俟つてさすがと思わせるものがあつた。しかし何か欠けたものがあつた。それは未熟な技は気力でカバーせんとの烈々たる闘志の不足ではなかつたか。一考を要する点と思う。しかし学生らしい品位を保持し格調高い演武を展開してくれたことは私の誇りとするところであつた。他校の演武については指導者の影響を受けてか、それぞれ異つた雰囲気を持ち、演武種目にも特長があつて面白かつた。特に昨年と比べて運動部に昇格したところが多く、日頃の豊富な稽古量を示して格段の進歩をみせてくれたことは喜しく、又、頼母しい限りであつた。今後東大合気道部が高水準を維持していくには並々ならぬ努力がいるものと思う。

やがて全国的な発展と共に合気道の試合化という問題も出てくることが予想される。私は、合気道は勝敗を争わずと常々言われている道主のお言葉のとおり、内容の充実ということに努力すればよいと思うが、将来試合化の場合少なくとも次のような方法であつてほしい。

いわゆる柔道の試合のような型式をとつた場合、合気の投げ合い、逆の取り合いは危険であり又防具等の工夫を施してもかえつて不自然となり、興味も半減することが予想される。そうなると試合の型式は型(気の通つた)の演武によりその優劣を判定するということになるのが自然である。数名の人格、技術に秀でた審判者により与えられた種目、即ち、指定種目、自由種目、個人対個人、個人対多数、徒手対徒手、徒手対武器、其他品格、稽古の勤だ等について各級、各段の判定を行なえば日頃の稽古の成果を比較的公正に判断出来、各人の実力も充分発揮され若さ溢るゝ学生諸君に満足感を味わつてもらうことが出来る。これは已にスポーツでは水泳の高飛込、体操競技等の試合方法となり成功している。これに関連して当日感じたことは品位の保持ということである。わずか四年の短期間では技術的に未熟なことはやむを得まいが、品格は技術とは次元の違う問題ではあるまいか、学生が学生らしさに徹して、純な精神と力をぶつつけて鍛錬したまゝを表現すれば、いわゆる学生合気道の品格と特長は自ずから生まれると思う。

試合方法が型の演武により採点が行われる場合、自己の演武を強調せんが為に、技は徒らに華美に流れ、複雑となり、凡そ武術の感覚から遠ざかつたものになりはしないかと恐れる。

吾々の合気道は美容体操でもないし、まして、男性アクロバットではない。其の動き、其の体現は力と美の調和であらねばならぬ、又型にとらわれていわゆる型のための型となり融通無碍の動きを粗害することになるのではなかろうか？　無形文化財保護ならそれもよかろうが、合気道は最も古く、最も新しい武道であり、常に生々躍動しつつ発展していくのであろう。

日本人程スポーツを愛好する民族も少ないように思えるのに、更らにスポーツの振興が叫ばれている。

これはやるスポーツから、見るスポーツへ、更らには見るスポーツへと変わりつつある為か？

武道は本来人に見せるためのものではなくあく迄も自己の身魂を鍛え、もつて、国家社会に貢献するためにのみ存するものであると思うが如何であろう。

やらないですむことならば演武会等はやらぬがよいと思うが、しかしやる以上はあく迄も真剣であらねばならない。演武は前記のいわゆる人に見せるものであり余程心を引き締めないと歌舞伎や映画の殺陣と同様な印象を与えないとも限らない。心すべきことである。

今後益々演武会も多くなることであろうし、又試合化等も考慮される今日、学生らしい品位を保持して武術の範囲を逸脱せず独自の雰囲気を護持し推進していくことは困難と思うが、東大合気道部の諸君ならば出来ることであるし、又責務であるとも言える。

東大合気道部の一段の発展と、学生合気道の繁栄を祈りペンをおく。末筆乍ら各地で活躍中のＯＢ諸君に対して平素の御無沙汰を謝し健闘を祈るものである。

東京大学・赤門合氣道（昭和三十七年）

東京大学合気道部創部十周年北米親善演武

東京大学合気道部は、その後新入部員が百名を超えるほどになり、一時合宿は分散して実施する程の隆盛を極めた。
その勢いで昭和三十九年創部十周年を迎えるにあたって、北米演武旅行を挙行した。この計画は空前絶後の一大イベントであり未だに多くの人の語り草になっている。当時千二百万円の寄付を集め二か月にわたる演武旅行を決行したのであるから、直接参加したメンバーのみならず留守番組にとっても忘れられない出来事で、東京大学合気道部にとってはその後の活動の原点になったと言っても差し支えあるまい。この十周年記念親善演武は、東京大学公式行事に認定され、当時の大河内総長が羽田空港に見送りに来たほどであった。また、他大学の周年行事に海外演武が組み入れられるきっかけになったとも言える。

先生にとってもまだ若かった時でもあり、創部の十年間は忘れられないものであったようだ。北米親善演武の前年の部誌では、部員一人一人の名前を挙げながら、次のように綴っている。

十周年　思い出すままに

来年は早いもので創設十周年となる。思い出すま丶にとりとめのないことを書き綴ることにしよう。東大で合気道を始めた昭和二十九年は私も二十六才、心技共に幼稚ではあつたが肉体的には、絶好調の時代であった。

今、木本外科の医師として活躍している豊嶋君と、広い七徳堂でただ二人、稽古に熱中したことは何時も私の脳裡を去らぬ思い出ある。

これを見ておいおい同好の士が集まるようになつた。私の勤めの関係上大部分は医学部の職員、学生でありこの当時の畠中、賀古、原、阿部の諸君は今や立派な医師となつた。病気のときはいつも迷惑をかける。有難いことだ。

ことに数年前のある夜、赤門前のオデン屋でOB諸君と一パイやつているうちに腹痛に襲われ、東大病院へ救急患者として入院した。その時の外科の当直医がなんと部出身の塙君であり、安心?して手術台に上つたものだ。私の下腹部に残る盲腸炎の手術跡と共に忘れられぬ思い出である。このとき、出席していたOB諸君には深夜迄、家族への連絡、病院の手続きその他で随分迷惑をかけた。

入院中は又ＯＢ、現役多数の見舞いを受けて無聊を慰められた。当時を思い起し改めてお礼を申上げる。

職員学生半々の時代が過ぎると、数土君（現泰道）以下小峯、横田、青柳、開発、城内、内田、鷲崎、池上の学生諸君が集り、運動部の形態を整えるようになつた。泰道君が初代主将となり稽古も学生が中心となつた。昭和三十一年の頃と記憶する。この諸君が卒業を前にして小宅を訪ねてくれた。そして泰道君以下手わけで買物に、料理に結婚間もない家内を助けてくれた。食器の準備が充分でない小宅なので、洗面器を使つてサラダを作つたりしたものだ。こんな料理も若い胃袋はたちまちのうちに消化してしまい夜を徹して飲んだり、話したりしたものだ。如何であつたろう諸君‼洗面器作りの料理の味は。これを契機として、毎年卒業前の諸君が一泊していつてくれる。楽しいことである。泰道君は結婚後、北海道より居を東京に移し何かと相談相手になつてくれる。心強く感じる次第である。泰道君時代の第二回五月祭演武（昭和三十二年五月）のころは二代大川主将も入部早々であつたと思う。大川君の時代で特筆すべきはなんといつても、宇佐美で初めて合宿を行つたことだろう。合宿といつても今のようなものではなく、宇佐美寮からバスに乗り伊東へ、それから温泉町を二十分程歩いて高校の道場へ、そして稽古は午前中の一時間半だけであつた。同じコースで寮に戻ると昼食後は海水浴、麻雀、昼寝等の自由行動でありまさにレクリエーションであつた。この宇佐美の海岸で我々の目を楽しませてくれた黄色の水着美人がいた。モーションをかけた学生も多かつたがその後の消息は聞かない。又合宿終了の前夜山から集めた薪を山のように積んで、天をもこがす火を囲み肩を組み乍ら寮歌を高唱した感激は忘れ難い。

このような楽な合宿ではあつたが以後、部員の結束は一段と強くなつた。初期合宿の目的は達せられたと思う。以後毎夏東京を離れて合宿することとなつた。話は前後するがこの合宿に私も島田コーチと共に参加し、熱海駅から伊東線に乗換えるホームで麦藁帽子をかぶり、一見、中学生？を思わせる東大生と一緒になつた。やはり合気道合宿に参加とか、意外の感を覚えたものだ。

これが誰であろう現在の斉藤孝基君である。斉藤君は年とともに進境著るしく心技共に充実し、今や堂々たる貫禄を身につけ、卒業後も稽古に、コンパに、合宿に、演武旅行に行を共にし、部の大黒柱的存在となつてくれた。嬉しい限りである。

大川君の頃は又、学内で大堀敦子さんを招いて音楽会を開き、（昭和三十三年秋）音楽をも解する心優しき男子ぶりを発揮したものだ。ことに、亀井、渡辺、倉田君等を筆頭に部員が協力して働き広告集めの東大記録を作つたことは記憶に新しい。この資金により赤門の発会式が盛大に行われたものだ。宇佐美合宿の帰りは亀井三代主将と車中同席で帰京し、専ら、学生合気道連盟結成につき話し合つたことを憶えている。亀井時代は、実行力に定評のある亀井、渡辺、倉田の大型トリオの活躍により赤門合気道倶楽部の発会（昭和三十四年一月二十六日）、教養学部合気道部の学友会加入（昭和三十四年一月二十七日）、本郷合気道部の運動会加入（昭和三十四年六月十九日）等、合気道部の基礎を作ることが出来た。今思い出しても本当によくやつたものと感心するばかりである。ただ大川君のときに始まり、亀井君の時代から一貫して続けられた学生合気道連盟結成は、残念乍ら現在の二本建の姿となつてしまつた。（経過は赤門誌二号尾崎君の文を参照のこと）

不幸なことではあるがやがて、東大の意とするところは理解されるであらう。今後の諸君の活躍を期待したい。

亀井主将の時代には防大学校に合宿した。（昭和三十四年八月十日～十七日）お行儀の悪い東大生には規律厳正な校内のため甚だ不評のようであつたが、道場、食事、環境、費用等まことに申分のないものであつた。行儀の悪い点について思い起すと、かくいう私自身、英国紳士として有名な槇校長を訪れ、合宿の挨拶を行なつた時の服装はアロハシャツであり、同行の亀井主将のMボタンは外れたまゝ、まことに汗顔の至りであつた。以後合宿のときは盛夏といえども上着、ネクタイ着用ということにしている。

この合宿のときに今、興銀の日下部君が骨折して当時インターンで合宿に参加していた塙、森山の両君が活躍してくれ安心したものだ。亀井君は卒業後も苦楽の思い出多い部生活が忘れられぬと見え学士入学ならぬ入部して、更に一年、行をともにしてくれた。念願の警察にも入り、今春は相愛の佳人を奥さんに迎えた正に両手に花である。

四代、秋山主将のときには会津鶴ヶ城址内の武徳殿で稽古した。（昭和三十五年七月十四日～二十一日）宿舎はミス日本を生んだ田事という旅館であり、ミス日本を上廻る美人の妹が遊学中の東京からわざわざ帰郷して、食事の準備に、コンパのお酌にあたつてくれ、ために、学生の意気大いに上つたものである。

小さな旅館なので二軒に分宿したが、私は幸いにも斉藤君等と共に田事旅館に泊まること丶なり期待を持つたが何も良いことはなかつた。合宿打上げの席はこのような麗嬢のお酌と多量のビールに一同大変に酔つた。工藤赤門会長から戴いたオールドウイスキーを木暮、前田の両君はガブ飲みし、楽しみにしていた島田コーチは遂に口にすることが出来ず残念がることしきりであつた。木暮、前田、島崎（当時一年）の三君は部歌合唱のときは完全に轟沈し、意識不明となり志村赤門事務局長が友人の医師を呼んで、グロンサン注射のお世話になつた。この諸君も次の日はケロリとして野球試合に興ずるやら、旅行に出かけるやらしている、まことに若さというものはよいものである。合宿の帰りは島田コーチ、志村、大川、斉藤君等と白虎隊の墓に詣で、バスで盤梯スカイラインを回《めぐ》つた。裏盤梯の美しい眺めと当日の暑さ、バスの巻き上げる埃のひどさは今も印象に残る。

五代植田主将のときは仙台瑞鳳禅寺に泊り、東北大道場迄稽古に通つた。（昭和三十六年七月二十～二十六日）道場迄炎天下を歩いて三十分以上、往復の苦しい合宿であつたので島田コーチと夜な夜なタクシーを飛ばし生ビールに息をつき、微醺を帯びて帰り禁酒中の学生諸君を悩ませた。この合宿で一年のS君は三年生であつた福田君（現日立）に稽古をつけられ、あまりの苦痛と口惜しさでついに道場で泣き出してしまつた。顔中を涙だらけにしたS君の可愛らしい顔は今でも忘れられない。

以上植田君の時代迄を思い浮かぶま丶に記した。福田、馬場両君時代の思い出も多いが、在学生諸君皆熟知のことであり、何年か後の赤門誌にゆずることにしよう。又、宇佐美合宿から長期間常に部と共にあつた倉田君も今春は社会に出た一抹の淋しさを禁じえない。十年になんなんとする過去を振りかえると楽しかつたこと、苦しかつたこと、残念だつたこと、とめどない思い出が湧き上がつてくる。私自身、長い期間健康を害ね、稽古も満足に行なえぬ時もあつたし、いわゆるスランプの時もあつた。なんとか今迄やつてこられたことは慈父の如き立場で暖かく見守つて下さる工藤会長、ご多忙にもか丶わらず、部発展のため御努力下さる伊藤、田村両部長、それから無能な私に今日迄あきることなく、指導と協力を惜しまない畏友島田コーチ感謝あるばかりである。

その他創設以来部の面倒をみてくれる本田、土居、志村、手塚の諸君‼　今後もよろしくとお願いする。これから私は十年に互つて礎かれた土台を出発点として踏まえ、歴代ＯＢ、現役諸君と共により立派な部の育成に精魂をそそぎたい。これが私の生涯であるべきと確信している。幸いなる哉我が人生!!

東京大学・赤門合氣道（昭和三十八年）

それから五十年程経った創部六十周年の記念行事企画の段階で、当時の旅路を有志で辿ってみようとの計画がＯＢの間で持ち上がったこともある。実現していれば、先生はさぞ喜ばれたことであろう。

先生門下生の免状の由来

ところで、田中先生が指導していた学生合気道部は、「先生の推挙により植芝家から直接免状をいただく」形になっていた。先生と植芝家の強い繋がりが感じられる仕組みである。

その由来について次のように語っている。

――その後、三十四年以降は先生の合気道はどのような形で継続されたのでしょうか。

田中　私は、昭和二十九年に東京大学に合気道部をつくって、学生と終始一貫やってきていますから、稽古が中断したことはありません。

――それ以降は大学の指導を中心にされてきたのでしょうか。

田中　そうですね。東京大学で指導をしておりましたら、中央大学でやってくれという話があり、引き続き専修大学からも依頼がありました。それから富山大学、金沢大学にも合気道部ができ、まあ昭和二十九年以降、ずっと学生合気道を中心に生きてきたということになります。

――先生は、当時から明治神宮の師範をされていたのでしょうか。

田中　いやいや、明治神宮の至誠館は昭和四十八年にできたわけですから、やっぱり大学の道場が中心でした。

――養神館を離れて、合気会とはどのような関係になっているのでしょうか。

田中　私が指導しているところは、すべて植芝家から直接免状をいただいております。財団法人合気会ではなく、終始一貫、私の門人に対しては直接植芝家から免状をいただくという関係を作らせていただいており、それが今も続いているのです。私の門人以外には、こういう形式（「右者今般田中茂穂師範の推薦ニヨリ合気道○段ヲ允可ス　合気道道主　植芝吉祥丸」という文面、財団法人合気会の名称は入っていない）で免状をもらっている人は、どこにもいないわけです。

――そうすると、よそにない、至誠館だけの特殊な形なのですね。

田中　いや、至誠館ではないのです。あくまでも田中個人なのです。田中の門人に植芝先生の免状をいただいているのです。これは私の勝手な話ですが、では植芝先生のほうから私のほうを見るとどういうことになっているか。ここにちょっと書いてあります。

「……そのほかとくに注目すべき存在として、道主植芝吉祥丸ときわめて密接な関係にあり、植芝宗家と直結している『明治神宮至誠館』の田中茂穂師範がいる。東大その他の大学有志を中心として、地味ながら着実にまとまりよく「合気道」の理念・技法・理合いを追求している。」（植芝吉祥丸著『合気道真諦』二八三頁より）

穂雲閑話　『明治天皇を祀る大社の森深く、武士道を伝える憂國の士』より一部抜粋　（平成十年）

剣との出会い

先生は、合気道の稽古に剣術等も取り入れたが、その源となった鹿島神流の大御所で直接教えを乞うた鹿島神流第十八代宗家の国井善彌翁に生涯心酔していた。

先生は、幼少のころから「剣豪」に憧れておられたようで、小学校六年の頃には、国井道場に入門しようと道場の在った飛鳥山周辺を彷徨い歩いた程である。

昭和三十九年頃、初めて国井道場の門をくぐり門下生となったが、田中先生でも稽古中の国井翁は怖い存在で、道場の戸を開けるのをしばしば躊躇われたことがあった。

その国井翁が亡くなった時、その心情は如何ばかりであったろう。

ある剣豪の死

八月十七日夜、日本一の剣豪国井善彌先生が破乱に富んだ生涯を閉じた。

想い起すと先生と私の関係は永くそして短かつた。私が先生のお名前を耳にしたのは二十数年程も前になろうか。当時立川文庫の影響により剣豪に憧れていた私に、中村某なる先輩が国井門下にあり、先生がいかに強く偉大な武術家であるかを教えられ少年期の私は強い印象をうけたものだ。小学校六年の頃にはなんとか国井道場に入門しようと、うろ覚えの滝ノ川を頼りに飛鳥山周辺を彷徨い歩いたことを思い出す。ついに道場を見つけだすことができないまゝ、大東亜戦への突入、それから東京空襲等で心ならずも入門の機会を失してしまつた。それから年移り、月変つたが、天は国井先生にお目にかゝれる幸運を与えてくれた。昭和三十九年の初秋の頃と記憶する。私は畏友島田氏と共に鹿島神流国井道場の門をくぐり少年期からの望みであつた先生に親しくお目にかかることができた。先生ときに七十才、心よく御引見のうえ見事な演武をお見せくださつたので、私の血潮は少年のごとく高揚り感激の極みであった。

先生は、体術はともかく、技刀術だけは是非会得すべきであると、強くお薦めくださつたのだが、生来、懶惰な私はなかなか道場に伺うことをせず、実際に御指導うけたのは、翌年の一月過ぎからとなつてしまつた。時間がないという我儘に、先生は特に日曜を稽古の日とし、三時間もの長時間全く、つきつきりで教えて下さつたものだ。お話しを承つているときは、飾り気のない思いやり深い、愉快な先生なのだが、一度び剣を握つて立つや鬼神のような感じで、ずいぶん緊張したものだ。仰せのようになかなか身体が動かないと、〝馬鹿野郎〟〝止めてしまえ〟という怒声が飛ぶ。肉体的より精神的な疲れで〝クタクタ〟になつたことが鮮烈な想い出として残る。このように恐い先生(たゞし稽古中のみ)なので、どうも道場に向う足は鈍り勝ちになり、道場の戸を開ける迄は、何か理由を見つけだして休もう、帰ろうという気が働く、しかし決心をし、剣を摑んで先生の前に立ち、稽古を終つて帰るときは、本当に来てよかつたという喜びが湧く。

一世を風靡した、剣豪国井先生も、稽古中は往年の厳しさを彷彿させるが、それ以外はあけつぴろげの、話し好きの、淋しがりのお人柄であり、一層懐かしく又、親しみも増したものだ。凡愚な私をも、弟子扱いはされず同志としてくださつた。そして過分の期待を寄せてくださつたのだが、何にもお酬いすることができなかつた。私はまだまだ先生がお元気で、厳しくお導きくださるものと思い、当分、先生に甘えていればという気が強かつたのだ。年甲斐もなくなんとも申訳けない次第である。

一部武道家からは、蛇蠍のごとく嫌らわれた先生、これは余りにも強く、武術の為に一命も惜しまぬ情熱、名誉や金銭を望まず、歯に衣着せぬ点などが、虚名の維持に汲々たる者甚だ目障りとなつたのだ。

今年の夏合宿に出発の前夜、電話が先生の死を告げた。茫然自失、ともかくも気をとりなおして、滝ノ川のお宅に馳せ参んじ、最後のお別れをしたが、滂沱たる涙をどうすることもできなかつた。暑いときも、寒いときも、お身体の不調のときも、常に総てを傾けられてお導きくださつた先生!!

今や先生は亡い。日本武術の終焉といおうか。

ご厚恩にお願い出来なかつたことが悔やまれるが、鈍骨を磨いて、武術の道統を少しでも後世に伝え得るよう努めることが、せめての御恩返しとならうか、責務を強く自覚する。

一生を武術に捧げ、名利を追わず、世の人にも知られず生涯を終つた野人、国井先生を心ある人は記憶してほしい。

東京大学・赤門合氣道（昭和四十一年）

終即始

標題は、私の修行している剣の極意を表わす言葉で、終り即始め、と読む。平易な表現であり、私の好きな言葉の一つである。

斬ることを目的とする場合、剣を抜いて相手を斬り倒せば即ち終りであるが、この時には已に、次に対する攻防が心、技、体とも備わっていなければならぬ、これから始まるという状態になっていなければならぬ、ということである。多くの場合これを残心と表現する。

終即始も、残心も意味は大同と思われるが、世人は残心という抽象的な言葉に幻惑されて、動作の終りに相手から瞬時眼を離さぬことが、これ残心なりとして、思わせぶりな動作を以て、足れりとすることが多いように見受けられる。誠に遺憾である。

終即始の言葉は平易な内に、汲めど尽きぬ深い意味があり、又具体性をも持って、我々日常万般の処世に厳しさを要求する。実戦的な裏付けのなされた、武人の生活の知恵が生んだ言葉といえようか。

中央大学・白門合気（昭和四十年）

稽古の在り方について

合気道だけではないが、武道の「稽古の在り方」について、惰性に陥ることを厳しく戒めている。人生も同様であると。

繰返不繰返

およそ、技芸、学問をとわずその道に入れば誰れしも人後に落ちざる進歩と、熟達を願うものと思う。しからば進歩し熟達するには如何すべきであろうか。文武の道は高く険しくして究め難い。しかし努力すれば人それぞれの悟りかたも出来る筈である。

ふみわける麓の道は多けれど云々の古歌にもあるように、手段方法はいろいろあろうが、高嶺の月を見るにはまず飽きずに操り返す努力が必要であろう。

我々が日々稽古する武術もただ虚心に繰り返すことが上達の秘訣といおうか、この無心に励む一つ一つの動作が進歩につながる基本であることは、間違いのないことであるが、注意しなければならないのは往々にして、繰り返しが惰性に落ち入り易いことである。ただなんとはなしに続けるのでは初心者はともかくとして、大学合気道部の、ましてや上級生諸君の厳に戒めとせねばならぬところである。

標題の繰返不繰返は、判りやすくいえば昨日の理解と今日の理解、今日の技と明日の技は違っていなければならない。せめて気持だけでもそのようにあるべきである、ということである。繰り返し行なうが決して二度と同じことを繰り返しはせぬ、この位の固い決意が必要ではなかろうか。

人生は短くもあり、永くもあるが二度と繰り返すことの出来ぬものである。諸君が稽古の一瞬一瞬をも大切にし、より高き頂きを目指して、歩み続けることを期待して止まない。

中央大学・白門合気（昭和四十一年）

間

間について、こゝろみに広辞林をひもとくと、ころあい・よい折・調子拍子の移り変るおり・せりふとせりふの間におかれる無言の時間・云々とある。まこと人の出所進退を始めとし、歌舞音曲、話しの抑揚強弱を問わず、間が生かしもするし殺しもする。これは古歌に「ふりかざす剣の下こそ地獄なり一足進め先は極楽」や、我々が日常用いる、間が抜けている、間が悪い、間に合わぬ等の言葉によっても如実に示される。

武術の極意は、いかなる場合にも平常心を失なわぬことにあるが、技術的にはいかに有利な間をとるかにかゝっている。先人はこの間合の会得に生死をかけた。

我々の稽古する合気道は、一瞬に生死を決する道であって、接触の瞬間に全てをかける技である。摑え、取組んでからのものではない。一番よい間合は攻撃、防禦とも己れには有利であって、敵には不利ということだが、そんな都合の良いことばかりにはいかない。

こちらが斬ることのできる間合は、敵からも斬られる距離なのであるから、速かに有利な間をとって敵を倒す先手必勝か、敵の攻撃を見切り、或いは躱して「後の先」をとるか、いずれにしろ一瞬の間合の決断が勝敗を決する。

この判断力を養うのが稽古である。しかるに、お互いの頭がぶつかり合うような礼をしたり、礼が終るか終らぬうちに動作に入ったりしているのが現状である。体力を養うと共に間合の研究を怱せにすべきではない。

間は又、距離だけではなく前記の調子拍子の問題でもある。相手が強くくれば柔かく受け流し、弱くくれば強く撃つということも間なのである。演武を例にとるならば技の緩急、強弱、時間にもっと神経を使うべきだということになる。静から動に入って又静に帰納し、ときには波頭が巌に砕けるが如く激しく、或は春の海の如く穏かに、直は変じて曲に、曲又変じて円となり、冗漫に流れることのないのが理想的な演武と云えよう。普段の稽古についても又、同様である。日常生活を通じて常に、間を念頭において修業を怠らないならば、限りある人生を意義あるものとするであろう。

（昭和四十二年十月記）

中央大学・白門合気（昭和四十二年）

日本武術を学ぶ若者へ求めるもの

先生は限りある人生をどのように生きるべきか、について様々なところで語り述べているが昭和四十四年にその一端を次のように表現している。

大切なものは

人と生れて一番大事なものはなんであろうか。現代では、どこかの人が、「人の生命は地球よりも重いのである」といみじくもいつたように、生命ということになるのであろうか。

現在教育は、学校教育・社会教育を問わず、個々人の生命尊重が中心となつている。医学が進歩し、公衆衛生思想が普及している先進諸国においても、人生はたかだか七十年であり、百才を生き抜くことは至難である。

人は生れ出ずれば死することは、人種・信条・富貴・貧賤にかかわらず、万古普遍の鉄則である。この必ず滅する生命を至高のものとして追求し、守護することが我等の人生というものだとすれば余りにも儚い。しかも唯物教育万能の現代では、死後の世界を信ずることを知らぬ者が多い。せいぜい七十年の人生を後生大事とし、一度しか味えぬ現世を楽しむことのために、うつつをぬかす。これがマイホーム主義を生み、驚くべきレジャー時代を招来させた主因であると思うが、いかがであろう。

我等が希求すべきは、生命を超越し、不滅のものでありたい。生命の尊厳を否定するものではないが、限られた人生に何をなすべきか、自らの信ずるものに対し、信ずるものを護るために、ときに生命を捨てるも悔いない。言葉をかえていえば、生命より貴いものを摑むことだ。これが限りある人生を、無限のものにする道と思う。

第二次大戦中、諸君と同年の学徒が筆を剣に代え戦場に赴いた。

幾万、幾十万の若桜は国の危急を救い、父祖の地を守るべく戦い死んだ。国の不滅と後についていく者を信じて。

彼等には生命を捨てても護るに価いするものがあつた。国敗れて二十数年。今や繁栄を誇り、平和を謳歌しているが、これを侵された場合、身命を投げうつて護りぬく者が果して幾人あるのであろうか。いずれも貴方まかせの底の浅いものにすぎまい。真の平和を護るには、国の大義に殉ずる決意が肝要である。

このような精神をもつた若人をどこに求めるべきか。私は日本武術を学ぶ諸君に求める。

専修大学・武産合氣（昭和四十四年）

昭和四十七年は悩み多き年であった。

先生は「部が単なる肉体鍛錬の場でなく、益荒男の集う所であってほしい」と願う中で、小説「坂の上の雲」の一部を武人の心得として引用し自戒している。もちろん、弟子たちへの諭しでもあろう。

日本人は良い想い出はいつまでも、悪い想い出は少しでも早やく忘れようとする民族のようだ。私も御他聞に洩れない。

昨年一年間は、身内の起した行動によつて好むと好まざるとに関係なく、渦中に身を投じ、いろいろな経験を重ねた。

そのときは、耐え難い不快、屈辱、焦燥ともろもろの感情が入り混つて随分と嫌なことが多かつたが、反面、又有難いことも多かつた。ことに、ＯＢの方々の御厚情は忘れ難い。

私のように部の方々と信頼し合つて（いるものと信じ）生活している男にはこたえた。「勝敗は時の運」というのが、今回のような敗戦必至の状況では只、悔いのない戦いだけを望んだのだが信頼感のいささかも無い（持てない）人と共に戦うことは淋しく辛かつた。善意、好意の人々とのみ交りを続けてこのような年令に達した私には良い薬というべきか。

「慣れるより慣れろ」と言うが、悪意の中傷冷たい仕打ちにはやがて慣れたが、ときに赤門ＯＢの方々に接する機会を得、厚意溢れる言行を受けると我慢が出来なく、不甲斐ない話しだが、涙がどうにも止らないといつた状態で醜態を晒すこととなつた。

想い出しても恥かしいが甘える場のあつたことは、何にもまして有難かつた。これも武道を通じて縁しを結ばせて戴いた男の幸せというべきか。私が従来、繰り返し申し上げて来たことは、部が単なる肉体鍛錬の場でなく益荒男の集り場であれかしということであつた。

武士の情けが判らぬような男がどんなに学問、技芸に秀いでても、所詮語るに足りぬ。理性を度外視した情・侠にこそ私は人生の魅力と意義を与える。それにしても赤門倶楽部には情理を弁えた人々が輩出してくれたものだ。私も嬉しいし、国家の為にとつても真に喜ばしい。このことは今回の一事件を通じて更らに実感を深くした次第である。

一時期部員の減少により低調であつた部もやがて往年の盛大さを取戻すやに見える。私自身は一向に進歩もない稽古で恐縮であるが、一歩でも前進すべく努力を重ねたい。私は生来口下手で思つたことを上手に表現することが出来ないが、昨年読んだ「坂の上の雲」の文中に、東郷長官が連合艦隊を解散するときの「告別の辞」がのつていた。武道の修業も同じ心境でやらねば駄目だという気持である。

参考になればと思い左に記する。

「連合艦隊告別の辞」

「惟うに武人の一生は連綿不断の戦争にして、時の平戦に由り其の責務に軽重あるの理なし、事有れば武力を発揮し、事無ければこれを修養し、終始一貫その本分を尽さんのみ」…………

「神明はただ平素の鍛錬に力め戦はずしてすでに勝てる者に勝利の栄冠を授くると同時に、一勝に満足して治平に安んずる者よりただちにこれをうばう。

古人曰く、勝つて兜の緒を締めよ、と」

（昭和四十八年二月記　傍点は筆者註）

東京大学・赤門合氣道（昭和四十八年）

東京大学紛争終結

昭和四十年代当初からくすぶり続けていた大学紛争は、四十三年、全学共闘会議（全共闘）による東大安田講堂占拠によりピークを迎えた。翌四十四年一月、警察機動隊により全共闘の占拠は解除され、急速に正常化に向かって行った。

結局、東京大学は混乱回避のために「入試中止」を余儀なくされた。そのため、四十四年は新入生がゼロ、すなわち新入部員は一人もおらず、この事態を受け入れざるを得なかった東京大学合気道部の活動にも当然のことながら大きな影響を与えた。部活動の転機となった事件である。

当時、東京大学の職員であり、武道家としての位置付けも確たるものになっていた先生は、大学当局から何かと期待されていた。

先生が関わった四十三年三月の東京大学評議員会から四月の入学式さらには安田講堂占拠から解除に至るまでの出来事を生々しく、中央大学の「中央評論」に感想を含めて次のように語っている。昭和の「裏面史」と言える。

四十三年の「入学式」（実質安田講堂での最後の入学式になった）に臨んだ新入生にとっては、先生は、入学式を無事経験出来た大恩人とも言える。

我が東大落城記

全國民をＴＶの前に釘づけにした、安田講堂攻防戦も既に三十年も前のこととなり、三年ほど前には、警察ＯＢにより、「東大落城」なるものが出版された。

安田城落城の、昭和四十四年（一九六九）一月十九日の頃は、私も東京大学学生部に在職中で、大学紛争をつぶさに体験させられた。

当時を想起すれば、私も職務上（補導掛長）寝食を忘れて、微力を尽したつもりだったし、多くの教職員が持ち場持ち場で、十分に辛酸を嘗めたが、「東大落城」には、ときの教職員の対応につき手厳しい批判のみ書き綴られている。

あの頃、ともに戦った戦友とも称すべき先輩や同僚も、多くは彼岸の人となった。紛争の第一線にあって、自らが体験したことを記録しておくことも、あながち無意味ではなく、ある意味では責任とも覚えるので、あえて悪文を綴ることとした次第である。

何しろ三十年も前のこととなると、記憶も定かでなく、強烈な体験のみが断片的に思い浮ぶ。東京大学学生部にお願いして、当時の大学告示、総長告示などを送っていただき、この年月日を参考にして、私の記憶の糸を手繰ることとした。

はじめに

今日の平穏なキャンパスをみると、あの内戦を思わせるような大紛争が、どうして発生したのか、一言でいえば、時の流れとでも申すのほか無い。しかし、当時、中共やソビエトを母國のように思い、学生を煽動した多くの無責任な、学者や文化人が多数いたのだから、純情な青年達が「造反有理」をスローガンとして立ち上がったのは、けだし、当然のことと私は思うのである。

この反乱の潮流がある学内で、昭和四十三年三月十一日、医学部は、春見医局長に暴行を加えたとして、退学四名をふくむ、大量十七名の学生を処分した。

このうち、譴責処分を受けた医学部三年の粒良邦彦は、春見事件当日、九州に行っていたとして、当局の誤認が明らかになり、「医学部闘争支援」が燎原の火の如く、キャンパス内に燃え広がっていった。

神田学士会館

本郷キャンパスは、医学部学生を先頭に、これを支援する学生を加えデモが渦巻いた。三月十二日午後、ヘルメットを着用した他大学学生を含む、百数十名の医学部学生ならびに研修医等が、学生処分撤回を要求して、医学部中央館に不法侵入し占拠、医学部長室や、安田講堂入口扉を破壊した。

大学当局は本郷キャンパス内に、安心して会議出来る場所を確保出来ず、神田学士会館の一室を借りて、この対策を協議するため、評議会を開催した。

このことを知った医学部学生や、他大学（医科歯科大学の学生と思われる）の学生五、六十名が制止を聞かずこの室に乱入、大河内総長以下にたいし処分撤回を怒号し、翌払暁におよんだのである。

学内がこのような情況のため、私は帰宅せず、学生課の一室で仮眠していたが、電話が鳴り救援を求められたのである。直ちに大学のマイクロバスに、当時の高尾学生課庶務掛長他二、三の同僚と同乗し学士会館に向ったが、三月とはいえ、早朝のこともあってか肌寒い朝であったことを覚えている。

二階か三階かの廊下に行くと、遅刻したためか？一人の評議員が入室できないでいるので、対策を聞くが、一向に要領を得ない。内部のことが皆目わからないので、しばし逡巡したが思い切って、ドアのノブを廻すと簡単にドアが開き、高尾氏などはやすやすと入室出来たが、何を勘違いしたのか、私のことを指差し、室内の学生リーダーが「デカ」だーと大声をあげ、占拠学生全員が私一人に殺到し、殴る蹴るの攻撃を加えてきたので、室内は私を中心として大きな渦が巻き、その間に、大河内総長以下大学首脳は、粛々と退室出来たのである。

私が今も有り難いと思うのは、身に寸鉄もおびず、全く無抵抗に終始しつつ、暴力学生の攻撃を一身に集めたが、掠り傷一つ負うことがなかったことである。

卒業式と入学式

三月からは、不当処分撤回、卒業式粉砕の式典粉砕闘争がおこり、二十八日の卒業式は開催出来ず中止となった。

大河内総長は、四月十二日の入学式は何んとしても開催したいと熱望し、これが実現にむけて努力するようにと下命された。平常の式典の折総長は、安田講堂正面からお入りになるが、入学式粉砕を叫ぶヘルメット着用の学生が固めていて、入堂することが出来ないので、裏口、今保健センターレントゲン室のある扉から入っていただくことと密かにきめ、横山学生課長を長とする十数名ほどの本部職員が、入口を確保していた。総長入堂の時間が近づくと、これを察知したヘルメット着用の学生多数が集合し我々と睨み合いの状態となってしまった。

私はこれまで、合気道部学生との関係もあり、学生は愛すべきもの、親しみ信頼すべきものとの思いが強かったので、憎しみ剥き出しで対峙するのが嫌でもあり、学士会館のときの体験も生々しく甦ったので、職員の最後部にいて総長の到着を待ったのである。予定どおり大河内総長は、私の親友藤浪秘書と同乗し到着した。先きに車外に出た藤浪秘書は、瞬時に学生達にはじきとばされ、いつのまにか最後部にいた私が、最前列に立っていたのである。周囲は怒号乱れ飛び、ヘルメット学生のみ。そこで私は、大河内総長の身体を片手に抱き、片手で抵抗を排除し、総長を文字通りに講堂内に放りこんだのである。このとき抱えた総長の何んと軽かったことか、本当に骨と皮ばかりといった感触が、今も鮮やかに思い出される。

このようにして、混乱はしたが、総長の希望どおりに入学式は、挙行されたのである。総長は間もなく医科研附属病院に入院されたと記憶するが、入院中総長は、藤浪秘書に「今回は本部の職員に大変な支援、協力をうけた」とくりかえし、くりかえしお話になっていたとのことで、私には、藤浪秘書を通じ「学問は一生」との短冊がとどけられた。

安田城

医学部全学闘争委員会は、六月六日安田講堂占拠を決定、六月十五日学生約一〇〇名が占拠し、バリケードを構築した。十七日、総長の要請により、一二〇〇名の機動隊を導入し、解除をしたがこのときはまだまだ平和？なもので、私も機動隊の先頭に立って、安田講堂裏の硝子窓をこわして突入した。

講堂を占拠していた学生は、機動隊導入とほぼ同時刻に、自主退去し、ほとんどもぬけの状態であった。私は機動隊員と内部を巡視したが、機動隊員が施錠されている扉を発見し、捜索のためと称し、私に扉を破壊することの了承をもとめた。あたりを見廻しても職員は私一人、不承不承、承諾したところ、隊員は持参の掛矢を振って破壊を試みるが、扉はびくともせず、ついに断念した。私は、流石、安田講堂の扉であると妙に感心したものだった。

六月二十八日には、医学部長から粒良処分解除に関する声明が発表され、益々学生を勢いづかせることとなった。安田講堂で、六月二十八日総長会見が行なわれたが、混乱のうちにドクターストップで、大河内総長は再入院してしまった。

七月二日夜には職員の制止を突破し、安田講堂第二次占拠。学部のストも、法、工、教育、理と相つぎ、七月五日には教養学部も無期限ストに突入し、同日、安田講堂で「全東大集会」が三千名参加のもと開かれ、夏休み中、夏休み後の安田講堂封鎖が確認された。

九月に入ってからは、学部のスト突入、バリケード封鎖が続き、混乱の度合を益々深めていった。十一月一日、大河内総長が辞任、四日には加藤一郎法学部長が、総長代行に選ばれた。同日午後から林健太郎文学部長との〝カンヅメ団交〟が始まり、十二日午前二時まで続いた。この間、何日目だったかよく覚えていないが、三島由紀夫などの有名文士数人が来学し、林学部長の軟禁されている建物の外から、開放を呼びかける姿などを目撃したものである。

学内では暴力が日常的に罷り通り、殺伐な雰囲気となっていった。十二月二十九日には翌年の入試中止が発表されたのである。

昭和四十四年（一九六九）一月九日と、十日には封鎖続行東大解体を主張する全共闘学生と、封鎖解除を主張する日共系学生との間で、大乱闘が行なわれ、このときの投石によって、重要文化財の赤門の各所に、被害を生じ、今もその痕跡をとどめている。

この乱闘では双方に、多数の負傷者が続出、機動隊が出動し多くの学生が検挙されたが、出動がなければ被害は更に大きなものとなったことが想像される。

この時期には、〝全國学園闘争勝利〟の場所との意識が、闘争学生の間に強くなり、東大学生よりも、他大学の学生（外人部隊）の数が日増しにふえていった。そして、全國の大学の反代々木系活動学生が結集、安田講堂、法学部研究室、工学部列品館、法文二号館などの主要建物にセクト別に籠城した。本郷の主な建築物の屋上には赤旗が翻り、正門には、「造反有理」の立看か、横断幕かが掲げられた。

安田講堂は第一回機動隊導入のとき、簡単に落城したことの反省からか、他大学学生のバリケード構築の専門家?を招いて、強固なバリケードが作られていった。窓はすべて太い鉄線で緊縛し、窓側にはスチールのロッカーや、机などを幾段にも積重ね、蟻一匹も入ることの出来ない要塞となっていった。講堂内の名器、スタインウェイのグランドピアノまでもがバリケードとして使用されたのだ。

加藤総長代行は、一月十七日午後十一時、建物の不法占拠者を排除する必要があるので、とくに大学の許可を得た者以外は、学内外者を問わず、直ちに全員本郷構外に退去との掲示を行なった。私は夜陰にまぎれ、大学の出動要請書を懐中に、宮川幸悦掛員（現千葉大学教務課長）とともに、ひそかに弥生門と池之端門の高い石垣の上から道路に飛び下り、本富士警察署に駆け込んだのである。

一月十八日は早朝より、大型車輛に分乗した多数の機動隊が、龍岡門より入構を開始し、安田城攻防戦の幕はきっておとされたのである。

諸君もご承知のように安田講堂は、正面からの出入は、玄関一ヶ所のみ、あとは空濠が巡らされている。機動隊は裏口から進入を図るが、屋上などからの投石や、火炎瓶の投下により、しばらくは建物に近付くことも困難であった。

このときは、第一次機動隊導入のときと全く様変りして、もう私など危険で近寄ることも出来ず、専ら機動隊の最後部にいて見守るばかりであったが、機動隊の催涙ガスを発射の銃声はあたりに谺して、全く内戦そのもののような感じであった。

何人もの隊員が火炎瓶の攻撃をうけて、一瞬のうちに全身火達磨となるが、後ろにひかえている放水車がすぐに火を消す。これがなければ多数の犠牲者が出たことであろう。両者の攻防は眞に凄まじく、十八日はようよう裏側より一階部分に、突入出来ただけだったように覚えている。

十九日は早朝から攻防がはじまったが、前日の放水により、講堂の日当りの悪い部分には、氷柱《つらら》が下がり、悽愴、峻烈の気が漲っていた。

機動隊員はガス銃、放水などの支援をうけて、ジュラルミンの大盾で身を護りつつ、裏面よりつぎつぎと進入、正面からも、エンジンカッターにてバリケードを切断して突入、苛烈な抵抗を排して二階、三階と占拠をひろげ、ついに午後三時頃には、講堂内で抵抗していた約三百名ほどの暴力学生を、全員逮捕し、さしもの要塞安田城も陥落したのである。

私もこの間、安田講堂の正面から裏面から或は、工学部列品館、法文二号館などの攻防をつぶさに注視し、また開放後すぐに立入ったが、惨状、目をおおうばかりであった。講堂内の美しい大理石も、すべて打砕かれて投石に使用されてしまったのである。

私は残念ながら目撃しなかったが、同僚などから聞くと、安田講堂解放後、屋上の赤旗は引き降ろされ、暫時、日の丸の國旗が翩翻と翻えったとのことである。機動隊員が掲揚したものか、東大職員によって掲揚されたものか、私には分らないが痛快な出来ごとであった。

おわりに

安田城落城を機に、さしもの大学紛争もだんだんと鎮静化し、やがて終熄していった。あの巨大なエネルギーを費やして、東京大学の、將又、全國諸大学の何処が、どのように変ったというのだろうか、私にはよく分からない。

無意味な破壊と、相互不信を増幅しただけのような気がしてならない。中國、ソビエトを理想の國とし、「造反有理」を旗印として戦っても、国民大衆の共感を得られるはずがなく、自滅していったのも、むべなるかなである。

七徳堂の稽古も、デモやストに参加の部員も多少はいて、出席者が少なくなったり、稽古時間が減ったことはあったが、赤旗が立つでもなく、部員間に深刻な対立も生じることなく、稽古が出来た。今、思い出しても有難いことだった。

この紛争では、職場の先輩で、教養学部の鷹野学生課長が過労にて倒れ、不帰の人となられたし私自身もこの年の三月には、身体の不調を覚え、四月から五月にかけて入院を余儀無くされた。

見舞いに来てくれた友人が、栄転するとの話を病床で聞くと、祝意を表しつつも、取残されたような気分となり、動揺を禁じ得なかったことが思い出されてならない。しかし幸いにも、病《やまい》癒え創部四十五周年を迎える今も、現役諸君と稽古を続けている。心から感謝するとともに、部の今後益々の隆昌を祈念するばかりである。

老人の自慢話に終わらぬように記したつもりだったが、その憾み、なきにしもあらず、諸兄姉にご寛恕を乞う次第である。

（平成十一年一月記）

中央大学出版部・中央評論

若い人への思い

先生は、主に五大学と至誠館で多くの学生・門人の合気道の指導者として過ごされてきたが、各大学の節目節目に自分の思いを部誌への寄稿のなかで語っている。

富山大学合気道部が部誌を昭和四十八年に発刊するにあたって、次のような言葉で語り掛けている。

一つには部在籍中に「終生の友を選ぶべき」、二つには「男女とも『らしくあれ』」ということである。先生は、昨今の何もかも男女平等の風潮をどう評価されていただろうか。

また、昭和五十三年の金沢大学合気道部の部誌発刊に寄せて、「武士道」の継承と復興に努める志を学生に求めている。

部誌発刊にあたって

今年の春に始めて富山大学合気道部の合宿に参加してから今夏まで、諸君との合宿も四回を数えるに至った。最初は当然のことながら幼稚な技の繰り返しと、部としてのまとまりも余りよくないように見えたが、最近は瞠目すべき進歩を示し、大いに心強さを覚える。

これも永田・本木・浅野・高柳先生の普段の御指導よろしきを得ている為と信ずる。私は本木先生の母校、専修大学の師範ということで諸君とも又稽古を共に出来るご縁を結ばせて戴いた。有難い。私は常に私と稽古を共にする人々に次のようなことを期待しているので富大の諸君にも申し述べることにする。
それは今日のマスプロ大学では、なかなか真の友を得ることが困難である。しかし諸君の殆どは、志を同じうする筈であるから、在部の間に、終生の友を選ぶべきである。

明治天皇御製

もろともにたすけかわしてむつびあふ友ぞ
世にたつ力なるべき

昭憲皇太后御歌

まこともてまじらふ友はなか〳〵に
はらからよりもしたしまれけり

第二は武道を通じて「男は男らしく」「女は女らしくあれ」ということである。男が男ぶることなく、女又女ぶることなし。最近の風潮は男性の女性化・女性の男性化と、正に天地逆転の混乱時代である。当部の諸君はか丶ることのないようにと念ずる。

明治天皇御製

ちよろづの仇にむかいてたわまぬぞ
大和をのこの心なりける

事しあらば火にも水にもいりなむと
思うがやがてやまとだましい

なよたけはすなほならなむうつせみの
世にぬけいでむ力ありとも

部員相互が信頼し合い、敬い合い乍ら、厳しい鍛錬をつづけ、もって武士道精神を体得せられたい。
北陸の地、富山大学に呱呱の声を上げた合気道部がいよいよ、ますます発展されることを期待すると共に、心からお祈りするものである。

（昭和四十八年九月）

富山大学・合志（昭和四十八年）

部誌発刊に寄せて

北陸の中心に呱呱の声をあげた金沢大学合気道部も、数年を閲して愈々充実の度を深めつつあることは、誠に喜ばしい限りであります。

私は遠隔地に居住しておりますので、なかなか皆さんに接する機会もなく、申し訳なく、且つ、残念に思います。

しかし皆さんが、松尾先生を中心に、監督・コーチに指導の下、弛みなく稽古をつづけて良い伝統を築きつつあることは、本当に有難いことと感謝にたえません。このたび部誌発刊のため、寄稿せよとのご依頼がありましたので、平素の考えを少し申述べたいと思います。

皆さんご承知のように、我国の武道は敗戦後、占領軍によって禁止されました。占領政策を進める上に武道は大きな障害であり、又戦争中の日本民族が示した旺盛な戦闘精神は、武道教育によるところ大と判断したためでしょう。

占領軍の教育は成果を上げ、今や戦後三十三年を経過してもその桎梏から脱することが出来ません。道場から神棚が撤去されてそのまま。道場も体育館も選ぶ所がありません。

武道は自己の使命を全うする道であり、いかに生き、いかに死すべきかを探求する道であります。又、一旦緩急ある場合は、義勇公に奉ずる精神を涵養する道でもあります。

これもやれスポーツマン精神とか、体育理論とか、健康法・護身術とかに転化され、日本固有の優美にして高貴なる武士精神は蔑視されつづけて現在に至っております。

このことは極めて遺憾なことで、民族将来のためにも思いますと、憂念禁じ難いものをおぼえます。

そこで、金沢大学合気道部の皆さんには、武士道精神の継承と作興に努めるといった志を固めていただきたいものです。志の定まらぬような部は、所詮烏合の集りとなるか単なる趣味を同じくする者の集いといった程のものしかないでしょう。

天下の流れは千変万化します。有事のないように努力すると共に、有事に備えて鍛錬し、その際、何をなすべきか、考えることが必要です。今日までは平和でした、しかし明日からのことは神のみぞ知るです。

志あくまでも高く堅く、目的を見定めて怠ることがなければ、余り見苦しい行動もせずにすむのではないかと思います。

有志者事意成（後漢書歌弇伝）です。

擱筆するにあたり、皆さんの一段のご活躍と、部の発展を心からお祈りいたします。

明治天皇御製

身にはよし　かずなりても剣太刀

とぎな忘れそ大和心を

（新嘗祭の日に記す）

金沢大学・志甕（昭和五十三年）

第二部　昭和四十八年～平成五年

武道精神の涵養　武を以って明治神宮御祭神に仕える

明治神宮武道場「至誠館」創立

昭和四十八年、先生は東大職員を退職し、明治神宮に奉職することになった。

「至誠館」は、先生を指導者として招聘することを前提に設立された。その経緯については、平成五年の東京大学部誌に記載されている。また、同じ年の神社新報会誌に掲載された至誠館開設二十周年を迎えての座談会「心身一体の武道教育を目指して――武道場の神宮内苑建設の意味」にも詳しい。

葦津珍彦先生

至誠館創立について

先生はこれらの事件を一つの契機とし、島田さんが常にもとめていた「新選組の屯所」を作るとの説に同意され、屯所の指導者には私をとお考えになつたようだ。そして、どんなに小さくても武士道精神を発展させ、この精神を身につけた眞の日本人を育成する。道場の計画をおすすめになつていつた。先生は昭和四十三年に、ながくおつとめになつていた新報社を退職されるが、この退職金の全額をなげうつて、道場を作るとのお話があつた。お心は涙の出るほど有り難かつたが、あまりにも勿体ないし、ご期待にそえる自信もなかつたので、お断りしたのである。島田さんからはお叱りをうけたが、やむを得ないことであつたと、今も思つている。

先生はこの後もお諦めにならず、関係の深い、明治神宮の甘露寺宮司や伊達权宮司をたずねて、境内に武道場を建設することを熱心に説かれた。大学紛争の余焼いまださめやらぬ昭和四十四年の頃か、東大七徳堂に先生が伊達权宮司をはじめ、知人十数名をお連れになり、私や稲葉師範代の演武をご覧くださつたこともあつた。

先生のご提案は実り、明治神宮は鎮座五十周年を記念して武道場を建設することになり、昭和四十八年十月十日開館をみ、御祭神の大聖訓を象徴して「至誠館」と命名されたのである。

その至誠館も今年、二十周年を迎えようとしている。お世話になつた葦津先生をはじめ、伊達宮司、島田さん、初代門人代表の相原君、黒須師範と懐かしいかたがたも皆、彼岸の人となられてしまつた。

東京大学・赤門合氣道より一部抜粋（平成五年）

心身一体の武道教育をめざして
―武道場の神宮内苑建設の意味―

御神域で日本伝統の武道を通じ人づくりを――と、創立された明治神宮の武道場「至誠館」。柔道、剣道、弓道、武道研修科（合気道・鹿島神流武術）を有し、総合武道場として日本伝統の武道の錬成に励んでいる。全国にも神宮神社の約百社に武道場があり、近年、海外からも日本の武道精神が注目されているなか、神社関係の連携なども期待されている。創立以来至誠館で専任師範、館長として青少年の育成と一般門人の指導に直接あたった田中茂穂氏と、福島信義明治神宮宮司（現在名誉宮司）、外山勝志同権宮司（現宮司）に明治神宮武道場の創立の精神から今後の方向など話してもらった。

（この座談会は、至誠館開設二十周年を迎えた平成五年秋に行われたもので、同十月二十五日付の神社新報に掲載されたものから引用しました）

総合武道場、武学などの特色も
今も変わらぬ創立の精神

外山　至誠館が創立して二十年、時代は大きく変わったといいますが、根本的なことは変わっていないと思います。そういう意味で、武道場の創立の経緯とその精神というものはたいへん大事だと思いますが。

田中　私から経緯をお話ししますと、当時は七十年安保とか、非常に国情騒然としておりました。共産党勢力の台頭など世の中が不安定極まりない時代で革命寸前・そういう時に神社界の精神的な指導者だった葦津珍彦先生が「明治神宮は外苑に西洋渡来の一流スポーツ施設があるが御祭神の尚武の御精神、日本伝統の武道を鍛錬・教育する場がない」との考えを示され、当時の伊達権宮司と甘露寺宮司も同じ思いで一致し、武道場建設が具体化していったと伺っております。

福島　当時私は記念館の館長を務めておりましたが、武道場建設が具体化していくなかで、明治神宮が造るからには建物も外苑のスポーツ施設から見てもふさわしいものということになりました。

外山　外苑にスポーツ施設が集中してあるのになぜ、武道場だけが内苑にあるのか、ということが大事な問題ではないでしょうか。

伊達さんは「外苑は近代スポーツだ」と言うんですね。武道場で目指すものはスポーツ化された武道じゃない、日本古来の武道という道を極めていくことだと。それを外苑に置いたらスポーツになっちゃうから、精神的なものを象徴する内苑につくって心身一体となった青少年を育成しよう——そういう理想があったようです。実は建設時、内部で多少反対もあり、問題になったのです。スポーツ施設のようなものを内苑につくるのはどうか、と。

なぜ内苑に武道場があるのか、それを今の若い人、明治神宮の若い職員にもきちっと理解していってもらわないと武道場の運営を間違った方向に持っていってしまう恐れがあります。

福島　至誠館に入りますと各武道場に教育勅語と明治天皇御製を掲げています。御祭神の大御心を奉戴して健全な青少年を育成しようというわけです。御神域に道場があるということは他と非常に違うと思います。清浄感がありますし。

それに神宮では武道場で収益を上げるつもりはありませんから。神徳宣揚、社会教化の一端として武道場を運営しているのですから経営主体の町の道場とはちょっと違いますね。

田中　神域でというのはいわゆる俗界と離れていますから自ずから神聖、清浄なる雰囲気に浸れるわけです。神様の前で汚れない気持ちでしっかりやろうという気持ちも町中よりも強く起こるわけですね。門人に世界中の道場を歩いたダイアンというアメリカ女性がいますが、彼女は至誠館のように利を追求せず精神を磨く神聖な場所は他にないと言っています。

そういう点、至誠館は道というものを外連味（けれんみ）なく追求できるところであり、存在意義も非常に大きいところだといえると思います。

伝統の武道精神を養成

外山　道場をつくろうというときの伊達さんの意気ごみはすごかったですね。それだけ危機感もあったのでしょう。七十年安保とか、浅間山荘事件とか次々とありましたし、実感として革命寸前の状態でした。それで道場が昭和四十八年、「日本を守る会」が四十九年にできた。精神的に日本を守っていかなきゃならないということが高まっていたんですね。明治神宮、宗教界全体にもそういう機運があった。その具体的な表れとして道場が設立されたということですね。

田中　二十年前を振り返りますと、現在よりもっと切迫した気分でした。師範や講師の方々もそれこそ血相を変えて指導にあたってくれましたので、当時の稽古は非常に厳しかったと思います。経営の面からは困るのですが、入門した人もほとんどやめてしまって（笑）。

外山　館長以下、武道の技術はもちろんのこと思想的にも一流の先生が揃っている。先生方はほとんど無報酬にもかかわらず、毎日指導に来て下さる。真剣だということですね。

田中　これだけの労力と時間を提供するんだからそれにふさわしい見返りを、と求める人が指導者のなかに一人もいなかった。みんな至誠館創建の趣旨にもろ手をあげて賛同して稽古指導してくれました。

外山　創立翌年から始めた「武学」も至誠館の誇る特色と言っていいでしょう。

田中　日本は敗戦後占領され、非常に厳しいものがあった。例えば宗教の自由を保障するといいながら神道指令を出して神社を目の敵にしたり、神道とか武士道精神を払拭してアメリカ風の民主主義を植えつけようと、我々が一番大事に思っているところに熾烈な弾圧、攻撃が始まったわけです。その流れが今でも国内で続いているとも言えるんです。

ですから私は武道が盛んになったといいますが、それは占領軍の後遺症を引きずった武道という名のスポーツが盛んになっただけで本当の日本伝統の武道精神というのはむしろ世の中からだんだん忘れ去られていくのではないかと。それでとくに武学を設け、日本の先人たちが命を賭けて示した行動とか事跡などから学ぶ機会をつくったのです。本当の日本武道にふさわしい技術と精神を身につけた人間を育てるために。

福島　柔道ひとつをとってもスポーツ化されたというか、国際試合を見ても勝負、技に走って本来の武道の精神から遠去かりつつあるんじゃないかと思いますね。ですから明治神宮の武道は日本伝統の武道として精神面を重視する訓育をしていく方向になくてはならないと思います。

外山　田中先生、今でも武学のほかに少年武学として修身もやってくれていますね。

田中　はい。少年門人を集めて勉強会をしています。御祭神の御精神と学校の勉強の指導です。

それと総合武道場というのも至誠館の特徴ですね。日本の武道は武芸十八般という言葉に象徴されるように、昔はいろんなことを総合的に鍛錬したわけです。欠点なく隙のない心と身体をつくりあげるために。ところが今では、柔道なら柔道、剣道なら剣道しかやらなくなってきてしまった。

例え話でいうと、昔は医者も人間の体全体を見て病気を診断していた。それが今は心臓は心臓、腎臓、肝臓と別々に非常に細分化されている。細分化によって専門化していい面も出てきましたが弊害も出ていますね。それと同じです。そのような弊害も改められました。一度月謝を払えば柔道、剣道、弓道、合気道すべて学べるという、他に例をみない制度をとったわけです。

ところが門人はなかなかついてきてはくれませんでしたが、その精神はますます広めていかなくてはならないと思いますけれども。

穂雲閑話 より一部抜粋（平成五年）

専修大学合気道部創部二十周年

専修大学合気道部は昭和五十一年に創部二十周年記念祝賀会を開催した。先生は部が「成人」を迎えたことに祝辞を述べながら、同部師範に就任したころの思い出を次のように語っている。

想い出すこと

専修大学合気道部創立二十周年の佳き年を迎え、去る六月十二日に神田校舎報恩の間において、関係者多数が集い、記念の祝宴が開催されたことは御同慶の至りにたえない。

二十年は、人間にとっては成人となる年であり、一人前の自覚と責任とが要求される年でもある。二十歳となった「青年合気道部」の今後の活躍を期待しつつ、とりとめもなくペンを走らせることとしたい。

一、士は己れを知る者の為に死す

この言葉は有名な古諺であり、改めて説明の必要もなかろう。要は我々が少しでも言行一致の行動が出来るように、修業を続けなければならないということだ。私が専修大学の師範をお引き受けしたのは、いつかも書いたように、大先輩・河野来吉先生の推薦による。

先生は、皆様ご承知のとおり、苦学力行の士であり、四国は土佐の生んだ快男子である。私の青春時代、養神館道場にて稽古を共にするご縁を結ばせていただき、以後今日迄何かと御指導を賜っている。

先生、身、短躯なれど全身これ「胆」全身これ闘志のすばらしき経営者であり、又人情味あふれるばかりの方、今や功なり名遂げ悠悠自適の生活をおくっておられる。私にとって正に親父といった存在である。今迄ご厚意に甘えるのみで、なかなかご期待にそうことも出来ない我身を極めて遺憾に思う毎日である。

先生を語るとき忘れられないものにお酔いになると必ず出る（正確には我々が無理に出させ？てしまう）十八番の「ヨサコイ節」がある。ご郷里の歌でもあり、年輪をしのばせる「ヨサコイ」は正に絶品。座中を極めて和やかな雰囲気にされる。これも先生のご人徳のしからしめるところであろう。いつ迄も先生の元気な「ヨサコイ」が拝聴出来るのを楽しみにし、且つ願うものである。

一、結縁、尊縁、終縁

この河野先生とのご縁や、ＯＢ会長綱嶋君、或は神代・時代？の会員、末沢、若林、中島の諸君とも、養神館時代に共に稽古をし、今日迄交際を続けさせていただいておるのも、奇しき縁しというべきか。

この縁しというものは誠に不思議なもので、一人一人が異なった縁しによって結ばれ、親子兄弟といえども同一ということはない。神のはからいに拠るものと思わざるを得ないのは私一人だけではあるまい。私は武道のお蔭をもって、多くの世に勝れた人々と、多感な青春時代に接する機会を得、今日迄どれ程有形無形の影響をうけたことか、幸運に感謝するばかりである。そしていつの間にやら、自らも馬齢を加え、及ばず乍らも青少年諸君の為にお役に立たねばならぬ立場となってしまった。

先人の偉大さと、自己の至らなさとに交々歎息するばかりである。何れにしろ、短かい人生、どんな社交家でも親しく交われる人を百名とは持てないもので、多くは二、三十名の人々との間を往来するうちに彼岸の人となるのは必定。お互いに結ばれた縁しを大切にして人生を生きたいものである。

一、想い出すこと

私が師範に就任した昭和三十七年の頃は、神田校舎の狭い道場であり、富山で活躍されている本木君が主将の年であった。この本木君は今も、後輩の浅野、高柳両君と共に、北陸の地、富山大学、金沢大学等で指導にあたられている。誠に敬服にたえない。

その他、高田君が広島大学で、堀田君が、四日市で士道館を主宰し、それぞれ指導にあたられ、遠く「カナダ」では越智、小幡の両君が活躍されている。何れも喜ばしい限りである。又、黒須勝治郎君は、至誠館開館以来、愚かな私を助けて飽くことを知らない。只々感謝あるのみである。

川口満洲雄君は初代監督である。名前が示すように「満洲」(中共東北地区)の生まれで、寡黙な男性的な男であった。父君様は戦死なされ、母君様がお一人で彼を育てられたと聞く。彼の結婚式は、父君様の眠る靖国神社を望む九段会館で取り行われ、私も列席させていたゞいた。その折、母君様にお目にかかったが、「軍国の妻、靖国の母」等の表現がぴったりの実に立派なお方であった。

川口君はその後幸せな家庭生活を営まれるかたわら、部の為に献身的な努力を続けられたが、急に古里の新潟へ帰ったとか、しばらく音信もなく、息災を信じていたが突然自らの生命を断ったとの知らせがあり、愕然、言葉を失った。どんな事情があったのか知る由も無いが、親御様に先立ち、愛しい妻子を残してこの世を去らねばならなかった彼の心情が哀《あわ》れである。

悲しいことの想い出というと木村彰君のことは忘れ難い。

木村、愛称「ビーバー」早く世を去る者はどうしてこんなに人がよいのかと思わせる純情な、私にとっては人一倍可愛いい「愛弟子」であった。小作りな身体と浅黒い顔、微笑を常にたたえ、むきになると口をとんがらせるようにして話す彼の顔が今も目に浮かぶ。

木村は昭和四十五年五月十四日に亡くなった。その一週間程前の夜であったろうか、突然、許婚者の方と共に拙宅をたずねてくれた。そして、「先生、これが私の相手です。結婚式には是非出席して下さい。結婚することになって家も新築しましたし、先生に入っていただこうと思って風呂は、桧風呂にしました。一度是非入りに来てください。そして新居の標札を書いてくださいと、楽しそうに語った言葉も、顔も、眼前に彷彿としてき、ペンを走らせ乍ら涙が流れる。

好事、魔多しのたとえ通り、木村は結婚を目前に控えた夜、許婚者を車に乗せ、彼女の家迄送った帰途、無暴運転の車と衝突、ついに帰らぬ人となって仕舞った。木村はなんにも悪くないのに!!

朝、電話のベルに起こされた私の耳に、御家族からの急死を告げる連絡があった。茫然自失、涙がとめどもなく頬をぬらした。木村を送る夜、彼の棺に約束の標札を入れた。

容姿端正で好紳士の高橋肇君は昭和四十九年二月十五日にこの世を去られた。前途有為の青年の命を奪ったのは不治の病、白血病であった。冥福を祈るや切!!

悲しい想い出が続いたので、楽しいことも一、二書き綴ることとしよう。未だ沖縄が米軍占領下であった昭和四十二年夏、小山君の主将のとき、沖縄遠征演武ということで彼地を訪れる機会があった。鹿児島迄汽車、それから船に乗って「パスポート」を提示して上陸、全く外国に入るのと同じであった。琉球警察本部や琉球大学等での演武は好評であり、その後はバスで南部の戦跡を廻り激戦の跡をしのんだ。この遠征は我部二十年の歴史の中で文字通りの遠征で、忘れ難い。その他各地の合宿に参加するたびに、それぞれ苦しい想い出も又多いが、これは次の機会にでもゆずることとしたい。

ＯＢの荒川君、中野君お二人の月下氷人の大役をお引け受けしたのも佳き想い出、お二人とも幸福な家庭を営まれ、それぞれ第二世をもうけて、ますます仲睦まじく生活されておられるのは誠に喜ばしい次第である。

二十年の歳月を振り返ってみれば一瞬の間にすぎないが、部、草創の頃のＯＢの苦心は並みたいていの事ではなかった。現役諸君が走っているレールは、昔のＯＢが土地を切り拓き、敷設したレールである。現役諸君にも苦しみや、悩みのあるであろうことは理解出来るが、草創当時のＯＢ諸兄の情熱を我がものとすれば、多くの苦悩はたちどころに喜びと変わるであろう。

一、過去、現在、未来

我々日本人は古事記や日本書紀等の神話から、日本民族の「ロマン」を知ることが出来る。又、平家物語からは「栄枯盛衰」の「大平記」より忠誠の「精神《こころ》」を学ぶことも出来る。

専修大学合気道部二十年の短かい歴史の中にも、部を作り上げたＯＢのロマンがあり、理想がある。この理想を受けつぎ更に発展させるべく努めた多くのＯＢの涙と、汗の歴史もある。このことは決して忘れられるべきことではない。

私はいま迄の十五年間を振り返ってみて、己れの無力を嘆かはしく思うと共に、充分な指導も出来得なかったことをお詫び申したい。それにも拘はらず、多数のＯＢ諸兄や、現役学生諸君の温かいご支援、ご協力によって曲がりなりにも今日迄歩みをつづけることが出来た。大変幸せなことである。

又、今年の五月六、七日の両日、ユネスコ本部主催の「パリ日本文化祭」に出席し、武道の紹介をする機会に恵まれ、誇りに思うと共に、ご支援にたいし深甚なる感謝を捧げる。

この折、演武に先立って、簡単な武道についての説明を行い、参観者の理解を深めることが出来た。これは、武道についての平素の考えをまとめたものであるが、願わくば「専大合気健児」の目指す道であり、昇華さすべき道であってほしい。ご参考までに要点を記する。

「日本の武道は、武器をもって人を傷つけたり、斬ったりすることではなく、いかに傷つけず、また斬ることなくして相手を制止し、屈服させるか、というのが武の本来の意味である。逆説的ではあるが、日本人にとって武道鍛錬の本来的意義は、まさにこの点に存している。即ち、自らの粗暴なる心を自ら制止することからはじまり、他人の暴力を平和裡に制止させるというのがその目的なのである。すべての稽古は礼でもって始まり、礼でもって終わる。道場では、常に相手に対する深い思いやりの心や優しさといった徳目が、勇気や気迫とともに最も大切なものとされる。そしてお互いに敬愛の念を持ちあうよう心の修錬がなされ、争いを起こすようなことは決して許されない。ある意味では、道場には宗教があり、倫理があり、文学があるといってよいだろう。

そして究極的には、神聖な目的のためには、身命を捧げることを辞さないとの高貴なる精神をもった人間になること、これが武士道のめざしているところのものといってよいだろう」

二十年にわたって培われた歴史を踏まえて、我等の青年合気道部は高き理想を追求しつつ、着実なる歩みをつづけるであろう。専修大学合気道部に栄光あれ!!

（昭和五十一年七月十二日記）

専修大学・武産合氣（昭和五十一年）

専修大学　黒須勝治郎氏

専修大学合気道部は、昭和三十二年合気道同好会として創立、昭和三十六年に部に昇格し現在に至っているが、同部及びOB会発展に多大な貢献をした人物に黒須勝治郎氏がいた。

同氏は、田中先生が至誠館に招聘された時、応援を求めた人物の一人で、先生の呼びかけに応じて当時の職を投げ打って至誠館に馳せ参じた熱血漢であった。

以来、先生とは家族同様の付き合いが続き、田中家では密かに「番頭」の呼称を付けていたほどである。

黒須氏が亡くなった時の先生の嘆きは我等には推し量ることも出来ないが、万感の想いを込めて先生は心境を次のように吐露している。

弔　黒須勝治郎君を偲びて

至誠館やめたしといふ声低き
　君と対話の受話器汗ばめり

思うこと思うがままにふるまいて
　風のごとくに逝《さ》りしか君は

つえ柱とたのみし君は帰らざる
　御座《みくら》にあればすべもなき我

浮びてはうかびては消ゆる想い出の
　笑まひも悲し君の写真《うつしえ》

彼岸にて我を見守る君あると
　信じつ老《お》い骨は今日も答うつ

昭和五十六年七月十九日、君が急逝されてから早や、五ヶ月になんなんとする。悲しみはうすらぐどころか、日を追うに従って増す思いだ。

君とは前世からの因縁とでもいうのか、君あるところ我あり、我あるところ又、君ありと、本当に深く、強い縁《えにし》で結ばせていただいた。私にとっては有難く感謝にたえないところだ。

昭和四十八年、明治神宮武道場「至誠館」に招かれた私は、君に支援を求めたが、君は職を抛って、直ちに馳せ参じてくれた。当時のことを思い起すたびに、胸に熱いものがこみ上げる。

至誠館での七年間は、殆んど毎日のように顔を出してくれた。稽古をしたり、人生を語ったり、親御様やご兄弟の方々よりも、多くの時間を共にし、会話を重ねさせていただいたのではないか、とすら思えるのである。本当に君は愚かな私によく尽くしてくれた。

君との想い出を綴ろうと思って、ペンをとると、雲のような想い出が、浮んでは消え、浮んでは消えして何を書くべきかと迷ってしまう。

しかし、君が身魂を磨《す》り減らして取組んだ専修大学百年記念以後のことについて、書いてみようと思う。

君は「報恩奉仕」の建学精神を、誠実に実行した母校愛の権化であり、無二の男であった。専修大学が、百年を迎えたことは、慶賀すべきことであるが、私にとっては、この祝いが、もう数年早かったなら、或は遅かったならと悔まれてならない。この頃の君は文字通り、OB会の柱石であり、総てを一身に背負っていたのである。運命といえば、運命であるのかも知れない。

君は、母校百年のシンボルマークに、一八八〇〜一九八〇と、西暦で表示されたことに強い不満を持つと同時に、百年記念歌が「質実剛健」の学風を誇る母校に、相応《ふさわ》しからざる軽佻浮薄なものであると断じた。そして自らの力によってこれを払拭し、真姿顕現せねばと心に誓った。

愚痴や言い繕《つくろ》うことの嫌いな君が、このことについては何回となく、愚痴をこぼしたことをみても、容易に想像されるのである。

昭和五十四年の秋頃になると、瞑想に耽《ふけ》るような、虚空を睨《にら》むような顔付をして、神苑を歩む君の姿を！ときどき見かけた。構想を練っていたものと思われる。そして何回となく作詞を見せられたが、私は君の真剣な気持を無視して、茶化したり、水を差すような言葉をくりかえした。

或日、独特の照れたような笑いを浮べながら、私に示したのが、「九段坂下神田地に」に始まる苦心の慶祝歌であった。晩秋の頃であったと記憶する。

そこで、こんどは作曲をということになって、君は又随分と努力を続けた。思いつくメロディを、これ又、何回となく聴かされたが、この方面の知識にうとい君には無理のようであった。私は相変らず冷たく、世に出すようなものではないと、酷評した。

君は作曲についてては、ついに冑を脱ぎ、武道研修科の若林先生にお願いしてくれ、といった。そこで私は、君の意のあるところを若林先生にお話ししたところ、喜んでお引受くださった。いまも合気道部の主要な行事に歌い続けられている慶祝歌は、このような経過を辿って完成をみたのである。

この年の日記を見ると、十月十三日には、多くのOBと共に、外国製の「掛時計」を持って、新築祝いに来てくれた。十一月二十九日には、君と二人だけで深夜まで飲んだこと。十二月に入ると、一日の至誠館の昇段審査、四日は「広海」に行って柳瀬君と三人で飲んだこと、年の瀬も押し迫った十二月三十日には、父君様の手打の「ソバ」を持って現れたり、楽しい記録ばかりが散見される。

話しは前後するが、十二月十三日、かねてより君から昇段させてほしいと、頼まれていた、高田・小山・中嶋・野島、四君の証書を私が植芝先生のところへ受領に行くと、君も一諸についてきた。そしてOB有志を集めて四君の昇段祝賀会を開いた。アルバムをめくると、このときの君の本当に嬉しそうな写真が目を引く。覚えているOBも多いものと思う。

このように君は、先輩・後輩の幸・不幸のことは申すに及ばず、昇段の心配から、就職のことと絶えず気を配り、その細やかな心使いは、誰も真似の出来ないものであった。

私のことなどになると、公的なことは勿論、身の廻りのことから生活全般にわたって、見守ってくれ、ときどき耳に痛い忠告なども聞かされたものだ。愚妻など遙かに及ばぬ繊細な神経で、正に痒いところに手がとどいた。我家では君のことを、密かに「番頭」と呼んでいたほどだ。

年少の有能な「番頭」に先立たれた私や、我家は全く路頭に迷う思いすらする。

「有殺身以成仁」（論語）。というのは君のような人をいうのだろうか。

昭和五十五年の一月になると君は、ぱったりと姿を見せなくなった。心配して電話をすると元気な声は返ってくるが、何か忙しそうで相変らず姿を見せなかった。あとから知ったことだが、この時期の君は、前記の「慶祝歌」をテープにとり、更らにこれを校友諸氏に配布すべく、不眠不休で録音に励んでいたのだ。その他、シンボルマークの作製、歌詞を染抜いた手拭いの作製と、八面六臂の活動をしていたのである。

これでは、私のところになど顔を出せるわけがない。

自己の肉体を極限まで酷使しつつ、君は理想実現に邁進した。このことにより、頑健な君の心身にもようよう変化の兆しが現れた。

私は心配のあまり、二、三のＯＢに電話して意見を求めたが、満足すべき答は返ってこなかった。

昭和五十五年三月十五日、私は始めて、台東区の君の家に行った。会ってみると、髭は茫茫とし、身体は半分になったかと思うほど痩せ衰えている。思わず涙がこみ上げて来たのを昨日のことのように想い出す。ご両親とも相談して、嫌がる君を強引に入院させた。

それから五ヶ月余、闘病生活を送り八月末には退院した。しかし衰えた心身はなかなか回復せず、君はこの年一杯自宅での療養を余儀なくされた。

昭和五十六年一月十一日、至誠館「武道事始」には久々に顔をみせてくれた。しかし、あれ程責極的に仕事をし、酒を愛し、人を愛した君も病気を境として、消極的な人間に変化してしまった。私の強い誘いもあり、最初は嫌々ながらであったが、二月六日には又、稽古をはじめてくれた。だんだんと体調も旧に復しつつあるようにも思え、喜んだものだ。

君は暖かくなったらやりますよと、いってくれたりもした。その言葉の通り三月末からは、週に二回位は道場に顔を見せてくれた。ああこれで全快も近いなと、ひそかに安堵したものだ。六月上旬までこのような状態がつづいたが、その後君は、腹痛、歯痛、痺《しび》れなどを訴えるようになり、姿を見せなくなった。二、三の病院で診てもらったが、余りはっきりしなかった。私は「病は気から」といってはげました。

六月二十七日、君から「先生助けて下さい」という電話があった。理由をきくと腹痛で夜も眠れないとのこと、私は暗然としつつ病院行をすすめるより方法がなかった。電話では毎日のように容体をきいていたが、どうにも心配で、七月十四日、君の家に行った。随分暑い日で、君は半袖のシャツで現れたが外見は、筋肉も引締り健康そうに見えたが元気はなかった。母君様の御心遣いで、西瓜や和菓子をご馳走になりながら一時間ほど、主に健康のことについて話し合った。

七月十八日朝、私の家の電話が鳴った。愚妻が出て、一言二言話し黒須さんからですと言う、ここのところ一年以上も電話などかけてきたこともないのにと、受話器を取ると、君は沈んだ元気のない声で、体調が思わしくないので至誠館をやめたいといった。私は一瞬返事に窮したが健康を回復する迄と思って了承した。思えばこれが君との今生の別れであった。

以上君が急逝される前日までの経過を、書き綴ってみた。

君を葬場に送る告別の日、雷鳴頻りとして天も怒り悲しむようであった。君の日頃の人徳を証明するように、先輩も後輩も友人も、有縁の人すべてといってよい程の人々が蝟集した。

君を失って私は心のなかに大きな穴があいたような、空虚《うつろ》な気持だ。せめて夢にみたいと日夜願ったがそれもなかなか実現しなかったが、最近、満面に笑を浮べた君の夢を見た。本当に満足そうな、嬉しそうな笑顔であった。

あゝ、これで君も彼岸に安住の地を見出したかと、私も何んとなく嬉しくなった。泣虫の私がそのとき泣かなかったのが不思議だ。しかし今思い浮べると、又とどまることを知らぬ涙が頬を濡らす。

（昭和五十六年十二月五日記）

専修大学・武産合氣（昭和五十六年）

東京大学合気道部二十五周年

昭和五十四年、東京大学合気道部は、創部二十五周年を迎え、七徳堂にて記念演武会を開催した。十五の大学合気道部を招待し、その他合気道関係者や大学関係者など多数の出席を得て、二百名を超える盛大な演武会となった。

先生は、二十五年もの間指導してきた感慨と共に、愛弟子の成長を喜び、同時に若くして亡くなった者を悼んで次のような文章を寄せている。

喜怒哀楽

大晦日の夜を至誠館で送り元日を迎えることがいつの間にか慣習となってしまった。

人気《ひとけ》のない道場で過ぎ去った一年を、静かに振り返る時間を持てることは有難い。

御社頭から離れているので、幾十万、否幾百万人にも及ぶ参拝者の物音も、かすかな響《どよ》めきとなって伝わってくるだけである。夜が白々と明けそめる頃に「歳旦祭」に参列するのが年始の行事ともなった。そして国家の平安をはじめ諸々のお祈りをする。実に清々しい気持である。

それにしても、今年は又一段と厳しい年となりそうで年初より、内外共に重大且つ深刻な問題に直面しつゝある。しかし、独り我国のみは相も変らず大平の夢に酔い痴れているかに見える。国防問題一つとってみても、自国が守るに価する国であるか、ないか等の議論を便便とつづけている。敗戦後三十年以上もたって、愚にもつかぬ議論をしている国が世界のどこにあるのだろうか。

何から何を守るのかという目的が明確にされなければ準備も出来ないのは当然だが、危機がそこまで来ているのに、何の用意もなく、すべてあなた任せの無責任なことでは前途は闇だ。

我国を覆う無責任体制から生ずる犠牲の大きさは想像するだに慄然たるものがある。

和戦いずれの場合も勇気が必要なのだ。我々の先輩はその勇気を発揮する為に、或は保持する為に武術を修行したのではなかったか。

勇の存在しないところに悪が生れるのであり、勇なき善人は「偽善者」ともいいうるのだ。戦後の我国に増えたのはこの偽善者と悪人のみである。

青年は勇ある人を目標とし、憧憬の念すら持つのが普通だが、これも教育によって歪められ、その数は減少の一途を辿りつつある。青年の責任ではなく、むしろ敗戦ボケの老壮年の責というのが至当か。男子、とくに青年に勇気を期待するのは、古今東西を通じて変らざるところである。我国に蔓延する「ヤルタ・ポツダム」信奉者を払拭するのには若き力によらねばならない。この力によって古《いにし》えより続く尚武・清潔・廉恥の精神を堅持し、大いに恢弘しなければならない。特段の努力を期待したい。

昨秋十月二十七日、部創立二十五周年を祝う大演武会が開催され記念すべき日となった。ここに、御協力と御支援を賜った関係各位に、深く感謝申し上げる。

思えば二十五年の長きにわたって、赤門の道友と稽古を共に出来たのは望外の幸せであり、誇りである。有縁の方々に心より御礼を申し上げる次第である。

又、草創期の主将を務めた、亀井静香君が官を辞して政界を目指し、我々はこの志を壮として精神的支援をはかるべく、「ドンガメ会」を結成した。幸いにも多くのOB諸兄の御参加をいただき結果は、昨秋行なわれた総選挙により、本人の死力をつくした努力と、天・地・人の和合よろしく初出馬・初当選の栄に輝いたのである。まことに御同慶の至りであり、深く喜びとするところである。

亀井君の今後の研鑽と躍進に期待したい。

部創立十周年を記念して計画され、実行された「日米親善合気道選手団」の一員として選ばれ、その誠実にして謙虚な人柄で、信頼の厚かった山本孝春君が、闘病の甲斐なく、ついに幽明界《さかい》を異にしてしまった。返す返すも残念であり御家族の痛恨、痛哭を想うときお慰め申し上げる言葉を知らない。

山本君とは、駒場入部から大学院のドクターを修了するまでの長期間、稽古を共にした。その後は彼の勤務地が大阪であったり、外国留学のこともあったりで、なかなか会う機会もなかったのである。

一昨年の末、常光君より電話があり重篤な病状であることが知らされ、東京への転院について相談されたときは、全く寝耳に水で驚いたものである。そして山本君は昨年の一月より、大塚の「ガン研病院」に入院したのだが、すでに手のつけられぬ程病気は進んでいたのであった。

このような自らの病状を熟知しながら、山本君は全く動ずることなく、平常といささかも変ることがなかった。全く見事というか、雄々しいというか、真似ようとしても真似の出来ることではない。あの物静かな人のどこにあのような強靭な精神がひそんでいたのだろうか。

見舞に行っても慰める言葉もなく、かえって、彼に労《いた》わられたり励まされたりしたものだ。その後、部の先輩、畠中教授のいる帝京大学病院に転じ加療をつづけた。

六月二十八日に見舞ったのが別れとなってしまったが、そのとき「先生、まだ右手にはこんなに力がありますよ。」と私の手を力一杯握った。それは現役当時の万力で締めつけるような強さではなかったが、意外なほどの力強さが残っていた。

私も黙って握り返し、注視したが彼の目には今にも溢れ出そうな泪が一杯にたたえられている。私はいたたまれずに病室を出た。歩きながら泣いた。

そして八月、富山大学の夏合宿が白馬山麓であった。稽古が終って、私は山本君に手紙を書こうと夜の町へ絵葉書を買いに出た。その間に逝去を知らせる電話があったのだ。私は学生と別れて告別式に参列すべく、次の日の夜汽車に乗った。

池袋の寺には山本君と最後の別れをかわす先輩、友人、後輩が集っていた。田尾、常光の両君から、奥さんの希望ですから最初に弔詞を読んでほしい、と頼まれたが、ただただ悲しみにのみ浸っていた私は、何んの用意もなく躊躇したが、お断りすることも出来ず彼の霊前に立ったが、つぎつぎと想い出が心中をよぎり、惑乱して絶句、万感胸に迫って流涕するのみで、ついに言葉らしい言葉とならなかった。

言わんとすることは、判ってくれる筈だ、と又々彼に甘えてしまったのだ。

秋にはお子さんの、敦子ちゃんが突然至誠館に入門された。急に「合気道がやりたい。」と言われたとのことであった。私にとって驚きであり、反面、嬉しくもあったが、敦子ちゃんに会うのはつらい。

昨年末、山本君の奥さんからご鄭重なお手紙をそえて、彼が生前に愛用したネクタイとセーターを形見としていただいた。お手紙には、彼がいかに合気道を愛し、在部の間に培かわれた友情を大切にしていたか、又、私ごとき不肖な者にまで、厚意をよせていただいていたかが詳しく書かれてあった。一人、部屋でこのお便りを読みながら流れる泪を押えることが出来なかった。

ときどき、いただいたセーターや、ネクタイを身につける。彼と一緒にいるような錯覚におちいる。眼《まぶた》を閉じれば笑《えみ》を浮べた顔が浮かぶ。私はいつでも「山本孝春」と一緒だ。山本孝春よ、君は、君の最愛の奥様や、お子様や御両親の、前途の幸せを彼岸にあってなお、阿修羅となって護らねばならないのだ。そして暇《いとま》があったなら、私の生きざまが女々しくならぬよう見守ってくれ。

（昭和五十五年一月十五日記）

生前の姿偲ばせ静かなる
　笑《えみ》を浮べて夢に立つ君
現身の吾れ生きざまを見守《みも》るごと
　静かに笑ます夢に立つ君

東京大学・赤門合氣道（昭和五十五年）

七徳堂

東京大学合気道部の主たる稽古場である「七徳堂」は昭和五十三年に創建四十周年を迎えた。先生は、記念式典に出席した時の感慨を述べると共に、同部が二十五周年を迎えるにあたっての熱き思いを次のように語っている。

思い出

七徳堂の建立四十周年を祝う記念式典が、今月の十二日に山上会議所であり、私も連絡を受けたので出席した。当日配られた資料によれば、着工が昭和十一年十二月で、竣工が十三年の六月となっている。実に二年半をついやして完成した誇るに足る代表的武道場である。

七徳堂と命名したのは、当時の文学部教授塩谷温博士で、堂内の七徳堂の扁額は「又郎」と署名があるので、時の総長、長与又郎氏が揮毫されたものと想像する。

着工の十一年は二・二六事件の起った年、竣工の十三年は日支事変の渦中であった。この建物を見ても、国家非常の秋に際して文部省なり、国家権力なりが武道に、特に東大学徒に大きな期待を寄せたかが、容易に首肯される。

最初は柔・剣・空の三部によって使用されていた七徳堂も、戦後は我合気道部加わり、更らに少林寺の参加によって五部の共同使用となった。最近ではこの他にもいろいろな同好会が出来たそうで、数の上では賑やかになっているようだ。

七徳堂で汗を流し、涙を流した五部のOBも千名は優に超えるだろう。そして、功名り名とげたOB、第一線で活躍中のOBと、七徳堂より輩出したOB諸氏は、綺羅星のごとくであり正に多士済々である。

又、国家の危急を双肩に担い、眦を決して出陣し、再び還らぬ勇士も数多いものと想像され、ご冥福を祈るものである。

四十年の歴史の間には、戦力発揚の為、大いに武士道精神を鼓吹された時もあった。又占領軍により屈辱的な武道禁止命令が出されて、泣く〱稽古を断念した時代もあった。

その後は平和と民主的スポーツ、体育の美名の下に精神不在の時代がつづく。

かつては神棚があり、神の大前にて錬磨するという厳かで、清らかな気が横溢《オウイツ》していたであろう七徳堂も、神棚は占領軍の命か、これに迎合する者によって撤去され、未だにその復活を見ないことは極めて遺憾のことである。

その結果か、堂内は烏合の集いとなり神聖たるべき道場は「埃」に塗《マミ》れて、見るに耐えぬ。稽古前後に「箒」を手にする学生のなんと寥寥たることか。道場どころか体育館にも劣る。道場というならば相応《フサワ》しい姿にするべきだ。

神棚の復活は勿論のことであるが現状では未だ〱時間がかかりそうだ。しかし、道場を綺麗にするのは各部がその気になれば今でもすぐ実現する。道場の床が鏡のように光り緑畳上、塵《チリ》一つとどめぬというのは誰れもが望むところ、反対する者もいないだろう。

雨漏り等の外部の修理は当局の責任だが、内部は使用する学生の責任だ。今のままでは戦前の先輩諸氏に顔向けが出来ないではないか。

そこでせめて合気道部の諸君は、心技の充実に努めると共に、堂内の清掃にも一段の努力を願いたい。

七徳堂と命名した当時の総長や、先輩諸公にはそれなりの理想というか、悲願があったのだろう。

「それ武は、暴を禁じ（暴力を抑える）、大を保ち（天子の大業を保全する）」云々とあるが、武有七徳のうち守られているのは、財を豊かにするだけでは、あまりにも情けないではないか‼

参考（原文）「夫武、禁暴、戦兵、保大、定功、安民、和衆、豊財者也。」

この拙文が掲載される頃は、我部も創立二十五年の記念すべき年を迎える。同好会が発足した昭和二十九年は、経済復興の上昇期であるが、現在に較《クラベ》ればまだまだ貧しい時代であった。しかし、部にも、私にも若さがあった。当時の学生とは余り年に差がなかったから、兄弟のような間柄であった。

二十五年の間には、六十年の日米安保条約反対の激流もあり、又医学部に端を発した東大紛争もあった。これは十分体験することが出来たが、すでに過去の夢だ。ただ混乱に混乱を重ねた学内も、一度《ヒトタビ》、七徳堂に入ればなんの蟠《ワダカマ》りもなく、嬉々として稽古にいそしむことが出来た。今もこのときの喜びのみが記憶に新しい。

今や学生諸君との年齢の差は、親子程にもなってしまった。今昔の感にたえない。

創立後二十年ほどは、毎日のように七徳堂に立った私も、昭和四十八年より明治神宮武道場に移ってその機会も少なくなった。

神宮に奉職したのは、恩師の推輓によるが、なまいきな言い方を許していただければ、「論語」に、

「三十而立、四十而不惑、五十而知天命。」とある。

五十才を過ぎようとしている今も私は、その立場も出来ず、又惑《マド》いどおしであるが天命は感じたからである。もっと「ざっくばらん」な言い方をすれば、己れの分際を心得たからであり、この道のほかに生《イキ》る道なしと感じたからである。

至誠館も六年目に入った。OB、現役諸兄の御支援をいただき乍ら、私の力不足のため遅々としてその歩みは進まぬ。

今日は昭和五十三年の大晦日だ。少し暇が出来たので身辺の整理をしたり、原稿を書くためにペンをとったりしている。すると、私を常に激励し、常に支援を惜まぬOB、T君からの手紙が出てきた。今それを何度も読み返している。T君には申訳ないが、ここにお許しをいただくことにして大意を記する。

「俗人、俗説には貸す耳をもたず、只管《ヒタスラ》、明治大帝の御遺訓にのみ忠実に、至誠館という城をもりたて護《マモ》ってゆく。

憂国の士、実際にお国のために働き得る人材を一人でも多く育てる。その意にそわないものは、至誠館より排除する。

末稍の技の巧拙のみを論じ、流派、組織の争いと金もうけに汲々とする世の多くの武道家連中は、それはそれで野においておいていい。」

当時を思い起し身の引き締る思いだ。最近の自らを反省するに現状に甘んじようとする気分が強い。全く堕落以外の何物でもなく、唾棄《ダキ》すべきだ。

道は厳しく且つ遠いが駑馬に鞭うって、合気道部が、至誠館が日本武道中興の拠点となるように使い古された言葉だが、初心にかえって努力しなければと決意も新にしつつあるところだ。

今年もあと数時間で暮れる。二十五周年記念の集いには懐かしい、多くのOB諸兄と一堂に会して祝杯をあげる楽しい思いも心中過《ヨギ》る。

諸兄の活躍と、御健康を切に祈る。

（昭和五十三年十二月三十一日記）

東京大学・赤門合氣道（昭和五十四年）

先生にとって「七徳堂」は、合気道を指導した道場で最も古く、思いもひと際強いものであった。

十年後の平成元年には、「七徳堂」が歩んできた歴史に思いを馳せながら、次のように語っている。

東大「七徳堂」と共に

本郷の「赤門」をくぐって銀杏並木を通りぬけていくと、夏目漱石の小説『坊っちゃん』で有名な三四郎池にでる。その緑に囲まれた三四郎池を見下ろす小高いところに、東京大学の総合武道場「七徳堂」が聳えてゐる。

東大の建物が近頃、近代的なビルに取替っていくなかにあって、石とコンクリートの土台の上に太い柱を立て、日本瓦で葺きあげたこの建物は、いまやひときは異彩を放つ貴重な存在となってゐる。

その建物の中からは、いつも気合のこもった元気な学生たちの声がひびいてくる。剣道、柔道、空手、合気道、小林寺拳法の各武道部の学生たちの熱心な稽古の声である。

武道場「七徳堂」の命名者は塩谷温博士で、道場内には長与又郎総長の揮毫になる七徳堂の大篇額が掲げられてゐる。その由来は、中国の古典『春秋左氏伝』の「武に七徳あり」によってゐる。すなはち「夫れ武は、暴を禁じ（暴力を抑止する）、兵を戢め（戦争をやめる）、大を保ち（天子の大業を保全する）、功を定め（天下を平定する）、民を安んじ（民心を安んずる）、衆を和げ（人民がお互に親睦できるやうにする）、財を豊かにする（財産を得て暮しを豊かにする）者なり」（夫武、禁暴、戦兵、保大、定功、安民、和衆、農財者也）から取って名付けられたものである。

この七徳堂が建立されたのが昭和十三年、設計者は後に総長となった内田祥三工学博士。昨年は丁度五十周年の記念すべき年となり、暮には記念式典も行はれた。

私は、昭和二十九年以来、ここで東大合気道部の学生たちと共に、稽古をし続けてきて今日に及んでゐる。かへりみれば、もはや三十五年にもなる。私なりに密かなる感慨を禁じえない。 東大本郷キャンパス内では、戦後ずうっと左翼系統の学生運動が盛んで、とくに三十五年安保騒動や、「造反有理」をスローガンにした全国的な大学紛争のなかでのあの象徴的な「安田城（講堂）攻防戦」などがあり、二十年前の当時は、教室建物の屋上にはあちこちに赤旗が翻ってゐて異様な雰囲気であった。教室内では、師を師とも思はぬ輩が横行し、いたるところで教授らの吊し上げ団交が行はれ、学生同士もまたセクトに分裂して醜い内ゲバ争ひを繰り返してゐた。

そのやうな時にあっても、七徳堂だけは赤旗の侵入を許さず、道場では師弟の、そして学生部員同士の、麗しい関係に何の動揺もなく、熱心な稽古が続けられてゐた。そこで学生たちは、教室での大学教育ではとうてい習得できない貴重な、人生にとって真に大切なものを学び取って卒業していった。

七徳堂が、占領軍による武道禁止令の出された戦後期の混乱や、大学紛争の激流をも乗り越えて今日まで、いささかなりとも武士道と日本精神を身につけた、幾多の前途有為の若人を育ててきたことに、誠に意義深いものを感じてゐる。

神社新報

富山大学合気道部創部十周年

富山大学合気道部は、昭和五十五年、創部十周年を迎え十月に記念演武会を開催した。先生は、当初同年九月開催の「全日本学生合気道連盟演武大会」での演武の出来栄えをみて危惧を抱いていた。その後連日十時間に及ぶ猛練習の成果もあってか、僅か一ヶ月後の当日の出来栄えに驚き、また大いに感激して次のような文章を寄せている。

十周年記念前夜

鳥兎匆匆と申しますが、歳月の流れは早いものです。今年で十年になると聴いた時はもうそんなになるのかと驚きました。そして磯部君や極く少数の人々と稽古をした「練成館道場」の合宿や稽古後の立山登山、宇奈月行などの楽しい想い出や、又、指導者間の確執により多くの方々に迷惑をかけた苦い思い出、その他あの人の顔、この人の顔と次々と走馬燈の如く浮かびました。

十年間の間にはいろいろな事がありました。しかし、振り返ってみれば十年も一瞬三十年も又、一生とても同様でしょうか。

現役の幹部から、十周年記念演武会の事や、それへの出席を依頼され承知したものの、部員諸君に接する機会の少ない私は、一抹の不安をおぼえました。

十年といえば大きな一つの節、相応しい演武が出来るかどうかと。たまたま九月六日、日本武道館で「全日本合気道連合大会」がありました。富大合気道部も出場しましたが、率直に言って、出場校中の最低の部類、不安は現実のものとなりました。

早速、館内で部員諸君に、特段の奮起を要望しましたが、記念演武までには、もう一ヶ月余りしかなく、いたたまれぬ苛立ちと、普段ろくな指導も出来ない自責の念を覚えました。その夜、高柳先生にも、手紙を書き、強い指導を要望致しました。そして、不安と期待綯交ぜの気持ちを抱いて、「十周年記念演武会」に臨みました。十月十二日の富山県民会館は、小雨に煙っていましたが、館内はＯＢ・現役の熱気が充満していました。そして、気合のこもった見事な演武が次々と繰り広げられていきました。これが、一ヶ月前に見た部員と同じ部員が演武しているのかと我目を疑うほどでした。

あーよかった、これでこそ十年を記念するのに相応しい演武だ、ＯＢ・現役が一体となって、十年を寿ぐことが出来たのだという感慨が胸を打ちました。この日まで物心両面にわたる大きな犠牲も容易に想像されました。聴けば、連日、十時間にも及ぶ猛練習であったとか。その成果は白日の下に示されました。演武が終っての、山元主将の感涙に咽ぶ挨拶は、多くの人々の胸に響きました。やがて、宴…そこには、人事を尽くした青春の高歌があり、乱舞がありました。

多くの犠牲を強いたであろうこの行事もそれを補ってなお余りあるものをそれぞれの人々の胸中に、部の歴史にとどめたことと、信じます。

人間一人では何も出来ませんし、無目的でも駄目です。大きな目的にむかって、一体となって突き進むことによって大きな進歩も、団結も獲得出来るのでしょう。

皆さん、御苦労様でした。

富山大学合気道部に栄光あれ‼

（昭和五十五年師走十二日）

富山大学・合志（昭和五十五年）

中央大学合気道部創部二十五周年

昭和五十七年、中央大学合気道部は創部二十五周年を迎え、米国遠征を敢行した。先生は、若者が海外を見る意義について次のように語っている。

二十五周年に寄せて

中央大学合気道部が結成されてから、今年で二十五年を経た。これを記念してOB、四年生部員による米国遠征が行なわれ、無事、所期の目的を達成されたと聞く。学生合気道界の名門に相応《ふさわ》しい行事であり、ご同慶にたえない。

部が、四半世におよぶ長年月を経過しつつ、しかも、OB・現役一体となって、和気藹藹《あいあい》裡に諸活動が行なわれていることは、極めて稀有なことであって、喜ばしい限りである。

何か纏《まと》まった行事などを計画し、実行することになると、どうしても部内に賛否両論がおこり、ぎくしゃくとしたものが残る。しかし、幸いなことに、我部にはそのようなことが、おこらなかったという。素晴しいことではないか。

又、四年生の部員は責任を自覚してか、実によく稽古をつんだ。一、二の諸君などは、骨組みまで変ったのではないかと思うほどに、鍛えに鍛えた。正に二十五年を祝うに相当する、実力をもつ遠征団の訪米であった。

八月九日、勇躍壮途にのぼる選手団を見送るため、私は成田空港に赴いたが、過ぎし昔、勝海舟以下の俊英が、萬里の破濤をこえて渡航を企てた歴史を想起した。

渡米したOB、現役それぞれの感慨や、得るところは区区《まちまち》のことと推察するが、二十五年前に、部の土台作りに励んだOBや、この行事実現のため努力された人々の、ご苦労や御厚意にたいしては、「有難い」「幸せであった」、という共通の感情はあるものと信ずる。

「報恩」の共同意志が存する限り、今後の部の発展の原動力となる、強力な一団が誕生したことになるのではないか。

それはそれとして、将来性のある多感な、現役部員が、隣りの大国を垣間見ることが出来たことは、幸運であり又、意義深いものがある。

今より三十七年以前には、諸君のような若人は、彼の国と血みどろの戦いをくりかえしていた。そして敗れた。

戦前は米国を知ることがあまりにも少なかったし、戦後は又、自国を知ることがあまりにも少ない。これは極めて異常なことではないか。

今や米国の一属国のごとき、哀れな国に成り下ったことをも、自覚できない始末である。

広大なる隣国を見聞し、祖国日本を見直し、日本いかにあるべきかを、考える切っ掛けでも生れれば、今回の行事は大成功であったと思う。

比喩の誤謬を恐れずにいえば、「彼を知り己れを知れば百戦危うからず」（孫子）というようなものであろうか。

合気道を通じて外国人《とつくにびと》との交りを深め、或は技術の交換、錬成も必要であるが、これ以上に重大なことは、前述のようなことである、と私は信じている。

賢明なる諸君が、判らぬはずはないと思いつつも、敢えて強調する所以である。

最後に、この二十五年を一つの契機とし、先輩諸氏の築かれた良き伝統を踏台としつつ、更に一段の発展を望んでやまない。

部は永遠である。

（昭和五十七年十一月六日記）

中央大学・白門合気（昭和五十七年）

真の盟友　島田和繁氏の死

昭和六十年、先生の盟友・刎頚の友ともいうべき東京大学合気道部コーチ島田和繁氏が亡くなった。五十八歳であった。

先生は、昭和二十七〜二十八年頃、植芝道場で初めて氏と出会った。以来、先生と島田氏は、生涯の友として親交を深め、先生が至誠館に館長として就任されることになったのも氏がいたればこそであった。

今頃は、二人で好きなお酒を呑みかわしていることだろうが、島田氏の死が如何に悲しい出来事であったか、先生の嘆きは東京大学の部誌への寄稿で想像するしかない。

その中では、先生の結婚の日取りの経緯についても若干触れている。

島田和繁大人命を偲ぶ

島田さんが死んだ。十一月三日、島田さんが死んだ。噫々。

正に刎頚の友、三十有余年におよぶ交友を想うとき、転《うた》た感懐禁じがたい。

「疲れましたので休ませて下さい。」私の相手の青年は窓際に行き静かに座った。

昭和二十七・八年の頃か?、新宿は植芝道場での稽古中のことである。この人が若き日の島田さんであり、私との初めての出合いのときであった。それまでは名前も聞いたこともなかったし、況《ま》して結核を患い乍ら稽古をしている人だということは、想像すら出来なかったのである。

後で聞けば、手荒な稽古をする相手には、「俺は病人だぞ。無茶をするな」といって、道場の隅から隅まで追い廻したこともあったという。若き日の島田さんは気力充実、いつも抜身を提げて歩いている、といった感じだった。

私とはどういう理由《わけ》か、初対面のときから気があったのであろう、怒鳴られることもなく、ましてや追い廻されることもなかった。すぐに親しくなり、又いつの間にか数人のグループも出来て、新宿駅まで歩くことが多かった。お互いの乏しい財布の底をはたいて、夏は氷水の一杯も飲めれば幸せだったし、たまさか、駅近くの朝鮮焼肉屋に入り、ホルモン焼を肴に、濁酒《どぶろく》でも飲めば最高の贅沢であった。

お互い貧しかったが、何物にもかえられぬ若さがあった。これで十分幸せだったのである。

この頃から数年がたった頃のことで、忘れ難い出来事は結婚のことである。昭和三十二年の或る日、島田さんから二月十一日「紀元節」に結婚式を挙げるときかされた。そこでつい、島田さんが「紀元節」ならば、俺は「天長節」(四月二十九日)にすると宣言してしまった。口は禍いのもとなのに。

全く当てがない、ということでもなかったが、たぶんに独り善がりであり、何んの保証があったわけでもない。しかし、天いまだ我を見捨て給わず、愚妻と三月三十日に巡り合うことが出来、一月《ひとつき》もたたぬ四月二十九日には、無事結婚式を挙げることが出来た。妻のお陰で嘘つきにならずに済んだ。感謝?あるのみである。

思えば島田さんは稀有な尊皇家であり、又、極めて正義感に溢れる人であり、そして直情径行の人であった。従ってよく喧嘩もされた。知人でも行摩《ゆきず》りの人でも容赦しなかった。喧嘩名人で、いつも先手必勝を旨とされた。晩年になってもかわることがなかった。

「いやー殴りあっていると、青春の心意気に還《かえ》れるからいいですねー」といいながら、悪戯《いたずら》っぽい笑いを浮べるのが常であった。立っている場所を墓所《はかしょ》と決めて喧嘩をするのだから、相手に選ばれた人は正に不運であった。

島田さんとはよく旅行もしたが、何時始まるか、何時始まるかで、こちらは少しも気持の休まる間《ま》がなかった。今にして思えば、懐かしい限りである。

島田さんは又、武士道精神の復興に情熱を燃やされた。武士道の衰退を憂いた。武道という名のスポーツが盛んになり、その数や、その組織の大を誇る人々を唾棄《だき》し軽蔑した。葦津先生を説得して武士道復興の拠点を作ることを、強く求めた。

後年、私が縁あって明治神宮武道場の教育を、担当することになったとき、島田さんの喜び方は一入《ひとしお》のものがあった。私に期待するところ大きかったからであろう。随分と手厳しい忠告もいただいた。しかしながら、身不敏にして全く島田さんの期待に応えることが出来ず、今日に及んでいる。申訳けないことであり、慚愧にたえない次第である。

島田さんと若葉夫人との一粒種である、陽子さんの月下氷人も務めさせていただいた。式場の椿山荘で待つがなかなか島田さんの姿が見えない。やきもきしていると、「いやー控室を間違いましてね、暫らく飲んであたりを見渡しても知った人はいないし、どうもおかしいと思ったら、他家の控室でしたよ」、と楽しそうに笑われたものである。

この日、作詩家、作家として著名な、山口洋子氏が来賓としてお出になったが、島田さんは開口一番、「貴女は大変有名な方なんだそうですねー」これには流石の山口氏も度胆をぬかれたようであった。

昭和五十七年十一月二十日のことである。病床の島田さんは、看病にこられた陽子さんに、「子供はまだかね」と言われたそうだから、さぞやお孫さんの誕生を鶴首されていたのに違いない。

話は前後するが、昭和四十四・五年の頃、都立高校の教師であった島田さんが退職し、母校学習院の教壇に立つことになった。仄聞するに、恩師で、ときの院長桜井和市先生の招聘とのこと。桜井先生は、皇孫浩宮殿下の中等科御進学にあたり、御教育を、國士島田和繁先生に受持たせたかったのである。

島田さんは期待に報いるべく努めた。この頃が島田さんの五十八年の生涯の中で、最も生甲斐を感じたときではなかったかと、想像される。

柩前には畏くも、浩宮、礼宮両殿下よりお花を賜わった。泉下の島田さんもさぞかし、恐懼し感泣されたことであろう。もって瞑すべし。

　島田さんとは、よく会った。会えば教えられることのみ多かった。文字どおり畏兄であった。


　こんな島田さんが、昭和五十八年六月四日、学習院を退職された。とるに足りぬ事件があったことにはあったのだが、やめる必要はなかった、と思うのである。この気持は今でも変りはない。

　島田さんは、「いやーもういつ辞めるか、いつ辞めるかと思っていたのですから」といって淡淡と辞めてしまわれた。それからというもの、島田さんは「隠居の象徴ですよ」といって、ステッキをつき、黒足袋に下駄といった気楽なスタイルに変身した。お住いも、至誠館から歩いて十分程のマンションに代った。近くなったのでお互いによく往き來した。

　かねてより。酒に親しんでいた島田さんの酒量は益々あがった。朝から夜まで酒盃を離さぬようになった。腹部の異常な膨満が気にかかった。節酒をすゝめたり、医師の診断、治療を勧めたが、「誰れが何んといっても俺はやめない、医者には行かない」といって肯んじなかった。

　身近かの者誰れもが、肝臓疾患を心配したが、こんな心配をよそに、愈々酒にのめりこんでいった。昨年の赤門誌にもご自身が詳しく書いておられるように、この頃の島田さんは鹿見島に片岡君を、秋田に山田君と学習院の後輩安田君を、大津に矢代君を訪ねたり、田尾、岩崎、西村、中田君などとも旅行した。旅の好きな人だった。昨年の八月末に安田君のご家族と北海道に行かれたのが最後の旅となった。

　私とは去年の東大の夏合宿が最後の旅行となった。「田中さんと合宿に行けるのもこれが最後ですかな」。御本人には何かの予感があったのかもしれない。

　この頃から私にたいする厳しい忠告は、陰をひそめてしまった。「いやー田中さんと飲む酒がやっぱり一番美《う》味《ま》いですよ」三日にあけず誘いの電話が鳴った。私も昨年八月下旬から、九月三日までカナダに行った。帰國した夜、疲れて眠りこけている私を、娘が起し、「島田さんから電話です」と、時間はもう十二時に近い、何事ならんと電話口にでると、「やあーお帰りなさい、元気ですな」というだけ、さしたる用事があったわけではないのである。

　察するに、この頃の島田さんは、矢鱈と人恋しかったのだろうか、九月の半ばを過ぎる頃からか、顔が黄色くなり、素人目にも黄疸とわかった。年齢《とし》も一遍に十年もとったように見受けられるようになった。危惧は刻一刻現実のものとなってきた。九月二十六日、マンションに島田さんを訪ねた。元気がなかったし、あれほど好きで飲んだ酒も、殆んど口にされなかった。

九月三十日の午后、猛烈なる腹痛が島田さんを襲った。ついに救急車で入院。何日かおきに見舞ったが、だんだん顔色は黒味を増し、重篤な様相をていしてきた。御本人は強気の姿勢を崩されなかったが、病院の帰りは何時も暗然たる気分になった。

島田さんは、「富士の見える病院に移りたい」といいはじめた。そして入院先の反対を押し切って、平塚の杏雲堂病院に轉じた。十月十七日のことである。入院中、侍《さむらい》島田さんは、苦痛を漏《もら》すことがなく、毅然たるもので見事だった。

十一月三日、古武道の奉納があり私はそこで挨拶に立った。席にもどると、島田さん逝去の知らせが入った。三十有余年に及ぶ、様々な出来事が走馬燈のように浮んで消えた。

十一月四日、新宿、太宗寺にて通夜祭。

十一月五日、同寺にて告別式。前夜一睡もせずに書いた弔辞も、胸せまって声とならなかった。

十二月二十二日、至誠館にて『島田さんを偲ぶ会』(五十日祭)を開催する。挨拶に立った稲葉君が激しく慟哭した、私も泣いた。

これらのお祭りには赤門のOB、現役諸兄は勿論、専修、中央の有縁のOB、現役多数が参列して下さった。有難かった。島田さんもどんなにか喜んでくれたことであろう。

五十八年という、短い生涯ではあったが、島田さんは、やりたいことはやり、やりたくないことはやらぬという姿勢を貫き通した。幸せな人生だったのかも知れない。しかし、島田さんのいない人生のなんと、味気ないことか。何と虚しいことか。嗚呼。

島田さんが死んだ。

昭和六十年十一月三日。明治の佳節に。

島田さんか死んだ。噫々。

(昭和六十一年二月記)

東京大学・赤門合氣道より一部抜粋（昭和六十一年）

専修大学合気道部創部三十周年

昭和六十年、専修大学合気道部は創部三十周年を迎えるにあたりカナダ合宿・演武会を挙行した。

カナダは、移住した同部OB越智氏・小幡氏がトロント日系文化会館にて合気道の指導を始め、多くの門人を抱えるにまでに至った地である。両OBの師である先生は、同国合気道修行者のみならず各界を代表する方々にも畏敬の念を持たれる存在であった。

初の演武会には全土から参観者が訪れるだけでなく、当時首相であったトルドー氏を始め多くの各界を代表する方々からメッセージが届いた。

以降、先生を主柱とした日系文化会館合気会との交流は今も続き、相互交流はのべ八回を数えている。

先生は今回に限らず、学生に国際交流での経験、様々な厚意に対してどう応えていくのか常に問いかけている。

カナダ演武会の感想

三年前の九月に、私は夏目監督・島﨑助監督・上野コーチと共に、カナダ日系文化会館開館二十周年、トロント合気道会創立十周年を記念して開催された、大演武会に出場する幸運に恵まれた。

このときは、トルドー首相の歓迎のメッセージをはじめ、カナダの各界を代表する方々のメッセージや、トロント市の知名の方々、多数の出席をいただき、実に盛大なる演武会であった。私としても大いに面目を施すことが出来た次第である。

この感激を、カナダの人情の濃やかさを、そして風光の明媚さを学生にも味わせたいと、夏目君は熱っぽく語っていた。

夏目君は帰国後も益々その熱情をたぎらせた。この熱意はやがて多くのOBの共鳴するところとなり、ついには部外の有志をも巻込んで走り出した。

現役部員もこれが実現のため、佐藤主将を中心に一致団結しよく協力した。又、稽古にも精出してくれた。

この甲斐あって、予想より早く夢は現実のものとなり、今回の訪加となったのである。

一重に関係各位の活動の賜物と敬意を捧げる。

今回、特に嬉しかったことは、空港に出迎えてくれたトロント合気道会のメンバーや、セミナーに参加した多くの人々が、三年前にもあったことのある人々であったことだ。

もう、とっくに辞めていると思っていた女性会員の方々も、熱心に稽古を続けてくれていたのである。そして、学生諸君はこの会員の何軒かに、ホームステイをして、貴重な体験を積ませていただいた。感謝にたえない。

又、今回も、長谷川先生をはじめ、越智・小幡両OBの献身的な支援をいただいたのにも、全く頭の下がる思いがする。

行事の成功の裏には、この三氏の尽瘁があったことを忘れてはならない。

現役学生諸君も、関係各位の期待に応えるべくよく稽古を積み、演武会にのぞんだ。その動きは安定し、迫力もあったので会場からは、一人一人に対し、大きな拍手がおくられた。若い学生諸君は終生、忘れ難い感激として脳裡にきざまれたことだろう。

又、彼地にいる間は、日本青年の代表として、恥ずかしくない行動に終始してくれた。学生諸君と接したカナダの方々も、さぞや、好印象をもたれたことと想像する。

この行事に参加したOBや、学生諸君も、物心両面にわたり多くの犠牲をはらわれたことと思うが、しかしそれらを償ってなお余りある感激や、想い出を持つことが出来たことだろう。

演武会やセミナーを通じ、味わい。見聞したことや、外国に出て自国や自分を見直す、新たなる発見、この貴重なる経験を、今後は、OB会に部に、どのように生かしていくのか。将又、内外のお世話になった有縁の方々の有形・無形の厚意にどう応えて行くのか、行けるのか、大いに期待し注目して行きたい。


（昭和六十年十月二十五日記）

専修大学・武産合氣（昭和六十年）

中央大学合気道部創部三十周年

昭和六十二年、創部三十周年を迎える中央大学合気道部への先生の祝辞と思いである。

創部三十周年を祝して

ここに、中央大学合気道部創部三十周年の記念すべき年を迎え、慶賀にたえません。

部が幾多の試練と、変遷を経過しつつも、団結よろしく発展を続け、今や、学生合気道界の重鎮として、ゆるぎない地位を確立し得たことは誠に欣快の至りであります。

過去、我部は二十五周年の行事として、北米遠征演武、一昨年にはパラオ共和国への親善訪問演武を行なうなど、例をみないほどの活発なる活動を展開してまいりました。

本年、三十周年の記念としては、国内友好諸団体と交換稽古を行ない、親睦を深める行事を計画中であります。

普通、一つ大きな行事を終了すると、気も弛ぶし、息切れもするものですが、我部は無限のエネルギーに満ち溢れるかのように、つぎつぎと行事を計画し、推進していきます。

これは、その時々の現役部員はじめ、関係各位の並々ならぬ努力のしからしむるところでありましょう。心から敬意を表すると共に、行事の成功を祈ってやみません。

申すまでもないことですが、合気道は目先きの勝敗にとらわれず、自他一体となり、心身の錬磨にいそしむ道であります。

これは他道にみられぬ特徴であり、この特色が国内外の志ある人々の共鳴をよび、今日みるような発展をきたしたのでしょう。

しかし、我々はこれに満足することなく、脚下照顧しつつ、更に厳しい修業を続けなければならないのであります。

ここに、三十周年を迎えるにあたり、ＯＢ・現役諸兄姉と共に初心にかえり、開祖植芝盛平先生の「合気道は皇祖皇宗の御遺訓ぢゃ」との教えを拳拳服膺し、部勢一段の飛躍を期する所存であります。

（昭和六十二年一月十一日記）

中央大学・白門合気（昭和六十二年）

金沢大学合気道部創部十五周年

平成元年、金沢大学合気道部は創立十五周年を迎

え、記念事業として「韓国親善交流演武」を挙行した。先生は、以前東京大学三十周年行事で韓国を訪問していたことからいくつかの大学と交流があり、紹介の労を取った。

記念行事を終って

我国と韓国とは正に一衣帯水の隣国であり、且つ「近くて遠い国」と呼ばれる関係でもある。

この隣国、韓国の青年がどのような意識のもとに、生活し勉学しているのか、とかく平和呆けしている我国の青年には、是非、直接自分の目で見、体験してもらいたいものだ、というのが私のかねてからの持論である。

金澤大学合気道部が創設十五周年を記念して、韓国の大学で親善交流の演武会を開催したいとの計画を立ててこれの実施について相談を受けた時は、誠に時宜を得た企画だと思ったものである。

幸い私は、今回訪問した明知大学の兪総長や、体育学科の許教授とは面識があり、時折、便りなどを交換するご縁もあったので、私は早速、両先生にお願いの便りを認《したた》めたのである。

今年の韓国は、二十年前の我国で学園闘争が激化したときのように、各地の大学校で激しい紛争が多発していることが報ぜられ、はたしてこちらの希望が達せられるのかどうか、危惧する面もあったが、両先生の御理解、御厚意と、私の知人で、ソウル市内で日本語研究所を主宰する李恩玉女史の御支援もあって、明知・柔道の両大学における演武会開催が実現した。

ここにいたるまでの現役、OBの努力は賞賛に値するが、半面、当事者として当然の苦労であるとも言えよう。むしろ忘れてならないのは、これの実現は、物心両面にわたり多大な御支援をいただいた、内外の有縁の方々のお力によるところきわめて大きいことである。

九月二日、幸山団長以下二十三名は、大阪空港より金浦空港に向け飛立つことができた。金浦空港には、許教授、李女史をはじめ、明知大学校体育学科の男女学生が「歓迎日本国金澤大学合気道部」の横断幕を持って出迎えてくださり、感激一入《ひとしお》強く覚えた。

明知大学校の演武会には、副総長先生や、金澤大学の前身旧制四高のOBである、元総理の李漢基先生はじめ、著名な先生方、その他、千数百人にもおよぶ教職員、学生、生徒が熱心に観てくださった。大変有難いことと思うと共に、金澤大学の長い伝統を改めて認識したところである。

柔道大学の演武会は、高学長、南学生部長の両先生と格技学科の学生数十名参加のもとに開催された。この大学は小規模なため、学生の見学者は百数十名ほどであったが、流石に専門大学だけあり、格技学科の学生一人一人が、鍛えに鍛えた身体つきをしていて頼母しく思えたものである。また、演武会終了後、柔道大学の希望で、短い時間であったが合同稽古が出来たのは、きわめて有意義であった。この大学生達は正座をしたり、我々と同じような礼をしたりで親しみも増し、今後の交流が期待できそうで嬉しかった。

我々の泊ったホテルは、漢江の近くにあり、部屋から風景も眺めたが、夜ともなれば色とりどりの電飾をほどこした遊覧船が上下し、川岸には高層ビルが林立しているのが見え、この国の豊かになりつつあることを実感した。

このホテルに多年、昵懇《じっこん》な交際をいただいている韓国の友人、許氏に来ていただき、両国のことにつきいろいろと語り合うことが出来たが、許氏はこのなかで日本には「中心」があることが羨ましいと、くりかえし言われた、このことが今も強く印象に残る。

金澤大学合気道部の創設十五周年の記念行事は、それぞれの胸中に強烈な感慨を残して成功裡に終ったが、これも一重に御指導と御支援を賜った内外の多くの方々のお力によるところと、この場を借りて、深甚なる敬意と感謝を表明する次第である。

金沢大学・志覺（平成元年）

第三部　平成五年〜令和二年

武道精神の継承　後世に託す想い

至誠館館長を退任

平成五年、先生は二十余年ご奉仕されてきた至誠館館長を退任され名誉館長となった。

その年に、文部大臣体育功労者表彰受賞、木杯叙勲の栄誉を賜ったことを含め感想を次のように述べている。

近況

昨年はきわめて深刻な不況が続き、そのうえ、天変地変の多い年でもあった。

しかし、この暗雲を吹きはらうように、國民待望の皇太子殿下のご成婚と、第六十一回の伊勢神宮の御遷宮が斎行された慶祝すべき記念の年でもあった。

今年も経済的には厳しい年が続くものと予想されるが、もうこのへんで、「足るを知る」ということに目覚めなければなるまい。わが民族の特質である清潔にして高貴なる精神の復活を追求するような、方向転換の年とすべきである。

一身上のことを申し述べ恐縮であるが、昨年は二十年余奉仕の明治神宮至誠館を退かせていただいた。大過なくその日を迎えることが出来たのは、御祭神の御加護とともに、合気道部OB、現役諸兄姉の御支援によるところである。誌上より有難く御礼申し上げるものである。

また、十月十日付にて平成五年度体育功労者文部大臣表彰受賞、十一月三日の秋の叙勲では「木杯一組台付」を賜与せられた。

そのうえ、十一月十五日には、皇居豊明殿に妻とともに参内し、天皇陛下に拝謁、咫尺の間より優渥なる御言葉を賜わり、洵に生涯の光栄と感激したのである。

このたびの叙勲と大臣表彰を受賞するなどということは、全く想像すらしていなかったことである。合気道の愛弟子諸氏が、ひそかに手続きを進めてくれていたらしく、私がそれを知ったのは、九月の頃のことであった。

これといって誇るに足る功もない私の「功績調書」なるものも作成されていて、そのコピーが手元に届けられた。愛弟子鳩首凝議し、苦心の作であろうと有難さ身にしみた次第である。

恥ずかしいがお許しをいただき、「功績調書」なるものの概略を紹介させていただく。

「毎日の稽古を通じ、また春夏秋冬の合宿稽古には学生と寝食を共にしつつ、兄のごとく父のごとく歴代部員の指導育成に精励し、文武両道に秀でた人材を数多く社会に送り出してきた。　中略

同人は今日に至るまでの四十年余の長きにわたり、東京大学をはじめ国内外の諸大学の学生に対する合気道を通じた日本武道の指導に情熱を傾け、多くの有為な青年を育成してきたものであり、この功績は誠に顕著である。」と。

合気道家としての叙勲は稀有のことか、東京、産経両新聞の記者が拙宅まで取材に来訪され、十一月三日の朝刊に写真入りで大きく報じられた。

これとて伝手を頼って新聞社に運動したから掲載されたといった性質のものでは全くない。神奈川県下の叙勲者二六四名中、取上げられたのは、東京新聞では私一人であり、産経新聞では私を含めて四名の方のみであった。とんだ自慢となってしまい汗顔の至りであり、お許しを乞う。

このように自らの受賞のことなどを記すことは、常軌を逸するものとお笑いになることと思うが、私をこのように舞い上らせているのは、愛弟子諸氏のご厚情である。合気道界には私の先輩もいれば、私以上に真摯な努力を続けている方もいる。なのにこれらの方々に先立って栄えある賞を頂戴出来たのは、なべて愛弟子諸氏のご支援、推輓よるところであり、これなくしてはし決していただけるものではない。

つくづく我身の幸運を感謝しなければならないと肝に銘ずる昨今である。

さしたる功とてなく、好きな武道をご縁のあった大学合気道部の諸君と稽古を続けたのに過ぎないのに、今回の叙勲は身に余る名誉といわなければなるまい。今後は、許され、残された年月を、いただいた賞に恥じないよう更に努力を続けなければならないと、心中に誓う次第である。

（平成六年一月十五日記）

富山大学・合志（平成六年）

先生は、先の大戦時に存亡の淵にあった祖国を救わんとして一身を投げ打って戦闘に参加した若者たちの志を高く評価していて、そのような精神を、合気道を学ぶ若者にも求める思いが強かった。同じ年に連盟誌において次のように語っている。

後に続くを信ず

昨年は学徒出陣五十周年とて、ときおり新聞、雑誌等で関連の記事をみた。

当時の日本は國民皆兵の時代で、二十歳となり心身健康な男子は、陸海軍、何れにか入隊が義務づけられていた。しかし、大学や専門学校の学生については、徴兵が延期される徴兵猶予の制度があった。

しかしこの制度も、大東亜戦争の行手に暗雲がただよいはじめた昭和十八年になると、理工医科系を除いて取消されることとなった。諸君もテレビ等で何回となく放映されるのでご覧になったこともあるかと思うが、昭和十八年十月二十一日、雨の明治神宮外苑競技場における「出陣学徒壮行式」となっていったのである。

時の首相、東条英機大將の観閲と激励をうけ、外苑競技場を堂々と分列行進し、先輩学徒は勇躍壮途についたのである。当時、中学生であった私はこの光景を映画・ニュースで見、正に血湧き肉おどる感を禁じえず、後に続くことを誓ったものである。

その頃は出陣学徒の壮行式を羨ましいとさえ思っていたものが、近年この映像をみるにつけ、物悲しく思えてならぬ。

それは春秋に富む人生を、そして学業半ばにして、祖国の危急を救わんと、ペンを銃にかえ「後に続くを信ず」との信念の下、蹶然起って戦野に殉じた英霊の無念が偲ばれてならないからである。

すでに首相の靖国神社への公式参拝が途絶て何年になることだらう。近隣諸國に配慮するとのことで、何時になったら実現されるのか、見当もつかない。

細川首相にいたっては、昨年八月十日の首相就任後初の記者会見で、質問に「私自身は侵略戦争であった。間違った戦争であったと認識している。」と答へ、続いて國会の所信表明演説でも次のように述べている。

「過去の我が国の侵略行為や植民地支配などが、多くの人々に耐え難い苦しみと悲しみをもたらしたことに、改めて深い反省とお詫びの気持ちを申し述べる」と。

これでは護國の英霊になんと申し開きが出来るのか、全く遺憾のいたり痛憤禁じがたい。

戦後は「聞けわだつみの声」に代表されるように、とかく、出陣学徒の多くが戦争批判、反戦意識を抱いていたように記され、泣く泣く時の権力者の命ずるままに戦場に赴いたように語られているが、このようなことは断じてなかったのである。あったとしてもごくごく少数である。

多くの方々は、このままでは米英の欲するような世界となり、わが民族の誇りも独立も、ひいては大アジアの解放もない。わが一身を投げうって祖國のため、愛するもののために、悠久の大義に生きようと決意なされたのである。なんと崇高なる精神であることか、拳に服膺せずんばやまず、である。

いったい個人の信念、思想は自由であり、これを批判するつもりもないが一國の最高責任者が、軽々に侵略とか謝罪の発言などすべきではない。米国がベトナムに、英国がインドに、イラクがクエートに謝罪などしているのか。寡聞にしてしらない。

暴論かもしれないが、戦争にはそれぞれ五分と五分の理屈がある、と私は思っている。講和条約を締結し、國家間の賠償問題はもう何十年も前に終わっているのに、細川首相の謝罪発言は、早速アジア各国からオーストラリア、英國にまで損害賠償請求の動きをひきおこしてしまった。全くまずいことをやったものである。

細川一個人の発言ならばまあー許せるとしても、日本國を代表する首相の公的発言にいたっては断じて許されるべきものではない。

護國の英霊の御精神を冒涜し、光輝ある祖國の歴史否定となってしまうのである。先輩学徒をはじめ大東亜戦に散った多数の英霊は、断じて侵略戦争の手先ではない。このことだけはどうか心にとめてほしい。

昨年八月、靖國神社に参拝し、折から遊就館にて開催されていた「学徒出陣五十周年――蘇る殉國学徒の至情」の特別展を拝観し、往時を思い、殉國学徒の至純至高の精神を偲びつつ、恥かしながら激しく泣いた。今年の七月までこの特別展は開催されると聞く。どうか機会を作って拝観してもらいたいものである。

今のようにただ平和を口先きで希求し、戦争を反対しても世界の心ある人々の失笑を買うばかりである。我國でしたり顔で語られている戦争反対も、平和希求も私かられば、卑怯未練な男たれ、と慫慂するばかりに思えてならない。

我國青年の気風がこれに満腔の賛意を表するようでは前途なし、と断じなければなるまい。

五十年前の先輩学徒は「後に続くを信じ」大義に殉じたのである。合気道連盟に集う諸君のなかから、先輩学徒の遺志を引き継がんとの気風が澎湃とわき起ることを期待してやまない。

（平成六年一月記）

参考までに私等の中学時代に歌った「学徒動員の歌」の一節を左記する。

あゝ紅の血は燃ゆる

野村俊夫作詞

花もつぼみの若桜
　五尺の生命ひっさげて
國の大事に殉ずるは
　我ら学徒の面目ぞ
あゝ紅の血は燃ゆる

全日本学生合気道連盟 連盟誌

専修大学合気道部創部四十周年

平成八年、専修大学合気道部は創部四十周年を迎え、韓国演武を挙行した。先生も同行し成功裡に終わったことは言うまでもない。

先生は、四十年に亘る同部の発展に寄与された先輩諸氏に感謝している中で、なかんずくご自身の師範就任に尽力された「河野来吉先生」への思いを語っている。

創部四十周年回顧

創部四十周年を記念して行われた、一衣帯水の隣国である韓国への訪問行事も、大学当局の御指導、御支援と、関係者各位の懇篤なる御援助、御協力により、めでたく無事に終了することが出来た。

御同慶の至りである。

凡そ、一つの行事を成功させるにはOB、現役一体となって努力すること、何ヵ月も前からの周到な準備が必要であり、特に渉にあたった現役学生にとっては、このことが、なによりの実学であったろう。計画、準備、実行と行動した幹部諸君の苦労は、容易に想像されるが、物心両面にわたる負担を補ってなお、あまりあるものを得たのではないか、と思うのである。

この行事の客観的評価は、他の判断に委ねなければならないが、帰国後、私が多くのメンバーから感想を聞くと、全員が参加してよかった、意義ある行事であったと喜んでいた。これのみを取り上げるのは手前味噌に過ぎるかもしれないが、私はこの行事の成功を確信した次第である。

　われらが合気道部が海外に行き彼地の大学と友好親善を深めることが出来たのは、部史に特記すべきことと思うが、私は、韓国にいるときも、帰国後も河野来吉先生はじめ、在天のＯＢ諸霊の加護を覚えずにはいられなかった。いろいろと忘れがたい思い出も多いが、ここでは河野先生のことにふれておく

　いつかの「武産合気」にも書いたが、河野来吉先生は本学の大先輩であり、私が初めてお目にかかったのは、四十年ほども前、養神館という道場であった。

　当時先生は、労働文化社の社長で、社業の余暇を利用し熱心に稽古されていた。五尺に満たぬ小柄な方であったが、豪放磊落、ご出身地土佐のイゴッソウぶりを発揮されつつ、武道、青年、酒を愛してやまない人情味豊かな老紳士であった。

　綱嶋君などと下北沢のお宅にお邪魔し、お酒を馳走になりながら、先生の人生談義を楽しく拝聴したものである。

　私は河野先生のご推挽により、昭和三十六年より本学合気道部の師範となり、今日に及んでいる。先生が私をどれほど信頼してくださったか、今も思い出すたびに、胸中に熱きものがこみあげてくるのを禁じえない。

　先生を想うとき真先に浮かんでくるのは、お酔いになるとお歌いになった「ヨサコイ節」である。歌詞は私が耳から聴いたのを思い出しつつ綴るので、正鵠は期し難い。御判読を願うものである。

　　ヨサコイ節

いうたらいかんちーや　おらんくの池にや
塩ひくびんびが泳ぎよる　ヨサコイヨサコイ
アーイカンチヤ　シカンチヤ
オカヤンガミユルキニ　イカンチヤ
ノンシ

世上、歌われるユサコイ節と違い、土佐方言丸出しのユーモア溢れるものであった。

御在世中、俺が死んだら棺を担げと言われたが、この約は、先生御逝去の折、綱嶋君などと共に果させていただいた。

　河野先生はじめ、わが部発展のため生命をかけ、自己の生命を縮めてまで尽瘁した、川口、黒須、木村、高橋、

芦田その他の彼岸に在す方々も、この行事が達成されたことを喜んでいるに違いない。私の眼前に彼等の笑顔が彷彿としてくる。

私は今後、微力ながら河野先生の信にこたえるべく、わが部に集う諸兄姉とともに、協心努力し、部一段の隆昌を期すものである。

（平成八年十月記）

専修大学・武産合氣（平成八年）

中央大学合気道部創部四十周年

平成九年、中央大学合気道部は創部四十周年を迎え、オーストラリア遠征を企画し、先生も同行した。

その感想を書かれている中で、先の大戦でシドニー港攻撃を特殊潜航艇で敢行し亡くなった「松尾敬宇中佐」への当時のオーストラリア海軍の対応について「騎士道精神」として褒めたたえている。その中では、同時に中佐の母親の子を思う歌が紹介されている。

訪豪所感

本年は創部四十周年の極めて意義深い年で、記念行事の準備が昨年からOB、現役一体となって進められていった。

それは中央大学の提携校であるオーストラリア・アデレード市のフリンダース大学を皮切りに、関係ある二、三の地で演武会並びに合同稽古を行い交流親善に努めるということであり、OB有志と現役全員が参加するという壮大なる計画であった。

私も、内田OB会長はじめOB会幹部から参加するようにとの熱心なお誘いを受け、この訪豪記念行事に参加させてもらうことにした。

海外遠征行事については過去に二回実施された経験もあり、部には常にOB、現役が一体となり協心努力するという良き伝統が確立されていて、大船に乗った気分でいられた。誠に幸せなことである。

かくて、三月十五日早朝、あまり前例が無いと思われる四十数名の大訪豪団が勇躍、成田空港を出発したのである。私は、椎津監督引率の一行とは別に、同日、夜の便にて、永島、柳瀬、副島、山ノ井の諸君と共にアデレード市に向け出発した。

翌十六日、我々は先発のメンバーとフリンダース大学体育館前にて合流、早速演武会が開催されたのである。長旅の疲れからか、学生諸君の動きは鈍く、それをカバーするような気力も見られず、残念に思うとともに前途多難を覚えずにはいられなかった。

翌日は合同稽古後、フリンダース大学による歓迎のパーティーが、副学長先生出席のもとに開催され、先生から温かい歓迎のお言葉を頂いた。私はこれにこたえて、要旨、次の如き挨拶をした。


「本日は、訪問の主目的である貴大学合気道部との合同稽古を開催し友好親善を深めることが出来ましたが、これも副学長先生はじめ、関係各位のご支援、ご厚情によるところとありがたく銘肝、厚くお礼申し上げます。

ご覧いただいた我々の合気道は、植芝盛平先生によって創始せられた日本伝統の武道の一つであります。勝敗を争わず、自他一体となって心身の向上を目指して鍛錬するものであります。

今やこの道が世界の多くの国々で多くの人々の理解と支持を得ていることは、真に意義深いことと言わなければなりません。

今回の演武会、合同稽古を通じて我が合気道部と貴学合気道部、将又、貴大学と中央大学との交流親善が一層深まりますことを切望してやまぬ次第であります。」


ついでキャンベラに移動し、オーストラリア国立大学合気道部との演武会、合同稽古を行ったが、同校にて多年指導されているジョン先生の良きお人柄により、楽しく稽古をさせていただいた。その上テドンビラ国立公園をご案内下さったり、野外パーティーを催していただいたりと、忘れえぬ数々のおもてなしを受け本当に嬉しく思ったものである。

最終の行事はシドニー市の合気会支部道場と演武会、合同稽古を行ったが、心配した学生諸君の演武も、二度目からは見事に立ち直り中央大学合気道部四十周年を飾るに相応しい立派な演武となった。労を多とする次第である。

演武会、合同稽古について書綴りたいことも多々あるが、このことは多くのＯＢや現役がふれることと想像されるので、最後に私自身が最も感動したことを書かせていただく。

私はさきの大戦でシドニー軍港を攻撃し、散華した軍神松尾敬宇中佐搭乗の特殊潜航艇を拝観する事を、何年も前から熱望していたのであるが、幸いジョン先生のご案内によりオーストラリアの国会議事堂を見学した折、その遥か真正面に、松尾艇が展示されているといわれている戦争記念館が望見された。

ジョン先生に案内を懇望したところ、快諾下さったので、私は永島、柳瀬、永地の三君と共に先生の車に同乗、記念館に向かった。かつては記念館の庭に展示されていたという松尾艇が見当たらず、ジョン先生が係員に問い合わせ、別の場所に保管されていることが分かった。

そこは記念館から少し離れた大きな格納庫の様な建物で、係員の案内で中に入る。そこには、戦車、大砲、軍用飛行機、トラック等と共に松尾艇は真っ黒な船体を静かに横たえていた。想像していたよりも大きいことに驚かされた。

何時ものことなのか、我々のほか誰れ一人訪れる人となく静寂な雰囲気の中で心行くまで拝観し、往時を偲ぶことが出来た。

合気道部の諸兄姉は今や松尾中佐の事を知らないと思うので簡単に紹介させていただくが、今日の平和も繁栄も、あたら青春を国家に捧げた悲しき勇者のお陰であり、この事は一人己の記憶に止めるだけではなく、子々孫々に語り継いで行かなくてはならない事である。

松尾中佐は、大正六年熊本に生まれ、昭和十七年に戦死。二十六年の生涯であった。出撃に先立つ三月二十九日呉の軍港でご両親と最後の面会の際、父君から「菊池千本槍」（注二）の短剣を頂き大感激をされ、母君とは「久し振りにお母さんと寝るかな～」と母の懐に入り今生の別れを惜しみつつ、出撃の事には全くふれず出発するのである。

同夜の親子の別れは、想像するだに今も流涕禁じえない。

伊号潜水艦から発進した松尾艇は昭和十七年五月三十一日シドニー港に突入し、敵を震撼させる攻撃を敢行し、散華せられるのである。

六月四日撃沈された松尾艇は引き上げられた。シドニー海軍司令官グルード少将は、一部国民の反対を押し切って、海軍葬をもって丁重に敵軍の勇士を弔い、銘記すべき次のような放送をされた。

「勇気は一特定国民の所有物でも伝統でもない。これら海軍軍人によって示された勇気は、誰によっても認められ、且つ一様に推賞されるべきものである。これら鉄の棺に入って死地に赴くことは、最高度の勇気がいる。これら勇士が行った犠牲の千分の一の犠牲を捧ぐる準備のある豪州人が幾人いるであろうか。」

正に騎士道の華を咲かせたのである。敵ながらあっぱれではないか！

菊池　寛は

いにしえの菊池のこころ今ここに
　君に宿りて燃え上がりけむ

と讃え、当時の全国民は等しく軍神を敬仰したものである。

昭和四十三年四月二十八日、八十四歳となった軍神松尾中佐の母君、まつ枝刀自は、オーストラリア政府から招かれ、親しく愛児やその同僚、部下の散華したシドニーを訪れて霊を弔われた。出発に先立ち刀自は、

とつ国のあつき情けにこたえばやと
　老いを忘れて勇み旅立つ

シドニーでは、

六つの霊しづまり給ふこの海に（注二）
　花を捧ぐる母の心を

みんなみの海の勇士に捧げばやと
　はるばる持ちしふるさとの花

荒海の底をくぐりし勇士らを
　今ぞたたへめ心ゆくまで

まつ枝刀自は、豪州の首相以下の要人や市民から、豪州を訪れた如何なる日本人よりも尊敬され、大歓迎を受けた。現地の新聞やテレビは連日この事を大々的に報じたのである。

まつ枝刀自はまた、

靖国の社《やしろ》に友と睦むとも
　おりおりかえれ母の夢路に

ともお詠みになった。真に母の心は悲しいものである。

訪豪演武についての感想を綴るつもりが、松尾中佐の紹介になってしまったが、私が最も感激したことを正直に記すと右のようなこととなったのである。

蛇足を承知の上付け加えると今や、護国の英霊に対する尊崇と感謝の念が、我が民族に極めて希薄となっていること、平和を熱望するあまり、戦うことを忘れ、誇り、恥を知らぬ国となってしまったことである。

オーストラリア国民が戦時中に示した騎士道精神に匹敵する我が国、固有の武士道精神は今、何処。寒心にたえぬ次第である。

わが部の諸士が、松尾中佐等の犠牲的行為を認識し、感謝の念を持つことを願うとともに、これをきっかけとし、正しい歴史観を養い、民族の矜持に思いをいたされれば、ひとり我が部の喜びに止まらず、世を益すること大なりと信ずる。

創部四十周年記念行事にあたり、ご支援、ご協力を頂いた多くのＯＢや、内外の関係各位に心から感謝の意を表明するものである。

（平成九年八月記す）

参考資料

写真集「軍神松尾中佐とその母」昭和五十四年十二月十五日発刊

（注一）菊池千本槍……短刀を竹の先にくくりつけ槍として使用した。

（注二）シドニー軍港突入の三艇の六英霊（松尾、中馬、伴、他乗員）

中央大学・白門合気（平成九年）

繰返しになるが、先生は親しくしていた方が亡くなると人一倍嘆き悲しむ方であった。

中央大学合気道部で長く部長を務められた山田創顧問（当時）が亡くなった時も次のような追悼の言葉を述べている。

追慕　山田先生

山田先生とは、先生が合気道部の部長にご就任なったときが初対面であり、以後お亡くなりなるまでの十数年間、ご厚誼、ご指導いただいた。

初対面の印象を率直に記すと、色浅黒く、眼光炯炯として、一見して剛毅なお人柄であるとお見受けしたが、先生はいつも微笑みを浮かべ物静かで、剛毅な面を表に出されなかった。

学問上の御業績については、私に何の知識もないので、触れることはできないが、大学における先生について仄聞するところを記せば、かつて、「造反有理」を掲げて、全国の大学に燃え盛った学園紛争の折、先生は、暴力と衆を頼んで不当な要求をする学生に対し、いささかも節を枉げることなく、毅然として対処なされたとのことであった。

往時の大学紛争を、具に体験した私は、これによって一遍に先生への信頼感と、親しみを覚えたものである。

当時、不法な暴力学生の不当な要求に、唯唯諾諾として、阿諛追従した輩のいかに多かったかは、心ある人のよく知ることであり、何れ歴史が証明することであろう。

先生はご多忙中にもかかわらず、合気道部の責を誠実にお果たしになった。一般的に部長は、都内で開催される行事のみ、時々顔を出すのが常なのだが、先生は合宿の都度、よくご同行くださり、ご自身の稽古はなさらなかったが、稽古着に袴を着用されて道場に立たれ、悠然として見守ってくださった。本当に有難く思い出される。

合気道部が夏合宿によく行く、信州戸狩では、畑ＯＢの車に先生や、椎津監督と同乗して、近くの野沢温泉の公衆浴場へ入湯し、疲れを癒したものである。

浴後は、われわれは缶ビール、先生は温泉饅頭を召し上がられつつ歓談したが、「家ではなかなか食べさせてもらえませんで」と、お笑いになりながらお話になった。

また、いつのことだったか、記憶が定かではないが、合気道部が四国に合宿した折、たまたま東大ＯＢの小野五郎君（現埼玉大学教授）が、四国通産局にいて、彼の車で先生や椎津君と金毘羅さんにお参りしたり、四国大歌舞伎の行われる古い芝居小屋などを見学したりして、楽しい一日を過ごしたこともあった。

いづれの時も本当に楽しそうで、お喜びだった先生のお姿が目に浮かぶ。

そのほかでは、先生が定年退職をされるにあたり合気道部が、記念品として短刀一振りを贈ることとなり、部の依頼で愚息が、忠次作の銘刀をお世話したことがあった。このときも、先生は大変お喜びくださったのである。

先生には、私など知らぬところで、どれほど、ご苦労をおかけしていたのかと、思うだけに申し訳ない次第であるが、先生からは、一言のご不満も、ご苦労があったことも、承ったことがなかった。

ご退職後何年か経って、重いご病気と知らされたが、見舞い禁止のご意向と聞き、私はお見舞いの葉書でご機嫌を伺い、ご回復の速やかならんことをお祈りしたが、間もなく、思いもかけず長文のお手紙をいただいた。

それには、病気のこと、手術をしたこと、その後の経過や、これからの見通し、再手術の予定などが記されていたが、私の心を最もうったものは、「自分は戦いで死すべき命を長らえて、今日に及んでいるので、生命にはもうさしたる未練もなく、出来れば静かに死を迎えたいが、永年苦労をかけた妻の希望もあるので、それに従い手術するつもりだ。」と淡々と綴られていた。

死を客観視される平静なお姿や、奥様に対する深い愛情とを思い、私は涙を禁ずることが出来なかった。

私はすぐにペンをとり、ご書翰拝讀の感慨と、再手術のご成功、ご全快をお祈りし、また温泉にご一緒したいと、お見舞いの書簡をさし上げたが、もう先生からのご返事はなく、それからしばらくして、訃報を聞くこととなった。

先生は、初対面の印象のように、古武士のごとく、剛毅にして沈勇、沈才の士であられたのである。

生前のご指導を深謝し、御霊安かれとお祈り申し上げるとともに、奥様はじめご遺族の方々の平安と、ご隆昌をお祈り申し上げる次第である。

（平成十年八月記）

中央大学・白門合気（平成十年）

富山大学合気道部創部三十周年

平成十一年、富山大学合気道部が三十周年を迎えるにあたり、創部当時の様子を顧みながら、諸々の思いを同部の部誌に次のように語っている。

所感

今年は記録的な残暑が続いたが、当地にもようよう遅い木枯らし一番が吹いた。老生の特論だが、暑いときには暑いがよく、寒いときには寒いのがよいのであり、当然のこと、男は男らしく、女は女らしいのがよいのである。

こんなことを言っているから、時流にのれず、保守反動の輩と、烙印を押されて久しいが、今さら阿諛追従の気、さらさら無く、我が道を往くのみである。

今年は、老生にとり、記念すべき行事が数多くあった。東京大学合気道部が創部四十五周年を迎え、記念の演武会や、パーティを開催したが、創部の昭和二十九年は、老生も、弱冠?二十六才の青年であり、正に、往時茫茫である。

「学生の、学生による、学生のための」連盟を目指して結成された、全日本学生合気道連盟も、めでたく四十周年を迎え、日本武道館で演武会が開催され、老生も、富山大学合気道部をはじめ、関係六大学の主将を相手とし、演武することが出来た。

記念パーティには、連盟結成を慫慂し、苦楽を共にした。当時の東大主将亀井静香君が、今や、日本國総参謀長ともいうべき、自民党政調会長に就任して、多忙中にもかかわらず、出席してくれたのは、何よりも嬉しかった。

亀井君と現役諸君の前で高唱した、白頭山節や、蒙古放浪歌、よき思い出としても、終生忘れることはないだろう。

十月末には、金沢大学合気道部が、二十五周年を迎えて、金沢市教育会館にて記念の演武会を開催し、老生も演武させていただいたり、参加のOB各位とパーティや二次会で、酒盃を交わしつつ歓談することが出来、誠に有難く、かつ懐かしい思いで一杯だった。創部当時のOBと会い、語り合えるのは、生きる喜びを実感するものである。

貴学合気道部を想うとき、不徳の至すところ、ご迷惑のみおかけし、慚愧の思いで、日々を過ごしている。ご海容を乞う。

思えば、護國神社境内の道場で、立山の秀峯を仰ぎ、稽古せし、I君、K君をはじめ、初期OB諸君の面影が、常時、胸中に去来する。年に、「一期一会」を痛感するが、老生は、今も、「生命を護るために生命を捨て、平和を維持するために戦う」との気概と、武士道精神を涵養すべく、若き諸君にたいし説き続けていくつもりである。

これこそがわが人生に与えらし使命と確信するが、こんな確信が持てるのも、富山大学合気道部各位のご原情によるところと、有難く銘肝する昨今である。

貴部益々のご発展を心より念じつつ、擱筆する。

（平成十一年十一月十六日記）

富山大学・合志（平成十一年）

責任の取り方について

先生は、様々な分野のリーダーの「責任の取り方」について厳しい意見を持っていた。金沢大学合気道部創部二十五周年に合わせて寄稿した文章の中では、同部で事故のため亡くなった佐藤副将のことに触れながら、その年に起きた事故・事件における当事者の責任の取り方やそれに対する世間の対応について厳しい意見を述べている。

述　懐

今年十月、創部二十五周年を記念する演武会に出席し、中川ＯＢ会長はじめ、多くの懐かしい方々と久しぶりに会い、旧交を暖めることが出来たのは、嬉しいことであった。

昨夏の佐藤副将の事故以来、彼のことが念頭から去らず、私の演武は、彼の霊に捧げるものとの思いが強かった。不束な演武であったが、在天の佐藤君も喜こんでくれたであろうと思うと、何故か、肩の荷を下ろしたような気分がしてならない。

佐藤君のことを想うと、「責任」という言葉が、すぐ脳裡に浮ぶ。不幸なことではあったが、己れの身命を賭けて、責任を全うすべく、最後まで走りとおしたことは、見事であり、敬服するばかりである。

二度と繰り返してほしくないことだが、この強い責任感は、見習うべきであり、部の亀鑑として、語り継がれるべきことではないかと思うのである。異を唱える者もあるだろうが、これが部の正論となってほしいと願うばかりである。

これに反し、わが國の現状は、無責任が横行し、目を覆うばかりの惨状をていし、改まる気配もない。残念至極である。

九月三十日におこった東海村の事故など、基本を無視したもので理解に苦しむ。現場が多少の手抜きをすることは分らぬでもないが、上司たる者、何を考え、何を指導、監督していたのか、無責任の最というべきである。

この事故の折、臨界状態を停止させるべく、放射能の充満する現場に突入する決死隊？を募る上司に、日頃、上下から信頼の厚いＪＣＯの中堅社員の一人は、最っ先に手をあげたそうである。

このような勇気ある方には満腔の敬意を表するが、己れの怠慢のため重大な事故を惹き起こし、この処理のため部下に危険な命令をくだす上司は、最低である。

神奈川県警の不祥事に代表される警察官の犯罪も、身内に甘く、事勿れ主義の自己保身であって、「泣いて馬謖を斬る」ということを知らない。

組織を守るため、などと称しているやに聞くが、この決意のないところに、組織を堅守することは出来ない。庶民の拠り所として最も信頼されなければならない部門が、この体たらくでは情けない次第で、猛省し、立直ってほしいと願うばかりである。

この他、諸々の無責任が横行している現在、心をうつ一つの悲しい事件があった。十一月二十二日に埼玉県入間川に墜落した、自衛隊の航空機の事故のことである。

諸君ご承知のように、自衛隊機には、脱出装置があり、適当な高度でボタンを押せば、脱出できるのである。しかし、墜落した数十米先には、千戸以上に及ぶ住宅密集地があり、二人の自衛官は、民間人に被害の及ぶことを恐れて、身の危険を省みず、ぎりぎりまで操縦を続けていたことが想像される。正に、「身を殺して仁をなす」である。

新聞等は、この事故により送電線が切断され、八十万世帯が停電したとか、電車が不通になったとか、いろいろな不便、不都合が生じたことは大々的に報じたが、このお二人の犠牲的精神によって、民間人を巻込んだ大惨事になることを未然に回避出来たことについての報道は皆無にひとしく、私の知るところ、僅かに産経新聞が好意的な記事を書いているのみである。

こんな狂った世なのだから、悪意をもった報道がされないだけでも、もって冥すべし、との論もあろうが、これでは駄目なのである。

自衛隊員とて、人の子であり人の親である。この殉職された四十七歳と四十八歳のお二人にも、妻子がおありであったことは、容易に想像される。死の瞬間まで家族のことが胸中を去来したであろうが、その思いを絶って職に殉じた勇気は称えるべきであり、感謝すべきことである。

このような論が、地元の官民から、将又、全國のあらゆるところから、澎湃とおこらなければならないとおもうのである。

誰れもが行なえないようなことを、なし遂げた人への感謝、尊敬の念を持ち、これを見習うべし、との風潮が國民の精神に存在しないようでは、その國家の前途は暗いといわなければなるまい。

残念ながら戦後の教育は、個の尊重に終始し、公に奉ずる精神を軽侮し、いささかも改まる気風が生じない。だから國民の志は益々卑しくなり、政、官、財、教育界とあげて、不祥事を量産するばかりなのも、けだし当然といわねばならないだろう。

諸君、忘恩、変節の徒たるなかれ!!部、益々の隆昌と活躍を期待してやまない。

（二十五年間の厚情を感謝しつつ、平成十一年十二月記）

金沢大学・志釁（平成十一年）

明治神宮鎮座八十周年

近代日本の礎を築かれた明治天皇と昭憲皇太后をお祀りしている明治神宮の杜は、自然林でなく人工林だが造営にあたっては全国から十万本の献木がなされた結果、今では「多様性を持った都市の中の森」の様相を呈しており、神宮に参拝する人々にとって掛け替えのない癒しの場になっている。

代々木の杜のこと

明治天皇と御后《おきさき》の昭憲《しょうけん》皇太后を、お祀《まつ》りする明治神宮は、大正九年（一九二〇）十一月一日に創建された。

今年は鎮座八十年の年となり、いつもの年以上に盛大な祭典や、かずかずの神賑行事が開催された。

明治天皇は明治四十五年（一九一二）七月三十日、聖寿六十一歳で、昭憲皇太后は大正三年（一九一四）四月十一日に、御年六十五歳でそれぞれ崩御《ほうぎょ》あそばされた。

このことをしるや、國民の悲嘆はその極に達し、やがて日本の近代化を成し遂げられた明治天皇と、國母陛下と仰がれた昭憲皇太后の限りない御聖徳を、未来永劫《みらいえいごう》、景仰《けいぎょう》申し上げる神社を創建すべし、との熱誠あふれる請願が澎湃《ほうはい》としておこり、この情熱がついに政府を動かし、代々木の地に明治神宮が建立されることになったのである。

神宮の造営は、大正天皇の御裁下を仰いで四年（一九一五）五月一日、正式に、決定した。

造営にあたっては、当時の各分野の最高権威者と、最先端の叡智が集められたのは、蓋《けだ》し当然のことであろうが、特筆すべきは、全國より十万本もの献木があったことであり、しかもこれらは、延べ十一万人にもおよぶ青年が、手に手に鶴嘴《つるはし》、スコップを持ち道を拓き、木を植えたことである。これとて、強制され嫌や嫌や作業に従ったのではなく、村を町を代表しての勤労奉仕と、それぞれの方々が、誇りと喜びにあふれつつ、尊い汗を流したものであると、聞く。

今や鬱蒼とした大森林となり、首都東京のオアシスとして内外より親しまれている。代々木の杜の歴史を、しかと、記憶にとどめておいてほしいものである。

もう、明治神宮の祭典のとき以外は、殆ど歌われることが無くなった、「明治節」という頌歌《しょうか》があるが、その歌詞の一語一語を熟読玩味《じゅくどくがんみ》すれば、両陛下の御聖徳と、明治神宮を創建した当時の國民の、心情が理解出来るのではないかと、敢えて次に記する次第である。

明治節

堀澤周安　作詞
杉江　秀　作曲

一　亜細亜《あじあ》の東《ひがし》　日出《ひい》づる處《ところ》
聖《ひじり》の君《きみ》の　現《あらは》れまして
古《ふる》き天地《あめつち》　とざせる霧《きり》を
大御光《おほみひかり》に　隈《くま》なくはらひ
教《おしえ》あまねく　道明《みちあき》らけく
治《おさ》めたまへる　御代尊《みよたふと》

二　恵《めぐみ》の波《なみ》は　八洲《やしま》に餘《あま》り
御稜威《みいつ》の風《かぜ》は　海原《うなばら》越《こ》えて
神《かみ》の依《よ》させる　御業《みわざ》を弘《ひろ》め
民《たみ》の栄行《さかゆ》く　力《ちから》を展《の》ばし
外《と》つ國國《くにぐに》の　史《ふみ》にも著《しる》く
留《とど》めたまへる　御名《みな》畏《かしこ》

三　秋《あき》の空《そら》すみ　菊《きく》の香《か》高《たか》き

今日《けふ》のよき日《ひ》を　皆《みな》ことほぎて
定《さだ》めましける　御憲《みのり》を崇《あが》め
諭《さと》しましける　詔勅《みこと》を守《まも》り
代代木《よよぎ》の森《もり》の　代代長《よよとこし》へに
仰《あふ》ぎまつらん　大帝《おほみかど》

（平成十二年十二月記）

筆者註
大帝―明治天皇
御憲―帝國憲法
詔勅―教育勅語

富山大学・合志（平成十二年）

海外門人との交流

先生は、合気道の普及に尽力され、世界の各地にも先生の信奉者が存在することは良く知られている。中でも、英国合気道連合会長であった故パット・ストラッドフォード氏とは極めて親しく、お互いに「兄弟」と呼び合う友であった。同氏は、金沢大学合気道部とも親しい関係にあった。

平成十二年九月、パット氏が、日本国外務大臣表彰を受けることになり、その授賞式に出席するため田尾至誠館師範（当時）共々ロンドンを訪問、旧交を温めている。

次の文章は、同氏との出会いを含め親しさの一端が窺えるものである。

英國の兄弟パット氏のこと

昨年の九月、残暑にうだる成田を田尾師範と共に出発し、ロンドン、ヒースロー空港に着くと、東大合気道部ＯＢで、在英日本國大使館に勤務する、榎本書記官ご夫妻が出迎えてくれた。

空港からホテルに向かう車中から眺めると、ドンヨリとした空の下、街行く人々の中には、コート姿の人も散見され、早くも晩秋のような気配となっていた。

今回の訪英の目的は、共通の友人である。英人パット・ストラッドフォード氏（英國合気道連合会長）が、平成十二年度の日本國外務大臣表彰を受賞し、その授賞式が日本大使館で執り行われるので、参列することにあった。

パット氏は、田尾師範が三十年ほどの昔、サセックス大学に留学したとき合気道を通じて出会い、その後、私ともご縁ができて、田尾師範と共に彼の地で、三度ほど、合気道の指導に当たった。パット氏も二回来日し、今も親しい関係が続き、会えば私を「兄弟」と呼んで、慕ってくれる。わが部の中川OB会長、藤澤師範代、小川OGとも親交があり、親子のように親密な交際が続いていると聞く。

彼は、今年七十五歳のジョンブルであり、四十数年におよび合気道の修行を続け、指導を続けている。合気道界の事情にも通暁する人物である。

今日、諸外國において、日本武道を指導する外國人指導者の数は、決して少なくないが、その活動振りは、残念ながらビジネスライクなものが多いのが現状である。日本人指導者とてほぼ同様で、ギブアンドテークに終始するやにみえる。

パット氏の特筆すべき点は、日本の武道を単なる戦闘術やスポーツとしてではなく、日本の傳統文化を代表するものとして、その精神性、即ち、武士道精神の高さと深さを理解し、その体得に努力していること。また、この精神は、西洋人にも通じる普遍的な価値あるものとし、これを英國内に普及すべく志し、長年にわたり努力してきたことである。

その成果は、自ら道場を持つほか、彼が指導する全英各地十のクラブでは、千人にも及ぶメンバーが稽古にはげむようになったことで歴然である。

今回の表彰は、我が國が公式に、この功績に報いるものであり、眞に時宜にかなったものと、私も嬉しさ一杯である。

授賞式は、駐英の林大使より功績の紹介があり、表彰状と銀杯が手交された。パット氏の喜びと感激は申すまでもないが、列席したご家族や門人の顔も、喜色に溢れていた。私には、パット一門がこの名誉を誇りとし、より団結を強め、益々発展していくであろうことが想像され、より一層の嬉しさを覚えた次第である。

我が國では、近年、武士道精神などと言ふと「古い!」の一言でしりぞけられ、「今やグローバリゼーションの世である」と説く知識人が多く、流行のようにさえなっているが、私からみれば、日本人の誇りも持てないような者が、クローバリストを目指したとて、それは根無し草のようなもので、心許無さを覚えるばかりである。

英國にて武士道を説く、古武士然としたパット氏のような人物もいることを、注視してほしいものである。

三泊五日の慌しい旅ではあったが、私は田尾師範と共に、心より満足しつつ、ロンドンを後にした次第である。


（平成十三年一月記）

金沢大学・志黌（平成十三年）

平成十四年九月、専修大学合気道部はかねて緊密に連携していたカナダ・トロント合気会創立三十周年を記念してカナダを訪問し、先生も同行した。この件については、OBの越智氏、小幡氏が長年彼の地で合気道を指導していた賜物であると感謝している。

この年は、先生の同部師範就任四十周年でもあり、十一月に祝賀会が催された。その年の寄稿の中で、同部との絆をもたらした河野来吉先生と黒須勝治郎氏にも感謝を込めて思い出を語っている。

訪加と、その後のこと

今年九月、OB現役諸君と共に、トロント合気会の三十周年記念のセミナー、並びに演武会に参加した。

お招きを受けたときは、健康にさしたる自信があったわけでもないし、若しも彼地に渡ってから病気等で、ご迷惑をおかけすること無きにしもあらずとの、懸念のみが去来し逡巡したものだが、何とか責務を果して帰国出来た。

トロントの旧知の方々とも、久しぶりにお会い出来たし、セミナーや演武会に参加した多数の同好の士にも、喜んでいただけたようにも思え、行ってよかったと思う昨今である。

これも、学内外各位のご支援、ご厚情によるところと有難く銘肝、紙上をお借りし、心から御礼申し上げる次第である。

わが部とトロントの合気会とは、ご承知のように、小幡OBが彼地で三十年にわたり指導されていることもあって、きわめて緊密な連携を保ちつつ今日に及んでいる。

十周年、二十周年と節目のときには、私も中野・夏目・島崎・山形・中村・上野君等のOBと、当時の現役諸君とで訪問し、稽古や演武と交流を重ねたものである。

それにしても、トロント合気会会長をつとめる小幡君の努力には敬服のほかない。十年前までは、同期の越智君もトロントにいて、二人が協力してことに当っていたが、越智君の帰国後は、一人となってしまったが、変わることなく努力を続けている。

瞥見《べっけん》するに、トロントの方々も小幡君をよく支え、協心努力を惜しまないようで、心底嬉しかったが、これも一重に小幡君の人徳によるものだろう。

好漢自愛し、更に発展されることを祈るのみである。

合気会本部の発表によれば、海外八十余国で、百万人以上の人々が練磨されているということだが、これも小幡君のような人が世界各地で地道な努力を続けている賜物であり、忘れてはならないことである。

私はトロントの記念演武会に先立ち、簡単な挨拶を申し上げたが、それは、かつて『武士道』なる名著をのこし、カナダ、バンクーバーにてその生涯を終えた、新渡戸稲造先生がつねづね唱えていた、「われ太平洋の橋たらん」との高き理想についてであった。

先生の理想が、一知半解な私の一片の粗辞により、どのような理解を参加して下さった方々に、与えることが出来たのか全く自信はない。

因みに、カナダ、バンクーバーのブリティッシュコロンビア大学構内に、新渡戸博士を記念して作られた日本庭園、「ニトベ・メモリアルガーデン」の石灯籠の銘板には、彼を称えて、「すべての国をつなぐ善意の使徒」との言葉が刻まれていると聞く。

十一月には、訪加の帰国報告会とともに、私の師範就任四十周年の祝賀会を開催していただき、ご厚情身にしみた次第である。この日は、私にとり正に至福の一刻であった。

四十年を振り返れば、一瞬ともいえるし、茫茫たるものともいえる。数々の忘れ難い思い出も多いが、一、一あげていては限が無いが、先ずは至らぬ私にたいし、ご支援ご協力を惜しまない関係各位に、改めて感謝申し上げるものである。

特記したいのは、やはり忘れようとも忘れることの出来ない、河野来吉先生と、黒須勝治郎君のことである。河野先生とのご縁が無ければ、私の師範就任も無かった筈である。

河野先生の期待と信頼、黒須君の献身と善意に応えなければ、報いなければの思いが、今日まで歩み続けた原動力であり、部と私を結ぶ大きな絆である。

お二人への思いは、限られた紙数にあらわすことは出来ない。河野先生と私とは、親子ほどの年齢差があったが、わが喜び、わが悲しみを共にして下さった。

黒須君の無償の奉仕の精神は、専修大学の誇りとする学風であり、彼は類を見ない具現者であった。私などとの縁が強くなければ、まだまだ元気で、OB会の中核として活躍していることだろうと、惜しまれてならない人物である。

彼岸に在《いま》すお二人を想うとき、老残の血潮滾《たぎ》り、胸中に熱きもののこみ上げてくるのを禁じ得ない。

師範就任四十周年の集いでは、若きOB大西繁君より次の和歌

神宮の森に居ませる益荒男を
　師とあおぎしは十八の時
神宮に足遠くも日々常に
　思い浮かぶは我が師の御顔
不肖なる我に教へを給はれる
　師の深き恩身に余りたり

中野郁雄OB会長からは、

積年の思ひも言葉足らずして
　心残りの感謝の集い
晴れやかに賑々しくと思へども
　胸に迫りて言葉沈みぬ
嬉しくも迷惑なりしと師の言葉
　重くせつなく心に刻む

以上六首の秀歌を、はなむけとしていただき、ご厚情身に過ぎるものがあった。記して感謝の意を表明するものである。

私としては、次のような感慨が浮んだ。

益荒男の心説きつつ専大の
　健児と歩み四十年《よととせ》経たり
ご厚情に報ゆるには、
　身を鍛え心つくして専大の
　友垣達と歩み続けん

と決意するばかりである。

黒門合気道倶楽部の益々の発展と、ここに集う諸兄姉のご健勝、ご活躍を祈って擱筆する。

（平成十四年十二月記）

専修大学・武産合氣（平成十四年）

富山大学合気道部三十数年を顧みて

平成十五年、先生が今で言う後期高齢者になった時、日本が世界一の長寿国になったとの報を受け、富山大学合気道部との縁を取り持った専修大学合気道部OB本木貞典氏について懐かしく語っている。富山大学・専修大学両合気道部の浅からぬ縁を感じさせる一文である。

年末随想

今年も新聞などによると、わが國は男女とも世界一の長寿となったようだ。

人の手を煩わせることなく、生活出来るのなら長寿は歓迎すべきことだろう。

敬老の日の前後には、やたらと元気な老人が紹介される。曰く、百才になってアルプスをスキーで滑走したとか、走る、跳ぶ、泳ぐと話題にことかかぬ老人天國のわが國である。

今日も朝刊を讀んでいると（十二月二日讀賣）新芸術院会員発表の記事があり、この中のお一人が、「人生を振り返えるのは嫌い。昔話に花を咲かせるようになったら人生終りだよ。」と語っていた。

正に意気軒昂であり、その青年のような情熱には敬服するが、このような心境になれるのも、百才でスキーに乗れるのも、やはり、非凡な才能と肉体によるものと、思わざるを得ない。

いくら世界一の長寿國日本でも、マスコミ等に花々しく登場する元気老人は、一万人に一人か、或いは数万人に一人存在するかの極めて稀有な例だろう。

私などは、最近過去の思い出にひたることも多く、昔話に花を咲かせることも間々あるが、人生終わったとは思わない。凡俗な私は非凡な人の真似れば災いを招くのみだ。過去を思い、ときには未来に思いをいたす、私のような凡人は、ありのままに生きればよいのだ。

十二月に入ると当地も、朝夕は寒気を覚えるようになり、この頃になると思い出されるのは、白銀をいただき、神々しいばかりの立山連峰である。北陸線の車窓からそして富山の駅頭から、屏風のように聳える立山に幾度見惚れたことか。

この美しい風景に接したり、立山登拝を二度経験出来たのも、なべて富山大学合気道部のご縁によるところであり、有難く思うばかりである。

この富山の地に、私を誘ってくれたのは、専修大学合気道部ＯＢの本木貞典君であった。

彼とともに、三十数年の昔、富山県護國神社境内にあった古びた道場で、初期の磯部、酌井君や少人数の学生と、たっぷり汗を流し合ったものである。

この頃のことは、よく脳裡に浮び忘れ難い楽しい思い出である。

私としては、富山大学合気道部の発展を願い、そして部を武士道精神作興の一大拠点にしたいとの思い出もあって、微力を尽くしたつもりであったし、本木君もよく協力してくれたものである。

しかし好事魔多しというのか、緊密な関係にあった本木君と、十年近くたつと、部の運営をめぐって確執が生じ、ついに本木君が去り、しばらくして私も辞任することとなった。

このことは多くの関係者のよく知るところであり、詳しくは書かない。

お互いよかれと思って行動したのだろうに、結果は惨憺たるもので、運命とでも思うほかない。わが人生の痛恨事であり、改めてご迷惑をおかけした各位にお詫び申し上げる。

このことがあってから二十数年、本木君とは親しく語り合うこともなかったが、昨年、突然彼の訃報に接した。正に諸行無常である。感懐深いものを覚え、彼との楽しかった思い出が去来する。

長井君にご案内いただいた晩秋の富山の風景、庄川の鮭の遡上、五箇山合造りの民家、井波の彫刻の街の散策と、あのときの楽しかったこと、有難かったことが忘れ難く思い出される。

又、十月十三日の至誠館創立三十周年の記念式典には、宮崎ＯＢ会長が遠路にもかかわらずご出席下さった。感謝あるばかりである。

これらのご厚情にどう応えることが出来るのだろう

か、時間は限られてきたというのに、良き術も浮ばず情けなく思うばかりである。

今年も間もなく暮れる、富山大学合気道部益々の発展と、各位のご健勝、ご活躍を祈る次第である。

ご厚情に思いを馳せつつ擱筆する。

（平成十五年十二月記）

富山大学・合志（平成十五年）

足ることを知る

晩年の先生は、遺伝なのか熟睡するのが苦手で、夜半に目覚めて何くれとなく思いを巡らせていた。平成十六年の金沢大学合気道部の部誌には、その一端を吐露している。

自身の雅号「穂雲（すいうん）」の由来についても触れている。

夜半随想

早寝早起きを目指して昨年よりベッドに入る時間を早めてみたが、年齢の故か、夜半に目覚めることが多く、思うように早起きをすることが出来ない。熟睡の出来ないのは、親の体質を受け継いだとも言えようか。亡母が晩年熟睡出来ない不満をよく漏らしていたことを思い出す。

目覚めれば凡愚の常、何の役にも立たぬと思いつつも、来し方行末をおもんみることが、多いのである。

思いつくままに記すと、亡父母を偲んだり、自らの幼少年時の頃のことや、世上の諸々のことである。こうなると、再び眠りにはいることが出来ず、うつらうつらしつつ、朝を迎えることとなってしまう。

私の生まれた昭和の初年も、現在のような不況の時代で、特に農村の貧しさは深刻なものがあった。

私は水呑百姓の三男坊としてこの世に生を享けたが、この貧しい時代でも、生家の貧しさは格別なもので、貧乏を自慢するわけではないが、私は十二歳の時から働きながら学んだのである。この一事のことをもってしても、大凡のことはお分かりいただけることと思う。

しかし、こんな貧しい家庭ながら両親は常に、勉学に理解を示してくれたし、小学校の恩師野村慶次朗先生は、私という人間を認め、激励をおしまなかった。

思い出すだに有り難く、感謝あるばかりであり、年々この思いは強くなってくる。

因みに、現在私の用いている雅号「穂雲」は、恩師野村先生より頂戴したものである。

この大恩ある先生や両親にたいし、恩返しの真似事も出来なかったのは、申し訳なく思うとともに、自身の愚かさを反省するばかりである。

無責任な言い方をすれば、これが凡人の永年にわたり繰り返してきた。愚痴というものだろう。

昔ならば、寒さに耐え暑さに耐えたものであり、焚き火の暖かさ、木陰の涼風や一杯の冷水の味も、耐えたもののみ、本当の有り難さが分かるのではないだろうか。スイッチ一つで寒暖を制御出来る今日生まれの人々には、耐えた後の喜び、有り難さは、なかなか分かるまい。

人の死とて同様である。私の幼い頃は、余程裕福な家でないと通院し、治療を受けることなど出来なく、殆どの家が自宅で家人の死をむかえることが普通のことであった。医師が人力車に乗って訪れるような家からは、間もなく葬儀が行われたものであり、当時の貧しい環境は、余程のことがない限り、医師の往診などをうけることが出来なかったのである。

あれが数十年、今や自宅で死を迎えることの困難さが語られるばかりであり、改めて世の激変を痛感する次第である。

現代のように、寒暑のこと、人の生死のこと、将又、家の安寧に至るまで、他にゆだねて平然としていることが、幸せなことなのかどうか。何方かが、このような我が国の世情を「無痛社会」と表現されたが、無痛社会からは、真の喜びも幸せも感じることは出来ない。

「衣食足りて礼節を知る。」との諺とは反対に、我が国青少年の不作法、祖国愛の喪失等に、目にあまるものがあり多くの国民に不満感が存在する。ここ数年、自殺者も年に三万人を越すような状況であることは、ご承知だろう。

物質の豊かさを求めるだけでなく、「足るを知る」ことを知るべきであるし、心の豊かさに関心を向けるべきである。

経済の復興以上に大切なのが、教育の復興であり、これなくしては、真の幸せも、自立の気概も生まれる筈がないのである。

前途少ない身にとっては、社会のあらゆる面で、亡国の兆候が顕著にみえて心配でならず、このことに考えが及ぶと、一身上のことにも増して、眠りにつくことが困難となる。

一月十二日の「産経抄」によれば、トインビーやシュペングラーなどの文明史家によると、文明滅亡には六つの兆候があるとのこと、その一つは人々が精神性や宗教性を冷笑したり、ないがしろにするようになる。二つは人々が本来の居場所から切り離され、根なし草のようになる。とくに農業を嫌うようになる。三つはメトロポリス（大都市）に人間が群がり、刺激的生活から離れられなくなるようになる。四つは自らの文化に背を向けて、すでに滅んでしまった遺文明の遺産のようなものをわけもわからずありがたがるようになる。などなどとあった。まさに現今の我が国の状況を的確に指摘しているものと、思わざるを得ない。

今月、妻と近所の映画館で「ラストサムライ」をみた。ストーリーというか、なにを主張したいのか、私にはよく分からなかったが、まじめに制作されたもののようには思え、好感を覚えた。


ラストシーンで明治天皇と思われる人物が、「日本人であることと、歴史と伝統を忘れてはならない」と言われていたが、このことは強く心に残った。

今年も夜半に目覚めて、転々反側、思い悩むことが予想される。駑馬が老いたらなんと言うのか知らないが、幸いまだ動くことの出来る身体を、両親から頂いている。今年も、金沢大学合気道部益々の発展に向けて、微力を尽くしたいと念ずるものである。

金沢大学・志賀（平成十六年）

富山大学合気道部創部三十五周年

平成十七年、富山大学合気道部は創部三十五周年を迎えた。記念演武・懇親会を終えて、その場に部の始めからその発展に貢献した専修大学OB「高柳師範」がいないことを残念に思い、その思い出を熱烈に語っている。先生にとっては、愛弟子に去られることは我身を削られる思いがしたに違いない。

高柳師範を偲ぶ

昨年十一月、創部三十五周年の折には懐かしい黒田講堂において、ＯＢ・現役諸君とともに演武することが出来たし、夜は記念パーティで多くのＯＢ諸兄姉とお会いし、歓談出来たことはうれしい限りであった。

ご厚情は忘れ難く、後ろ髪引かるる思いで帰路についたが、この節目の記念すべき日に高柳師範に見えることの出来なかったのは、寂しく残念でならなかった。

思えば、高柳君との出会いは、彼が専修大学合気道部に入部した昭和四十年のことであり、当然のことながら高柳君は、十九才の青年であった。

初対面の印象は浅黒い顔と爽やかな笑顔である。その頃の専修大学合気道部は、男子のみで現在の部の稽古より激しく、学生間の上下関係も厳しいものであった。

高校時代は柔道で鍛えていたとのこともあり、高柳は在部の四年間、きわめて熱心、かつ誠実に稽古を続けてくれたものである。

大学卒業後は帰郷され、たしか中越合金という会社に就職した。いつのことであったか私は、高柳君を就職先に訪ねたことを覚えている。

私との線が深まったのは、昭和四十五年に専修大学合気道部のＯＢで、本木貞典君が富山大学生の磯部君等二、三名と稽古を開始したので、指導にきてほしいとの招きがあり出かけ、これを機に、私は毎年二回ほど富山に行き、合気道部と稽古するようになった。

高柳君も、本木君の誘いをうけ、当初から富山大学合気道部の指導に当たっていたのである。

高柳君は本当に熱心に指導してくれたもので、感謝あるばかりであるが、その後しばらくして、大方の諸君がご承知の紆余曲折が部内にあり、私は後事を高柳君に託したのである。

高柳君は私よりも、武道に取り組む姿勢がきわめて厳しく、真剣でありそして礼を重んじた。このことにより、部には今も高柳君の影響が伝統として色濃く残されていて頼もしく思う次第である。

自分の名刺に「田中茂穂直門」と印刷したり、海外に一緒に指導に出かけた折、そのスーツケースには、「破邪顕正」と大書してあったりと私を驚かせたものである。

これも、今にして思えば高柳君の武道に対する真摯さの現れであろうし、直情径行の性格を物語るものであろう。

高柳君は出身地の富山において、最も熱心に活動されると共に、金沢大学、韓国の明知・龍仁の両大学校、さらに近年ではロシアの各地にその活躍の場を拡げ、斯界でも注目される存在となった。

このことは、私にとっても嬉しく、その活躍と発展を祈りやがて、大きく結実することを願っていたのである。ところが高柳君は、数年前から心身に不調を訴えることが多くなり、合気道部合宿のときには痩せた姿をみせ、心配したものであるが、その熱意と気力に衰えを感じさせることはなかった。私としては、その回復、復活を信じて疑わなかったのである。

前号でもかいたが平成十六年には、突然、部の師範を辞し関係者にご迷惑をおかけした。私も驚き、何回も翻意を促したのだが聞き入れてはくれなかった。

その後同年の夏の頃か、自宅にいた私に高柳君より電話があった。その内容は省くが、すでに身魂は彼岸にあるように覚え、私は良医を探して徹底した治療を受けることが、喫緊と強くすすめたのだが、駄目だった。

私は心配でならず、何回か便りを出したのだが、日頃律儀に返事をくれる高柳君から、以後、何の音信もなくなってしまった。長井OB会副会長にも、様子を尋ねたがよくわからなかった。私の脳裡から高柳君のことがきえることはなかったのだが……。

平成十七年三月十八日、私は専大OBの五十嵐君の迎えをうけ、妻と有名な埼玉県の越生梅林を見に行き、楽しい気分で帰宅すると高柳君急逝の悲劇が待っていたのである。

高柳君との四十年に及ぶ、折り折りのことが胸中に浮かぶとともに、夢であってほしいとの思いも湧いた。

翌日夕刻富山につき、長井君の迎えをうけて通夜に参列したが、式場には宮崎OB会長はじめ多くの富山大学合気道部OB諸兄姉と、現役諸君、そして金沢大学、専修大学、東京大学合気道部OBと現役の諸君が、参列してくださり、有難かった。

高柳君も喜んでいたことだろう。翌二十日の告別式にも参列したが、ここにも前夜を上廻る、前記三大学合気道部の関係者が参列してくれた。高柳君に代わり御礼申し上げる。

長井忍君の心のこもった弔辞に、私は涙を禁ずることが出来なかった。

高柳君がどんな思いを抱き死を迎えたのかは、よく分からないが、富山大学合気道部の師範であったとの誇りと、多くのＯＢ・現役諸氏の上に、思いをいたしたであろうことは、私には容易に想像出来る。

願わくば、折りあるごとに高柳師範のことを思い出してほしいものである。

高柳君のご冥福と、合気道部関係各位のご活躍ご健勝を祈ってやまない。

（平成十八年一月記）

富山大学・合志（平成十八年）

専修大学合気道部創部五十周年

平成十九年、専修大合気道部学は五十周年を迎えた。創部及び発展に尽力したＯＢへの敬意を表しつつ、部が日本伝統文化修練の一大拠点へその存在意義を高からしめるべく協心努力するよう弟子に求めている。

五十周年に寄せて

幾多の辛酸を経てここに、創部五十周年を迎えることができたことは、真に慶賀の至りである。

これも学内外関係各位のご指導とご支援かつ、ＯＢ・現役一体となり、不断の努力を続けたことによるものと、心より敬意と感謝を表明する。

この間、四十余年にわたり師範を務められたことは、只々有難く幸せを痛感する。

已に何回か記したことだが、改めて私と、部との縁《えにし》について申し述べると、私は昔、筑土八幡下にあった、養神館の師範をしていたが、昭和三十二年頃のこと、専修大学のＯＢで、当時、労働文化社社長としてご活躍中の河野来吉先生が入門された。

私とは親子ほどの年齢差があったが、妙に馬が合い、よく稽古相手をさせていただいた。

先生は、五尺に満たない身長であったが、胆の据わった豪快にして明朗、男の中の男のような方であった。

専修大学合氣道部が、同好会より、体育会所属の部として発展すべきときを迎え、その頃、養神館で稽古をしていた現ＯＢの綱嶋・若林君等が、師範を誰にすべきかにつき、河野先生に相談したところ、「田中の他《ほか》になし」と、強く私を推輓されたと仄聞する。

校友でもない私のような者が、師範につくということに、多少の逡巡もあったが、先生のご期待にそうべく、お引受けしたのである。

先生は情に厚く、終生、青年の如き氣概を持ち続け、わが喜び、わが悲しみを共有くださった。

この恩義ある先生に、何等の報ゆることが出来なかったことは、申し訳なく慚愧の至りである。

先生と、五十周年の祝いを共に出来ないのは、当然であるが、泉下でさぞやお喜びになっているものと拝察する。

「報恩奉仕・誠実力行」のモットーを、最も忠実に実行したのが、故黒須勝治郎君であった。

彼ほど、誠実にして無私、部のため母校のために尽くした男のことは永く語りつがれるべきことである。

この黒須君をはじめ、早逝し幽明、界《さかい》を異にする多くのOB諸君と、この記念すべき年を共に出来ないのは、残念至極であるが、在天の諸霊も喜んでいるものと推察し、冥福を祈りつつ感謝の誠を捧げるものである。

われわれは、この五十周年の諸行事をもって、能事終われりとすることなく、この年を、八十年、百年後にむけた発展の土台となすべく、OB・現役なお一層、協心努力し、部が日本傳統文化修練の一大拠点として、益々その存在意義を高からしめなければならない。

私も不敏にして老躯ながらなお、微力を尽くしたいと願うものである。

学内外関係各位の、今後とも変わらぬご高庇を、お願い申し上げると共に、部、愈々の発展と活躍を祈ってやまない。

専修大学・武産合氣（平成二十年）

中央大学合気道部創部五十周年行事

平成十九年、中央大学合気道部は五十周年を迎えるにあたり記念行事を実施した。同部の師範に就任した経緯を紐解きながら、弟子に対し、伝統の継承の意義を説いている。

回顧と展望

わが部は昨年、創部五十周年を迎えることが出来たが、これは、学内外関係各位の篤いご支援と、ご指導がいただけたことと、ＯＢ並びに現役諸君の倦むことなき努力によるものであり、感謝と敬意を表明する。

昨年三月には記念の沖縄合宿があり、私も十日現地に着き、県立武道館において、稽古や演武会を行った。この場には、内田前ＯＢ会長はじめ、多くのＯＢ諸氏も参加されていて嬉しかった。

同夜は、ハーバービューホテルに、永井学長はじめ、学員会沖縄支部の幹部の方々のご出席も得、盛大な祝賀の宴も開催された。ご同慶の至りである。

また、この席上、計らずも学長より、私に多年、師範をつとめたとして、感謝状をいただくという光栄に浴し、感激するとともに、これも部のＯＢ各位のご厚情のしからしむるところと、有難く銘肝した次第である。

ここで唐突ながら、私か師範に就任した当時の、経緯について申し述べることとする。

部の創始者である椎津君も昭和三十一年（一九五六）の頃は、養神館道場に入門したばかりの筈であった。当時、私もここの師範をつとめていて、お互い相知るようになった。

椎津君はまだ十代、私とて二十代の頃のことである。やがて何年かして私は養神館を去り、しばらくして椎津君も同じ道を歩まれたようである。この頃の合氣道部は、養神館の指導下にあり、かつ緊密な関係を保っていたものと考えられる。

昭和三十九年の頃か？椎津君から自宅に電話があり「師範に就任せよ。」とのことであった。結論だけ申せば私はこの申し入れを承知した。しかし、間もなく塩田館長より「中大はわが模範校であり介入を許さず。」との高圧的な電話があった。椎津君にも同様の圧力があったであろうことは、容易に想像される。

しかし、椎津君の決意は揺るがず、養神館より離れることとなった。要するに、椎津君との縁がなければ、私の師範就任はなかったのである。

私が中大合氣道部に行き、最初に接したのは、八期（昭和四十一年卒）の藤田君等の学年であった。その頃、私は東大本郷に職を得ていて、当時の合気道部の稽古が行われていた後楽園キャンパスに、通うには何かと便利であった。

道場はレスリング道場を借用し、マットの上で行われていた。他部の道場での稽古は肩身の狭い思いもあったが、藤田主将以下、野性味あふれる男の中の男のような、同期の諸君が十数名いて、団結よく稽古に熱中してくれた。

私としては、非常に頼母しく思ったものである。以後、八期の諸君とは今日まで緊密なお付合が続き、私の心の大きな支えとなっている。真に有難く幸せである。

中大はやがて、八王子に移轉し、これにともない、椎津君をはじめ、多くのOB諸君の努力もあって、専用道場を得るということとなり、他校からも羨ましがられたものである。

わが部は、この好環境下にて今日まで鍛錬を続け、この間、幾多の有為の士を世に送り出すことが出来た。

このことは、私の喜びであり、誇りとするところである。

ただ、この大きな節目のとき、部が少し衰退期に入ってしまったことは、残念であり、責任を痛感するばかりである。

昨年十二月の、祝賀会にもご出席いただいた永井学長が、ご祝辞のなかでお述べになった、示唆に富んだ談言は重く受止めなくてはなるまい。

記憶されている方も多いと思うが、それは、中大運動部中、数十年の歴史を持つ、いくつかの部が、部員の減少により廃部となったり、或は活動停止のやむなきにいたっているとのお話であった。

このことは、いつわが部に出来しても不思議ではなく、この危機感をOB・現役が共有し、現況を脱却すべく協心努力し、もって部の再興を計らなければならない。

近年、わが國の傳統が軽視され、世は混迷を深めるばかりであり、利己的な人のみが溢れている。

真に憂慮すべき國情である。われわれが、平素、勤しむものは、わが國傳統の粋であり華である。

従って、わが部の存在は、今後、益々その意義を高めることとなろう。私も老躯ながらなお、微力をつくす所存である。

白門合氣道に集う諸兄婦の活躍と、健勝を祈念してやまない。

（平成二十年一月記）

中央大学・白門合気（平成二十年）

金沢大学合気道部創部三十五周年

平成二十一年、金沢大学合気道部は創部三十五周年を迎え、先生は夫人共々記念行事に参加したが、その時の感激を次のように綴っている。その中で、「人との出会いは茶道でいう『一期一会』」として、同部への思いを語っている。

創部三十五周年記念演武に参加して

昨年の晩秋、合気道部創部三十五周年記念の演武会と、祝賀会に招かれ、妻と共に、五年ぶりにお伺いすることが出来た。

先ず、角間の大学道場で「不争徳」の扁額を仰ぎ、OB・現役諸君の演武の予行を拝見した。

翌日は、会場の女性センターの舞台上で、予行を上廻る気合の入ったOB・現役の演武が展開され、私も拙い演武ながら行なうことが出来、幸せであった。

この日、一番、私の胸をうったのは、中川会長以下によるOBの合同演武であった。

平素の運動不足か、全体のスピードについて行けず、気息奄々の老OB?もいて、悪意のあるものではなかったが、会場からは、失笑ももれた。

しかし私には、改めて部の三十五年の歴史が想起され、そしてこの日を迎えるべく、一途な努力を続けられたOBの心情が偲ばれ、あーこのOB存する限り、金沢大学合気道部磐石たり、との思いが湧き、老視神経を刺激、ひそかに涙をぬぐっていたものである。

ホテルで行われた祝賀会には、幸山先生をはじめ多くの、OB・OG諸氏にお会いすることが出来た。なかには、十数年ぶりにお会いする方もいて、格別の喜こびを覚えたものであるが、同時にわが胸中を過ったのは、「一期一会」の思いであった。

この言葉の意味は、簡潔にいえば一生に一度会うということだろう。また、茶道の奥義としても、人口に膾炙するところである。

「茶湯一会集」には、「抑茶湯の交会は、一期一会といひて、たとへば、幾度おなじ主客交会するとも、今日の会はふたたびかへらざる事を思へば、実に我一世一度の会なり、去るにより、主人は万事に心を配り、いささかも麁末なきよう実意を以て交るべきなり、是を一期一会といふ」とある。

しかし、知るということと、これを実感し実行するということは、全くの別物であろう。

私も言葉自体は、遥か昔より知っていたつもりであるが、この言葉の持つ本当の重みや実感を覚えるようになったのは、昨今のことである。

実行にいたっては、未だにおぼつかない状態である、真にいつまでたっても、未熟者であり、慚愧にたえない。自分のことを棚に上げて恐縮千番だが、OB・現役諸君も、今からこの「一期一会」の意味するところを、熟読し、玩味していただきたいものである。

私は、この三十五年間、さしたるお役にもたたず、お力にもなり得なかったが、部は、OB・現役がつねに協心努力する組織となってきて、頼母しく嬉しく思うばかりである。

三日間にわたる、OB・現役の皆さんのご厚情を胸に、満ち足りた気分で金沢を後にすることが出来たのは、返す返すも有難いことであった。

部の今後益々の発展と活躍を期待してやまない。

（平成二十二年一月記）

金沢大学・志鬘（平成二十二年）

東京大学合気道部創部六十周年

平成二十六年、東京大学合気道部は創部六十周年を迎え、九月に南米ペルー・ブラジルで記念演武を行った。

極めて遠方であることもあり、残念ながら先生はこの海外演武に参加出来なかったが、六十周年を振り返って、共に稽古し、既に天命を終えた方々のことを思いながら、次のように追想している。

六十周年回顧

はじめに

今年は創部六十周年の銘記すべき年となり、このことを記念して九月に、多くの方々の御支援をいただき、ペルー・ブラジル両國への演武が開催され、九月二十三日に、目的を達成され全員が無事帰國した。洵に御同慶の至りであり、関係各位の御努力に感謝いたすものである。

私は、創部以来今日まで、常に部と共にありとの心境で過ごすことが出来たが、このことは誇りであり、そして無上の幸せとするところである。

これも偏に、関係各位の変らぬ御支援、御厚情の賜物であり、誌上より有難く、御礼申し上げるものである。

六十年といえば、長い年月であることは間違いないが、振り返れば一瞬ともいえるものである。

部と共に過した六十年の間には、限りない数々の思い出があるが、特別のことを除いては、雲烟の彼方に消えている。

昭和二十九年の秋頃、初めて七徳堂で稽古した方々は、私の勤務の関係から医学部の学生と、職員がほとんどであったが、今やその多くは彼岸の人となり、或は音信もない。寂しいものである。

周年行事について

忘れることが出来ないのは、周年行事のことであり、逝きし方々のことである。

特筆すべきは、矢張り十周年行事のことだろう。五十年前の昭和三十九年三月から二ヶ月に及ぶ、全米の著名十一大学における演武である。

この年の十月には、東京オリンピックも開催された。現在のように低迷を続けるわが國の現状からは、想像出来ない程の活気に満ちたものであった。

この十周年行事に参加のメンバーは、昭和三十五・六年に入部の諸君で、その層の厚さと稽古熱心さは、群を抜くものがあった。

この行事開催には多額の費用が必要であったが、幸運にも、國に元気があり、有縁の学内外各位の熱意ある御支援の体制があり、同時に、参加メンバーの現役諸君をはじめ、OB、現役が一体となり、今、思い出しても頭の下る努力をしてくれた。改めて敬服し、感謝いたす次第である。

昭和三十九年三月二十六日、島崎主将以下一行十五名は大河内総長はじめ百名を超す関係者の盛大な、歓呼の声におくられ、勇躍、羽田より出発した。

私は、幕末、万里の波涛をけって米國に使いした村垣、木村両使節のような思いで、精神は昂揚するばかりであった。

その頃は、わが國においてすら、合気道を知る人は少なく、ましてや、米國においては殆んど知られていなかったのである。

渡米し、第一回の演武会は、アリゾナ大学にて開催され、数百名の人々が集ってくれた。

一行十五名は本当に緊張し、誇張すれば決死の覚悟で演武に臨んだものである。

結果は、拍手拍手、大喝采で、何回も演武場に出て、礼を繰り返した。そして演武の成功を実感し、胸を撫でおろしたのである。

演武も回を重ね、エール大学を訪問したときのこと、昼間、学長等への表敬を終え演武は夜間、エール大学の大体育館にて開催したが、たまたま、チェコスロバキア國の女子体操選手がいて、この一行と共に演武することが決った。

会場には千名にも及ぶ人々が集い、両國の演技を見てくれた。この女子選手の中には、その後の東京オリンピックにおいて、女子個人総合優勝に輝いた名花、ベラ・チャスラフスカもいて、演武終了後の合同歓迎レセプションにて、思わぬ親善交流を行なうことが出来た。

こんな思い出を刻みつつ、最後は五月十六日、カリフォルニア大学バークレー校においての演武にて大団円を迎えることが出来た。二ヶ月の間には何十回かの演武を行ない、もう何処の都市であったか、思い出せないが、われわれの演武会場に何回もお出になり、「敗戦後、初めて日本人らしい日本人を見ることが出来た」と、喜こんでくださった八十歳を過ぎたであらう日系老人の姿も、忘れ難い思い出である。

われわれ一行はハワイを経由して帰國の途についたが、私は機上、軽き身に重き務めを果し終えた安堵から、人知れず涙を拭ったものである。(五月二十二日帰國)

その後、二回目の海外への周年行事としては、三十周年を記念し、韓國へ行くこととなり、昭和五十九年三月十九日、稲葉師範代、山岸主将等一行十九名にて成田を出発、三月三十一日に帰國するまで、ソウル市から釜山市まで、韓半島を縦断し、五大学校において演武した。

この当時も、韓國内での反日感情は強く、一行は緊張を強いられたが、明知大学校では校門を入るや「歓迎東京大学合気道部」の横断幕をかかげ、体育館には、中学生、高校生をはじめ多数の学生を動員し、暖かく迎えてくれた。最後の釜山・東亜大学校においても学長以下の暖かい接遇が身にしみた。

この演武行では、稲葉師範代はじめメンバー全員の気迫あふれる演武が忘れ難い。

創部四十周年を記念しては、平成六年三月十七日に斉藤部長、橋本主将等一行十九名にて東南アジア三ヶ國での演武のため出発、最初は、タイ東北部の観光客など、ほゞ見ない地のスリナカリンウィロー大学にて、暖かい歓迎を受け、初演武を行なった。

演武後、学長以下、大学の幹部の方々などと、彼地の踊り（日本の盆踊りのようなもの）に興じたことは楽しい思い出である。

二カ國目のマレーシヤには部のＯＢ、岩﨑毅君がいて、献身的なサポートに徹してくださり、御家族の皆様にも、暖かくお持て成しいただいた、御厚情忘れ難い。

最後の訪問國インドネシヤでは、ジャカルタのインドネシヤ大学にて演武したが、体育館には、学長以下数百名の学生が集い、同大学の合気道部と共に演武することが出来た。

ジャカルタには部のＯＢ高木君が赴任していて、同君宅を訪問し、夕食を御馳走になったことも、有難く思いだされる。

私は斉藤教授と共に、学生より一足早く帰り、学生諸君は三月三十一日帰國した。

それから十年後の五十周年記念は、ポーランドと、ドイツの両國への訪問演武となったが、私は七十五歳にもなっていて、この行事への参加はいったんお断りした。

ある日、至誠館の私のところに、参加メンバーの数名の学生諸君が来て、私へ参加することを求めたが、私は高齢を理由として固辞した。このとき来館された中の一人、橋本憲人君が「先生、ラスト・サムライの意気を示していただけませんか」と、突然発言した。

私は、この言葉に強く心を打たれ、同行を約したのである（因にこの頃、街では、ラスト・サムライなる映画が流行っていた）。

平成十六年三月十五日に、木村部長、川浦主将等一行十六名にて成田を出発、ポーランド國ワルシャワに到着、前駐日大使ポミヤノスキー氏や、同國合気道連盟の方々に暖かく迎えていただいた。

同國では、日本大使館への表敬訪問や、ポーランド合気道連盟の方々との合同稽古が主となり、いつも百名以上、二百名近くの方々と賑々しく稽古し、友好を深めることが出来た。

この地における最後の演武会場であるマンガホールでは、通路を含めて立錐の余地もない観衆で、あとから、入場できなくて、何十人もの人が帰られたと聞き、その関心の高さに一驚したものである。

つぎの訪問國ドイツでは、旧知のマンハイム大学副学長のポップ博士のお迎えをうけ、ハイデルベルグ大学を表敬し、その後、同大学において、合気道部の方々多数と、合同稽古を行なった。

この折、私事にて恐縮であるが、三月二十八日の稽古の日、私は満七十六歳となり、稽古後、ハイデルベルグの合気道会員である、銀行員氏がバイオリンにて名曲を奏して、私の誕生日を祝ってくださり、道場内には大きなバースデイケーキが持込まれ、全員でハッピィーバースデイの大合唱にて祝福してくださった。異國友人の御厚情に感激し、感涙にむせんだ一刻であった。

この地の行事が終り、私はポップ博士の車に同乗し、二人だけで、かつて岩崎君等と来たことがある、私にとっては極めて懐かしいワインハイムの町を逍遙し、令夫人にもお会いすることが出来た。忘れ難い。

部のOBである、樺島、高橋武彦、中村優介の三君が途中、参加してくれたことも楽しい思い出である。一行は三月三十一日朝、成田に帰國出来た。

逝きし方々

部が始った頃は、当然のこと、私も若くそして関係の方々もみな元気であった。

今や赤門合気道誌の逝去欄を見ると、多くの方々が彼岸に移り、今昔の感に堪えない。

先ず十周年訪米行事の折、一週間の短かい日数であったが、同行くださった伊藤部長のことである。ニューヨークで、二人で日本食が恋しくなり、町をさ迷い歩いたこと、東大退官後、静岡薬科大学長となられ、間もなく逝去なされたが、告別式に列すべく静岡に着いたときは、先生の死を悼むが如く、豪雨となっていた。昭和五十一年の六月の頃のことである。

都民銀行を創立した工藤昭四郎先生には、私が二十六歳の頃、初めてお目にかかることが出来たが実に、気品高い、紳士であった。

その後、御縁が深まり、初代赤門合気道倶楽部会長に御就任いただいたり、創部十周年の記念行事のことについても支援者の代表として、御努力下さったことは、よく知られることである。

先生の晩年、私は斉藤部長と共に年に一回は、六本木にあった東京都民銀行の頭取室に先生をお訪ねし、部の近況を報告したが、帰るとき、御不自由であったお身体にもかかわらず、エレベーター前までお出の上、われわれ二人をお見送りくださり、本当に恐縮の至りであった。

伊藤四十二《よそじ》先生がお亡くなりになった翌年の昭和五十二年の秋には、先生ともお別れすることとなり、私にとっては、不遜ながら、親を喪なったような思いでショックであった。

部員としては、訪米行事の折、行を共にし、入部当初は、針金のような身体が、猛稽古によって鋼鉄のように変身した山本孝春君が、若くして発病し、大塚のがん研病院に入院したと聞き、私も何回か見舞ったが、いつも悠々として笑顔をたやさず、敬服の念を抱きつつ辞去したものである。

昭和五十四年の八月、私は他大学の合気道部の合宿に参加していて、長野県下にいたが、妻より訃報があり夜行で深夜帰宅、翌朝、告別式の行なわれた池袋の重林寺に駆けつけた。

突然、御夫人より、弔辞をとの依頼があり私は、脳中に去来する思い出を、霊前に立ち申し上げたが、胸、詰まり言葉にならなかった。

わが部の運動会加入や、学生合気道連盟の結成に向け、活躍され、私が至誠館に奉職するや、持前の義侠の精神にて、即入門され、門人会を組織し、その重厚の人柄から、衆人よりおされて、初代の至誠館門人代表として私を支えてくれた相原光義君も、まだまだ働き盛りの頃発病し、数年間に及ぶ闘病の甲斐もなく、彼岸に旅立たれたが、病床を見舞い二人して涙ながらに高唱した、部歌や、寮歌「嗚呼玉杯に花受けて」は忘れ難い。

私が植芝道場に入門し、初めて親しくなった島田和繁氏も、正に刎頸の友と呼ぶに相応しい、唯一の人であった。六十年安保闘争のときは、陛下の御馬前に共に屍を並べようとしたこともあった。

島田さんの最晩年といっても、彼がまだ五十八歳の頃である。ほゞ毎日のように会い、盃も重ねた。私には常に厳しいことのみ望まれたが、急に何も要求されなくなり、酒にのみ明け暮れた。

突然、吐血して倒れ、入院し、富士が見たいとて藤沢の病院に転院し、昭和六十年十一月三日、明治神宮秋の例祭の古武道振興会による演武奉納にあたり、私が挨拶中に、訃報が入り、覚悟はしていたが思わず天を仰いだものである。

新宿の太宗寺における葬儀には、私は委員長として弔辞を捧げたが、これ又、数十年に及ぶ、さまざまな想い出が浮び、胸、塞がり声にならなかった。

そのほか、創部の頃から稽古した横田君、自信に満ち溢れた畠中君、四十周年行事のとき、行を共にした石原君も若くして世を去り寂しく思うばかりである。

苦学し、東大に入り、卒後、國有鉄道に入り、稽古を続けてくれた山口君、毎正月、わが家にきて、笑いをふりまいてくれた石村君、赴任の地にて本当によく御厚情を示してくれ、警視総監に昇任した前田君と、皆さん、まだまだと思う年齢で世を去られた。

酒を愛し、もっとも稽古を愛した奥津隆司君も帰らぬ一人となった。御長男と共に、至誠館にもよく来館された。懐かしいOBである。

私と、兄弟以上に親しくお付合いしてくれた永田君も、そして私の肺がん騒ぎのとき、親身に世話してくれた阿部君（元がんセンター総長）も、今やない。我が部出身者としては、最強にして、その心境、技術共に、私などを遥かに凌駕していたが、師弟の道を決して踏み外すことなく、酒と稽古と和歌を愛し続けた男、藤森明君も一昨年秋、急逝した。

医師として活躍中とのみ思っていた、木村恒人君も昨年、癌のため世を去った。

仄聞するに、最後まで医師の使命を全うされた由。重病に悩む同期のS君に、自分の病いについては一言も発せず、その死の一週間前まで、親切な助言を惜しまなかったとか。偉い男であった。

本当に寂しさ募るばかりであるが、逝きし方々の御冥福をお祈り申し上げる。

第四七回記念祭寮歌

旗薄《はたすすき》 野辺に靡《なび》きて 片割れの夕月落ちぬ
燦《きらめ》きの星は語らひ 微香《ほのかほ》る大地《つち》囁《ささや》けど
玉の緒は繋《つな》ぎもあへず ひたぶるの男の子の苦悩《なやみ》
三つの城燈《ひ》も消えゆけば 逝《ゆ》きし友そぞろ偲ばる

田中隆行作詞

むすび

創部以来六十年の間、わが部からは、各界で大活躍される多くの人材を、輩出することが出来た。

私の誇りとし、喜こびとし、わがこと以上に嬉しいことである。

私も初めて七徳堂にて稽古したときは、現役諸君とさしたる年齢の差も覚えなかったが、今や、心身の乖離の大きさを日々痛感させられる。

初めて立った七徳堂の緑畳上にて、稽古中斃れ伏したいとの思いも湧くし、（これは夢想で、実現不可能のことも、部にとり極めて迷惑であること、十分に承知している。）彼岸の方々との再会を、待望する昨今でもあるが、今後も、常に部と共に在りの気持に変るところはない。

赤門合気道倶楽部の益々の発展と、会員諸兄姉の健勝と活躍を、心よりお祈りするものである。


（平成二十六年十月記）

東京大学・赤門合氣道（平成二十六年）

金沢大学合気道部創部四十周年

平成二十六年、金沢大学合気道部は創部四十周年を迎えた。先生は創部当時を思い起こしつつ、天皇陛下のお言葉を引用しながら、歴史が持つ多面性を理解し正史を学ぶ大切さを我々に語っている。

四十周年を回顧して

昨年は、春夏の合宿と秋には創部四十周年記念の演武大会があり、その何れにも参加することが出来た。

演武大会後、多くのＯＢ・ＯＧと共に祝賀の宴にも列することが出来たのは、本当にご同慶の至りであり、幸せを痛感した次第である。忘れ難い一年であった。

創部当時のことを想起すると、私の最も信頼する田尾憲男君が、金沢へ赴任中であり、懸命の努力をしてくれた。そして、富山大学の支援もあって、金沢大学も合気道の稽古を始めることが出来たのである。

合気道部四十年間のことを思うと、感謝の念とともに、今も苦い思い出が蘇る。

特に、かつて一部指導者による信じ難い行動により、部に多大なご迷惑をおかけしたことがあった。

このことは、すべて私の不徳のいたすところであり、相済まぬ思いが胸中を去来する。

その他、二、三の忘れ難い出来事もあったが、早やその関係者の多くは彼岸の人となった。恩讐をこえて懐かしい思いも湧く。

わが部はこの何回かの試練を、中川ＯＢ会長を中心として、すべて乗り切ってくれた。感謝あるばかりである。

そして、熱意を持って稽古し続け、礼儀正しく、情誼に厚く、常にOB現役一体となって協心努力する伝統が醸成されている。

このことは、数ある全国合気道部の中でも大いに、誇るべきことであり、今後もこの良き伝統を発展してほしいものである。

明治天皇御製（明治三十六年）
もろともにたすけかはしてむつびあふ
　友ぞ世にたつ力なるべき

私が金沢大学合気道部に四十年間、お伝えしたかったことは、ただ一つ武士道精神の継承である。

術技の修練も必要だが、目的を見失わぬように願いたいものである。

今年は、敗戦後七十年の銘記すべき年であるが、今も自虐史観から脱却することが出来ないでいる。

敗戦は、言語に尽くせないほどの悲惨と屈辱であるが、この間わが先人は祖国を護るべく、雄々しく戦ったのであり、このことは決して忘れてはならない。

本年、天皇陛下は、御感想の中で「この機会に満州事変に始まるこの戦争の歴史を十分に学び、今後の日本のあり方を考えていくことが、今、極めて大切なことだと思っています。」と仰せられている。

わが国民は戦争の悲惨さについては、よく教えられているが、この戦争がどのような理由により始まり、どのように戦ったかについては余りにも知らな過ぎる。

私が、諸君にお願いしたいことは、せめて大東亜戦争開戦の詔書と、敗戦の詔書を熟読してほしいことである。

歴史には、表も裏も側面もあるが、やはり正史を第一に学ぶことが肝要である。

四十年間にわたり変わらぬ、ご支援ご厚情をお寄せ下さったことは、只々有難く銘肝するものであるが、このことに対し報いる術を知らず甚だ気が重く、この身滅すべしの思いも強いが、次の

明治天皇御製（明治四十一年）
身にはよし佩かずなりても剣太刀
　とぎな忘れそ大和心を

とのお諭しは、私の生ある限り伝え続け、この大精神の作興のため、微力を傾注するのが使命ではないか、とも思う昨今である。

金沢大学合気道部、益々の活躍と発展を祈ってやまない。

（平成二十七年二月記）

金沢大学・志嚳（平成二十七年）

専修大学合気道部創部六十周年

平成二十九年、専修大学合気道部は六十周年を迎えた。先生は、部誌に寄稿した中で、記念行事として実施されたモスクワ大学訪問や、過去訪問したカナダや韓国にて友好と親善を深めた成果を述べている。また、部との縁を結んだ同大OBの河野来吉先生への思いや、「武士道精神の再興」と「自虐史観からの脱却」について語り続けることが自ら果たすべき使命であると決意を新たにしている。

創部六十周年に寄せて

今年わが部は、創部六十周年を迎えることができた。慶賀にたえない。

これを記念して昨年は、堀越師範代、小谷田コーチと現役部員が、モスクワ大学等を訪問し、合気道を通じ、友好と親善を深めるべく努力してくれた。

このことは、OB・現役が一体となり協心努力されたからこそ実行出来たことであり、洵にご同慶の至りである。

我が部は今までの歴史の中で、過去、何回もカナダ國トロント市に赴き、部のOBで、現地にて活躍中の小幡師範が門下の方々と稽古をしたり、演武会を開催し交流を深め、又、韓国においても、本学の提携校等と同様の行事を開催し、両国の友好につとめた。

かかることは、全国に多数の大学合気道部が存在するが、稀有なことであり誇ってもよい成果であろう。

この輝かしい伝統を今後も、益々発揮されることを願ってやまない。

私も、OB・現役諸君から変わることのないご支援と、ご協力をいただきながら、既に五十五年もの長期間、師範を勤めている。

　このことによって私は、過分なる人生を歩むことが出来た。感謝にたえない。

　この我が部との有難い縁《えにし》を結んでくださったのは、故河野来吉先生である。

　先生は、本学の大先輩であったが、青年の如き覇気と、明朗闊達なお人柄で終生変わることなく、ご支援下さった。忘れ難い。

　私が浅学の身を省《かえり》みることなく、在部の諸君に今日まで説き続けてきたことは、武士道精神の再興についてであり、そして、自虐史観からの脱却についてである。

　これらのことは、終生語り続けなければならないことであり、自《みずか》らの果たすべき使命である。そして、今後も部に微力を尽くしつつ、常に部と共に在《あ》りたいと念じている。

　この重責を思うと、身の引き締まる思いがするが、昨今の自らの老衰をも痛感させられるばかりである。

　今や、今日出来ることを今日実践するだけである。

　多年のご厚情に報ゆる術《すべ》のないことは、甚だ相済まぬことと、銘肝する。

　老人の常、過去を想うことが多い。時折り口遊《くちずさ》むつぎの寮歌の歌詞には、昨今の私の心情を表現するのに相応しいとの思いも過《よぎ》り敢えて左記する。

　一高寮歌（昭和十二年記念祭）

一、旗薄野辺《はたすすきのべ》に靡《なび》きて　片割れの夕月落ちぬ
　燦《きらめ》きの星は語らひ　微香《ほのかお》る大地《つち》囁《ささや》けど
　玉の緒は繋《つな》ぎもあへず
　ひたぶるの男の子の苦悩《なやみ》
　三つの城燈《しろひ》も消えゆけば
　逝きし友そぞろ偲ばる
結、思い出は尽きず湧きくれ逼《せま》り来ぬ別離《わかれ》の刻は
　玉蜻《かぎろい》の夕さり来れば
　暮れ残る時計台《うてな》めぐりて　集い寄る和魂《にぎたま》の群
　寿《ことぶき》の酒掬《く》まんかな

我が部、今後益々の発展と活躍を祈るものである。

専修大学・武産合氣（平成二十九年）

中央大学合気道部創部六十周年

平成二十九年、中央大学合気道部も創部六十周年を迎えた。六十周年を記念して遠征をしたフランスでの学生の出会いと、四十年前に先生が武道を教えたアラン・フロツケ氏との関係を示し、縁の不思議さを語っている。また、ご自身の身体の老化を憂え、それでも、出来ることを誠実に努めたいと語っていた。

創部六十周年を迎えて

今年わが部は創部六十周年を迎え、これを記念して監督と現役部員の諸君は、フランス国に赴き、彼地の同好の士と交流親善を深め、所期の目的を達成し無事帰国した。ご同慶の至りである。

私も、この慶年を関係各位と共に、迎えることが出来、喜びにたえない。

顧みれば、わが部は学生合氣道会の先駆者として、記念の年には、海外に出向き、演武会や合同稽古を行い、部の力を遺憾なく発揮し、今日に及んでいる。

即ち、創部二十五周年には米国へ、そして昭和六十一年にはパラオ共和国において、彼地の方々と合氣道を通じて、友好親善につとめた。

創部四十周年記念（平成九年）には、オーストラリア国を訪問し、アデレード市にある提携校、フリンダース大学にて演武、その後、キャンベラ、シドニーの各地において、演武会と合同稽古を行った。

私もこのとき初めて、わが部の海外遠征の行事に参加し、同行のOB、現役の諸君と共に、懸命の努力をした。忘れ難いものがある。

申すまでもなく、私も当時はまだまだ元氣であったし、この頃は在部の学生も多数いて頼母しい限りであった。

その後、残念ながら徐々に現役部員が減少し、この傾向に歯止めが利かず今日に及んでいる。

時代の流れか、学生氣質の変化か、将又、合氣道に魅力がないのか、関係者一丸となって、原因究明に取組まなければならないものと思う。

自ら省みれば、わが部と稽古をはじめてから五十数年が過ぎた。

この有難い縁《えにし》を結んでくれたのは、椎津信一氏であり、忘れたことはない。

縁といえば、今春現役諸君が渡仏し、パリの空港からホテルに向かうべく乗ったバスの運転手から、私は、四十年ほど前に、田中師範から指導を受けたことがある、との発言があり、驚いたと、帰国後の学生から聞き、縁の不思議さを痛感させられた。

正確に記せば昭和五十四年（１９７９年）に、当時、パリ警視庁で武道を教えていた、アラン・フロッケ氏の招きで、私は、妻と共に渡仏し、パリの道場で演武し、そして指導したことがあった。

わが部学生がはじめて足を印したパリ空港において、前記のようなこともあり、何十年も音信のなかったアラン・フロッケ氏から、三月に便りがあり、バスの運転手は、高弟のオリビエ・パスカル氏であることも分かった。

私としても、往時の記憶が蘇り懐かしさ一入である。真に縁《えん》は異なるものである。

思えば、私が部と共に歩んだ道は、遥けくも遠いが、振り返れば一瞬である。

身、不敏にして、五十余年もの間、さしたることもお伝え出来なかったが、私が変わることなく実行してきたことは、開祖直伝の心技を伝えること、そして、飽かずに語り続け、説き続けてきたことは、武士道精神の再興であり、作興であり、自虐史観からの脱却についてであった。

今や、世界は再び激変・激動の時代に突入したものと思うが、わが国の平和ボケは、今も続いている。

多少の改善の兆しも見えるが、まだしもの感を強くする。かかる時勢を想うと、暫時、老骨に鞭して、もう一《ひと》踏《ふ》んばりしなければと望むものであるが、わが身の老化は日々進み、思うに任せない。慚愧の至りである。

しかし、高望みをせず、今日出来ることを、今日誠実につとめたいと思っている。昨今、胸中に去来する感慨は、中国の左記の古詩である。

古人復《ま》た洛城の東に無く　今人還《ま》た対す落花の風
年年歳歳花相い似たり　歳歳年年人同じからず
言を寄す全盛の紅顔子　応《まさ》に憐《あわれ》むべし半死の白頭翁を

多年の、変わらぬご支援、ご協力に深甚なる感謝の意を表明し、わが部の今後益々の発展と、関係各位のご健勝、ご多幸を祈念してやまない。

（平成二十九年四月二十九日記）

中央大学・白門合気（平成二十九年）

日本武道精神への思い

先生の日本武道精神への思いは端倪すべからざるものがあり、合気道を稽古する若者に、日本武道の真髄、文武両道の考え方を折にふれ語っていた。特徴的なものを最後に紹介したい。

昭和四十二年

連盟八周年の際の寄稿では「敬神尚武」と題して、日本武道の真髄について持論を切々と述べている。

敬神尚武

全日本学生合気道連盟も結成八周年を迎え、益々充実の度を加えつゝあることは、学生合気道の発展を心より願う者として、吸快にたえぬところである。

ことに本連盟が、初代の亀井委員長から、現在の西野委員長にいたるまで、学生による連盟の運営という線をいさゝかも崩すことなく、引き継がれてこられたことは、歴史の一貫、不変性を希求する者として、これ又、喜びとするものであり、関係者の努力にたいし敬意を表するものである。

今般、連盟誌発刊に際し、委員諸君の依頼により、つたない小文を綴ることにした。少しでも参考となることがあれば望外の幸せである。

我国の武術は、神話、伝説にもみられるように、古にさか上れば上るほど、神との結びつきは固く正に神武一体である。

各流祖が一流を創めるにあたって、神を祈り、神の啓示によって開眼することは例を引くまでもなく、己に諸君の熟知するところである。武術が殺傷技である以上、人は絶対のものを信じ頼る。勿論自分の技術の優れていることや、自流の勝れたることを信じ、頼ることは当然であるが、世の中は広く、上には上がある、絶対の自信を持つということはまず不可能と言わねばなるまい。

必勝の信念は、失敗するも悔いざる境地に身を置かねば会得できない。この心境は不断の錬磨と共に、我身の罪、穢れを祓い清め、ひたすら神に祈ることによらずして到達できるものではない。

敗戦前までは、道場に神を祭り稽古の前後に拝礼を欠かさなかったのは、武を産みなせる神への感謝と、全身を修業に打込む誓いと神の加護あらんことを祈り、真摯な稽古によって必勝の信念を身につけるためである。

敗戦後は、道場に神を祭ることを禁止され己に久しい、これに伴ってスポーツ化は進んだ。武術の質的変化は大きく、似て非たるものが今のスポーツ武道と言うべきか。

復古かスポーツ化か

これは、数の上では已に結論ので丶いる問題で、今更、古えの精神にかえれとか、試合化反対などをいうことは時流に適さぬものとして、一笑に附されかねない。

しかし、我国の現状はスポーツをはじめとして、各種の娯楽が巷にあふれ、いずれも勝ち負けを争うことに汲々たるものがある。この世風に反し、日本武術の伝統を把握し自らに打ち克つ道を黙々と追いつゞける一群が存在することは、果して時代遅れであり意義のないことであろうか。

否!! その数は少くとも、か丶る努力をする者の存在こそが貴重なのである、伝統を受け継ぐ人物を産み出すには、勝敗に捉れ過ぎたスポーツや、やたら競技人口を増加されることによっては出来ない。同志的結びつきの強い小数が切磋琢磨することによってのみ可能性があると言わねばならない。

誇るは質であって、量であるべきでない。筋骨のみ逞しくとも、志すところのない者や、民族意識の稀薄な国際的スポーツ人が増したところであまり意味がない。待望されうるのは霊性高き丈夫の出現である、自信と誇りをもって純粋武術の道を歩むべきだと思う。

諸君への期待

今迄申述べたことを素直に読んでいたゞければ、私の武術観はご理解願えるものと思う。

したがって私の諸君に対する期待も私の以上の信念に立ってのことであることは、いうまでもないことである。

今後、合気道がどのような方向を歩むか、俄に判断はできぬが現在、一人孤塁を守る合気道。この旗手である諸君にたいする期待は大きい。諸君の動向が合気道の方向を決定づける大きな原動力となることであろう。

幸い諸君は肉体的、時間的に最も恵まれた特権時代である。合気道人口が増えなければ収入に響くといった心配もなく、武術によって社会的地位を慾する必要もないと思う。

ようすれば尤も恵れた四年間に、尤も純粋に武術に打込めればよいはずである。迷いがでれば克服すべく努力し、どう考えても四年間の青春を賭けることが無意味と判断したらば、止めるがよい。今の稽古ぶりを見るにどうも真剣味が足りぬ、これではスポーツ武道の亜流ともなりかねまい。もっともっと真剣でなければならない。道場で大声を出すが如き稽古は粗野以外のなにものでもない、発する大声は、エイー、ヤアー、トウー、などの気合のみである。品格の高い稽古をし、人格を陶冶すべきである。

和して争わず、よい言葉だと思う、最近は武術の極意を現わすものとして、多くの人の知るところとなっている。しかし、武術を学ぶ我々が注意せねばならないのは、言葉の綺麗な面のみを理解していないかということだ。

相手と争うのではないのだ、相手と相和するのだという言葉に甘えて、稽古に厳しさがないのではなかろうか、独善におちいってはいないであろうか、危害を加えられようが、辱かしめを受けようが、和の精神でというのでは尊敬をうけることは出来ない。

凡そ、国家たると個人たるとを問わず、侵さず、侵されずであるべきであり、和は一方的なものではない。

包容同化と許さざるところの精神をもってこそ、対すれば相和すということになるのである。独りよがりは捨て自己にあくまでも厳しくあってほしい。そして敬神尚武の精神を以て稽古に打込んでいたゞきたい。

日本武術の命運は諸君の双肩にあると信じ私は諸君に期待する。

全日本学生合気道連盟・連盟誌

昭和五十一年

昭和五十一年連盟の第十七回合同演武会が開催された折の文章の中で日本武道への思いを述べている。なお、ここにある文書は、同年五月、パリにあるユネスコ本部における演武に先立って、先生が語った内容である。

武道について

第十七回全日本学生合気道連盟の演武会が開催されることをお祝い申し上げると共に、演武会の成功と、連盟の一段の発展を祈念しつつ、所信の一端を申し述べたい。

今春五月、「ユネスコ」(国連教育・科学・文化機構)と、日本ユネスコ協会連盟との主催により「パリー」に於て、初めての「日本文化祭」が開催され、これに同志三名と共に日本武道を紹介する機会を得た。演武には日本から持参した「神籬」を立て、祭壇を設けて、神前演武という形で行なったが、演武に先立ち、その意義と「武士道」について、フランス語であらかじめ説明がなされた。結論から申し上げると、「我田引水」で恐縮であるが大きな反響を呼び、望外の成功を収めることができた。

三回の演武と、千数百人の観衆から得た感じで言えば、どこの国の人も強さを求める以上に、その「品位」、その「志」についての関心が極めて高いということであり、大いに意を強くすると共に、心しなければならないことと思った。

開祖の「植芝盛平先生」は「合気道は皇祖皇宗の御遺訓」と喝破された。この精神を中心とせず、この精神を忘れて、やれ何流であるの、形式、方式が違うのといってみても何れも枝葉のことに過ぎない。連盟の各校部員諸君が、「道」の本質に思いを致し努力されることを切に期待する。

なお、ご参考までに、「日本文化祭」の折に説明した内容を掲載する。この折「通訳」の労をとってくれたのは、在パリーの草原君、又、雑駁にして、抽象的な私の発言や、「言外の意」を汲んで整理してくれたのは、田尾君で何れも「東大合気ＯＢ」である。

日本の武道について

二年前の春、この国のルーブル美術館から有名なレオナルド・ダヴィンチの傑作、「モナ・リザ」の絵が、初めて日本で紹介されたその折、この国の前の文化相で東洋の思想と文化に深い造詣を有するアンドレ・マルロー氏が日本を訪れた。そして彼は次の如く語った。

「フランスと日本が共通するものは、フランスが大伽藍（教会寺院）の建築と、騎士道を持っていたように、日本は、その大建築（神社・仏閣）と武士道を持っていたということである。」

これは、フランス人、あるいはもっと広い意味でのヨーロッパの人々と、東洋の日本人が生み出したそれぞれの文化の真髄を伝えているといっていいだろう。

教会と騎士道、それは人間の精神と一つの生き方を示している。同じように、神社仏閣と武士道は、日本人の精神とその生き方を示している。それは、同時にまた、武士道が神道や禅といった日本の宗教と深く結びついたものであることも意味している。

武士道は、騎士道と同じく、武士（侍）の踏み行なうべき道を表現した言葉である。その武士（侍）が鍛錬した武術を総称して、日本では「武道」と呼ばれている。武道という言葉には、単なる技のみならず、日本人の生き方と結びついた深い精神的な意味がこめられている。

日本の武道は、古い歴史を有し、かつまたその種類も多い。その歴史をさかのぼれば神話の時代まで至る。ちょうど、古代ギリシャやローマの人々が、武神をあがめたように、われわれ日本人もまた神話の世界に崇高な武の神々をもっている。日本の武道は、そういう武の神々が生み出したものと信じられている。そして後世の人々がそれを伝承し、近代的に集大成したものが今日の日本の武道なのである。従って今日でも、本当の日本の武道は、神前において、神に奉納するものとして演武される。日本の武道とは、本来、このようにまことに神聖なものである。本日ただいまからわれわれが演武する武道も、このような儀式にのっとって行なわれるのである。

武道とは何か。端的にいって、それは、肉体と精神の鍛錬である。肉体と精神の鍛錬を通じて、人間存在の至高の境地に至る道である。この世に生をうけた人間が人生の終末たる死の意味を深く思索して、いかに見事に死すべきか、そしてそこから、いかに見事に生くべきか、ということを徹底的に追及し、実践する道なのである。

武道において、肉体と精神の鍛錬は、多くの技を稽古することによって行なわれる。武道のそれぞれの流派によって技の種類は多様に変化する。日本の武道の技を代表するものは、何といっても体術（柔術）と剣術であろう。何らかの武器を保持しないで技をしかけるのが体術であり、その動きが基本となって、武器類をともなった各種の技が発達した。すなわち、剣をもてば剣術、杖をもてば杖術、槍をもてば槍術となる。その技と動きの基本は、相手の力を最大限に利用することによって、相手を制するところにあり、その原理は、自然の法則に最もかなったものであり、その点において体術も剣術も異なるところがない。今から演武するのは、合気道を中心とした体術と、鹿島神流の剣術、杖術、槍術等である。日本では、武道の鍛錬は、通常「道場」とよばれるところで行なわれる。大ていの道場では神棚があって清浄さが保たれており、門人は厳しい規則に従うことが要求される。道場では、すべての稽古は礼でもって始まり、礼でもって終わる。道場では、常に相手に対する深い思いやりの心や優しさといった徳目が、勇気や気迫とともに最も大切なものとされる。そしてお互いに敬愛の念をもち

料金受取人払郵便

小石川局承認

5992

差出有効期間
令和4年3月
31日まで
(期間後は切手をおはりください)

郵便はがき

112-8790

10

東京都文京区関口1-23-6
東洋出版 編集部 行

本のご注文はこのはがきをご利用ください

●ご注文の本は、小社が委託する本の宅配会社ブックサービス㈱より、1週間前後でお届けいたします。代金は、お届けの際、下記金額をお支払いください。

お支払い金額=税込価格+手数料305円

●電話やFAXでもご注文を承ります。
電話 03-5261-1004　FAX 03-5261-1002

ご注文の書名	税込価格	冊 数

● 本のお届け先 ※下記のご連絡先と異なる場合にご記入ください。

ふりがな
お名前　お電話番号

ご住所 〒 －

e-mail @

ご記入いただいた個人情報は、お問い合わせへのお返事、ご注文の商品発送、新刊・企画などのご案内以外の目的には使用いたしません。

洋出版の書籍をご購入いただき、誠にありがとうございます。
後の出版活動の参考とさせていただきますので、アンケートにご協力
ただきますよう、お願い申し上げます。

● この本の書名

● この本は、何でお知りになりましたか？（複数回答可）
1. 書店　2. 新聞広告（　　　　　新聞）　3. 書評・記事　4. 人の紹介
5. 図書室・図書館　6. ウェブ・SNS　7. その他（　　　　　）

● この本をご購入いただいた理由は何ですか？（複数回答可）
1. テーマ・タイトル　2. 著者　3. 装丁　4. 広告・書評
5. その他（　　　　　）

● 本書をお読みになったご感想をお書きください

● 今後読んでみたい書籍のテーマ・分野などありましたらお書きください

ご感想を匿名で書籍のPR等に使用させていただくことがございます。
ご了承いただけない場合は、右の□内に✓をご記入ください。　□許可しない

メッセージは、著者にお届けいたします。差し支えない範囲で下欄もご記入ください。

●ご職業　1.会社員　2.経営者　3.公務員　4.教育関係者　5.自営業　6.主婦
7.学生　8.アルバイト　9.その他（　　　　　）

●お住まいの地域

都道府県　　市町村区　男・女　年齢　　歳

ご協力ありがとうございました。

あうよう心の修練がなされ、争いを起こすようなことは決して許されない。ある意味では、道場には宗教があり、倫理があり、文学があるといってもよいだろう。

そもそも日本においては、武道の「武」という言葉は、戈（武器）を止めることを意味している。武器をもって人を傷つけたり、斬ったりすることでなく、いかに傷つけず、また斬ることなくして相手を制止し、屈服させるか、というのが武の本来の意味である。逆説的ではあるが、日本人にとって武道鍛錬の本来の意義は、まさにこの点になしている。

即ち、自らの粗暴な心を自ら制止することから始まり、他人の暴力を平和裡に制止させるというのがその目的なのである。そして究極的には神聖な目的のためには、身命を捧げることを辞さないとの高貴なる精神をもった人間になること、これが武士道のめざしているところのもの、といってよいだろう。そういったものを、われわれの演武の中からくみとっていただければ幸いである。

（昭和五十一年九月一日記）

全日本学生合気道連盟・連盟誌

同様に、富山大学の部誌等に「人としての生き様」への思いを綴っている中で、若者の精神の鍛練を強く求めていた。

「形あるものは必ず滅し、生あるものは必ず死す」こんな誰にでも判りきったことはない。

しかし真剣に「いかに生くべきか、いかに死すべきか」といったことを考えつめると、こんなに難しいことも又ない。多くは悩み続けるか、強いて無関心を装いつつ最後の時を迎えることになる。

死生一如、死を見ること帰するが如し、といった心境の人は極めて稀有な存在であらう。この稀有な人々こそ我々の手本とすべきである。

それ等の人々がどのようにして、至高の境地に到達することが出来たのか、を学ぶべきである。つらつらおもんみるに、このように気高い境地の人々は、自らの使命と、自らの生命より、より高貴なるものを発見し、把握していることである。

この「高貴なる目的達成のためには、自らの尊い生命を捨て、省りみない」という強固な信念の持ち主なのである。この信念の有無が有事の際自らを生かしきることになるのではないか。

即ち、不動の信念があれば、「生くべきとは見事に生き、死すべきときは見事に死す」ことが出来る。死に急ぎすることだけで武士道を全うすることは出来ない。毀誉褒貶を度外視して自らの信念に忠実になりきれるかどうか、生命が惜しいから生きたい、死ぬのが恐いから生きる或いは、生きるのが苦しいから死ぬ、生きるのが嫌になったから死ぬ、というのでは、卑怯者の譏りは免れまい。

幸いにも我々は、祖先に多くの亀鑑を持つ楠公父子、木村重成の誠忠、後藤基次の剛直等々、例を上げれば枚挙にいとまがない。

雄々しく生死した数多《あまた》先輩の生涯を自らの生涯とした い、といった希求を持つ若人をどれだけ糾合することが出来るのか、出来ないのか、これが特徴ある武道部となるか、ならないかの大きな岐路となるであろう。

技術の修得も重要である。しかし根本となる精神（こころ）を等閑（なおざり）にすれば、ついに枝葉の技術を追うのみとなる。心すべきことではあるまいか。


（十一月三日文化の日）

富山大学・合志（昭和五十一年）

昭和五十四年

連盟二十周年の寄稿の際にも改めて「日本武道精神の特徴」について語りつつ学生の奮起を促している。


今年は連盟が結成されて「二十年」の記念すべき年だそうで、心からお祝い申します。

初代の亀井委員長から今年度の大川委員長まで、文字通り「学生合気道連盟」のパイオニアとして努力されたことに敬意を表し、今後の益々のご発展をお祈りするものです。

私事にわたり恐縮ですが、私は今年の五月パリ警視庁スポーツ連盟と、フランス古武道連盟全国大会から招待があり渡仏しました。その折、術技の指導と共に、相も変わらぬ「武士道談義」をして参りました。有縁の皆様の参考に少しでもなればと思って左記し、貴連盟よりの原稿依頼の責を果したいと思います。

日本の武道は、合気道であれ、剣道であれ、柔道であれ、技も違うように、みなそれぞれ独特の思想ないし哲学をもっております。それらはなかなか多様多彩で、歴史的に掘り下げてゆけば非常に興味深いものがあります。しかし、同時に、これらの日本の多くの武道に共通した、あるいは各種の武道を包みこむような精神といったものが、歴史的に存在してきたことも確かです。その共通した武道精神というものも、実はいろいろな側面を持っており、その発現形態もさまざまで、短い時間でまとめて申し上げることはとうてい不可能であります。

そこで本日は私が奉仕している明治神宮に祭られて明治天皇の御製（お教え）を二首ばかり引用しつつ、日本武道精神の特徴についてお話申し上げたいと思います。

前回私がこちらに参りましたとき、武道の「武」という言葉の意味は、本来「戈を止める」即ち、争いとか戦争を未然に防止して起こさせなくすること。言いかえれば、平和を守るということを目的にしている。ということについてお話し申し上げました。しかし、不幸にして何か争いや事件が起きたとき、あるいは国家間では戦争にたち到ったとき、そのようなときには「武」は正義を実現して平和を回復するために、「神聖な力」としての働きを果さなければなりません。

そのときには、武道の心得のあるものは、卒先してその任務のために奉仕しなければならないし、最終的には、自分の利害や生命もかえりみない崇高な犠牲的精神を発揮することが要請されます。

明治天皇の御製に（お教えに）

ことしあらば火も水にも入りなむと
　おもうがやがて大和魂

というのがあります。

これは、もしも何か事変があったならば、正義のためならば、たとえ火の中へでも、水の中へであろうとも我身をなげうって飛びこんでいって已れの任務を果そうと思う、そのような心意気こそまさに日本人の精神というものだ、という意味であります。これは非常に比喩的な表現でありますが、武士道精神のもつ決して利己的でない、犠牲的高貴な精神特徴を示した教えであるといえるでしょう。

日本歴史においては、そのような高貴な武士道精神が発現した例は沢山ありますが、新しい例では、たとえば前大戦における日本軍の決死の特攻隊員にその発露をみることができるでしょう。それは皆様もその名前を御存知だろうと思いますが、貴国のジャーナリストであるべルナール・ミロー氏(Bernard Millot)がはっきりと指摘してくれております。

　彼は一九七〇年に「叙事詩、神風」(L'ÉPOPÉE KAMIKAZE)という本を書き、その中で日本軍の神風特攻隊のなした勇気、決意、自己犠牲の精神にいたく感嘆し、そのすばらしさを次のように記しています。

「西欧の論者で、日本人の精神は偉大な素朴さと恐るべき残酷さの両面性をもっていると評した者もある。たしかに一部の日本人の行動には、その説を裏書きするかのような感を与えるものもないではない。しかし、このような評言が正鵠を得ているはとても思われない。日本人全体がそのように幼稚で一本気であろうなどとは考えられないことである。ことに程度の高い教育を受け、高い教養をもつ階級が日本ではきわめて多数を占めているという事実からすればなおさらのことといえよう。一見過激に見える日本人の行動も、その最も激烈なものにおいてすら、その実よく見れば、良心の疼痛の行きつくところまでゆきつめた帰結だという場合がほとんどである。その結果的な行為に行きつくまでの間、彼等は考えに考えぬいているのだ。熟考の結果の行為なのである。いかに異民族だとはいってもそもそも人間が幼稚な一本気だけから、自殺攻撃などということができるものであろうか。そのような軽々の断定を下すことの方が、それこそ素朴で幼稚だといえる。」

　そして彼は「彼等のとった手段が、あまりにも過剰でかつ恐ろしいものであったとしても、これら日本の英雄たちは、この世界に純粋性の偉大さというものについて教訓を与えてくれた。彼等は千年の遠い過去から今日に、人間の偉大さというすでに忘れられてしまったことの使命を、とり出して見せつけてくれたのである。」とも書き記している。

　これはある意味では、武士道精神の極致ともいえるが、そこまでゆかなくても、いくつかの階梯に応じてこうした高貴な犠牲的精神の発露の例を、われわれは日本歴史の中で数限りなく見ることが出来るのです。

　次にこれとは対照的でありますが同じく、明治天皇の御製に

　国のためあだなす仇はくだくとも
　　いつくしむべきことな忘れそ

というのがあります。

これは、日本国が一九〇四年に残念にもロシア帝国と戦わざるをえなくなって、戦端が開かれたとき、明治天皇が日本軍の将兵にお与えになられたお歌（教え）であります。

皆さんは、このお歌に示された明治天皇の御心が、一見矛盾しているようにおもわれたかも知れませんが、決してそうではないのであります。国家と国家との公的戦争において、実際に戦わねばならない兵士と兵士との間には何らの個人的憎しみもないはずです。

従って一旦戦いがすんだなら、たとえ敵国同志のなかであっても人間としてお互いにいつくしみ、いたわりあうというのが、日本武士道の精神なのです。

このやさしさ、いたわりの心こそ、武道を志す人々がもたねばならない最も大切な精神条件の一つでありま す。そのことを天皇自ら日本国民にお諭しになっているのです。

このように日本の武士道精神には非常に激しく高貴な犠牲的精神の発現とともに、その反面、非常に穏やかでやさしいおもいやりの精神の発現の側面があるという、いちじるしい特徴がおわかりいただけたかと思います。

一言でいえば武士道は、戦闘者が生死の戦いの中で築きあげた自然成長的な思想であります。

この世に生をうけた人間が必ずおとずれ、さけることの出来ない死の意味を深く思索していかに死し、いかにいくべきかを徹底的に追求し実践する道であります。

以上申し上げましたことが貴国において日本武道に志す皆様方の武道精神理解の一助になれば非常に幸せに思います。

全日本学生合気道連盟・連盟誌

昭和五十七年

先生は、日本の武術はいわゆる「スポーツ」ではないと常日頃主張していたが、その考えの一端を、富山大学の部誌で、長編小説「大菩薩峠」の作者である中里介山の著書「日本武術神妙紀」を紹介する形で語っている。

武術とスポーツ

長編小説「大菩薩峠」の作者として、名高い中里介山居士の著書のなかに、「日本武術神妙記」がある。少しくご紹介する。

それは、戦後、暴力否定・平和主義の美名の下に、暴力と武力とが峻別も区別もされず、同様に軽んぜられているからであり「合志」の読者諸君には、是非とも正しい武の認識をもってもらいたいからでもある。

「味噌も糞も」一緒くたの考えは、世を誤る。

介山居士は、日本武術は建国以来の国風であるとし、日本の剣法は我を護ることを先とせず、我を殺すことを先するとと断じつつ、日本の剣法の特色を、「斬るか斬られるか生きるか死ぬるかの道」と説く。

そして、日本の剣法を知るには、日本の宗教の神秘に触れなければわからぬともいわれる。又、武術とスポーツの違いについても、介山居士は「続日本武術神妙記」のなかで、次のように述べておられる。少し長くなるが敢えて左に引用する。

日本武術が近来流行のスポーツというものと、絶対に性質及び使命を異にするものであるということは、この際特に強調して置く必要があると思う。

抑《そも》々、スポーツとは何ものぞ、これが解釈ついては相当意見もあらんが、最も通常の意味に於ては、一種の遊技に過ぎないものである。三省堂発行の「コンサイス英和辞典」の第五百六十二頁に曰く、

sport

遊戯—戯れ—遊技—猟—遊猟—愚弄—ナブリ物—遊道具—玩弄物—オモチャ………

等の解釈になっている。これが要するにスポーツというものの通例概念である。

然るに当今、日本の武術も立派なスポーツになっているよ、と云われてさも光栄に喜ぶかの如きしれ者がある。『解釈を適用して見ると、日本の武術も立派な玩弄物になっているよ、と云われて狂喜するやからと同じことになる。

日本武術は断じてスポーツでは無い。最も神聖にして厳粛にしてしかも融通変化自在なる幻妙味を有する破邪顕正の発動である。』と。

これを書かれたのは、昭和十一年十一月のことであるが、私も戦後の英和辞典ではどうなっているのかと思い、昭和三十二年、三省堂発行の「最新コンサイス英和辞典」

を繙いてみた。すると、

sport. は、

慰み—娯楽—遊戯、運動競技—狩猟、翻弄されるもの—なぶり物、おどけ—冗談…………

等となっている。

少くとも辞典の上では、戦前も戦後も解釈に混乱はなかったようである。それなのに、武を「国体の精華」と説き破邪顕正の道と信ずる指導者の、将又《はた》修行者のなんと寥々たることか、寒心にたえない。

祖国を護るべく、勇戦敢闘した将兵の光栄ある戦史や悲史が見捨てられたままである。そして、先人を侵略者、残虐者として教えることに熱心であるという。こんな国は世界の数ある国々のなかでも稀有な存在ではないか。

このようなことで、真の愛国精神が涵養されるのだろうか、それともそんな精神は唾棄すべきものなのだろうか。

せめて私に接する前途洋々たる方方の中からは一人も多くの、共鳴者が現れることを期待したいのだが、それも儘々《まま》ならぬ感が深い。「心志通ぜざるは師の罪」（春秋穀梁傳）ということなのだろう。

（昭和五十七年十二月二日記）

富山大学・合志（昭和五十七年）

昭和五十九年

また先生は、「知」に偏した教育ではなく「武」を兼ね備えた「文武両道」の教育を目指すべきとの考えを持っており、折に触れその意義を強調していたが、昭和五十九年の天皇誕生日に記された次の文章にはその思いがよく表れている。

武道を通しての青少年教化

国家百年の計は、人を養ふにある。いまの学校教育は、かならずしもこの根本義に正しく立脚したものとはいひがたい。

我国の戦後教育は、占領軍による教育思想と教育制度の変革から出発した。それは、神道指令にみられるごとく、神的神聖なるもの、国家的公的なるものにたいする日本的忠誠の精神を否定するところから始まった。その教育の根本の歪みは、三十有余年を経た今日、一方では無気力、無感動、無責任の青少年を生み出し、他方では教師にたいして暴力をふるひ、施設をむやみに破壊して恥ぢない生徒たちの、いはゆる校内暴力問題や、いとも安易に非行に走って少しも悔ゆるところのない少年少女の、道義感喪失の悲しむべき現実をもたらした。現状は今やまさに憂慮すべき状態といはざるを得ない。

最近、政府はやうやく「臨時教育審議会」を設置し、戦後教育の根本的見直し作業に着手した。遅きに失したといふべきであるが、教育問題を内政の第一義と考へる姿勢は評価してよい。

いふまでもなく、近代日本の教育の精神的支柱は「教育勅語」の精神にある。欧米の列強と対等に伍するまでに急発展を遂げ得たのも、その教育精神に負ふところ、まことに大なるものがあった。

これからの日本国においても、この勅語の精神を否定したままで、制度のみを如何やうに変へてみても、人格養成の教育の実効があがるわけはあるまい。

日本が、いまも昔も世界に最も誇れるものの一つは「武士道精神」である。しかし、これは現代の学校教育の場では、否定されてゐてかへりみられないままである。

かつて近江聖人と称された中江藤樹先生は「文武は一徳、武なき文は真実の文にあらず」（文武問答）との、文武同根の教へを説かれた。それは、いまの言葉におきかへていへば「力（武）なき知識（文）は本当の知識（文）とはいへぬ。知識は力（意力・体力）に裏打ちされてそれと一体となって、一つの人格に体現されてはじめて本当の身についた生きたものとなる」といふことであらう。

すなはち、いくらよい学校へ行って勉強して知識ばかり頭につめ込んでみても、それを実現実行する強い意志力・決断力と頑丈な体力がなければ、学んだ知識は真に活かし得ない。しかも周りの多くの人々を納得感服せしめる人徳を欠いてゐたのでは、実社会では真に社会公共のために有意義に役立たせ得ない。これは世に出て誰もが実感させられる真実である。

しかしながら今の学校教育には、文（知識教育）は求め得ても、武（肉体の鍛錬と徳育）は期待し難い。ここに我々が、今日真剣に、青少年に武道を教へねばならぬ重大意義が存してゐるといはねばならない。

ところが、当今の武道人の間には、武道もスポーツの一種といった程度の認識しかもたず、町道場などでは、神棚なくして稽古を行ってゐるところすら見受けられるのが実情である。残念ながら「神在すがごとく」といった心境で自らの鍛錬修行と教育とを実践してゐる人達は少なく、武道がもともと神前における神聖なる術であるとの精神も、次第に薄れてゆきつつあるのが現状である。それだけに、今日われわれが、神聖清浄なる神社の境内に位置する道場に於て、神前にて、日々武道の錬磨と人格の陶冶に励むことは、まことに日本の伝統武道の真精神を継承してゆくうへで大事なことといはねばならない。

実は私は、ここ明治神宮至誠館に開設当初から奉職させていただいてから十一年目になる。また私は、同時に東京大学で三十年、専修大学、中央大学でもほぼ同年月の間、武道部の師範を休むことなく勤めさせてもらってゐる。

私の武道に対する精神は一貫して変るところはないが、神宮至誠館に奉仕することになって私は、己の精神を全うするまことに得難い場を与へられて、いつも神明と先達の諸先生方に感謝の念を捧げつつ、日々青少年の指導に当ってゐる。またこの間、海外での日本武道の紹介と指導に努めたことも幾度かある。

昭和三十九年三月には、私は東京大学の日米親善学生合気道選手団一行を引率して訪米し、全米の十一の主要大学を訪問して日本武道の紹介と、日米両国学生の親善交流の任を果してきた。当時はまだ海外に出ることなど夢のやうな時代であった。それだけに緊張につぐ緊張の連続の二ケ月間ではあったが、数多くの米国人学生に格別の印象を与へてきた。またわれわれの演武を見に馳せ参じてくれた日系米人の方たちは、戦後のアメリカで、初めて日本人らしい日本人をみたと、目に涙をたたへてわれわれの手を握りしめてくれた。

昭和五十一年五月には、国連教育科学文化機構（ユネスコ）の主催で、第一回の「日本文化祭」がパリにおいて開催された。この折には、日本から特に捧持していった「神籬《ひもろぎ》」を立て、特設の祭壇を設けて、本式の神前演武を披露して見せた。

また五十四年には、パリ警視庁スポーツ連盟とフランス古武道連盟の指導者から招聘されて再度訪仏した。演武に先立ち私は、

国のためあだなす仇はくだくとも
いつくしむべきことな忘れそ

との、明治天皇御製をとりあげて、日本の武士道精神がいかなる特質をもつものであるかについて、日本武道に強い関心と憧れを抱いてゐる彼の地の人々に一層の理解と熱意を高めてもらってきた。

さらに五十七年秋には、日本カナダ文化センター創立二十周年の記念行事にも招かれて訪加した。この折にも、

演武による日本武道の披露とともに、

明治天皇御製

おのが身はかへりみずして人のため
つくすぞ人のつとめなりける

を引用して、日本人の心の中に脈々として受け継がれてきた、公のためには自らの生命をなげうっても悔いないといふ武士道精神の一側面についての理解も深めてもらってきた。

今日、青少年が海外に雄飛して活躍する機会は格段に増大した。国際人となって世界の人々から尊敬の念をもって迎へられ、平和裡に交際を深めるには、日本人側に、彼等にはない、何か与へうるものをもってゐなくてはならない。その一つは、間違ひなく日本の伝統武道である。そして武士道精神を体得した折目正しい、純正なる日本人になることである。

しかしてその最良の道は、日本の青少年たちが、「神明照覧の下」での武道の鍛錬に精励することであると、私は確信してゐる。

幸ひ武道場を有する全国の神宮、神社は百有余に達するといふ。だが、いまのところこれら武道教育にたづさはる神職の方々、師範の先生方同志の横の連携と意思交流の場がないのは、まことに残念なことである。なんとか早く、さういふ機会がもてるやうになることを切望してやまない。

（昭和五十九年天長の佳節に）

穂雲閑話（昭和五十九年）

昭和六十一年

先生は富山大学部誌で、ヨーロッパの文化人がかつて「貧しいが高貴」と表した日本国本来の良さが復活することを願っている。

高貴なる精神の復活

我國では古くから、文武両道といい、同根とも云ふ。この傳統光輝ある思想も、敗戦といふ我民族、未経験のショックによってもろくも崩れ去り、今に至るも恢復し得ないのは全く残念なことである。

正義を実現するためには、武が必要なことは申すまでもないことであり、いたずらな武の蔑視は必ず暴を産むといふことを、忘れるべきではない。戦後は武も暴も、十把ひとからげで選ぶところがなく、正に味噌も糞も一緒の爲たらくである。

若い方々の間には、昔から武道に、精神、宗教不要との声も強いのは承知している。しかし、それでは、スポーツと同質のものとなりはしないか。

我國の武道とは如何なるものか、との掘り下げがないのだから武道という名のスポーツが盛んになるだけなのである。私が不識をも顧みず、毎回申し上げている、武士道精神復活は、このままに推移したのでは、軈て彼岸にてお目にかかるであろう、幾多の先人にたいし、顔向けが出来ないと思うからである。

又、私が明治神宮武道場に奉仕することになったのも、御祭神明治天皇の

身にはよし佩かずなるとも劒太刀
　とぎな忘れそ大和心を

との御製の精神の教育徹底を期待されたからでもある。

菲才の身でこの大業を実現することは至難の道であるが、志しある方々と力をあわせて微力を盡したいと思う。

最近は、読書も儘ならぬが、小暇をえて、仏文学者、市原豊太氏の著書、「言霊の幸ふ國」を読んだ。

今年、八十四才になられる高名な、市原先生は、國語の愛護を訴え、漢字制限と新仮名遣を非難してやまない。一讀を強くおすすめする次第である。

又、先生はご本のなかで、大正時代、六年間フランス大使として日本に駐在した、ポール・クローデル氏が、日本の敗北ようやく明かになりつつあるころ、即ち、昭和十八年秋、次のようにいった言葉を繰り返し繰り返し、登場させる。

「私がどうしても亡びてほしくない民族が一つある。それは、日本民族だ。この民族の持つあれほどの興味ある、大昔からの文明は消滅させてはならない。最近の日本の大発展といふものは当然で、他の民族にはこうゆう資格はない。彼らは貧乏だ。しかし、彼らは高貴である。」

貧しい、しかし彼等は高貴だ。本当に短い言葉で、我國の文化と我國民を讃えてくれた。何んと力強い「知己の言」であろうか。

ところが、今や「豊である、しかし彼らは貧しい」と

いわれるようになって、すでに久しいのである。何んと恥かしく、又、悲しむべきことであろうか。

昭和六十一年の新春にあたり、文武とも高貴なる精神の復活、との感を一層強くしたのである。

(昭和六十一年一月二十二日記)

富山大学・合志(昭和六十一年)

昭和六十二年

先生は、合気道の海外普及についても極めて熱心であった。葬儀の際にも海外の弟子たちから多くの追悼メッセージが寄せられた。

次の文は、先生が各大学のOB共々ドイツのハイデルベルグ、マンハイム大学を訪問して現地の合気道愛好家に指導した時の講演内容である。ここで、先生は「武士道の精神」についての思いを語っている。

先生の「日本の武道」についての考え方が如実に示されている一文である。

日本の武士道—その心と死生観—

私は昨年五月、皆さんのご支援により、西独のマンハイム大学と、ハイデルベルグ大学を訪問し、表記のようなテーマで、学生諸君に話しをする機会を得た。

そこで、その折の話しを整理して、本誌に掲載させていただくこととした。

本日は、長年にわたり、懇ろなご交際をいただいている、ポップ博士のお招きをうけて、当地にやってまいりました。

今回は、私達六人でまいりましたが、日本の武道を通じて貴国の皆様方と交流し、相互に友情と理解を深める機会を得ましたことを大変嬉しく思います。

私達の貴国訪問に、いろいろとお骨折り下さったポップ博士、ならびに本日、私の話を聞きに来てくださった皆様方に、心より感謝申し上げる次第であります。

さて、本日は、「日本の武士道—その心と死生観」というテーマでお話しをさせていただくことにした訳でございますが、最初に私自身のことをお話しすることをお許し願いたいと思います。

私は、若い頃から今日まで四十年以上にわたって、武道の鍛錬に励んでまいりました。主として合気道と鹿島神流の剣であります。

不幸にして、さきの大戦のあと、米軍の占領をうけ、日本の武道は否定され、禁止すらされたのであります。しかしながら、我が国が独立を再び確保する前後頃から、少しずつではありますが、伝統的武道をやろうとする者が出てまいりました。

いくつかの大学に武道部も出来るようになってまいりました。今回やってまいりました学生達の属する東京大学・中央大学・専修大学の合気道クラブ—そのどれも。私が最初から師範をさせてもらっておりますが—などは、合気道のクラブのなかでは最初からのものであります。

十四年前に、東京の中心に鎮座する明治大帝をお祀りしている明治神宮に、至誠館—至誠というのは、きわめて誠実、まごころという意味ですが—と名付けられた武道場が出来上がり、私は、その道場の指導責任者として招かれ、以来、後進の指導にあたって、今日までやってきております。

その間、私は、アメリカ、フランス、カナダ、韓国などの諸外国にも、学生達と共に招待されて、合気道や剣技の演武による紹介と交流を行ってまいりました。

しかしながら、私の目的は、決して日本の武道を宣伝し、普及拡大に努めることではありませんでした。私の信念は、文化背景を異にする国々の人達が、お互いに他国の優れた伝統芸術なり、民族思想や生き方を知り、それを正しく理解すること、その心がけが相互にまず第一に大切なことであり、しかる後に、他国の人が日本の武道に関心を抱き、文化背景の違いを越えて、さらに、本当に真剣に自らそれをやってみようとされる時には、心からの手助けと協力を惜しまない、というところに何時もあったのであります。

今回の来訪においても、この私の信念は変わっておりません。したがいまして、ただ今から申し上げます事柄も、ただ武道の実践鍛錬と指導に日々専念している、日本の一武道修業者としての、私の理想としている心のあり方と、死生観でしかないわけでありまして、日本の武士道について、専門的に学問研究をした学徒の話ではないことを、あらかじめご承知の上で聞いていただきたいと思います。

我々の日本と同様に、騎士道精神を生み、そのロマンを愛好してきたところの貴国の皆さまの好意と理解に期待しつつ、私の武士道観についてお話してみたいと思います。

日本人の武士道という精神伝統は、はるかに古く、その淵源は遠い神々の時代、すなわちまだ文字もなかった伝承の時代の神話の世界にまで遡るのであります。

神話の世界における日本の神々の武勇の物語は、今日われわれは、「古事記」とか「日本書紀」といった古い書物を通して知ることが出来ます。

それはヨーロッパの人達が、ギリシャ神話の中の神々の物語を通して、古代人の生きいきとした精神思想を今日知ることができるのと同様であります。

しかしながら、我国では、神話の時代から二十世紀の今日まで、武士道精神というのは、ほとんどその精神的骨格を変えることなく、今日まで受け継がれてきたという点に、非常な特色があろうかと思われます。

もちろん、武士道の精神は、我国の二千年以上にわたる歴史のそれぞれの段階において、さまざまなものから影響を受け、その彩りを多彩に、豊かにしてきました。ある時は儒教の教えを取り入れ、ある時はまた仏教の、とりわけ禅の影響を強く受けてもきました。

しかしながら、その根底の精神骨格としては、神話時代の高貴なる神々―それは、今も我国の各地の神道の神社にご祭神として祀られ、崇敬されていますが―の心を未だに忠実に受け継いで来ているということであります。

このような一貫した日本の武士道精神を彩る顕著な特色として、「相対する敵対者への寛大な態度」ということがあります。本日、私は、日本武士道のこの一側面を取り上げて皆様方に紹介してみたいと思うのであります。

日本では、「武」というのは、文字通り「戈《ほこ》」を「止《とど》む」る——すなわち、弓矢や剣などの武器の乱用を抑える、人々を苦しめる暴力の発生を未然に防ぐ、というように考えておりまして、決して単に相手を倒す術とか、敵を殺す有効な手段などとは考えておりません。はるかに高い次元での、不正を正し、正義を実現するための力、すなわち「破邪顕正」の道と考えられているのであります。

何が正義であるか、古来、武人は神前で神の真意を深く問いました。そして、真に高貴なる神の意志に忠実でありたい——それは如何なる物理力をも圧倒する力となる——と武人は考え、そのように努めてまいりました。

次に、その正義を実現するためには勇気を必要といたします。武人はそのための真勇、大勇を身につけるため、あらゆる武道の鍛錬に励んだのであります。

今日でも日本の武道を行う道場には、高い所に神棚がまつられていて、道場を神聖な場所として、いつも清潔に保ち、稽古の始めと終りには、神前に拝礼をするしきたりが続いているのは、この故であります。

もちろん、明治神宮の至誠館道場でも、厳しくこれを実践いたしております。

かくして、高貴なる神の意志に忠誠で、正義を実現する真勇を持った武人には、当然に高い「名誉」が与えられるべきであると考えられました。このような考えに立脚した日本の武人は、不幸にして相対決し、お互いに敵対して戦わざるを得なくなった時においても、相手もまた自分と同様の立場にあることを容易に理解し、敵対する相手に対しても同情と敬意の念が起きてくるのを素直に肯定したのであります。

このような心的態度から、敵の忠誠心と武勇、名誉を重んじ、敵に対しても非常に寛大な態度を示す武士道精神が形成されてきたのであります。

激しく戦った敵に対しても、一度《ひとたび》戦いが終れば、その勇気と名誉をたたえ、戦死した者の遺骸や霊魂に対しても、決して辱しめてはならないとの礼法を守ることが立派な武人の態度とされてきたのであります。

したがいまして、我国の武人は、たとえ、戦いに敗れることがあっても名を惜しみ、恥を知るということを何時も心に掛けてきました。また名誉のためには、そして恥辱をそそぐためには、生命をも犠牲にしてなお、かえりみないという勇気を発揮してきましたが、その反面で、相手に対する深い思い遣りの心、いたわりの心が同時に最も高貴で大切なものとして尊ばれてきたのであります。

そうした敵に対しても寛大な思い遣りの心を自ら養成する手段として、日本では武人のあいだでも詩歌の道が尊ばれてきました。これは武の道とは別に、「文の道」とも呼ばれ、この文武両道を修めることが、武人として理想の姿と考えられてきました。

それ故に、ただ荒々しいばかりの武人では決して尊敬されず、和歌——日本に特有の五七五七七の三十一文字からなる短詩—の心を解する教養と心の余裕を持った武人でないと、日本では好まれ、敬愛されてきませんでした。

そこで私は、次にいままで述べてきたような武士道精神の具体的実例をいくつかあげて皆様方にご紹介してみたいと思います。

その一つは、西暦一千六十二年の出来事で、（貴国においては、神聖ローマ帝国と呼ばれていたハインリッヒ四世の時代に当たるかと思いますが）「前九年の役」と呼ばれる、日本の東北地方での戦いの時のことです。

朝廷の命令を受けて反乱軍の鎮圧に赴いた源義家という将軍が、ほぼ勝利を得て、最後の戦いをしていた時の出来事です。反乱を起こして敗れ、馬で逃げていく敵将、安部貞任を義家が追い、弓に矢をつがえながら「逃げるとは醜態だぞ」と大声で呼び止めたのであります。

貞任が覚悟を決めて、いさぎよく馬をとめ振り返ったとき、義家は敵将にこう呼び掛けるのです。

「衣のたては、ほころびにけり」と。

その言葉の意味は、鎧の下に着けている衣服が傷んでほころびてしまっているぞ、ということですが、実は「お前の衣川の砦はもう落ちたぞ」という意味をかけて、和歌の七七の下の句を相手に投げかけたのでした。

すると貞任は、すぐさま

「年を経し糸の乱れの苦しさに」

と、和歌の上の句五七五を返したのです。

その意味は、「長い年月の戦いで、衣の糸もすり切れているのは苦しく、つらいことだ」つまり、「敗北を認めることは、武士の名誉にかけて誠に苦しいことだ」と、歌で自分の心情を返答したのです。

この二人の上の句と下の句をつなぐと、

「年を経し糸の乱れの苦しさに
　　衣のたてはほころびにけり」

という、立派な一つの和歌が出来上がるわけであります。

義家は、この貞任の戦場における即興の、作歌の見事さに感心して、「敵将もまた、歌を解する教養の高い武人であることを認め、その心得とゆかしさに免じて、射殺するのは惜しい」と思い、敗将の逃れていくままに、見逃してやるのであります。

何という思いやりの深い心でありましょうか。武士道精神の発露を端的に表わす物語の一例であります。

次に、これは時代が少し後になりますが、武士の本分を発揮した有名な話についてお話したいと思います。それは、日本の各地に領地を確保した武将が群雄割拠し、お互いに天下を取ろうとして相争っていた頃の我国の歴史上、いわゆる戦国時代と言われる時代の、西暦でいえば、十六世紀の中頃の出来事です。

今の東京の西北に、周囲をほぼ山で囲まれた「甲斐」という国がありまして、武田信玄という強力な武将がそこを支配しており、周りの諸国と対立しておりました。周辺の国々は、その強力な武田軍の侵攻に恐れをなしていました。とくに太平洋側の駿河（今川）と相模（北條）の二国の武将は手を結んで、「甲斐」の最大の弱点である塩のルートを押さえて苦しめ、さらに日本海側の隣国である「越後」にも、「甲斐」には塩を送らないよう働きかけたのであります。

ところが、越後の武将、上杉謙信は、甲斐の武田信玄と対立して争っていたにもかかわらず、この申し入れを拒否したのであります。そして、謙信は信玄に次のような手紙を書き送るのです。

そもそも「武士は戦場で戦うものである。食糧の米や塩を止めるような、そんな卑怯な手段で罪のない領地の住民を苦しめることは、武士たる者のとるべき態度ではあるまい」と。

そして謙信は、自国の越後でとれた塩を敵将の甲斐の信玄に送り続けるのです。上杉謙信は武士の本分をよくわきまえた、思いやりのある武将でした。

敵に対する寛大さと、思いやりの武士道精神は、このように戦国時代の武将にも見事に体現されていて、現代の国際社会に生きる我々にとっても、（敵対国に対するいわゆる「経済制裁」問題など）大いに学ぶべき点があると私は思うのであります。

このような敵に対する深い思いやりの心、また、敵対する武人の勇気と名誉を素直に認め、重んじる武士道精神は、日本がヨーロッパ世界と相交流し、近代化の道を歩み始めた明治の時代になっても、少しも変らずに連綿として生き続け、受け継がれてきました。

次に私は、近代の武士道の最も典型的な例を取り上げてお話してみたいと思います。

それは、皆様の中で、その名を知っておられる方もおられるかと思いますが。明治の陸軍大将、乃木希典の話です。

時は今世紀の始めの一千九百五年、当時の日本は極東において南侵をめざす大国ロシアと戦わざるを得なくなり、アジアの小国日本が多大の犠牲を払いながらも何とか勝利し、世界を驚かせたことは、皆様ご承知の通りです。西のジブラルタルとともに、難攻不落の要塞として有名だった旅順口を奪還した乃木将軍は、ロシアの敗軍の将、ステッセル司令官と会見することになりました。

従軍していたアメリカ人映画技師が、その会見の有様を逐一、映画に記録しようとしてその許可を求めました。しかし、乃木将軍は「敵将にとって、後々まで恥が残るような写真を撮らせることは、日本武士道が許さない。」と言って、副官をして丁重に断わらしめたのであります。

乃木将軍のこの言葉は、従軍していた他の諸外国の特派員のすべてを感動させた、と言われております。

しかしながら、そのままでは記者の務めを果たせません。特派員達は、どうしてもロシアの降伏の写真を必要としたのです。そこで重ねて、写真だけでも撮らせてもらいたいと懇望いたしました。乃木将軍は、ついに「それならば、我々の会見後、我々がすでに友人となって同列に並んでいるところを一枚だけ許そう。」と言って返答したのであります。

今に残るその時の一枚の写真には、降将ステッセル以下のロシアの将軍達が、あたかも親しい友人同志のごとく、乃木以下の日本の将軍達と肩を並べて、全く対等に並んで写っております。しかもこの時、乃木将軍は、彼等の軍人としての名誉を重んじて、ステッセル以下の全員に帯剣をすら許しております。

そのニュースは、各国特派員によって、感動的な電文でもって、本国に知らされました。それで当時、日本の将軍乃木の名は「日本武士道の典型」として、一躍世界的に有名になったのであります。

このような乃木将軍の温情溢れる扱いに、さすがの敵将ステッセルも、ついに感泣したと伝えられております。それは、当時知られていた、人道主義的国際法の精神以上のものだったのではないかと思われます。その意味でこの写真は、誠に世界戦史に例をみない、後世に長く語り伝えられてしかるべき記念すべきものと言えるのではないでしょうか。

このような話は、実は古代日本の神話の中にも、いくつでも出てまいります。戦いあう二神のうちの一方が、より高位の神の高貴なる意志に忠誠を誓って降伏する。そして、ひとたび戦いが終れば、その時相対立して戦った二神は、一転して過去の勝敗など忘れて、対等で同質の仲間同志となってゆく。

このような精神が、古代から中世へ、そして戦国の乱世を経て、近世から二十世紀の現代に至るまで、一貫して変わることなく受け継がれてきたのであります。

しかもそれは、決して日本人同志の間だけのものではありませんでした。乃木将軍は、若い時に、貴国ドイツに留学して、ヨーロッパの文明も十分吸収した武人であります。その将軍乃木に体現された武士道の精神は、日本人に対するのと全く同様に、敵対する他国のロシア人に対しても、等しく発揮されたのであります。

それでは、どうしてそういうことが出来たのでありましょうか。そのカギともなる記録を、同じく日露戦争に従軍していた米国の一新聞記者が書き残しております。

すなわち、東郷提督の率いる日本の連合艦隊が、ロシアのバルチック艦隊を撃滅した時、陸軍でも祝杯を挙げましたが、その時右手を挙げた乃木将軍は、なかば厳粛な面持ちで次の如くに述べたと記しております。

「私が連合艦隊のため、我が勇敢な海軍軍人と東郷提督のために祝杯を挙げることはこの上ないことだ。天皇陛下の御稜威によって我が海軍は大勝を得た。しかし、忘れてならぬことは、敵が大不幸を見たことである。我が戦勝を祝すると同時に、また、我々は敵軍の苦境に在るのを忘れないようにしたい。彼等は強いて不義の戦いをさせられて死に就いた、立派な敵であることを認めてやらねばならない。それから、さらに、我軍の戦死者に敬意を表し、敵軍の戦死者に同情を表して杯を重ねることとしよう。」

この将軍乃木の言葉から皆様はその理由を理解していただけるものと思います。

私が現在職を奉ずる、明治神宮の御祭神であらせられます明治天皇の御製にも

「国のためあたなす仇はくだくとも
いつくしむべきことな忘れそ」

というのがあります。

このお歌の意は、一見、相矛盾した内容のように聞こえるかも知れません。しかし、今まで私の話を聞いてくださった皆様方には、これが決して矛盾しない、一人間に体現しうる高貴な精神であることがご理解いただけるものと私は信じております。

乃木大将は、当時、日本帝国陸海軍の最高司令官であらせられた明治天皇の命《めい》に最も忠誠であり、大帝の御心そのままに実践し進退したのであります。

このことからもお分りのとおり、日本の武士道精神は、

神々の時代に始まり、初代の神武天皇（神武というのは、我国の初代の天皇に対して後世の日本人が贈った名で、それは「神聖なる武」という意味であります。）から今日の百二十四代の天皇に至るまで、天皇の精神において最も高貴、かつ純粋な形で、一貫して変らぬ姿で継承されてきたと言えるのであります。

明治天皇が崩御されたのは、西暦一九一一年の七月三十日でした。その大葬の行われた日に、乃木大将は、天皇の後を追って従容として自害し、その最愛の夫人とともに殉死いたしたのであります。

日本の武人は、時として、自然の死を待つよりも。自ら決意して意志的な死を遂げることに、より高い価値を見出してきました。

いくら武士であるといっても人間である以上、命が惜しからぬ筈はありません。しかしながら、果して生命こそが、この世で最高の価値であると断言できるのでしょうか。生命以上に高貴なる価値は、この世には存在しないものなのでしょうか。人間が人間である限り、生死の問題はなくなることはありません。

この重大にして永遠の問題に対して、日本の武士は、古来、実践的に問い続けてきました。そして、武士道はいつの時代においても、己れの生命以上に価値あるもの、生命を捨てても本望であると自ら確信し得る至高の価値を認めたときには、進んで自己の生命をも投げ出して奉仕することを、重い意味付けをもって認めてきました。

それは、ある時は自らに課した高邁な理想であったり、また、重い責任や義務であったりします。ある時には、それは自己の忠誠と尊敬とを集中する対象—例えば国とか、それを象徴する天皇といった—であったりします。そのような高貴な価値と奉仕の対象に対しては、己れの身を殺してまで徹底して尽すことを本分としてきました。

したがって、武士たる者は、生を享けた以上、必ず訪れてくる死に対して常に能動的に、意志的に取り組んできました。逆に、武士が自らの生命を惜しがって、公のことをないがしろにし、私欲に生きることを恥として蔑んできました。

それが「如何に生き、如何に死するか」という、何時、如何なる場所においても武士に課せられた重い命題となって、日本の武士道の死生観を形成することになったわけであります。日本の武士の一典型たる乃木将軍は、自らの全生命を、天皇と日本帝国に捧げ、天皇の崩御と共に、この世における自己の事業も既に終ったことを感じて、明治天皇に従ってあの世にまで行を共にして奉仕したいと願い、自らの死を決意したものと思われます。

乃木将軍もまた、日本の武士道には欠かせぬ、詩歌の深い教養を持っておりました。その辞世の歌は、次の如きものでした。

「うつし世を神さりましし大君の

みあとしたいて我れはゆくなり」

（於：昭和六十二年五月三日西独マンハイム大学）

東京大学・赤門合氣道（昭和六十二年）

真の意味での戦う気概

先生は、ただ単に「戦うことは、すなわち悪」の考え方には強い違和感を持っていた。

勇者への賛歌――戦う気概と忠誠の精神

人はこの世に生を享けてから、その死に至るまで、戦うことを忘れてはいきられない運命にある。「常在戦場」という言葉があるが、まさにその心構えを、生きている限り忘れてはならないのである。個人においてもそうであるが、お互いに国益の対立と紛争が避けられない国家においても、同様であるのはいうまでもないことである。

幸いなことにというべきか、わが国は、戦後五十三年にも及ぶ長い平和を謳歌してきた。しかしながら、その反面で戦争を一切否定し、戦うことは即、悪であるという憂うべき思想が、今の学生諸君は勿論、広く国民の間に浸透してしまったのは、まことに残念でならないところである。

口に平和を叫び、世界で唯一の被爆国として、核の廃絶を主張して諸外国に訴えてみても、自身は戦う意志を持たず、自国の安全を他国に委ねて、しかもそれを恥とも思わないような国の発言など、さしたる権威も、また道義的説得力も持ちえないのは明らかなことではないか。

先に核実験を行ったインドに対して、橋本首相は経済制裁まで行って強く非難抗議した。それに対してインドの首相は「日本がもしあのとき原爆を保有していたなら、広島と長崎の悲劇はなかったであろう。インドは、あのような犠牲から国民を守るために核兵器を保持するのだ」と堂々と主張している。インドの新聞も「原爆忌にあたり、日本の政策の偽善性はさらに際だった。米国の核の傘の下にとどまりつつ、インドの核実験を非難する政策は最大限の偽善」との報道を行っている。誇り高いインド人は「かつて自国に原爆を落とされ、多くの国民が虐殺された米国から、しかもその同じ核で守られているという事態を受け入れる日本人の気持ちが分からない」とすらいうのだ。武士道の国、日本に生きる一人として、私は恥いるばかりである。

わが国民が戦いを厭い、否定するようになったのは、勿論、敗戦後のことであり、このことは、戦後、帝国陸海軍を武装解除し、戦争放棄を命じる現在の「平和憲法」なるものを強制したアメリカ占領軍の、悪辣にして巧妙なる政策のしからしむるところであった。占領米国軍は、「一旦緩急あれば義勇公に奉じる」ことを国民の崇高な義務として教えた教育勅語の廃止を命じ、わが民族伝統の天皇と国家への「忠」なる精神構造を破壊することに全力をあげたのだ。悲しいかな、七年の長きに及ぶ占領中には、これを覆す方途を日本民族は持ちえなかった。

ところが、情けないことに、その占領が終了し、わが国が独立と主権を回復した後になっても、依然として米占領軍のこのような日本弱体化政策に屈従した状態に甘んじたままで、今日まで放置してきたのがわが国の政治の現実であり、教育もまたしかりであった。それも米ソ二超大国による軍事対立の冷戦体制に組み入れられていた間はまだしも、それが崩壊した後、今日に至るも、未だにそれを覆す気概が国民の間に生まれてこないのは甚だ残念至極である。これから先の五十年がどうなることか、深く憂慮される。

かつてわが国でも理想のごとく説かれたマハトマ・ガンジーの無抵抗主義、不服従運動は、「人の生命は地球よりも重い」などというわが国でまかり通っている人命至上主義や、日本国憲法流の戦いの放棄の精神とは全く違うのだ。彼はいっさいの武器を手にしなかったが、インド独立の大義のため、英国の植民地軍の戦車の前に坐りこんだ。これは、ガンジーの心の中に、戦車に引き潰されても悔い無し、との不退転の戦う強い決意があったからだ。

彼は、断じて殺すなかれと言ったが、彼自身は、義のために死すことを最も貴しとし、「非暴力の戦い」を通して祖国インド独立運動の大義に殉じた偉人であったことを忘れてはならない。事実ガンジーは、インド独立運動の行進のさなか、自国の青年に殺されるという悲劇的運命を甘受することとなった。

私は、ガンジーのごとく、人が自己のもてる全能力をあげて戦い、自らの信念を貫いて大義に殉じ、己の志の達成を見ることなく不運にも中途で斃れていった姿を、限りなく美しく思う。そして強い憧れをも覚えるのである。

わが国にも、古代から歴史上数多くの勇者が存在するが、私には、功なり名遂げた偉人よりも、至誠を貫き通して悲命に斃れし勇者の方に、一層心惹かれるものがある。中道に斃れし勇者の志には、悲しくも美しいものがあり、無限の同情を禁じえない。願わくば、自分もそのような貴い志を受け継いで、斃れし勇者のような生き方をしてみたい、との憧れの心を禁じえないのである。それだけに、中道に斃れし勇者というものは、功なった偉人よりも、後世に強い影響を与えうると言えるのではあるまいか。

日本では、古来から、天朝に忠誠を尽すことが、最も貴く、美しいことであると信じる伝統が存する。あの万葉集にでてくる大伴家持《おおとものやかもち》の歌、「海行かば水浸《みず》く屍山行かば草むす屍大皇《おおきみ》の辺《へ》にこそ死なめ顧《かえり》みはせじ」はあまりにも有名で、その高貴なる精神を見事に歌い上げている。

一般庶民の世界においても、昔から忠とか忠義を尽す、ということにつき、ことさら説明されなくとも、ただ直感的、情緒的に強い憧れを抱き、歌や演劇、詩や物語などで、忠誠の心が表現されるものを愛好したのである。

このようなわが国民の歴史的心理伝統の中にあって、とりわけ天皇への忠誠を貫きつつ、己の志を全うし得ずに中途で斃れていった武人の生きざまには、感動的なものが数多くある。国史上有名で、しかも私が古今を通じ、絶世の英雄として憧れる二、三の勇者の生涯について、ここに書き綴らせていただき、特に若い学生諸君の参考に供したい。

日本武尊《やまとたけるのみこと》

まず最初に、古事記、日本書紀にでてくる古代日本の英雄、日本武尊のことについて述べてみたい。

十二代景行《けいこう》天皇の第二皇子の小碓尊《おうすのみこと》は、父景行天皇の命を受け、御年十六才の時、反乱の首魁、川上梟師《かわかみのたける》の討伐に赴く。そして梟師が仲間を集めて大宴会を催しているところに、女装して近づき、隠し持った刀で刺殺《さしころ》す。梟師は息絶える前に「あれ日《もう》すことあり」といい、あなた様はどなた様ですか、と問うのである。

小碓尊が「あは天皇《すめらみこと》の御子、名は倭男具那《やまとおぐな》の王《おおきみ》ぞ」と仰せになると、尊の勇気をたたえて、これからは「日本《やまとの》武 尊《たけるのみこと》と名乗りたまえ」と称号をたてまつり、梟師は息絶えるのである。

尊は大和《やまと》にもどり、天皇に凱旋の復命をするが、景行天皇は休む暇《いとま》も与えず、引き続き苛酷にも、東国で反抗する賊の討伐平定を命ずるのである。尊はあくまでも天皇に忠にその苛酷な命を拝しつつも悲しい心を抱きながら伊勢神宮に赴き、斎主で叔母様にあたる倭比売《やまとひめ》の命《みこと》にお会いになる。そして尊は「天皇すでにあを死ねと思ほすゆえにか」（天皇は私など死んでしまえばよいとお考えなのであろうか）と、泣きながらその苦哀を訴えられるのである。倭比売の命は、尊に天叢雲剣《あめのむらくものつるぎ》を授けて激励し、尊は勇躍して東国に赴く。東奔西走して荒《あら》ぶる神、まつろわぬ者どもを平定し尽し、やがて帰路につく。この時海が荒れ、付き添っていた后の弟橘比売命《おとたちばなひめのみこと》が自ら海神の怒りを鎮めるために入水して尊の船を無事目的地に向かわせるのである。弟橘比売が尊を想って歌った歌は、男女の愛の極致を見事に歌い上げたもので感銘深い。

さねさし相模《さがむ》の小野《おの》に燃ゆる火の
火中《ほなか》に立ちて問ひし君はも

最後に尊は、故郷の大和を目前にして病に倒れ、とうとう天皇に復命を果たせずに死を迎える。そしてその魂は美しい白鳥と化して天空に天翔《あまがけ》りゆくのである。

その死を前にして尊が大和を偲んでお歌いになったのが、かの有名な

倭《やまと》は国のまほろばたたなづく青垣
山隠《やまごも》れる倭しうるはし

の歌である。

尊はわずか三十年の全生涯を、あげて天皇の命に忠実に勇戦敢闘し、壮絶にして悲愴なる生涯を終えられたのである。

（その尊の剣、すなわち天叢雲剣——草薙剣《くさなぎのつるぎ》ともいう——は、名古屋にある熱田神宮に祀られている。）

楠木正茂《くすのきまさしげ》

日本人が天朝への忠誠の典型として仰いできた歴史上の人物として、南北朝時代の楠木正茂とその一門はとりわけ有名である。

河内の国（今の大阪府）の土豪の正茂は、後醍醐《ごだいご》天皇のために、金剛山《こんごうせん》の地に拠って縦横の活躍をするが、小勢にて戦い利あらず、情勢は次第に不利となり、ついに建武《けんむ》三年（一三三六）五月、最後の決戦を決意する。その時、わが子正行《まさつら》（当時まだ十一才の少年）を呼び、庭《てい》訓《くん》（父から子に対する教訓）を残すが、その感動の場面を、「太平記《たいへいき》」は次のように記している。

「今度《このたび》の合戦、天下の安否と思う間、今生《こんじょう》にてなんぢか顔を見んことこれを限りと思うなり。正茂すでに討死《うちじに》すと聞きなば、天下はかならず将軍（足利尊氏《あしかがたかうじ》）の代になりぬと心うべし。しかりといえども、一旦の身命《しんみょう》を助からんために、多年の忠烈を失って降人《こうにん》に出づる事あるべからず。一族若党の一人も死に残ってあらん程は、金剛山の辺に引き籠《こも》って、敵寄せ来たらば命を養由《ようゆう》が矢さきに懸《か》けて、義を紀信《きしん》が忠に比すべし。これをなんじが第一の孝行ならんずると、泣く泣く申し含めて、おのおの東西へ別れにけり。」愛息正行に別れを告げた正茂は、弟正季《まさすえ》とともに、足利の大軍にわずか七百余騎を持って斬り込む。しかし衆寡敵せず、自らも重傷を負い、最後に従う者七十余名、今はこれまでと湊川《みなとがわ》の一民家に入り、全員ことごとく自刃して果てるのである。

再びこの場面を、太平記の名文から引用する。

「楠木が一族十三人、手の者（家来）六十余人、六間《むま》の客殿に二行に並み居て、念仏十辺ばかり同音に唱へて、一度に腹をぞ切ったりける。正茂座上に居つつ、舎弟の正季に向って、そもそも最期の一念に依って、善悪の生《しょう》を引くといへり。九界の間に何か御辺の願いなると問いければ、正季からからとうち笑うて、七生《しちしょう》までただ同じ人間に生まれて、朝敵を滅ぼさばやとこそ損じ候へ、と申しければ、正茂よに（非常に）嬉しげなる気色《けしき》にて、罪業《ざいごう》深き悪念なれども、われもかやうに思ふなり。いざさらば同じく生《しょう》を替へてこの本懐を達せん。と契《ちぎ》って、兄弟ともに差し違へて同じ枕に臥《ふ》しにけり。」遺児正行は、父の「死ありて他なかれ」との教訓をよく守り、正平三年（一三四八）正月五日の四篠畷《しじょうなわて》の決戦に先立ち、一族郎党とともに先皇《せんこう》（後醍醐天皇）の御廟《ごびょう》に参拝し、如意輪堂《にょいりんどう》の壁板に各人の名字を記《か》きつらね、最期に

返《かえ》らじとかねて思へば梓弓《あずさゆみ》
なき数《かず》にいる名をぞ留《とど》むる

との歌一首を書き残した。やがて敵の大将高師直《こうのもろなお》の大軍の中に突入し、さんざんに賊軍を討った後、ついに自分も重傷を負い、弟の正時《まさとき》らと共に自決して果てたのである。時に正行、二十三才の時といわれる。

この楠氏《なんし》一族の七生報国《しちしょうほうこく》の精神は、数百年の後によみがえり、幕末明治維新に敢闘した志士たちの力の源となり、さらに大東亜戦争においても幾百万の忠霊が、楠公《なんこう》精神を顕現して、万世一系の天皇の国、祖国日本の防衛のため勇戦したのである。楠木正茂の陣中に翻えった「非利法権天《ひりほうけんてん》」の旗印は、先の大戦での特攻機や特殊潜航艇の上にも翩翻《へんぽん》とひるがえり、兵士の心の支えとなった。このように楠氏一門の忠誠の精神は、時代を超えて我々日本人の心を感動させずにはおかないものがあり、今も日本国民の誇るべき高貴なる精神伝統として、引き継がれているものと信じている。

他にも私には、明治の維新の元勲とされながら、西南戦争で薩摩隼人を率いて明治新政府軍と戦い、勇戦敗北して故郷城山《しろやま》に骨を埋めた西郷隆盛、永遠の理想主義者であったあの大西郷ら何人かのあこがれる人物がいるが、それらについてはまた別に記したい。最後にくり返し強調しておきたいのは、「人の命は地球より重い」といった類の人命至上主義の教育は、結局のところ、戦いを否定する利己主義者と卑怯者を増すだけのことだということである。たとえ敵に不法に攻められても、自分の命大事さに、抵抗はあきらめ、正義も捨て去り、ただ相手に屈従してしまう、誇りなき卑怯な人間を大量に作り出すだけである。そこからは、高貴なる犠牲的精神も、破れても悔いなしとの忠誠を貫く、精神も生まれてくるはずがない。ただ動物の如き人間に近づいていくのみである。

一流といわれる人たちは学者でも、芸術家でも、登山家でも、武道家でも、それぞれの道に命をかけているのである。東洋古代の碩学、孔子は、「朝《あした》に道を聞かば、夕《ゆうべ》に死すとも可なり」といっている。これこそ一道を求める人間の情熱的生き方ではないか。

平和希求も、人命尊重も必要ではあるが、それのみが強調されてはあまりにも偏頗《へんぱ》に過ぎる。平和も人命も、もろいものでこわれ易く、はかないものである。それを守るには、戦いと、より高い目的のための犠牲的精神を必要とする。どんなに平和の時代にあっても、「戦う気概」を養成することを忘れてはならないのである。

現在の日本には、この戦う気概を養う教育の機会も場所もあまりにも少ない。大学には軍事や戦争に関する議論は見当らず、戦略論もない。各種武道のクラブでさえ、今日ではスポーツサークルかの傾向が強くなってきている。日本と同じ敗戦国ドイツや、隣国の韓国では、同じく民主主義体制であっても今日徴兵制をしいており、多くは大学入学後に入隊し、軍隊生活を通じて全若者に戦う気概と国を守る犠牲的精神を教へ、きたえている。そこには、一般国民が軍事を知らないで、軍を民主的にコントロールすることはできない、との常識的考えも存している。

論語の子路第十三にも言う。「子曰、以不教民戦、是謂棄之」（子曰《しいわ》く、教えざる民を以《もち》いて戦う、是《こ》れ之《これ》を棄《す》つと謂《い》う）と。

今のままの日本では、孔子のいう通りになりはしないか。心すべき事と思う次第である。

東京大学・赤門合氣道（平成十一年）

責任の処し方についても、平成十四年の東京大学部誌に次のように語っていた。

責任について

昨年、各地でとかくの物議を醸した成人式をめぐる騒ぎも、今年は一、二を除き大きな混乱もなく開催されたと聞く。

昔の男子は、成人式のことを元服《げんぷく》といい、十二〜十六歳頃に行なつたようだ。いづれにしても大人《おとな》の仲間入りをしたということであろうか。

大人になつたことで一番大切なことは、自らが責任を持ち、責任をとるということである。各地で行なわれた成人式も、この自覚を促すための厳粛な儀式の筈であり、主催者の期待もこの点にあるのではないかと、想像する。ところが、当事者達には、誤解か、錯覚か。自己顕示の場か、友人との交流の場としての意識しかないのだから、全くもって話にならない。

こんな馬鹿騒ぎをする青年を育てあげたのも、煎じ詰めれば、教育の結果ということになろうか。

戦後の悪習だが、家庭も善悪の区別を厳しく仕付けず、教育の場でも、自由とか個性の尊重との美名の下、道徳教育が等閑《なおざり》にされている。

こんなことがずつと続き、五十数年もの時間が空費されれば、どんな徒花《あだばな》が咲くか、自明であるのに、未だこれを改めようとしない。眞に不幸なことと申すのほかない。

何んで讀んだのか忘れたが、昔、武家では、元服式を終えたわが子を、父親が別室に招じ一対一で切腹の作法を教えたという。責任のとりかたについて、厳しく教えることこそ、親のそして、教育の大きな役目の筈である。

成人式当日のトラブルを避けたいだけの理由で、いろいろと智慧をしぼつてみても、一時しのぎにすぎまい。要は甘え体質から脱却し、世の荒波の厳しさを教えることである。

思い出されてならないのは、幕末の志士で越前の、景岳橋本左内のことである。かつて西郷南州翁は、「われ先輩に於ては藤田東湖に服し、同儕《どうせい》（同輩）に於ては橋本左内に服す。二子の才学器識豈《あ》に吾輩の企て及ぶ所ならんや」と、推奨されたといわれる。

それほどの大人物であるが、ご承知のように先生は、井伊直弼《なおすけ》による安政の大獄で、多くの志士と共に捕えられ、安政六年（一八五九）十月七日、斬罪に処せられて、二十六歳の短い生涯を終えるのである。

先生、十五歳の元服の年に、自らの戒《いまし》めとして「啓発録」を著述なされた。これには、去稚心（稚心を去る）、振氣（氣を振ふ）、立志（志を立つ）、勉学（学を勉む）、択交友（交友を択《えら》ぶ）の五綱目についてお書きになつているが、先生が先ず第一番におとりあげになつた稚心《ちしん》（をさな心）を去るということ。ここに青年といわず、現今のわが國人士は注目してほしいのである。

今や、親も世間も、青少年にたいし、甘やかすことを助長するのみで、人生の厳しさを教えることをしない。こんなことで、次代の艱難《かんなん》をになうに足る士女が育つわけがない。このことはわが國の各界各層に、無責任にして、無節操、無気概な人々が充満していることをみても、明らかであろう。


昨年九月十一日、米國内での同時多発テロは、世人の想像を絶する、残酷無残なものであり、正に天下を震撼させた。米國内では早速、パールハーバーを想起する、などという極めて見当違いの報道もなされた。

訪米中だつた石原慎太郎は、直ちに、これこそ、広島・

長崎への原爆投下に相当するものであると反論し、その鋭敏な政治センスを示した。

しかるに、責任ある政府や、政治家、官僚は沈黙するのみで、全く無責任な行動に終始した。彼等には、國家の名誉を守るため、身命を賭すとの気概などありはしないのだ。

今にいたるも、事あるごとに蒸《む》し返される騙《だま》し討ち、卑怯者と謗《そし》られるは、六十一年前の大東亜戦争開戦の通告を、自らのミスと、怠慢により、米國政府に手交することを遅延させてしまった、当時の在米日本大使館の外交官がいたからである。残念でならない。

このように、正に罪、萬死に値する者を、さしたる処罰をするでもなく、むしろ順調とも思えるほどの出世をさせているのだ。その無責任さについては、ただ呆然とするばかりである。

かつて福沢諭吉は、「國の恥辱とありては日本國中の人民一人も残らず命を棄てて國の威光を落さざるこそ、一國の自由独立と申すべきなり」（学問のすゝめ）と喝破しているのである。

今も昔も、わが國、人民中の志ある者は、この氣概を、拳拳服膺すべきだと思うのであるが如何。

今日、世間を賑わせている田中前外相対外務官僚との相克も、同根であり、真に根が深いと申すのほかない。数ケ月にも及ぶ混乱により、どれだけの國益が損じられたことか。このことにこそ、刮目してほしいものだが、未だに田中同情論が世の名数とは、開いた口の塞がらぬ思いである。

無責任さと甘えは、どうやら、わが國民の体質のように思えてならないが、ここで私からみて、見事な責任のとりかたをした、戦後の二、三の方々のことにつき、申し述べてみたい。

近代のわが國のテロリストを想起すると、最先に思い浮ぶのは、山口二矢《おとや》のことである。昭和三十五年（一九六〇）十月十二日午後のことである。東京日比谷の公会堂では、議会の解散を前にして、政党々首の立会演説会が開かれていた。壇上では社会党々首の浅沼委員長が演説していたが、突如、学生服の青年がステージに飛び上り、飛鳥のような素早さで、浅沼党首に体当りした。白刃がひらめき、浅沼はそのまま絶命した。

この事件をひきおこした山口二矢が、わずか十七歳の少年だということが分ると、ごうごうたる右翼テロに対する非難がマスコミ界を支配した。

ところが山口少年は、警視庁の取調べ後、練馬の少年鑑別所に移送されたが、その日の夜、収容されていた部屋の壁に、歯磨き粉で「七生報國」「天皇陛下万才」と大書し、自決した。見事な責任のとり方と申すのほかない。

このことについては、わが師、葦津珍彦著「土民のことば」に感動的な名文が綴られている。ご一讀をすすめるものである。

過ぐる大戦でわが國が敗色濃厚となる、昭和十九年（一九四四）爆装した飛機諸共、敵艦に体当りし、一機よく一艦を屠《ほふ》るとして立案された、いわゆる特攻作戦を、実行に移した中心人物とされる、ときの海軍軍令部次長大西瀧治郎中将は、次のような遺書を残し、昭和二十年八月十六日官舎で割腹自決した。それは海軍側戦死者二千五百二十二名という特攻隊員の御霊《みたま》にあてたものであつた。

遺　書

特攻隊の英霊に曰す。善く戦ひたり深謝す。最後の勝利を信じつつ肉弾として散華せり。然れ共其の信念は遂に達成し得ざるに至れり。

吾死を以て旧部下の英霊と其の遺族に謝せんとす。

次に一般青壮年に告ぐ。

我が死にして、軽挙は利敵行為なるを思ひ、聖旨《せいし》に副ひ奉り、自重忍苦するの誡《いましめ》ともならば幸なり。

隠忍するとも日本人たるの矜持を失ふ勿れ。諸子は國の宝なり。平時に処し、猶《な》ほ克《よ》く特攻精神を堅持し、日本民族の福祉と世界人類の和平の為、最善を尽せよ。

海軍中将大西瀧治郎

大西中将は自刃後、駆けつけた軍医に一切の延命治療を拒否し、腸が露出した状態で数時間にわたる苦しみに耐え、絶命した。

思うに人は、激闘中は申すまでもなく、大激動のときや、精神昂揚した状況のときには、比較的容易に死すことができるものと思われるが、次に述べる安達二十三陸軍中将の最後は、眞に日本人男児かくあるべし、重職者の責任かくあるべしとの正に典型であり、感動、感涙を禁じえない。

安達中将は、東部ニューギニアの戦線で終戦の前日まで、勇戦敢闘した第十八軍の軍司令官であつた。

戦後、中将は、多くの戦没した部下将兵の慰霊にあたり、又、戦犯として捕われた部下の弁護のため法廷に立ち、自らも戦犯として捕われ、一切の責任は我れにあると主張したが、昭和二十二年四月無期禁錮の判決が下つた。

その後部下の裁判も一段落した昭和二十二年九月八日の深夜、収容所の一室にて隠し持つていた錆びたナイフで型どおりの作法により割腹し、散華した部下将兵の後を追つた。

遺　書

私儀、昭和十七年十一月第十八軍司令官の重職を持し（中略）此作戦三歳の間十万に及ぶ青春有為なる陛下の赤子を喪ひ、而して其大部分は栄養失調に基因する戦病死なることに想到する時、御上に対し奉り何と御詫びの言葉も無之候。（中略）打続く作戦に疲憊《ひはい》の極に達せる将兵に対し更に人として堪へ得る限度を遥に超越せる克艱敢闘を要求致候。之に対し黙々之を遂行し力竭《つ》きて花吹雪の如く散り行く若き将兵を眺むる時君國の為とは申しながら其断腸の思は唯神のみぞ知ると存候。当時小生の心中堅く誓ひし処は必ず之等若き将兵と運命を共にし南海の土となるべく縦令《たとひ》凱陣《がいじん》の場合と雖も諭らじとのこと有之候。一昨年晩夏終戦の大詔を拝し（中略）聖旨を徹底して謬《あやま》らず、且は残存戦犯関係将兵の先途を見届くることの重要なるを思ひ、恥を忍び今日に及び候。然るに今や諸般の残務も漸く一段落となり小官の職責の大部を終了せるやに存ぜらるるにつき此時機にかねての志を実行致すことに決意仕候。


戦前は申すに及ばず、戦後にも堂々、男子の責任のとり方は、かくなるものぞ、との例は無数といえるほどあるのである。

想うに、國家にこれといつた理想もなく、平和・反戦・人道などの美名の下、國民も韜晦《とうかい》され、ついには、戦う氣概さえ失うようになつてしまつた。今や公に奉ずる義務感もなく、戦ふようなことは、むしろ悪とする、似非《えせ》平和・似非人道の輩で満ち満ちてしまつた。残念でならない。

およそ、臆病で利己主義者ほど信頼出来ない者はないのである。

世に出て、指導的立場を目指す者には、単なる名利を求めず、地位に伴う義務、そして責任の重、かつ大なることを強く自覚してほしいと、願うばかりである。

赤門合氣道諸兄姉の、益々の活躍を期待し、鶴首するものである。（平成十四年一月記）

東京大学・赤門合氣道（平成十四年）

以上、先生の足跡を辿りながら「生き様」「思い」を紹介してきたが、随筆ないしは講演で一貫して感じられるのは「日本国の行末への思い」である。

その思いがあったればこそ、コロナ禍で已むを得ず道場閉鎖になる令和二年三月まで畳に立ち続けられたのではないだろうか。

先生の思いの目指していたことは、次の言葉に集約される。

「如何にして武道の精神を身に付けた有為なる人物を世に送るか」

残された我々弟子にとって、この思いにどう応えていくか重たい課題である。

追悼の辞　II

威

至誠館武道研修科 師範　福徳 美樹
（昭和五十一年入門）

二十年以上も前のことになります。

小田急線のホームで田中先生をお見かけしました。

「あ、田中先生」

そう気づくより先に、きらりと光るようなものを感じて、引きつけられるようにその人に目がいったのです。

あれは、先生に備わった〝威〟だったのだろうと思います。武道を通じて培われたもの。人混みの中で異彩を放つもの。何十年もの間、鍛え、錬られたものが内に秘められているからこそではないか、と。

○

私は小学三年生で入門し、今日まで稽古を続けてきました。

神社新報に勤めてからは編輯者として田中先生から定期的に原稿（随筆）をいただいたり、至誠館の周年にあたって田中先生と明治神宮幹部との紙上座談会をおこない、至誠館開設当初のお話をお聞きすることもできました。明治神宮の広報担当になると、写真撮影やら、テレビ番組へのご出演までお願いしました。いつも「ああ、いいですよ」と穏やかにご了承くださいました。

一度、明治神宮社報『代々木』の、ある記事について「あれは違うでしょう！」とお叱りを受けました。短く、一言でのご指導でしたが、たいへん恐縮しました。編集に携わる者にとって、印刷後に〝誤り〟を指摘されることほど辛く、厳しいことはありません。しかもそれを指摘されたのが田中先生だったのですから――。そのことがずっと心に刻まれていました。実はそのご指導が昨年の鎮座百年祭に関わる記事で活かされることになりました。あの時のご指摘がなかったらと思うと、改めて本当にありがたく思います。

○

ホームでお見かけした際の印象が、私の中でひとつの課題となって残りました。それを意図してできるものではないのでしょうけれども、きらりと光るものを秘めた者になりたい。そういう稽古と、修練を求めていきたいと思います。

田中先生との思い出

至誠館柔道科 講師　高山 靖徳

私が高校生で明治神宮の至誠館に入門したのが三十数年前、その当時は部活後の十八時以降に入館することが殆どだった為、田中先生の稽古時間とは合わず、お会いする機会に恵まれずにおりました。

柔道科は夏に武道場二階にある研修室に宿泊させて頂きながら、三日間に渡り合宿を行っていて、その折りに武道研修科の稽古時間に遭遇し、先生のお姿を拝見したのが初めてだったかと存じます。

姿勢良く、声も良く通り説明も解りやすく、実に威厳に満ちた指導をされていたのを覚えています。

その後、事始式や開設記念式典にて先生の演武を拝見した際も、皆の注目を集める中で姿勢も崩さず、流れるように動き、静と動が見事に体現されて、「さすが、館長」と圧倒されたものです。

そして私が柔道科の助手、講師として教える側になり、年末の懇親会や運営委員会に参加するようになると、会の合間にお話をする機会にも恵まれ、気さくにお付き合いいただき、柔道の歴史についても、ちょっとした雑談にしても、その知識の豊富さに驚かされました。

私も五十歳を超え、初めてお会いした頃の先生の年齢に近づいてきている事を思うと、まだまだその足元にも及ばず、「田中先生のような素晴らしい指導者に少しでも近付けるように、もっと精進しなければ」と心引き締まる想いであります。

至誠館開館より半世紀、田中先生は初代館長として、名誉館長として、私などでは計り知れない様々な重圧と困難もあった事かと存じます。

その様な中で、数多くの門人や学生を育てて、輩出して来られました。

これからも、先生の意思を受け継いだ数多くの者達から、またその後輩たちへと、その先生の教えが脈々と受け継がれていくものと確信しております。

微力ながら私もそのお役に立てるように努力して行きたいと思います。

田中先生、皆の頑張りを見守って下さい。

先生のご冥福を心からお祈り申し上げます。

至誠の人―田中先生

至誠館門人会 会長　小川 眞一

私が田中先生と初めてお会いしたのは、先生が初代館長を引退された後であったため、直接のご指導を受ける機会なく見学のみでしたが、実に気概の入った力強くかつしなやかな演武に敬仰いたしました。また先生は、道場外においても公私にわたり門弟の面倒を見ておられ、門弟の結婚式や歓送会などの行事にも出席され、進路で悩んだ門弟にも先生は親身に相談にのってくださいましたことを先輩門弟諸氏の方々から聞き及び「世話好きの温かい先生」との噂を拝承していました。田中先生は、稽古は厳しいが多くの門弟から慕われる「情の人」でもあったようです。某先輩門弟の結婚披露会の席で歓談する機会を得ました。話題が英国における合気道稽古に及んだとき、先生の昔日の英国遠征時の武勇伝を語っていただき懐かしく想い出されます。お話しされる場合も、不必要なことは一切発しないほど、非常に単刀直入な方でした。心に残る言葉を覚えています。〝有言実行は難しいものだ。〟と語っておられた誠実なお言葉でした。勇気と信念がなければ語ることはできません。正に「至誠」を貫いた方でした。言行通り九十歳を超えるご高齢にもかかわらず門弟に直接稽古ご指導をされ生涯現役を貫かれました。

田中先生は親しい門人たちとの宴高まると時々余興で「蒙古放浪歌」を朗唱されました。至誠会設立時の時からの門人であり、大学の同窓・同年であった故人川又正智氏（国士舘大学教授）から田中先生が蒙古好きであった話をしばしば聞きました。考古学者の川又氏は京大合気道部で合気道を稽古していました。川又氏は京大の学生時代に、田中先生が師範をされていた東大合気道部との交流大会を機に心酔し、卒業後も田中先生を慕って至誠館に入門しました。晩年になり考古学研究者の繋がりから田中先生念願のモンゴル旅行の世話をされました。田中先生は若いころから憧れていたモンゴル旅行を大変に喜んでおられたようです。この歌は、関連する「馬賊の唄」と共に愛唱歌CDにも入っています。小生は京大ワンダーフォーゲル部で彷徨活動していたため合気道部には入部していませんでしたがこの歌をよく歌いました。南アルプスを縦走した山男時代にテントの中で大学の山男たちとこの「蒙古放浪歌」を放歌していました。

回顧すると馬賊の心意気と山男の意気と至誠の精神とはどこかで繋がっていたような気がします。「心猛くも鬼神ならぬ　人と生まれて情けはあれど　母を見捨てて浪越えて行く　友よ兄等と何時又会わん　・・・浪の彼方の蒙古の砂漠　男多恨の身の捨て所　胸に秘めたる大願あれば　生きて帰らん望みは持たぬ」の歌詞はいつまでも心に残ります。歌のもとであった檀一雄の小説「夕日と拳銃」は、学生時代に愛読しました。満州の荒野を駆けめぐり、満蒙独立という壮大な夢とロマンを追い、燃え尽きた男、伊達政宗直系の伊達麟之助の生涯の物語です。

「馬賊の唄」は田中先生の母校拓大の学友歌のようですが「俺も行くから君も行け　狭い日本にゃ住みあいた海の彼方にゃ支那がある　支那に四億の民が待つ」には、満蒙開拓者精神が息づいています。後日映画やTVドラマにもなり「満州荒野夕日を浴びて、思い描くは何事ぞ、国の山河か同胞（ハラカラ）か、亜細亜大陸駆ける夢、いざ行かんいざ行かん、理想に燃えていざ行かん、・・・」という主題歌もあります。

小生は、四十代になってから合気道を始め、鎌倉八幡宮の道場で黒帯をとってから至誠館に入門しました。老若男女の中で長年稽古が続けられたのも、この心意気があったからだと思います。小生もこの開拓者精神「いざ行かん　日本にゃ住めぬ男の命　流れ流れて大陸へ・・」に共鳴し海外に雄飛しました。幸い海外プラント建設の業務に従事したことから世界七十ヵ国以上を旅し業務生活の大半は海外勤務でした。韓国に四年ロンドンに八年駐在しました。東西両国を比較した拙論「近くて遠い国韓国・遠くて近い国英国」は好評を得、今も得心しています。海外出張の大半は中近東、インド、アフリカなどの治安のあまり良くない地でした。熱砂の中の湾岸戦争のあとテロ活動が発生しはじめたころでした。プロジェクト・チームに先行して入国し海外渡航安全には、人一倍注意して最前線の情報を現地工事を担当する日本からの出張者に伝えていました。暴漢に襲われたこともありました。幸い怪我無くすみましたが、怯まない気概が役に立ったようです。

ロンドン駐在時には、縁あって至誠館のロンドン支部ともいえるポール・スミス先生の鉄心館で稽古を続けることができました。体術のほうは、既に黒帯でしたが、この道場で剣術・基本太刀から稽古し直しました。帰国後、至誠館に入門し、海外合宿にも数度参加したお陰でヨーロッパの門人たちとの交流も深まりました。

田中先生の指導の下、稲葉名誉師範や国際至誠館武道協会（ＩＳＢＡ）の方々のご尽力もあり至誠館は今や海外門人たちの憧れの聖地の武道場となりました。先生の叱咤激励、鼓舞のお陰で武道修練を通じた日本武道精神が海外門人に広まりました。伝聞のみに頼ることなく身体を動かすことによる継続的な武道錬成によって海外門人たちのアイデンティティができてきたと思います。田中先生の指導されたものは、至誠館道場の精神の一部として根付いており、今も生き続けています。田中先生は永遠の眠りにつかれましたが、いつまでも至誠館を見守り続けていただいているものと思います。末尾に献歌いたします。

大陸の原野に映える夕陽見て
至誠の心永遠（とわ）貫けり

田中茂穂先生を偲ぶ
（東京大学合気道同好会の頃）

東京大学（新制）昭和二十七年転入学　細田　瑳一

東京大学合気道部永世師範、明治神宮武道場至誠館名誉館長、田中茂穂先生に合気道の初歩をご指導頂いた者の一人として、記憶に残る往時の社会環境と共に、いつも穏やかな温顔で、慣れない私共の練習を、繰り返し丁寧に教えて下さった事を感謝し思い出しています。

昭和二十七年四月、私は京都大学理学部での教養課程を終了し、東京大学医学部医学科に転入学しました。

五月になり、皇居前広場でのメーデー事件で、学生にも逮捕者が出たり、医学部長の柿沼教授が急性心筋梗塞で急逝される等の事があり、新米の自治委員であった私も事務室に出入りして居ました。京都大学では馬術部に属していましたが、東京で続けることは難しく、下宿に近い駒場の運動場で時々陸上競技部に加わって走っていました。他方、高校生の頃から植芝盛平道主の合気会の、非暴力の原則で「気」を整え相手の意図を見破り制すると言われる考え方を読んで感銘を受け、東京に行く機会があれば、合気道道場で学びたいと考えていました。

　夏休みが終わって大学に戻った頃、事務室で偶然、事務官の志村良治さんから、同級生の豊嶋範夫君が植芝道場に通っている事と、春から田中芝穂先生が事務官として勤務しておられる事を伺いました。場所があれば大学で時間を決めて指導して頂けるとのご意向でした。豊嶋君は既に早朝に道場に通っていたので、志村さんと相談して、まず運動会を訪ねた所、正式の部としては認められず、七徳堂は柔道部、空手部などで一杯で場所もないとの事でした。医学部の授業にもなかなか余裕がなく、毎日、御殿下運動場と七徳堂の間を通る度毎に様子を見て、水曜又は木曜日の昼の時間に比較的利用者が少ない事を確認しました。昭和二十八年四月頃から、水曜日の昼の時間に集まって、時間の取れる時に田中師範にご指導を受ける事として、豊嶋範夫君を中心に、私と昭和二十八年医学科入学の阿部薫君、塙正男君、その他物故者五名、それに志村良治さんにも加わって頂いて、約一時間、基本動作と基本技法を繰り返し練習して、同好会を発足しました。

　一年余り経った頃、私は健診で肺結核の治療の為運動を禁止され、退会を余儀なくされました。卒後、新設のいくつかの施設及び海外の施設で勤務した後に、東京女子医科大学に勤務しました。その際には近くにあった植芝道場の関連の方々と医療現場で交流ができ、その後至誠館館長を勤められた田中茂穂先生にもお世話になりました。現在も時々自宅の傍の道場で基本動作の練習をさせて頂いています。

　追悼集が出されるということを聞き、若かりし頃先生の指導の下、医学部の仲間と合気道に親しんだことが走馬灯のように思いだされ、筆を取りました。

田中先生のご冥福をお祈りしております。

田中茂穂先生を偲んで

東京大学 昭和三十三年入学　北村 長榮

田中先生との交友は本郷に移ってからになる。駒場の時はほとんどなかったと思う。当時小生は亀戸に住んでいたので御茶ノ水駅で降り、バスにて東大病院前で降り直接七徳堂に行った。大学が夏休みの時も田中先生は、大学におられるので稽古をして頂いた。大学卒業後　東芝に入社、人事勤労部の課長を経て部長になる前の三月に退職し、故郷である宇都宮に戻った。戻ったのは、始めた商売が順調に進んでいたにも拘わらず母の体調が優れなくなり、後を継ぐためであった。

小生が五十歳の時、宇都宮に帝京大学が出来た。その時、学生三十人が学生課長の寺尾氏（亀井先輩の元秘書）に合気道部を作ってほしいと陳情したそうである。両親は賛成でなかったが、土曜日の午後二時間だけという条件で稽古を引き受けた。

当時私は合気道から離れており、田中先生が神宮の至誠館でご指導されていたのでもっけの幸いと宇都宮から出向いてご指導いただいた。

当時小生の段位は学生の時の三段であり大学生の昇級、昇段審査はできないので田中先生に宇都宮にお越しいただき年二回六月と十二月と審査いただいた。四月になると新入部員が何人入部したか必ず報告した。

また、噂を聞いた社会人の入部もあったが、その中に、田中先生の中央大学での教え子の鶴見氏もいた。

平成二十七年一月に小生は田中先生のご推挙により七段を拝命したが、植芝守央三代目道主から直接もらうよう指示されたので初めて本部道場に行った。そしていろいろ道場内を案内され、さらに四代目道主になる方の稽古などを見せていただいた。

この時鶴見氏も同道したのだが、小生の後継者にしたい旨申し上げることも出来た。これも田中先生の思いやりだったのだなと思う。

話は変わるが田中先生からいただいた「はがき」はほとんど捨てずに残っている。

大変小さな字でお書きになり何故か、いつも末尾に「奥様によろしくと」との言葉入っている。

田中先生は年賀状だけで毎年千枚を超えるとのことで「返事を大勢の人に出すのは大変なのでやめる」とのはがきもある。

最後のはがきは「神代会」を開いて欲しいとのことだった。幹事の植田氏も今年は開くとのことだったので先生には連絡はしなかったが、今思えば亡くなる前にご連絡をすれば良かったと後悔している。

先生が亡くなる直前にご自宅をお訪ねした。姉の家（同じ田中姓）が近くにあり用事があったのでお寄りしたのだ。

車を玄関の前に止めて家に上がった。傾斜のある大変広い庭には竹が大きく伸びていた。ご子息もご在宅だった。この時がお会いした最後であった。普段と変わらぬご様子だったので、直後にお亡くなりになるとは思わなかった。

川崎で行われた告別式は神式で行われ、明治神宮の神官が取り仕切った。東大からは亀井先輩、小生と後輩の三人が出席した。新型コロナの関係から他大学も数名だった。ご遺族から先生は、亡くなる二カ月前まで稽古をされていたと聞いて驚いた。後日行われた偲ぶ会では明治記念館に大勢の教え子たちが集まった。代表して亀井先輩が玉串奉奠を行った。別室では先生の功績を称えた表彰状や貴重な写真などが飾られていた。小生はこんなに御立派な生き方をされた事を初めて知った。小生の頂く「ハガキ」には、一切書かれておらず本当に謙虚な方と思った。

大変昔の話になるが小生の取り引き先のお子様が東京の病院で手術をするので「O」型の血液を集めて欲しいと頼まれ、田中先生にお願いしたところ、先生が教えている大学の学生さんに御協力頂き、ご家族に大変感謝された事もあった。

ご指導いただいた帝京大学合気道部も、新部長が決まったとのこと、このコロナ禍で入部者があったのかどうか気になるところだ。ご存命だったなら先生に報告できたのにと、一抹の寂しさを感じる。

先生との楽しい思い出も沢山ある。

大学の同期会で栃木県の奥塩原の新湯温泉に一泊したこと。先生ご夫妻と小生の夫婦で「山楽」に泊まったこと。あの時、温泉が外にあり、雪が降って大変寒かったのは忘れられない。

ご冥福をお祈り申し上げます。

合掌

我が人生の師

東京大学 昭和三十五年入学　草原 克豪

初めて田中茂穂先生の姿を拝見したのは新入生歓迎演武会だった。それまで合気道という言葉すら聞いたことがなかったが、先生の華麗な演武にすっかり魅了されてしまった。演武のあとの「合気道では投げたり投げられたりしますが、投げる方が強いわけでもなく、投げられた方が弱いわけでもありません」という言葉もなぜか印象的だった。

当時の先生は三十一歳。だがとてもそのような若年とは思えない風格を備えておられた。他方で先生は義理と人情の人であり、その温厚かつ気さくなお人柄には誰もが親近感を抱いた。おかげで東京大学合気道部は、先生が創部されてから実に六十六年もの長い歳月を先生と共に歩むことができたのである。奇跡としか言いようがない。

振り返ると自分の人生も田中先生抜きには考えられない。在学中には創部十周年記念のアメリカ訪問にご一緒させてもらったし、その時の縁で一年間アメリカの町道場で合気道を教えることになった時は、若造が一人で大丈夫かと大変心配され、最後まで親身になって支えてくださった。卒業後の進路選択を間違わなかったのも、先生から「国家公務員試験を受けておいた方がよい」とのご助言を頂いたおかげだ。今の自分があるのはひとえに先生のご支援の賜物である。

ユネスコ本部勤務中には、ユネスコ主催の第一回日本文化祭に田中師範、稲葉師範代らをお迎えして、日本庭園広場で合気道と剣術の真髄を披露していただくことができた。炎天下の会場を埋め尽くした観客が固唾を呑んでこの見事な演武に釘付けとなった光景は今でも忘れられない。

先生は武道とは「武士道を学ぶ」こと、武士道とは「名を惜しみ恥を知る」ことであり、その意味は「自分の命より高く尊いものがあることを知る」ことだと説かれた。そして自ら武道家としての矜持を保って人生を全うし、その至誠の姿を私たちに示してくださった。

大学に入学した頃、合宿後の打ち上げコンパの席上だったと思うが、先生が「日本は立派な国だ。先の大戦も日本が悪かったのではない」と話されたことがあった。戦後教育を受けてきた自分としては何となく割り切れないものを感じて納得がいかなかった。ところが後年になって自分なりに勉強する機会があり、歴史の真実を知れば知るほど、先生の考え方に近づくのである。己の不明を恥じるばかりであった。

さらに新渡戸稲造について調べていくうちに、その武士道精神といい、慈悲の心といい、天皇に対する畏敬の念といい、田中先生との共通点が極めて多いことを発見した。ある人は新渡戸のことを「外見よりも一層民族主義者であり、また外見よりも一層国際主義者である」と評したが、その点でも二人は全く同じだ。要するに人間の幅が広いのである。こうして私はいつの間にか、田中先生に新渡戸稲造のイメージを重ね合わせて見るようになった。

　先生の歴史観や武道哲学がいつどのようにして形成されたのか、詳しく伺う機会はなかったが、井上孚麿先生と葦津珍彦先生の影響が大きかったことは間違いない。

　井上先生は憲法学の泰斗で、戦後一貫して現憲法の無効を論じ続けた人である。田中先生は畏友島田和繁先生の紹介で井上先生の高潔な人格に触れ、親しく教えを受けられるようになった。その井上先生のことを田中先生は、「御自分では武道をおやりにならなかった。しかし先生は稀代の豪傑であられた。優しさの反面、大胆にして硬骨、その内面にはいかなる武道家をも凌ぐ烈々たる武の精神が充満してゐた」と『穂雲閑話』に記しておられる。

　葦津先生は神道界では知らぬ人のない昭和を代表する大思想家で、戦後は天皇制の擁護に情熱を注いだことで知られる。明治神宮至誠館の建設を熱心に説かれた方でもある。こちらも同じく島田先生の紹介で知遇を得た田中先生は、葦津先生の『土民のことば』を何度も読み返し、さらに『武士道』『戦闘者の精神』を座右の書とするに至ったとも述べておられる。

　田中先生はこうした偉大な先達からも積極的に学びながら自己研鑽を積み重ねられ、文武両道の士として、自らの生き方を通して私たちを指導してくださったのだ。我が人生の師を喪った今、長年にわたる先生のご恩顧に改めて感謝の念を強くするとともに、深い寂寥感を覚えるのである。

田中先生との旅

東京大学 昭和三十七年入学　同期生

　私たち同期生は長年田中先生と親しく旅行をさせていただいた。もともと現役のころから正月などの折節、ご自宅にお邪魔していたが、「大勢で押し掛けては奥様はじめご家族に迷惑をかける。同期仲間で旅行し、その場に先生ご夫妻にお出でいただくのはどうだろうか」と考えた。先生、奥様はこの申し出を快諾され、毎年建国記念日のころ、国内各地、時には海外旅行までするようになった。以下、先生との旅行の一端である。

ドイツへの旅

岩崎　毅（至誠館元門人）

田中先生との旅で、特に記憶に残るのは、至誠館関係行事の一つ、マンハイム大学およびハイデルベルク大学の練成会に参加した西ドイツ訪問の旅である。この練成会はヘルベルト・ポップ教授（マンハイム大教授・後に副学長、かつ両大学の合気道師範）のお招きに応じたものである。他の同行者は至誠館武道研修科指導者の笹田さんと東大、中央大、専修大の三大学現役キャプテンだった。

時は一九八七年、日本から目的地への直行便はなく、乗換のためモスクワに一泊した。この夜は偶々メーデー前夜で、共産国ソ連のメーデーへの備えを見ようと先生をお誘いした。ホテルの玄関から出ようとしたが警備員に制止された。裏口に回ったところ、こちらも警備が厳しく外出はかなわなかった。やむを得ず入ったホテルのバーは、灯火管制で人の顔がやっと識別できるほどの暗さだった。思わぬ展開に、ワインを飲みながら、この国の将来はどうなるのだろう、といった話になった。当時ソ連はゴルバチョフ書記長がペレストロイカを推進中で、ソ連崩壊は四年後の一九九一年、ドイツ統一はその前年の一九九〇年と、まさに世界激動直前の時代であった。

翌日乗継ぎ便で西ドイツ到着。さらにマンハイムのこぎれいな宿につくと、一番に出迎えてくれたのは大きなジャーマン・シェパードで、滞在中、出入りのたびに挨拶を交わす仲になった。

錬成会々場は、ドイツ最古のハイデルベルグ大の体育館だった。大学の諸施設は市街地の中に分散しており、ここが道場?と思わせる所に位置していた。ドイツだけではなく、周辺国の合気道愛好家も駆けつけ、参加者は五十人ほどと盛況であった。

錬成は先生の講話「武士道」で始まり、稽古がその後に続いた。皆先生の一挙手一投足を見逃すまいと真剣な眼差しで、道場内の雰囲気は張り詰めたものであった。

稽古後はネッカー川（ライン川の支流）河畔にある古城や古い街並みを散策した。稽古が休みの日には、レンタカーで二〇〇㎞ほど離れた独・墺・瑞の三国に囲まれたボーデン湖沿いにスイス山中のドライブを楽しんだ。

ドイツでの合気道指導も無事に終え、最後の夜、先生とお土産を探しに外出した。宿には門限がありこれに少し遅れたところ、玄関の戸が閉まっていた。「困りましたねえ」と途方に暮れていると我々の愛犬が現れ、ついていくとホテルの隠れ戸口に案内してくれた。西ドイツ訪問はなんとはなく心がほっとする締めくくりとなった。

ドイツとの合気道交流は、平成二十三年まで続いたと、至誠館の関係書類に記されている。

ミャンマーへの旅

成合 靖正

ある伝手があって我々がミャンマー旅行を計画したとき、田中先生のご長兄がインパール作戦の中で戦死されていることを知った。

一九九八年十月、先生ご夫妻以下、十名でヤンゴン空港に降り立った。当時、軍政が敷かれ入国管理は厳しかったが、外務省勤務の某OBのおかげでVIP扱いの入国ができたのは幸運だった。その日から物見遊山と毎昼、毎晩の酒盛りの旅が始まった。旅の三日目、中部のマンダレーを訪れた。ここは一九四四年、十六万余の将兵が戦死したインパール作戦の前進基地だった。我々は戦死者の慰霊碑の立つザガイン・ヒルを訪れ、日本から持ってきたお米とお酒を供えた。先生は唇をかみしめて亡きご長兄の冥福を祈っておられた。

【ザガインの　丘に供ふや米と御酒
　　いくさ人らの霊しのびつつ】

その夕刻、我々はイラワヂ川の観光船上にあったが、沈みゆく夕日が血の色に見えた。慰霊を済ませた先生は元の楽し気な表情に戻っていた。

【血染めなる　イラワヂ河に漂ひて
　　夕日を見しか　いくさ人らは】

上海への旅

照井 健三（至誠館元門人）

六十年近く前の大学時代、四年間を通して田中先生に合気道をご指導頂きましたが、私としては道場の外でのお付き合いを通して、物の考え方、他人との接し方とか、ひいては生き方まで教えて頂いたと言う思いがします。我々の同期仲間では二浪三浪はざらで、中には五浪も居て、現役は肩身が狭い思いをしていましたが、横のつながりが強く、卒業後も、毎年一回田中先生ご夫妻にお付き合い頂き旅行をしてきました。

次の文は、恒例旅行の番外編として実施した上海旅行について、ガイドを務めてくれた中国人の束さんが書いた印象記です。

田中先生と我々の関係を良くとらえていると思います。

「風変わりな団体旅行」　束　健

二〇〇六年十月のことになります。当時上海在住の日本人、照井さんが企画した日本からの団体旅行のガイドをやりました。上海・蘇州・南京を五泊六日、貸切バスで回るものでしたが、大変風変わりなものでした。

参加者は総勢十名でした。

田中先生：ほかの皆から〝先生！　先生！〟と呼ばれていました。中国では〝先生〟は日本語の〝さん〟程度の意味ですが、実際は中国語の〝老師〟か、もっと敬いの意味が込められているようでした。齢は八十少し前と聞きました。体つきはむしろ小柄で、いつも笑顔ですが、目力が普通ではなくいざという時は恐ろしい目になるのではないかと思わせる目でした。後ろから歩く姿を見ると、右肩が筋肉で盛り上がりそのせいで左肩が少し下り気味で、鍛え方が尋常ではない事が素人の私にも分かりました。団体の中心人物に違いないのですが、本人は少しも偉ぶる事なく、皆も兄貴分に接するようなのが印象的でした。

奥さん：ほかの皆から〝奥さん！　奥さん！〟と呼ばれていました。田中先生の奥さんで、若かりし頃はさぞかし別嬪さんであったと思われる方です。紅一点ですが、誰とも親しそうで、先生同様、皆とは長い付き合いであることを感じました。

その他八人は田中先生の弟子にあたり、照井さんもその一人です。それぞれ個性的な人たちでした。

主な観光地は、次のとおりです。上海：外灘・豫園・東方明珠・博物館・リニアモーターカー。蘇州：虎丘・寒山寺・拙政園・運河めぐり。南京：長江大橋・総統府・夫子廟・中山陵。

旅行した皆さんの様子をひとことで言うと、全く変わった団体でした。

参加者は四十年も前に東京大学で田中先生のもと合気道に励んだ仲間同士だそうです。東京大学と言えば中国でも有名で、北京大学・清華大学並みかそれ以上と言われているわけで、そんな仲間が何で中国まで来て行動を共にするのか？　なんの益があるのか？　中国人の私には理解できません。前出の観光地のうち興味を示したのは、リニアモーターカー、運河めぐりと長江大橋ぐらいで、名所旧跡よりむしろ興味を示したのは自転車の洪水、物乞いや生鮮市場の雑踏でした。

毎晩の夕食が印象的でした。地方々々の名物料理を用意したので、それなりに評価されましたが、お酒が出ると一気に盛り上がり、毎晩ビール十本以上、老酒を二本ほど、ついには白酒まで注文していました。むしろお酒を飲むため中国に来たのではないかと思うほどでした。損得勘定なしの付き合いがとても羨ましく思われました。

皆さんの話題は中日関係あり、中国の現状ありで、多岐にわたっているようでした。南京は中日戦争の爪痕も残り（虐殺記念館もある）、一年ほど前の反日デモもあったのでカムフラージュの為に運転席の団体名をハングル文字としましたが、皆さんは全く意に介さず堂々と旅行を楽しんでいました。

皆さんは先生夫妻を囲んで六日間を和気あいあいと楽しみつつ、中国の現状を体感されたようでした。

最後の旅

成合 靖正

先生の卒寿を超えられたご体調を考慮しつつ、恒例旅行は近年東京近辺の宿泊地を選ぶようになった。二〇二一年二月、我々は厚木市の飯山温泉を訪れた。若いころのようにガツガツと観光地を巡ることもなく、のんびり温泉に浸かり、ゆったり宴会し、寮歌高唱して終わり、といった形になった。翌日、相模原市内のＪＡＸＡキャンパスを見学した。おりしも小惑星探査機「はやぶさ２」が小惑星リュウグウでサンプル採取に成功し、地球に向けて帰還の途上にあった。ＪＡＸＡは沸き立つような興奮に満ちていた。一同、誇らしげな係員の説明に耳を傾けた。先生は少しお疲れのように見えたが、展示物を熱心に見ておられた。その後、バス移動、ビール工場見学、出来たてビール試飲のあと、横浜駅頭で解散となった。解散の間際、先生は旅行幹事の私と岩崎君を手もとに招き、「実は数日前、癌の末期状態にあることが分かった。余命数か月と言われている」と話された。にわかには信じられず、また病を押して旅行に参加されたことを申し訳なく思った。

旅行の一か月後、仲間三人で至誠館を訪問し幸運にも先生にお会いできたが、それが最後になった。
はやぶさ2はその年の十二月に帰還し、無事サンプルを地球に届け、新たな旅に再挑戦することになった。
【はやぶさ2　宇宙の果てより還るとも
　　わが師はさらなる果てに発ちけり】
以上

田中先生と六十回近い旅行を重ねて

専修大学　昭和三十七年入学　五十嵐　良泰

一、厳しくも温かいご指導

田中先生に初めてお会いしたのは昭和三十七年、私が大学一年生の時でした。合気道部の夏合宿にて、同年より合気道部の師範になることを先輩から伝えられました。年配の厳格そうな先生が来られるのかと大変緊張していましたが、お会いすると想像よりも若く、稽古は厳しくも優しい眼差しの人間味あふれる先生でした。

当時、合気道部は週六回、二～三時間の練習でしたが、田中先生は週一回必ず指導に来られました。主に練習中の怪我を防ぐための基本運動を丁寧に教えていただきました。「基本の動きを大切に」ということで、なぜこのような動きになるのかを一つずつ確認しながら練習を重ねました。共に鍛錬しながらも同期の仲間と楽しく過ごした思い出は、半世紀以上経った今でもついこの間のことのように懐かしく思い出されます。

春夏と年二回の合宿では、朝五時から練習を始め休憩をはさみながら八時間もの激しい練習が続きました。心底疲れ切ってしまい夕食も思うように食べられない毎日でした。特に夏合宿は暑くて辛かったのですが、三年生の夏合宿だけは北海道であり涼しく楽でした。ただ、この時も田中先生は北海道に三日滞在してから広島へ移動されたため、気温差に体がついていかず大変だったことを後に伺いました。昭和三十八年には東京大学七徳堂で東京大学・専修大学の合同免許授与式が行われました。その場には先生の恩師である合気道開祖植芝盛平翁が来られたので、厳粛な空気が極まり、我々部員もかつて経験したこともないような雰囲気に圧倒されました。

また当時は、『朴歯下駄』を履いて合氣神社まで行脚する毎年恒例の行事があり、眠いのを我慢しながら二十四時間歩き続けたのは大変思い出深いです。大学四年間続けた合気道は心身に深く刻み込まれました。卒業後もご指導頂いた基本の動きを大切に、自宅で合気道の基本動作や腹筋運動を続けていました。改めて思い返すと、部活で叩きこまれた礼儀作法と鍛え抜いた体は仕事や人間関係に大変役立ったことがわかります。これも一重に田中先生はじめ指導者の方々や切磋琢磨した部員との合気道生活の賜物だと深く感謝している次第です。

二、先生は大の温泉好き

卒業から三十二年経った平成六年、同期高山氏の提案で五期メンバー七人が集まることになりました。この時、田中先生にもお声掛けしたところ、我々の集まりに心よく参加して下さることになり、先生も交えた旅行会がスタートしました。その前に五期全員で黒須氏（昭和五十六年逝去）に線香をあげました。卒業の時八人いました同期も平成の終わりには六人に減ってしまいました。

平成六年の初旅行は箱根の専修大学セミナーハウスに一泊し、先生ご夫妻と同期の九人で思い出話に盛り上がりました。以降、一泊旅行三十八回、日帰り旅行は約二十回と計六十回近い旅行を重ね旧交を深めました。左記は印象に深かった旅行です。

・平成七年に、同期の浅野氏の地元、富山へ。台風の真っ最中で途中通行止めに合い、一般道で富山へ向かいました。

・平成十年に、合気道部初代監督である川口満洲男氏の墓参りのため新潟へ行きました。

・六期（後輩）の高田氏が平成十四年より参加してくれました。体調を崩していたにも関わらず、「皆に会いたい」と無理して広島から伊豆長岡まで一升瓶をかかえてきてくれました。（その四年後に逝去されました。）

田中先生は国内各地に大勢の教え子がいました。誰がどこにいるのかをよく覚えておられて、すぐに名前が出てくる記憶の良さには驚くばかりでした。その後、旅行会は「田中先生を囲む会」として続きました。最初は五期七人だけでしたが、徐々に増えて先輩後輩も加わり十二〜十三人となりました。

そして、計三十八回の一泊旅行に全出席したのは何と田中先生ただ一人でした。先生は十数年前より膝を痛めて歩くのに不自由でしたが、我々との旅行を楽しみにされて、いつも喜んで参加して下さいました。先生は温泉旅行が大好きとのことで、お気に入りの温泉地を二カ所お聞きしました。一つは秋田県田沢湖国立公園内にある玉川温泉、もう一つが奥鬼怒川にある八丁湯（旅館名）です。移動中の車内や夕食後にお部屋でお酒を飲みながら、先生や同期とたわいのない語らいをするのは私にとっても大変楽しいひと時でした。首の怪我で一回欠席した時はとても残念でした。先生の味わいのある温もりに満ちた数々のお話は私の心から消えることはないでしょう。

大学時代に四年間みっちりご指導頂いた上に、何十年経っても我々のことを忘れずに旅行に何十回も付き合って下さり本当にありがとうございました。先生が毎回来て下さるからこそ途切れずに旅行会を続けることができ、私どもに楽しいひと時、素晴らしい思い出をたくさん増やして下さいました。田中先生の体の丈夫さ・記憶力の良さ・几帳面さは、長年の心身の鍛錬に基づくものと心に刻み、私も見習っていきたいと思っております。もう先生にお会いできないと思うと寂しい限りですが、また同期で先生の大好きだった温泉を巡りたいと思います。どうか安らかにお眠り下さい。

田中師範第一期生

中央大学 昭和三十七年入学　藤田 貞夫

同　塚越　誠

田中茂穂先生が中央大学合気道部の師範にご就任されたのは、昭和四十年四月、我々中大合気八期が幹部のときでした。我々八期は、前年九月二十五日に幹部に就任し、後日、椎津信一監督（当時。以下略。）から、田中先生を師範としてお迎えしたいとの提案がありました。

当時の合気道部は、週に一回、椎津監督（専大松戸高校に赴任直後）から稽古を受けていただけであり、道場やに流派に左右されない「学生の合気道」の考え方を基本にして運営していましたが（椎津監督自体、養神館との関係は、すでに随分と薄れていたようです。）、精神的・技術的支柱を求める観点から、師範招聘問題は、数年越しの懸案となっていました。

ＯＢ諸兄の意見は様々でしたが、反対の意見が多かったです。無理もありません、中大合気は、養神館での人間関係から部活動に発展しており、上の期ほど、養神館とのつながりが深く、また、ＯＢ諸兄は、みな二十代でした。現状維持、師範招聘、はたまた、合気会か、養神館か、議論は白熱し、結論はなかなか得られませんでした。

その後も、我々八期は、時と場所を選ばず、OB諸兄や下級生を交えて、また、同期のみで侃々諤々の議論を行い、そして、大いに苦悩しました。ことは、将来の中大合気の行く末にかかわることなのです。

そんな中、あるOBから「結局、現役学生が主体なのだから、現役学生そして幹部の意見が最も大事である。」との意見があり、その後の議論を経て、田中先生を師範としてお迎えして、ご指導いただくことに決定しました。椎津監督が強引に決定したのではなく、学生が主体となって、徹底的に議論して決定したのです。その後、昭和四十年二月か三月に東大合気、専大合気と共に、中大合気も、田中先生のご自宅に招かれてご挨拶に伺い、深夜まで宴会を行いそのまま先生のご自宅で泊まって翌朝失礼したことは、今でも良い思い出です。

田中先生を師範としてお迎えした後、学生時代、強く印象に残っていることは、昭和四十年十二月に、合気道開祖の植芝盛平先生が、中央大学にご来校されたことです。当時、植芝先生は、茨城県の岩間にお住まいでしたが、吉祥丸先生と共に、わざわざご来校くださいました。中大合気には、まだ専用道場はなく、富坂にあったレスリング道場の空き時間を利用して稽古をしていましたが、そのレスリング道場に来てくださったのです。まさに青天の霹靂。そして、植芝先生が、直接部員に免状をお渡しくださり、集合写真を撮影し、その後、演武をご披露くださいました。受けは、当時三十代の田中先生。我々部員にとって、植芝先生は雲上人であり、そのような方から直接免状を頂戴できたのは、田中先生の存在があればこそです。以来、中大合気は、合気道道主から免状を頂戴しております。

私が田中先生を初めて拝見したのは、昭和三十八年、私が二年生のときだった記憶ですが、東大合気と専大合気と中大合気で、三大学合同稽古を行った東大の七徳堂でのことでした。私は、そのとき、田中先生の合気道に対し、強い憧れを感じ、以来、直接ご指導いただきたいと思ったのを鮮烈に記憶しています。

田中先生と私は、終生、先生と弟子の関係であり、卒業後、懇親会などの折に近くでお話くださるときには「我々八期は、先生の一期生ですから。」とよく申し上げたものです。我々八期が、学生時代、田中先生に直接ご指導いただいたのは、昭和四十年四月から九月までのわずか六か月間でしたが、逝去されるまで田中先生と我々八期との関係が途切れることなく続いたのは、今は彼岸にいる二君のお陰です。即ち、海外・国内とを問わず中大合気の遠征のほか春夏の合宿によく参加し、私のみならず学生に対しても変わらず明朗に叱咤激励を続けた同期の友景秀昭。また、同じく同期で白門合気会の期別幹事を引き受け、その後、白門合気会会長に就任して沖縄遠征をはじめ中大合気の五十周年記念事業を取り仕切った飯沼浩です。彼ら二君は、田中先生に心酔し、我々八期との橋渡し役をよく努めてくれました。また、歴代の後輩諸君も、我々八期と同様、田中先生を尊敬し、途切れることなく交流を続けてくれたことは本当にありがたいことでした。

そして、田中先生と中大合気との関係が、五十余年もの長きにわたった一番の理由は、田中先生が中大合気の精神的・技術的支柱として、晴れの日も雨の日も、変わることなく後輩諸君をご指導くださったこと、中大合気の発展もその賜物であり、田中先生には厚く感謝申し上げる次第です。

田中先生、今まで本当にありがとうございました！

（口述筆記　各務武希）

武道の師・至誠の人・憂国の士

東京大学 昭和四十年入学　南谷 崇

田中茂穂先生には、大学入学以来五十五年の長きに渡り、人として生きていく道理と価値についてさまざまな形でご指導いただきました。恩師を失ったこの一年余り大きな喪失感に囚われています。

田中先生は武道の師でした。先生は、合気道と鹿島神流剣術の稽古を通じた心技の鍛錬、破邪顕正と国家社会への貢献、学生合気道の品格の陶冶、尚武・清潔・廉恥の精神修養へ向けて堂々たる歩みを進めるようあらゆる機会に説かれました。

多くの田中門下生がそうであるように私が合気道に出会ったのは大学入学直後の新歓オリエンテーションでした。初めて田中先生にお会いしたのが駒場の第三体育館での昼稽古であったか、本郷の七徳堂での夜稽古であったか今となっては記憶が定かではありませんが、初めて直接のご指導をいただいた稽古の後で先生が「とうとう私の年齢の半分の学生が入って来るようになった。私も歳をとったものだ」との感慨を漏らされたことを鮮明に記憶しています。当時私は十八歳でしたから先生は三十六歳前後だったと思われますが、すでに完成された武道家であり、人生の達人の風格を備えておられました。翻って、すでに当時の先生の二倍以上の馬齢を重ねながら何の修練も成し得ていない我が身を思うとき、恥いるばかりです。

田中先生は至誠の人でした。先生は昭和二十九年に東京大学合気道部の師範に就任されて以来、中央大学、専修大学、富山大学、金沢大学の師範を兼任され、さらに明治神宮至誠館の専任師範、初代館長として、半世紀以上の長きにわたり、武道の指導を通じて、青少年の育成に貢献されました。この間、先生のご指導を受けた門下生は夥しい数に達していると思われますが、社会へ巣立った門下生一人一人の身の上を常に気遣われ、その活躍には心から喜ばれ、不遇には深い思い遣りを示されました。私自身も昭和五十六年にそれまで十年間勤務した日本電気から東工大に転職した際には突然先生から励ましの丁寧なお電話をいただき、予期しなかったことゆえ大変驚くとともに恐縮したものでした。

田中先生は憂国の士でした。先生は常日頃、国益を顧みない党利党略の混迷した政治、国への誇りと自信を喪失させる荒廃した教育、国を守り公に尽くす気概と勇気を失った平和ボケの危機管理、「名を惜しみ恥を知る」伝統文化を忘れ自己保身と愉楽だけを求める社会の風潮など、国家の品格が失われつつある現状を嘆き、行く末を案じておられました。特に、先生が「戦後の教育が善悪の区別もつかない者を社会に送り出し、やがて国の指導者というのでは我国にとって憂慮すべきこと」と嘆かれたのが、我々四十年入学組が最上級生になった昭和四十三年に起きた「東大紛争」でした。このとき先生は学生部職員として東大に勤務されていた時期であり、最前線で暴力学生と対峙されました。

発端は三月に医学部が医局長への暴行事件で学生十七名を処分したことでした。この内の一名が誤認だったことから医学部学生・研修医を中心に他大学生も交えた処分撤回闘争が医学部中央館占拠、学士会館での東大評議会乱入、卒業式阻止、安田講堂占拠などへ過激化し、六月の機動隊導入で闘争は一気に全学へ拡大しました。キャンパスには、「処分撤回」「造反有理」「全学封鎖」「東大解体」の立看が乱立し、十月には東大の全学部が全共闘主導で無期限ストに突入しました。十一月に発足した加藤一郎総長代行率いる新執行部は一月十日秩父宮ラグビー場での全学集会を経て、一月十八、十九日に機動隊による安田講堂封鎖解除と大量検挙に踏み切り、無政府状態は急速に収束しましたが、その代償が前代未聞の東大入試中止でした。一年近く続いたこの混乱の中、田中先生が学生対応の最前線でご苦労され、大河内総長を暴力学生から体を張って守られた経緯などについては、先生が「赤門合氣道」第四十号（「穂雲閑話」にも収録）に寄稿された「我が東大落城記」に詳述されています。

このように荒廃した環境下でも合気道部は八月に長野で恒例の夏合宿を行い、田中先生、島田先生、稲葉コーチに上野駅集合から最終日の打ち上げコンパまでご参加いただき、つきっきりでご指導いただけたことは大変ありがたいことでした。

国の現状と将来を案じられた田中先生は、このコロナ禍で「デジタル後進国」、「ワクチン敗戦国」が露呈した今の日本の惨状をどう思われているでしょうか。先生のご冥福を心からお祈り申し上げます。

昭和四十四年十月十一日

中央大学 昭和四十一年入学
中央大学合気道部 名誉監督

永島 彰夫

私の手元に一冊のプログラムがあります。

「植芝盛平開祖追悼　全日本合気道演武大会」

主　催　（財）合気会

と　き　昭和四十四年十月十一日

ところ　日本武道館

—植芝盛平開祖追悼—
全日本合気道演武大会

合 氣 道

とき／昭和44年10月11日（土）
正午開場・午後1時開会
ところ／日本武道館（九段坂上）
主催／（財）合気会
後援／文部省
東京都教育委員会
（財）日本武道館
朝日新聞社
日刊スポーツ新聞社
協賛／防衛庁合気道連合会
全国学生合気道連盟

目次

この日、田中先生に率いられ東大の山田君（武道研修科・前師範）、専大の荒川君と共に武道館に向かいました。プログラムの中には「田中」の名は無く、勿論私たちの校名もありません。

大会（演武）が始まり、合気会の各師範、各大学の演武が繰り広げられ、私たちは出番も知らされず待機しておりました。

休憩時間が終わり、満員の館内がざわついている時、私たちの出番となり、ざわめきの中、田中先生を先頭に演武場に進みました。

全員で正面に拝礼し、まず先生が刀を正面に捧げ一礼、帯刀の後、抜刀。刀を一閃、館内の空気を断ち切る音が響き渡ると館内のざわめきがおさまり、やがて先生の演武に注視、静かになりました。祓太刀、抜刀等を終え体術に移りました。私がまず片手・両手持ち技の受けを取るため先生と対峙した時、ふだんの先生と違う雰囲気を感じ、差し伸べられた片手を思いっきり掴みにいきました。瞬間投げ飛ばされましたが、ふだん稽古の受けを取るという感覚ではなく、投げ飛ばされたのです。先生の真剣な気合いが感じられましたのを覚えています。私のあと荒川君が正面・横面打ち、山田君が突き技の受けをとり、先生の演武が終了しました。

いずれも気力充実、気迫に満ちた素晴らしい演武でした。

この経験が私の合気道感に大きな影響となり、卒業後も稽古を続けられた一因になったことは間違いありません。

田中先生との思い出はまだまだありますが、あの満員の武道館での強烈な体験は未だ忘れられません。

「終即始」

「繰返不繰返」

田中先生の教えは、私の中に生き続けることでしょう。

田中先生とＪＣＣ合気会

専修大学　昭和四十二年入学　小幡　宰

私が田中先生と初めてお会いしたのは専修大学合気道部に入部した時で、学生時代の先生は正に雲の上の人で直接お話しする機会は殆どありませんでした。
大学卒業後同輩の越智君とカナダに移住し、トロント日系文化会館（ＪＣＣＣ）で合気道の指導を始め、このＪＣＣＣ合気会の所属について先生直属の道場にするか、本部系の国際連盟に所属するかを、今は亡き黒須先輩を通じて先生にご相談させていただきました。その結果、先生と植芝宗家、財団法人合気会、国際連盟等の関係を考慮して国際連盟に所属することを先生は快く承諾して下さいました。その際、黒須先輩に我々の恩師である先生を十年以内にカナダへ招待することを誓いました。幸いにも先生及び専修大学合気道部のご支援を賜り十周年記念大会にご招待することが出来ました。これを機に先生とＪＣＣＣ合気会のご縁が深まり五回のカナダ訪問及び三回の日本遠征が実現しました。先生は合気道の技のみならず武士道精神につき丁寧に指導されました。今後も先生よりご教示頂いた「合気道は強弱・勝敗を争わず、自他一体となって心身の向上を目指して砥礪する道」を求めて修行に励み、より一層精進していく所存です。

田中先生とＪＣＣＣ合気会の軌跡

一九八二年九月二十二日～二十八日（昭和五十七年）
ＪＣＣＣ合気会十周年周年記念セミナー、演武会
参加者　田中先生、牧子夫人、夏目、島﨑、上野、金井先生（ボストン合気会）、波多野総領事（居合を披露）

先生は挨拶原稿作成の際、カナダ人生徒に日本の武士道精神である「如何に生き、如何に死すか」を説明するために特攻隊を引用しようとされたが、果たしてカナダ人社会に受け入れられるか熟慮された後、時期尚早と削除された。

一九八五年八月二十四日～九月七日（昭和六十年）
専大合気道部カナダ遠征合宿
参加者　田中先生、ご息女、夏目、中野、中村、作田、山形、（学生）新井、井筒、恩田、佐藤、服部、細井、吉村、安達、上条

日加親善を目標に日系文化会館で合同稽古を行い、演武会では迫力のある多彩な演武を披露した、その後モントリオールの現地道場を訪問し技術交換を行った。学生

はカナダ社会生活を体験するため全員ホームステイ。

一九九二年九月三日～十五日（平成四年）

JCCC合気会二十周年記念セミナー、演武会

参加者　田中先生、牧子夫人、夏目、佐々木、作田、新井、山形、中村、高柳、（専修大学）宇野、萬田、篠田、嶋田、倉沢、藤原、鈴木、小池、田中、吉本、遠藤、（金沢大学）村角、関谷、藤田、片岡

田中先生の指導・演武に加え「日本の武士道」というテーマで講義の後、質疑応答が行われた。技の指導だけでなく、特に心の在り方、死生観についての話に対し生徒は大変興味を持ち真剣に聞いていた。学生はカナダ人宅へホームステイして文化交流を行った。

オタワ・モントリオールの道場を訪問し親睦を深めた。

二〇〇二年九月十一日～十九日（平成十四年）

JCCC合気会三十周年記念セミナー、演武会

参加者　田中先生、渋谷部長、高柳、島崎、新井、森田、井筒、南、（学生）柴崎、宮野、荻野、安藤、岩田、榎、大内、小谷田、佐野、田中、堂脇、外間、相沢、伊藤、宍倉、横山

演武会での挨拶で、「武士道」なる名著をのこし、カナダ、バンクーバーにて生涯を終えた新渡戸稲造先生の「われ太平洋の橋たらん」の言葉を引用し武士道の精神を説かれた。学生はカナダ人宅へホームステイ。

二〇一二年八月三十日～九月四日（平成二十四年）

JCCC合気会四十周年記念セミナー、演武会

参加者　田中先生、堀、堀越、島崎、浅野、小山、諸房、堀田夫妻、今村夫妻、金子、中村夫妻、窪田夫妻（学生）大野、高取、鳥羽、望月、高宮城

ゲスト　フィリップ・リー（シンガポール）、フランク・バーリングハム（英国）、ポール・サン（トロント）

JCCC合気会四十周年記念大会はインターナショナル・フレンドシップ・セミナーを兼ねて開催したため多くの国々の方々と交流することが出来た。

遠征は田中先生一行と学生が別々のルートでカナダ入りをしたところ両者とも乗り継ぎでの問題が生じるハプニングに見舞われた。バンクーバーの入国審査で先生が

特別審査となり乗り継ぎ便の出発ぎりぎりまで拘束され最終的に先生は乗ることができたが、先生を探しにいった二人が乗り遅れる結果となり最終便でのトロント入りとなった。一方学生は米国入国審査でトラブルが生じ乗り継ぎ便に乗れずトロント到着は六時間遅れとなった。学生はホームステイ。

ＪＣＣＣ合気会日本遠征

二〇〇七年十月四日〜二十日（平成十九年）
ＪＣＣＣ合気会三十五周年日本遠征
参加者（三十五名）
明治神宮参拝、至誠館記念式典で演武
全日本学生合気道連盟演武会参加
至誠館、本部道場、大阪正泉寺道場、堀越道場で稽古

二〇一四年十月三十日〜十一月八日(平成二十六年)
シンガポール・日本遠征（五名）
至誠館、本部道場、大阪正泉寺道場で稽古

二〇一八年四月四日〜十八日（平成三十年）
シンガポール・日本遠征（二十四名）
明治神宮拝観、至誠館で稽古
専修大学合気道関係者との懇談会（神田校舎、報恩の間）
本部道場、大阪正泉寺道場、堀越道場で稽古

長崎ぶらぶら節ツアーのことなど

東京大学 昭和四十三年入学　中田 英昭

田中先生には、東大合気道部で出会い、その後も引き続いて明治神宮至誠館で、合気道は勿論のこと、私生活でも大変お世話になり人の生き方等についても多大な薫陶を受けました。

結婚する前には、事あるごとに練馬のお宅に相談にうかがい、そして学生結婚の新世帯は、ご自宅の別棟の二階に居候させていただきました。二階には独立した部屋が二つと共用の台所が付いていました。その部屋で寝起

きしながら、博士論文をまとめた頃のことを思い出します。私と家内のほか、そこで拾った子猫が居て、先生の飼い犬ムサシに因んでコジロウと名付けていました。コジロウは二階の窓から庭にいるムサシとのにらみ合いを楽しんでいましたが、そのうち武者修行に出かけてしまいました。

この大学院の学生時代には、ユネスコ本部で催された日本文化祭で演武を披露される田中先生のお供をして、稲葉先生、一年先輩の西村さんと一緒にフランス（パリ）に出かけるという貴重な経験をさせていただきました。海外での演武に伴う緊張感、草原先輩をはじめその当時フランスにおられた様々な人との交流、演武会終了後のスイスへの小旅行など、刺激的なことが沢山ありました。

その後、大学に就職し長女が誕生したことを契機として、居候生活から杉並のアパートに移りました。長崎にいた私の両親はその数年後に早逝したのですが、田中先生ご夫妻には、私の両親の代わりに家族ぐるみで面倒を見ていただきました。お宅にたびたびおうかがいしては酩酊した私の世話が大変だったことを、娘たちも良く覚えているようです。娘たちの結婚式（小牧と横浜）にもお二人で出席していただきました。因みに、娘たちは至誠館の武道研修科で稽古をしていた時期があり、至誠館で初段をいただいた家内も含め家族ぐるみで先生の弟子でした。

現役を引退した後も、合気道部の夏合宿等でお会いするほかに、先生ご夫妻とは一緒に遠出する機会がありました。西村さんの案内で鹿教湯に初めて出かけたときには、帰り道の信州蕎麦屋で長女が階段から転げ落ちて、先生に大変ご心配をおかけしたこともありました。二十年ほど前に私の故郷である長崎に移り住んでからは、先生ご夫妻にぜひとも長崎にゆっくりおいでいただこうと思っていて、平成二十一年五月にようやく「長崎ぶらぶら節ツアー」を実現することができました。同期の矢代さん、長澤さんも合流してくれて、先生ご夫妻を長崎空港でお迎えし、まずは大村寿司で昼食。日露戦争の軍神・橘中佐をお祀りした橘神社を散策した後、ウンゼンツツジが満開の雲仙へ。翌日は小浜温泉のぶらぶら節ゆかりの宿「伊勢屋」で休憩して長崎市内に移動、夜は坂本竜馬の刀傷で有名な丸山の料亭花月で芸妓さんを交え、長崎の卓袱料理を楽しんでいただきました。ちょうどその年の春の叙勲で受章された旭日小綬章をお持ちいただいていたので、それを拝見しながら皆でお祝いの盃をあげました。この長崎丸山界隈は、ぶらぶら節の採譜に協力したことで知られている名妓愛八さんゆかりの場所で、その心意気を受け継いだ若手の芸子さんにぶらぶら節の歌と踊りを披露してもらいました。近いうちに長崎ツアーをもう一度と先生からリクエストを受け、次の計画を立てようとしていたところでしたが、果たせませんでした。そして五年ほど前に、田中先生ご夫妻、岩崎さん（昭和三十七年入学）、前述の西村さん、同期の矢代さん、野中さんと、家内ともども久しぶりに鹿教湯に出かけたのが、一緒に遠出をした最後の機会となりました。ちょうど満月がきれいに見える夜だったことを覚えています。

私も古稀を過ぎ、田中先生にいろいろご心配をおかけした頃から数えると四十五年、大学で稽古をしていただくようになってから五十年余りを経過しました。その長い年月の様々な出来事を懐かしく思い起こし、昔話をしながら先生と酌み交わす機会をそのうちにまたと願っておりましたが・・・。ご逝去の報に接して一年ほどたちました。ただただ無念で、残念です。

私の家の玄関に、山頭火の句がひとつ掛けてあります。「雨なれば　雨を　あゆむ」。時雨の中を悠然と歩むような在りし日の田中先生のイメージが私の脳裏に浮かびます。名残は尽きません。謹んで先生のご冥福をお祈り申し上げます。

『田中茂穂先生は、私の灯台であった』

専修大学 昭和四十三年入学　夏目 純一

田中茂穂先生（以下先生）と初めて出会ったのは確か昭和四十三年の秋、毎週金曜日に武道館稽古のご指導に来られた時が最初であったと記憶している。第一印象は、眼光鋭く寄らば切るぞ、先生にじっと見られただけで何処かに飛んで行ってしまう程の迫力とオーラがあった。

先生の存在は遠い雲の上の方、道場の彼方から先生のご指導を受けていた。日々の稽古に比べると先輩からしめられることもなく、主に基本の座り技が多く一つの技の時間がとても長かった。

また、稽古の合間に訓話がありその時初めて植芝盛平翁が合気道とは「皇祖皇宗のご遺訓じゃ」とおっしゃっていたと聞いた。私の頭の中は、はてなマークでいっぱいだった事を思い出す。「皇祖皇宗のご遺訓」とは、歴代天皇がお残しになった教えです。「忠節・礼儀・武勇・信義・質素を重んじる人間たれ」、また「恥を知り、名を惜しみ、物のあわれを知る人間を目指せ」と教えられた。

専修大学合気道部では、春と夏に合宿があり一日の稽古を終えると先生は風呂に入る。下級生は風呂当番があり先生のお背中を流すが、日本男児褌だ、そしてあれ程鍛えているお身体がとても柔らかいことに驚かされた。身体を鍛錬するとは無駄を如何に無くしていくか、合気道・剣術の技は力ではない、身体を柔軟にすることで無理なく体を動かすことが出来ると後日理解した。先学生生活後半、合気道部主将を務めさせて頂いた。先ず、先生の受けを取ること、どの技も厳しいものがあったが、特に剣術は毎回冷や汗の連続。ある時、袋竹刀を正眼に構え先生の前に立ち、袋竹刀が触れたなと思った瞬間自分の竹刀が天井高く飛んでしまい、自分自身頭の中ではスローモーションを見ているようであった。背中は汗で濡れ、体は固まり次の動きはロボットの如くだった。今思い出しても袋竹刀がくるくると舞い上がる映像が出てくる。

昭和四十七年大学卒業後、思うところあり大阪の故小林裕和師範の合気道場に二年間程住込み生活をしたが、ちょっとしたきっかけで進路について悩んでいた。帰京の折、先生に障碍者福祉の道を模索している事を相談させて頂いた。先生曰く、「障碍者福祉の世界は、甘いものではない現実を知りなさい。」と即決、東京のある病院長を紹介して下さる。また、故黒須勝治郎先輩にもご心配して頂いた事も嬉しかった。先生のお言葉通り神奈川県にある障碍児・障碍者施設で学びながら働く決心をした。

お陰様で現在に至るまで、一貫して障碍児・障碍者支援の仕事をさせて頂いている。この間結婚し三人の子供にも恵まれた。あの時、先生のお導きが無ければ今の自分は存在していないと思っている。また、仕事を続けながら合気道部の指導、先生のご推薦で昭和六十二年から平成十年まで十一年間至誠館武道研修科の講師を拝命、語り尽くせぬたくさんの思い出がある。

その中で、カナダ・トロント日系文化会館の招聘を受け訪加を三回行った。確か二回目の訪加は文化会館創立三十年周年記念、小幡先輩が師範で指導されている会館合気会結成二十周年記念の節目となる合気道セミナーが開催された。既に、先生を慕う合気道愛好者が多数おりアメリカはボストン、デトロイト、カナダ国内のオタワ、モントリオールからの参加があった。

先生のご指導は、合気道の技術面だけでなく「日本の武士道・心のあり方、その死生観」をテーマに講演。講演後参加者からの質疑応答の時間を設けた。たくさんの質問があり、その一つ一つに対し分かりやすく丁寧に答えられていた。先生のご心配は、言葉の壁で受講者にどの程度講話内容、質問への回答が理解されたかであった。後日、小幡先輩より先生の「日本の武士道が持つ高い精神性やいかに生き、いかに死するか」という話に共感し感銘を受け、当地の方々は益々日本の武道（合気道）を通し如何に精神性を高めていくことができるか目標にしていると報告があった。こうして先生の教えが海を超え実を結ぼうとするその場に立ち会えたこと、何よりも嬉しかった。

専修大学創立百周年事業の一環で武道場が併設された体育館が昭和五十八年に落成した。そこで新道場落成と、武道を志す若者たちに相応しい「書」をＯＢ総意で先生にお願いした。先生は快諾されたが何を書くか悩まれた末、専修大学校歌の一節「我等が行く道盤石なせり」より「我道盤石」と決めたと聞いた。その後先生ご自身が納得するまで、墨汁は一切使わず一文字、一文字墨を硯で磨り魂を込めて書いておられた。幸いにも何枚か書かれた「書」の一枚を頂き我が家のリビングに掛けている。

私が悩み立ち止まっている時に、「我道盤石」を見ながら先生だったらどうするだろうかと問うと自然に心が落ち着く。

先生は安全に人生の航海が出来る様に導いて下さる私の灯台です。そして、先生の教えをどこまで具現化できるか自信はないが、先生の弟子として恥ずかしくない生き方をしていきます。

先生のご指導に心から感謝すると共にご恩は終生忘れません。ありがとうございました。

追悼　田中茂穂先生

専修大学 昭和四十四年入学　島﨑　博

田中先生とのご縁は当然、専修大学合気道部入部からであります。一年次の春合宿では、東京大学の検見川総合運動場を借用し実施されました。昭和四十四年五月のことであります。広い運動場で、ランニング等基礎体力養成に大いに役立ったと言えます。先生をお迎えして、師範稽古の際、都合で体育館が使用できなかったのか、先生が「野稽古をやろう」と言われ、五月晴れの芝生の上で、上級生は、先生のご指導での稽古を、一、二年生は、お互いでの締め技、基本技であったと記憶していれます。なぜかのびのびと爽快のうちに終了し、その場での集合写真は、全員がいい顔をしていました。その後、このように指導された野稽古の経験はありません。現役時代の普段の稽古は幹部（指導部長）の指導による荒稽古で、師範稽古は、時に東京大学の七徳堂、時に日本武道館の小道場に部員が出向いて、先生のご指導を仰ぎました。半世紀ほど前になることで、本来鮮明であるべき走馬灯は、だいぶ煤ボケ、回転も鈍いものとなっています。

幹部になり、立場上、先生の勤務先にお伺いの際、昼食をご馳走になりました。近くのレストランで、何せ当時は、小生は外食と言えば、精々、定食屋等であったので、大変感激したことが懐かしく思い出されます。この頃から当時監督であった、今は亡き黒須大兄に連れられて、練馬区のご自宅へ伺いました。先生は「さあーさあ、上がって」と気さくに迎えて下さり、当初は面食らいながらも、また、緊張しながらの歓談の一時でありました。東京大学合気道部の「武勇伝」をお聞きしたのも、このような機会でした。卒業前に同期五人で四年間のご指導のお礼のご挨拶にご自宅へ伺った際、「コレに何か書き残しておくように」と、和綴じの帳面を差し出されました。大変酔いが回った小生は「苦楽を共にした我友と、我師を囲み、酒を飲み、歌い、談笑する人生はいい、素晴らしい。」とその旨を記したことを、朧げながら思い出します。

その後、何年経ったときのことであったか、数名で年始に伺った際、「戦争は負けたんだ、戦争は負けたんだ、・・・」と自作自演で、和服姿の黒須さんは歌い、踊りだしました。今思えば、こんな戦後でどうするんだ、と言わんばかりの、黒須流戯けの舞であったようです。

黒須大兄は昭和四十八年十月至誠館開設の際、職を捨て、真っ先に田中先生の下に、馳せ参じた一人でありました。しかし、三十七歳の若さで逝去されてしまいました。先生との絆は大変深いものでした。先生は毎年の暮になりますと、台東区のご実家に伺い、黒須大兄の御霊前に手を合わせていらっしゃいました。

在天のお二人は今、如何されているのでしょうか。

小生卒業後、先生の部活動のご指導は、至誠館での稽古、大学では生田校舎の道場、それに春・夏の合宿の稽古でした。従来、「技の受け」は主将が担当していましたので、久方ぶりに小生がとった先生の「受け」は、十期の越智、小幡先輩が訪加し創設したカナダＪＣＣ合気会十周年に先生が招待されました折に、随行にともなった稽古、演武会でありました。昭和五十七年九月のことで、随行者は、「我々がお伴すべし」と夏目監督、上野コーチ、小生の三人。現地での演武に備え、至誠館での三人の稽古は、現役時代そのもので、夏目先輩との稽古は、だいぶ堪えました。現地（トロント日系文化会館）の演武披露での先生の受け（突き技）は、攻撃した瞬間に躱されて、ふわっと投げられた記憶が残っています。

専修大学の合宿は、以前は現役幹部に遠慮して、監督、指導員以外は、参加ＯＢが少ないものでした。そんな状態に対し、先生自ら、部員、ＯＢに参加を促して頂きました。昨今は先生ご指導の日程に合わせて、ＯＢ・ＯＧの参加者が多くなり、今日に至り、小生もその一員でありました。恒例となった、夕食後の先生を囲んでの「晩酌」にのみの参加者もいましたが、叶わぬ事となりました。

何年前の二月の春合宿の「晩酌」後であったか、現役時代は時代背景等をあまり意識せず、部員同士で意気盛んに歌っていた、「昭和維新の歌」を口遊んでいたところ、先生もご一緒に歌って戴きました。二・二六事件については、しばらくは青年将校を思い、「なぜ？」と胸にあったが、先生からご推薦の、葦津珍彦先生の「武士道・戦闘者の精神」を拝読し、悲史の昭和の一事件であったと、その胸を収めています。

専修大学合気道部創立六十周年記念の部誌（平成三十年三月発行）のご寄稿は絶筆となって了われました。先生は「もう書かない、書けない」と話されていましたが、ご寄稿下さいました。我が部への深い思いや、結びの一編に、緊と胸に迫ります。巻頭書に「志在千里」と揮毫され、先生の心中をお察しするに、今心境を述べる術もありません。

悠久の大義、武士道、有難う御座いました。

合掌

恩師との五十年

中央大学 昭和四十四年入学　**柳瀬 秋宣**

令和二年三月二十四日、一時間ご指導いただき玄関でお見送りしましたが、二十六日より休館となり、そのまま五月十一日を迎えてしまいました。最期のお別れができなかったのが、今でも心残りです。

初めて先生にお目にかかったのは昭和四十四年、一年の夏合宿。廊下でご挨拶しましたが、眼光の鋭さに思わず後退りした記憶があります。同年秋の開祖追悼演武会での、凛とした抜群の迫力の演武。誇らしく思いました。

昭和四十八年（至誠館開設の年）、社会人一年目は栃木におり、社員寮の庭で先生を思い浮かべながら専ら抜刀術の稽古をしたりしました。翌年鶴見に転勤。至誠館に入門。日曜稽古後、先生を囲んで三大学ＯＢ中心の門人さん達との昼食が何とも楽しいものでした。

人生の師と思い、先生宅にお邪魔するようになったのは、至誠館講師・専大師範代の故黒須勝治郎大兄のお陰と思います。尊王敬神、愛國憂國の武士道を説かれる先生とそして黒須大兄。お二人は子弟を超える関係に思われました。黒須大兄には大変目を掛けていただき、酒を酌み交わし、その薫陶を受け、私ごとき者も先生宅にお邪魔しても良いかなと思ってしまったようです。年一度（若い頃は学生らと三度程）、お伺いし、正月などは最後には東大の大先輩たちと合流となり、大宴会になるのが常でした。失態、失言ばかりでしたが、先生そして奥様、ご家族の寛大なお心と優しさに助けられ、救われました。

昭和五十二年、職を辞し、五十三年に未熟ながら、先生のお手伝いができる嬉しさに助手を拝命。平日の稽古は門人が来ない時間もあり、先生、黒須大兄と三人で真剣の試し斬りをした事もありました。一度だけ三人で銀座「廣海」で飲んだ事があり感激でした。先生、至誠館のご縁で故島田和繁先生、東大の故相原さん、岩崎さん、京大の故川又さん、専大の中野さん、日大の渡辺さんはじめ多くの方々にご交誼いただき、お世話になるばかりでした。又、神宮の方々と活動を共にしたりしました。

五十四年再就職後は、先生の稽古はなかなか受けられず、合宿等でお会いする事が多くなりました。合宿でのご指導と夜、先生を囲んでの懇談、納会。ＯＢ合同稽古、ＯＢ総会等。そして最後には無理にお願いして「蒙古放浪歌」「馬賊の唄」「白頭山節」などを吟っていただきました。

又、中大三十周年記念の国内遠征の折、寝台特急「瀬戸」で、先生差入れの酒と先生好物の干貝柱で、先生と永島先輩と夜遅くまで語り飲んだ事。平成四年、橋本先輩の館林合気道クラブ十周年演武会で、生涯一度の真剣立会の打太刀を務めさせていただいた事。四十周年記念の豪州遠征の折、感動の逸話で有名な軍神松尾中佐搭乗の特殊潜航艇拝観をご一緒させていただいた事。などなど思い出は数多くあります。

中大の道場の看板は平成三十年、学生達の懇願で先生にご揮毫いただいたものだが、ある日至誠館に行くと、二階で先生がお書きになっており「これはどうか」と何度もお聞きになり、「いいですね」と答えるのだが、次に行くと又書いていらっしゃる。という事で何十枚もお書きになったと思います。まさに精魂こめて書いていただきました。道着の胸の「中大合気」。四十周年記念の「至忠至孝」の額。この失敗作（とは思えないが）を一枚いただいています。六十周年の「忠恕」。私は「神武」「忠為柳瀬君　穂雲」の色紙もいただきました。全て宝物です。

平成十七年退職。火木の稽古に参加。先生のご指導とお話。贅沢な時間でした。門人は皆さん熱心で、先生の技はなかなか真似できないね、などと話したりしました。二階での暑気払い、忘年会も楽しみでした。

平成十九年より、先生の推薦で専大ＯＢ・富大師範・故高柳先生の後継でロシアへ。金大ＯＢ・カザン大教授のイレク氏、指導員ルステム氏ら多くの方々と交流。皆さん田中門下と思っており、現地で三月二十八日に、先生のお誕生祝いを盛大に催した事もありました。

いつだったか、私の武道館演武後「柳瀬君の技は似てるかな」とおっしゃったのを、聞こえないふりをして内心狂喜。僭越ですが、先生の技は「華麗にして多彩」と思っています。天地返し、横捨身等が特に好きでした。全く何の恩返しも出来なかった不肖の弟子ですが「穂雲流合気道柳風派」を自称し、今しばらく稽古を続けていきたいと思っております。

明治天皇御製

「いかならむ事にあひてもたわまぬは
わが敷島の大和だましひ」
「いかならむ時にあふとも人はみな
誠の道をふめとをしへよ」

第二道場衝立、大西郷の座右の銘
「敬天愛人」
まさにその通りの先生でした。
五十年の御恩に深謝いたします。

令和三年六月　柳瀬拝

田中先生とのポーランド

東京大学 昭和四十五年入学　**木村 秀雄**

田中先生には、長年にわたり公私にわたってご指導を賜りました。合気道部の学生のときはもちろん、東京大学に勤務するようになってから、駒場の稽古に顔を出し、また駒場の部長と部全体の部長を務めるようになってからも、いろいろとご指導をいただきました。短期間ではありましたが、息子を連れて至誠館に通ったこともございます。田中先生の思い出は、つきることがありません。しかし、学生時代からわたしは田中先生のご自宅に伺ったことがありません。部長としてお話しする機会はたびたびありましたが、個人的なおつきあいが深かったわけではありません。ここでは、二〇〇四年三月に東大合気道部の創立五十周年演武旅行でご一緒したポーランドでのことを中心に、思い出を語らせていただきたいと思います。

この演武旅行はポーランドとドイツの二カ国を巡るものでしたが、大学における業務の都合で、わたしは前半のポーランドだけ参加させていただきました。ポーランドでは、三月十五日から二十三日までの間に、ワルシャワとクラコフの二つの都市に滞在しました。前駐日ポーランド大使がポーランド合気道連盟の会長であったお蔭で、二つの都市で演武会とセミナーが開催された他、ワルシャワ大学とヤギレウ大学（クラコフ）への表敬訪問も行いました。

ワルシャワでは提供されたコテージに先生と二人で宿泊しましたが、お世話係として同席した若手ＯＢや現役学生を交えて毎晩、ソヴィエツキという銘柄のウォッカを空けました。旅行前の先生はご自身の健康についてひどく懸念されており、「みんなに迷惑をかけるのではないか」と心配されていたのですが、ずっとお元気で、演武もセミナーの指導も見事にはたされました。ただ、セミナーの後に参加者のセミナー参加を証明するために記されていたサインの数の多さに対しては、少しこぼされていましたが。

田中先生と毎晩お話をさせていただいたワルシャワでの数日間はわたしにとってかけがえのないものです。クラコフでは中央広場のマーケットで土産物を買うときにご一緒させていただきましたが、ワルシャワのように同じ部屋で長時間お話をさせていただく機会がなかったのは残念でした。

合気道という武道について、田中先生に決して及ばないと思い知らされたのは、ご自分の信念に命をかけられる気迫です。わたしと田中先生の政治的心情は同じではありませんが、緊迫した場面で向き合ったら絶対に勝てる気がしません。田中先生が使命に殉じようという個人の生き様をもっとも大事にされているのを感じたのは、浅間山荘事件です。この事件では赤軍派が武器をもって警察に対抗したのですが、彼らが最終的に降伏したのを知った田中先生が、「あのまま自決すれば、墓に花をたむけてやったものを」とおっしゃっていたのが忘れられません。

そして、武道について田中先生からもっとも影響を受けたのは、その合理性ですし、自分で考えることです。わたしが田中先生に初めてお目にかかったのは、入部前の新入生歓迎演武会後のコンパの席でした。そこで、一九六四年の東京オリンピックにおいて柔道無差別級で優勝したアントン・ヘーシンクの話になり、先生は「あんなに体が大きく、力もあって、柔道の素質に恵まれた選手に努力されたら、勝てるはずがない」とおっしゃいました。さらに、「いくら武道を身につけても、ピストルをもった女性には勝てないのだから、ただ強くなることだけをめざしても意味がない」とおっしゃいました。これらのお言葉がわたしの入部を後押ししてくれました。

田中先生の合理的なお考えは、ポーランドにおいても発揮されていました。ワルシャワで記者のインタビューを受けたのですが、記者の「気をどのように合気道に生かしているのか」というよくある質問に対する田中先生のお答えは、「わたしは気などというものを信じない。気を感じたことはない」というにべもないものでした。

さらに「合気道を先生について習ったのは数年でしかない。その後は学生たちと稽古を積む中で、自分で合気道を作り上げてきたのだ」ともおっしゃっていました。「人の体を使わせてもらって自分を強くしていくのだ」とも語られました。田中先生は、ご自分で考え、稽古相手と共同する中で、自分を高めてこられました。研究者としてのわたしも見習わなければならないと肝に命じています。

二〇一八年の五月に、学校法人自由学園の学生とともに、十四年ぶりにポーランドを訪れました。この間に観光客の数は激増し、田中先生とご一緒したアウシュビッツ強制収容所にも人が溢れていました。その雑踏の中で、田中先生と過ごしたポーランドの日々が思い起こされました。

田中先生。本当にありがとうございました。

田中先生と女子部員

東京大学 昭和四十七年入学　小高（和田）道子

道着姿の先輩から東大合気道部に勧誘されたのは二次試験の終了後、提出した答案の内容を振返りつつ帰宅しようとしている時だった。いきなり屈強な男性に囲まれた恐怖から、下を向き目を合わせないようにして「すみません。今はそれどころではありません」と言い捨てて逃げ出そうとすると、優しく穏やかな調子で「そんな事言わないで。今、女性が一人だけで頑張っているんですから」と言われた。女子学生は一学年に二百名もいない、女性専用トイレのある建物が限られていた時代である。

入部するとすぐに、それまでは考えることのなかった性差について思い知らされた。高校まで体育の授業は男女別であり男女の体力差を意識することはなかったが、道場では教わった通りに動こうとしても手も足も出ない。「片手持ちの・・」といっても、片手を持たれてしまったら身動きがとれない。赤子の手をひねるという言葉があるが、道場での私は赤子同然であった。そして努力をしてもどうにもならない無力さを知った。挫折感に打ちひしがれていると、先生方は力では太刀打ちできない女性が合気道の稽古をするにはどうしたら良いかを教えて下さった。別名「女子部師範」の故島田和繁先生は女子部員のために、身体の効率的な使い方、技のかけ方を一つ一つ具体的に指導して下さった。稲葉稔先生からは、女性は、しっかりつかまれてしまう前に動き出さなければならない、などと女性が気をつけるべき様々な御指導を賜った。田中先生はこうした三人の先生方による指導体制を作って下さっていた。

先生方は、それぞれ他の先生を尊崇していた。田中先生は、女子部員が島田先生の指導を受けた後、満面の笑みを浮かべて「この人（島田先生）は、女性に対しては人畜無害だから、教わると良いですよ」と女子部員に声をかけて下さった。この「女性に対しては人畜無害」ということばは、田中先生が島田先生に対して、女子部員の前で必ずつける修飾語であった。すると島田先生が「女性は男性の分野で勝っても自慢にならない。女性の分野で勝たなければ駄目だ」と話して下さった。技術のなさを体力で補おうとすると「貴女は本当に強情っ張りだ。だけど女性は力で男性に勝とうとしても駄目で、女性としてどうするかを考えないといけない」と指導して下さった。島田先生は講話の最後に必ず「私が初歩から手ほどきした稲葉が」とおっしゃって稲葉先生の講話につながれた。こうした先生方の御指導の御蔭で、女子部員は女性としての動きを考慮した稽古ができた。もし男性以上の体力を誇る霊長類最強の女性達による猛獣王を目指す東大合気道部であったら、一般の女性が入部する事はできなかったであろう。女性であり人並み外れて不器用な私が卒業するまで合気道部を続けられたのは、田中先生をはじめとする先生方の指導方針の御蔭だと心より感謝している。

歴代の先輩方も参加された五月祭後の懇親会で田中先生は「人が一生のうちで縁を結べる人の数は限られています。合気道部に入ったからには、私との縁を深めていって下さい」と結ばれた。新入生に対してまで一人の人間として接して下さる事に感動した。そして田中先生との御縁によって、先生方やＯＢの方々が後輩を支えて下さるのだと理解した。田中先生の講話は『孝経』の一節「身体髪膚これを父母に受くあえて毀傷せざるは孝の始めなり」を引用して「父母からいただいた髪の毛一本といえども傷つけてはならない」と締めくくられるのが常であった。

ある年、夏合宿の全稽古が終了して解放感にあふれた部員達が打ち上げ会場に向かう途中、少々騒がしいことがあったようで、通報されてパトカーが停まり警察官が降りてきた。すると田中先生が警察官に近付き「私が責任者です」「私はどこにでも参ります」と静かに威厳を持って話された。その時の田中先生の言葉は『孝経』を引用しての講話と同じ調子であった。「私が責任者です」というのは「私の弟子に指一本触れてはならない」「私の弟子の髪の毛一本といえども傷つけることを許さない」という宣言であった。警察官は田中先生の前で足を止めた。すると、その年に警察官になった昭和四十三年入学の先輩が警察手帳を出しながら間に入り事態は収束した。そして、何事もなかったかのように、打ち上げ会場に向かって歩き続けた。

昭和四十三年以前入学のOBは、当時「特殊OB」とよばれていた。大学紛争のため、東京大学は昭和四十四年の入試が中止された。新入生がいない一年間、東大合気道部を守り続けた心技体すべてに優れた先輩は、OBになってからも現役学生以上の稽古を続け、現役学生の指導をしていた。「特殊OB」の先輩は、現役部員の憧れであり、目標であった。また私たちが入学した昭和四十七年には四年生がいなかった。昭和四十五年入学の先輩は駒場では駒場に先輩がいない二年間、本郷では最上級生として二年間、すなわち入学してから卒業するまで、常に合気道部を支える上級生であった※。私たちは、こうした筋金入りの先輩に導かれていた。そして、一学年が欠けた状態が続いた時も、田中先生は師範として東大合気道部を無事継続させて下さった。

東大合気道部は創部六十年をこえた。人間でいえば還暦を過ぎて古稀を目指している。この間、一人の指導者が師範であり続けたことは特筆すべきであろう。田中先生と東大合気道部との御縁を改めて思う。

これからの新入生は、東大合気道部の責任者であり、象徴であり、東大合気道部そのものであった、田中先生の道場での姿を知らない。しかしながら田中先生に御縁をいただいた多くの人々により、田中先生を知らない部員達にも田中先生の教えは継承され、田中先生の姿は永遠に語り継がれて行くであろう。

田中茂穂先生の御冥福を衷心より祈念しています。

※編集注：東京大学では、基本的に一、二年生は駒場キャンパス、三、四年生は本郷キャンパスに所属し、それぞれの道場で稽古を行う。そのため、一学年上が不在である昭和四十五年入学生は、四年間常に所属するキャンパスでの最上級生であった。

先生の教え

専修大学 昭和四十七年入学　上野（竹内）淑子

私は、昭和二十九年（一九五四年）に生まれ、戦後の高度経済成長期に育ちました。世の中が豊かになるにつれ、傲慢で利己的な人々を見聞きする機会が増え、子供心に不快感を抱いていました。私は、この様な大人にはなりたくない。では、どうすれば良いのか。

高校生になり、私は「武道」から「生き方」を学ぼうと、一般人も受け入れている企業の柔道場へ向かいました。しかし、そこでは女子の相手はできないと断られてしまいました。そこで父に頼み、短期間でしたが知人の空手道場に通わせてもらいました。

昭和四十七年（一九七二年）大学入学後、早速空手部へ入部申し込みに行きましたが、ここでも女子は入れないと断わられました。

その時、運良く隣の合気道部から声をかけられ、「武道」を学ぶ良い機会と入部を決めました。こうして、初の女子部員となった私は、先生の「将来、次世代を生み育む女子こそ大いに稽古し修養すべし」との言葉を励みに、稽古に打ち込みました。

ある日、止の突きを入れた部員に、田中先生は「技は相手の動きを制し、反省を促し、正しい道へと導くもので、必要以上の力を加えてはならぬ。」と諭されました。この時、私は武道の神髄をみたような気がしました。

又、先生は折りに触れ、「邪心を抱かぬ事」、「損得に走らぬ事」、「互いの信頼を大切にする事」など、自己を律し、利他する心で生きるよう説かれました。

社会に出る前の学生時代に、先生の下で、人としての「生き方」を学ぶ機会を得られた事は大変幸運でした。お陰で、卒業後は先生の教えを日々の指針とし、子育ても楽しむことができました。子供達には、特に、「損得を考えず誠実に生きる事」、「人との繋がりを大切にする事」を教えました。今では、子供達が孫達に同じ事を教えています。

私が部の先輩と結婚したのは卒業の翌年で、文字通り、先生が「仲人」です。以来四十数年、我家の座敷の床の間には、「至誠」と書かれた先生の色紙が掛っています。家を建て替えても、客間の掛軸は替えても、これは替えません。今ではすっかり黄ばんでしまいましたが、この二文字には、先生の教えが要約されていると思っているからです。

私も今では高齢者と言われる身となりましたが、これからもこの色紙を見ながら、先生の教えを心に生きて行こうと思います。

「武士道との出会い」

富山大学　昭和四十九年入学
富山大学合気道部OB会 副会長
堀田　正之

私の主将時代ですが、合宿後に田中先生より新渡戸稲造著「武士道」の一読を勧められ、お手元の一冊をいただきました。日本人の持つ高潔な道徳感の根源は、諸外国のように宗教ではなく武士道にあると喝破された書に夢中になりました。振り返ると恥ずかしい限りですが、卒論を「武士道」としたのも今では良き思い出となっています。それから四十五年経過しましたが、書斎の特等席に鎮座し、私の人生にとって、何物にも変え難い宝物の一冊となっております。先生のお導きで武士道というものに出会うことが出来たと感謝の気持ちでいっぱいです。

富山大学合気道部は、田中先生はじめ田中先生門下である専修大学の高柳先生にも指導を仰ぎました。高柳先生には田中先生の後継師範として、人生をかけて当部を育てていただきました。ご指導いただいた高柳先生は鬼籍に入っておられますが、当部は草創期から良き指導者に恵まれ幸せであったと思っております。

社会人になってからも、田中先生とのご縁は永く続きました。演武が終わったあとの先生を囲む懇親会は、私達は相変わらず緊張するものの、先生は決して飾ることなく常に私達門下生の目線で優しく、そして分かりやすく語りかけてくださいました。

私は「武士道」を通して、特に「惻隠の心」に感銘いたしました。藤原正彦氏が「国家の品格」の中で、「人間にとっての座標軸は道徳である。武士道は鎌倉以降日本人の行動基準・道徳基準として機能してきた。この中には、慈愛・誠実・忍耐・正義・勇気・惻隠などが盛り込まれている。とりわけ、惻隠とは弱者・敗者への思い遣りであり、惻隠こそ武士道の中軸である。」と分析されております。私なりには「自らを律し自らを鍛え上げることで、困っている弱き立場の人達に手を差し伸べる。」と解釈し、これが社会人としての私の心の基軸となりました。

就職して、電力マンとしての会社人生を歩むなかで、組織の成長・進化のためには個々人の力も大切だが、それにも増してチーム力が重要であると思い定め、チーム力を高めるためにはチームのメンバー同士助け合う事が大切であり、これが私なりの「惻隠の情」に繋がってきました。

合気道部創部四十周年記念演武会の際に、先生に「私の主将時代に武士道という名著を頂戴し、とりわけ惻隠について自分なりに腑に落としたことから、労使交渉など現在の仕事に大いに助けとなっております。」と申し上げたところ、後日先生からお手紙をいただきました。小さい文字で便箋二枚びっしり書き込まれており、私の大切な宝物となっています。各所をご案内した御礼とともに、「貴君におかれては、北陸を代表する企業の人事部長としてご活躍の姿を見、老生の何よりの喜こびとするところです。どうかトップを目指してご努力下さい。」とのお言葉をいただきました。その後も折に触れて激励をいただき、人事労務等を担当する役員への就任をご報告した際は、大変お喜びになり心のこもったお言葉をいただきました。

令和二年五月に田中先生ご逝去という突然の訃報に接し、絶句するしかありませんでしたが、先生はお覚悟されていただろうなあとも感じました。

私事ですが、先生ご逝去の翌月をもって会社人に幕をおろしました。私の入社から退職までの四十三年間を、導き見守っていただいたと思っております。

また、先生がご逝去された令和二年は、富山大学合気道部創部五十周年の年でもありました。当部も先生に育てられ、見守られ、そして半世紀の間に先生に教えを乞うた部員が三百人以上巣立って行きました。当部はこれからも、先生のご遺志を紡いで行くこととなります。先生、誠にありがとうございました。

田中先生の教え

富山大学 昭和五十年入学　山下 幸光

私が先生に最初にお会いしたのは、昭和五十年八月の夏合宿でした。その時の先輩方の態度から、「すごい先生」というのが第一印象でした。その年の富山大学体育会合気道部発行の「合志三号」に左記の文章を寄稿していただきました。

（前略）この「スイス」に於いては、中立国を維持するために四十八時間以内に、全人口の十三％（我が国にあてて考えてもらいたい）が戦闘員として動員される。彼らはこの態勢を堅持することによってのみ、平和が確保されると信じ、個人の住宅を建てるにも、厳重な国家の干渉、指導を甘受している。「スイス」に於いては、個人の住宅さえもそれぞれが国土防衛の役割を持っているのだ。平和というものは、このような厳しい姿勢がなければ長期間の維持は難しい。（後略）

私はこの文章から、「平和の厳しさ」を学ぶことができました。

また、「合志四号」には、左記の文章を寄稿していただきました。

（前略）このように気高い境地の人々は、自らの使命と自らの生命より、より高貴なるものを発見し、把握していることである。この「高貴なる目的達成のためには、自らの尊い生命を捨て、省みない」という強固な信念の持ち主なのである。この信念の有無が有事の際自らを生かしきることになるのではないか。すなわち、不動の信念があれば、「生くべきときは見事に生き、死すべきときは見事に死す」ことができる。（後略）

私はこの文章から、「不動の信念の大切さ」を学ぶことができました。

そして、「合志五号」には、左記の文章を寄稿していただきました。

（前略）このようなにあたって、日航機と西独機のハイジャックが同時期に惹起され、対照的な経緯を辿ってそれぞれ解決をみた。（中略）賢明なる西独国民は自ら選んだ政府、即ち「シュミット首相」に全てを委ね、彼を応援して狂暴なる赤軍に屈することがなかった。特別訓練された精鋭は、命令一下急襲して凶徒を鎮圧し、無辜の人質を解放した。（中略）武道を鍛錬するということは、時流に流されぬ強い心身を養うことであり、一旦緩急ある時は、破邪の剣をもって、戴断する一大勇猛心を振起することである。

私はこの文章から、「武道の鍛錬で必要なこと」を学ぶことができました。

さらに、「合志六号」には、左記の文章を寄稿していただきました。

（前略）我々の学ぶ合気道も、武道と称するならば、精神的には、武道とはすなわち武士道を学ぶことなりとの意識を持つことが肝要であり、技術的には、もっとも単純素朴な基本技を反復錬磨することである。（後略）

私はこの文章から、「合気道の学び方」を学ぶことができました。

先生のお話や「合志寄稿文」から学んだことは、私の考え方の根本を形作りました。ありがとうございました。

先生のご冥福をお祈り申し上げます。

田中先生との会話から考えること

東京大学 昭和五十一年入学　小林 英文

先生は戦後すぐに拓殖大学を卒業されましたが、私の亡父と一学年違いの、同窓で、私にとっては失礼ながら、父親に重なるようなイメージを抱いておりました。

合気道部の多くの先輩、後輩の方々は、先生と深い交流をされ、数多の思い出をお持ちでしょう。残念ながら私には、それ程のものはありませんが、学生時代や卒業後のいくつかの機会で、先生と交わした会話を不思議によく覚えております。

それぞれ、その時もその後も、人生の指針として考えさせられるものでした。その中のいくつかを次に記させていただきます。

一．人間は鍛錬している時しか立派ではない

学生時代に年末の大掃除の後であったか、先生のお宅で夕食をいただいた際のことです。数日前にＮＨＫのテレビ番組で比叡山延暦寺の千日回峰行を紹介する特集が

あり、先生もそれをご覧になっており、そのことが話題になりました。ストイックな生活の中で毎日比叡山の山中をめぐる修行僧を追った番組でしたが、先生は、「千日回峰行を終え、高位を得た僧も登場したが、修行中の鬼気迫る僧と比べると、ずいぶん世俗だ。人間は鍛錬している時しか立派であることはできない。」と話されました。本当にその通りだと思いましたが、立派であることは凡人にはハードルが高いものだと、少し諦めに似た気持ちにもなりました。

その後社会人になって、どっぷりと世俗に浸かっていたわけですが、「ビジネスはプロセスではなく結果である」という世俗のテーゼの前で、この会話を思い出し、考えさせられる場面が多くありました。人間としての品格とビジネスの成果は別物なのか？ 人生の目指す価値はどちらなのか？

諸先輩に比し短いながら、還暦まで至りました今の私の実感は次のようなものです。

社会人、組織人として「結果」を追い求めるのは、当然のことですが、それがまっとうで、倫理的にも価値のあるものであることが前提でしょう。そのうえで努力する過程は人生の価値、ひいては人間の品格を高めることにつながるのではないでしょうか。努力の仕方にも品位が必要で、むやみに結果を求めるのは失敗のみならず後悔を生みやすい。それで結果につながらない場合、潔く結果責任をとる覚悟も大切。その意味で、結果より過程に価値がある、という原則に分があるという気がします。結果を無視した過程は狂信、過程を無視した結果は不毛。

比叡山の修行僧のような鍛錬はできませんが、社会人、組織人としても、無縁な話ではないのではないでしょうか。

二．経済は重要であるが第一ではない

何回か先生から聞いた言葉です。一番鮮明に覚えているのは、先生が指導のために英国のパットさんの道場を訪問され、当時ロンドンに駐在していた私もお供した際に、列車の中で交わした会話です。「私は日経新聞を購読している。経済情勢には関心がある。経済は大変重要であるが、それが国家にとってすべてに優先する訳ではない。」バブル崩壊で混乱する時期でもあり、銀行に勤めていた私を窘められた気もしました。

ではは何が経済より優先されるのでしょうか？

新型コロナ感染症問題で明らかなように、人間の命がありうます。国民の安全といってもよいでしょう。しかし、その次あたりからは、どれほどコンセンサスがあるのか判然としません。

国家の独立・自治という価値はどうでしょう。近時、覇権主義中国の台頭に直面し、経済の効率性、海外依存度（グローバル化）を一定程度諦めることは、日本でも支持を得られてきました。二〇〇一年に中国をＷＴＯに迎えた際は、これによって中国も自由経済体制のメリットを享受し、政治的にも自由民主主義に転換せざるを得なくなるという楽観論が米国を含めて支配的でした。しかし、現実はそんなに甘くないということでした。お互いに自己犠牲を厭わない集団内、集団間でしか、「連帯」はできないことを忘れてはならないのです。

しかし、田中先生の言葉は、それにはとどまらないもののだったと感じています。

「どこの国のどこの地方に行っても、同じような店が、同じようなものを売っているのは、人間社会の進歩なのか？」

これは、冒頭の英国人武道家のパットさんが夕食時に漏らされた言葉でした。田中先生は、私に向かって、「君らは、それが経済発展ととらえるのだろう」と呟かれたのでした。

経済のグローバル化が「文化」を薄め、「人間らしさ」を弱くするとの危惧でしょう。

人類は今や、ＡＩや生命科学の進歩が経済とリンクしたときに、果たして幸福になるのか、という大課題に直面しています。文化とは、人間の幸福にとって何が大切なものかを示しています。経済や科学技術を制御してゆくには、「人間らしい文化力」が必要ではないか、という気がします。

三　人間の幸福は『情』にある

「赤門のＯＢは、頭が良い人が多いので、『知』が先行するが、『知』では人間は幸福に到達しない。『情』こそ、人間らしさの源で、幸福感をもたらすし、人を動かせるものだ。」

令和元年八月の赤門総会が山上会議所で開かれた際、懇親会にいらっしゃった田中先生に、「今一番ＯＢにおっしゃりたいことは何でしょうか？」とお尋ねした際のお話です。私にとって先生の最後の言葉となりました。同じ言葉は、令和元年赤門合氣道六十号にも先生へのインタビュー記事として掲載されていますので、晩年の先生の思いが凝縮されているのではないでしょうか。

この言葉について、所感を記すことは、『知』をもって『情』を考えることでもあり、無用でしょう。毎年の赤門誌に残された先生の文章、先生から掛けられた言葉、合気のご指導など、すべての思い出が、この言葉に貫かれていることが、あらためてわかります。ご冥福をお祈りいたします。

（以上　令和二年度　赤門合氣道　第六十一号に寄稿の文章を一部改訂）

田中先生の啓示について

富山大学 昭和五十一年入学
富山大学合気道部　監督
名古屋　孝之

私は、富山県警を退職した平成三十年から富山大学合気道部の監督をしておりますが、先生から突然いただいた葉書がきっかけで合気道に深く関わるようになったことなどについてお話します。

私は、大学卒業後は道場から足が遠のいていましたが、あるきっかけで、平成二十一年二月の富大合気道部の一・二年合宿に参加しました。実に、二十数年ぶりの稽古でしたが、五十歳を過ぎた私のような者でも稽古ができる喜びを知りましたし、面識のない私を受け入れてくれた学生たちの所作に、田中先生の寛容さを思い起こし、自分の居場所を発見した感がありました。

以後、徐々に道場に足を運ぶようになった私ですが、流石に長年のブランクは大きく、特に、剣術に至っては、完全リセット状態であり、鹿島神流を解説したものでもないだろうかと思いあぐねていたところ、至誠館の稲葉稔元館長監修による合気道と鹿島神流のＤＶＤがあることを知りました。

そして、平成二十五年九月、出張で東京へ行く機会を得た私は、「至誠館に行けばＤＶＤがあるに違いない。」と思い、突然至誠館を訪問したのです。

応対女性に富山大学合気道部ＯＢである旨を告げ、ＤＶＤのことを尋ねたところ、女性は、「ここには置いていません。書店に行けば売っていると思います。」との返答でした。

さらに、田中先生のご在館を尋ねたところ、「先生は、今日は来られない日です。名刺を頂戴できれば、先生にお伝えします。」と言われ、一瞬躊躇いましたが、名刺を手渡して退館しました。

その後、明治神宮の参道を歩くと、不思議と、他人が歩く「ジャリジャリ」という音と自分の足音とが妙に共鳴するのを感じ、私は、戦前の初等科国語教科書にあった「明治神宮」の「神宮橋を渡りてまず仰ぐ大鳥居に菊花の御紋章を拝するかしこさ　南參道に入れば夜來の雨に清められし玉砂利さくさくと鳴りて參拝の人々あたかもいい合わせるがごとく　足並みのおのづからそろうも尊く思はる」という一節を思い出し、至誠館を訪問したことへの感慨にふけっていました。そして、数日後、突然、先生から葉書が届きました。拝見しますと、当日会えなかったことへの思いや今後の活躍を祈念することなどが切々と記されていました。

私は、予期せぬことに感激し、自身の愚行を反省し、そして、至らぬ門下生にわざわざ葉書まで書いて下さった先生に感謝しながら、先生への手紙を書きました。手紙には、葉書を頂戴したことへのお礼、当日お会いできなかったことへの残念な思い、三十数年ぶりに至誠館を訪問することが出来た歓喜の念、二十年以上も疎遠となっていた私を受け入れてくれた合気道への感謝、そして、今後合気道に関わる意欲を新たにしたことを記しました。

以後、私は、合気道に深く関わることとなりました。その一つが「富山県警合気道クラブ」です。

この「富山県警合気道クラブ」とは、東京大学合気道部ＯＢ（副将）で富山県警に赴任された千葉陽一氏と当時県警本部に勤務していた金大合気道部ＯＢの田中彰氏とが、

○愛好者に稽古場所を提供し互いの友好を深める
○合気道を普及させ警察術科の向上に資する

という目的で、平成二十六年三月に設立したものです。将来的には、警視庁のように女性警察官の武道としての採用や会員の昇段といったことも視野に入れていましたが、先ず、流派の垣根をえた活動を継続・発展することに重きを置きました。

当時の富山県警の合気道経験者十数名のうち、一番の年長者で比較的活動しやすいポストに就いていた私が会長となり、警察学校の武道場などで稽古を行いました。

しかし、設立に尽力された千葉氏が同年八月に異動となり、また、各自の勤務上の都合などもあり、紆余曲折を経ながら、私と田中氏が退職する頃まで粛々と活動を続けましたが、現在は休止しています。

田中先生が「富山県警合気道クラブ」に関心を持っておられたので、本当に申し訳なく思っており、警察ＯＢという立場ですが、機が熟せば、同クラブの再起を期したいと考えています。

続いて、先生の意外な一面に接したことを紹介します。それは、私が富山県警を退職し、監督となった平成三十年の夏合宿のことでした。

田中先生は、宿泊地に到着されると、出迎えた部員らの中に富大ＯＢ夫婦の赤ちゃんを認め、にこやかに近寄り、自分の孫（ひ孫？）の如く抱きかかえられました。その様子が好好爺然として誠に微笑ましく、道場における先生の厳正なお姿とは対照的でした（このときの写真は、お別れの会で掲示された年表に掲載されました。）。

そして、その日の晩に先生と杯を酌み交わしたときのことです。先生は、門下生との交流を楽しみにしておられると聞いていましたので、私は、加賀藩御用達「女傳のかまぼこ」（先生が富山駅前でよくお買い求めになりました。）、富山の地酒である「富山県警察じんだはん」（「じんだはん」とは、警察官への親しみを込めた富山の方言で、平成三十年から富山県警察本部売店で販売を始めました。）、富山県高岡市の鋳造メーカー「能作」が製作した、底が丸い錫製のぐい呑みを持参しました。

すると、先生は、懐かしいかまぼこなどを肴にしながら酒を嗜まれたのですが、「底が丸いのに、何で酒を注いでも倒れないのか。」と疑問に思われたのか、童のようなまなざしで何度もそのぐい呑みを手に取ったり、指で横からつついたりしておられたのがとても印象的でした。

私は、このお姿を見て、先生の卓越した知識や識見は、弛まぬ好奇心や探求心に裏打ちされたものなのだと確信しました。

富大合気道部では、現在も、「先生のお写真」、「先生自筆の道場訓」、「植芝吉祥丸二代目道主自筆による『合氣』の色紙」を道場正面に据えて稽古を行っていますが、これらの品を見て往時を追懐し、今もなお我々を見守り無言の啓示を送り続ける田中先生に感謝しております。

問われ続けたこと「何のための稽古か」

東京大学 昭和五十三年入学　黒田 武一郎

令和二年一月十二日の至誠館武道事始のことでした。名誉館長室で田中先生にお会いし、新年のご挨拶とともに年末に総務事務次官に就任するに際してご心配をいただいたことに改めてお礼を申し上げました。先生はいつもと変わらないお元気なご様子で、「最後のポストだな、稽古に出たいなどとは考えずに、国家国民のために思い切って仕事に打ち込みなさい」と、励ましていただきました。

その後、各科の先生方の演武を見学して気持ちを前向きに整えることができた私は、今年もこうして始まり、来年もきっとこのように迎えることになるのだろうと、何の疑いもなく考えておりました。しかし、結果としては、これが先生とお会いさせていただいた最後の機会となりました。

卒業後に総務省(旧自治省)に入省して以来、秋田県庁、広島市役所、二度の熊本県庁と四回の地方勤務を経験しましたが、それぞれの地においても稽古を重ね、東京に戻ると至誠館に通うという生活を続けてきました。熊本県庁勤務時に始めた剣道にのめり込み、武道研修科から剣道科に移籍しましたが、至誠館は私にとっていわば母港のような存在であり、その真ん中にいつもどっしりと構えておられるのが田中先生でした。

先生とは、合気道の師範としてのみならず、様々なご縁をいただきました。結婚に際しては、かつて剣道家を目指した父がどうしても先生にとお願いして仲人になっていただきました。熊本県庁勤務時は、先輩方とともに何度か旅行にもお越しいただきました。そして、折々に、先生独特の小さな文字がぎっしりと詰め込まれた手紙や葉書をいただきました。また、ご長男の穂積氏とはほぼ同い年であることもあり、学生の頃からずっとお付き合いいただいております。

先生には四十年以上もご指導をいただきました。合気道部で駒場や本郷の主将を務めたときは、先生の受けを取らせていただくのが最も重要な役目でした。先生の投げ技はなんとか足捌きでしのぐことができても、固め技は逃げようがなく、細身の私にとっての骨がきしむような感覚は今でもはっきりと思い出されます。

社会人になってからも、至誠館では自由に稽古をさせていただきました。四十歳代の頃までは、剣道科の稽古を終えてから合気道の稽古も重ね、いずれの昇段も順調でした。剣道で一本を取ったり取られたり、合気道で投げたり投げられたりすることそのものが純粋に楽しい時期でした。先生も、至誠館は総合武道場であり各科の間に壁を作ってはならないと、むしろ背中を押し続けていただきました。剣道科の門人としても二度、日本剣道形の演武をしましたが、門人として二つの科で演武をした例は殆どない、しっかり稽古を続けなさいとの言葉をいただいたことは最高の励ましでした。

一方で、段位については厳しいご指導をいただきました。合気道とは異なり、剣道は稽古において段位が大きな意味をもちます。六段審査以上は全日本剣道連盟主催となり、東京での審査会は例年十一月中下旬の平日に開催されることから、仕事を休まない限り審査を受けることはできません。私は財政に関わる仕事に長く従事してきましたので、年末に向けて予算編成や国会対応に追われるこの時期に仕事を休むことは非常に難しく、審査を諦めておりました。先生からは剣道を選んだ以上は段位取得に妥協してはいけない、早く合気道の段位に追いつきなさいとこればかりは認めていただけませんでした。結局は審査を受けずに現在に至ったことに悔いが残ります。

このように先生からの技術的なご指導は殆どありませんでしたが、武道のプロを目指すわけではないのだから、術の上手下手や道場での勝ち負けなどにこだわるべきではなく、稽古で得たものを生活や仕事に活かすことこそが大切だ、だから、他のことを犠牲にしてまで至誠館で稽古をする意義についてよく考えるべきであるという趣旨のお話は繰り返しいただきました。

これまでの仕事を振り返ると、困難な交渉に際して、相手が自分に対してどのような感情をもっているのかを察知し、間合いを切るべきか詰めるべきかの判断を瞬時に求められるとき、日々の稽古は直接に役立ったと感じます。また、霞が関の課長職の頃までは、どんなに仕事が厳しくて心身にストレスがたまっても、道場の稽古で力を出し尽くすことによってそれを解消することができました。

しかし、官房長になった頃、稽古で仕事のストレスを消しきれないという感覚を持つようになりました。年齢とともに体力が下向いてくる中で、稽古に行くべきかどうか迷う際には、いつも、先生の言葉を自問自答するようになりました。「一体何のための稽古なのか」と。

現段階での自分なりの整理としては、厳しい稽古を積むのは、いざというときには相打ちを覚悟で命をかけることができる心身を練り上げることが直接的な目的となる。一方で、命は一度きりのものであり、無駄死にだけは避けなければならない。したがって、厳しい稽古を通じて自分は何のために命をかけるのか、言い換えれば、何のために生きるのかという「本心」を追求することこそが目的である。さらに、自分の直面する課題が一度きりの命をかけるに足るものであるかどうかを瞬時に判断する力を養うということとなり、これこそが仕事や生活に結びつくのだと考えます。

言葉にしてしまうと当たり前のこととなりますが、よほどの強靭な心身を持っていない限りは、年齢を重ねるとともに日々の稽古をそのような問題意識をもって続けていくことが難しくなり、稽古そのものが惰性に流されてしまいます。

先生が座右の銘とされた「終即始」という言葉こそが、それを乗り越えていくための指針であると思います。「残心」を表わす言葉としての「終即始」は、一日一日を倦むことなく努力を積み重ねられ、九十二歳で御逝去される二ヶ月前まで道場に立たれたという生き様を表わす言葉に進化したのです。

仕事に束縛されることに加えてのコロナ禍の中で、至誠館で稽古することはかなわず、当面は一人稽古をするしかない状況にあります。何もしないよりはましだという程度ですが、先生がいつも笑顔とともに発せられた「黒田、何のための稽古だ」という問いをかみしめながら、自分なりに努力を続けていきたいと思うところです。

三十年後の受け

金沢大学 昭和五十三年入学
金沢大学合気道部 師範代　藤澤 博亮

令和二年三月名古屋至誠館の平岩館長から愛知県武道館での合宿のお誘いを受け、矢も盾もたまらず参加した。先生ご夫妻、平岩館長、東大ＯＢの方々と夕食をご一緒した際、先生のいつもと変わらぬお元気な姿に安堵したが、病魔は相当に先生のお身体を侵していた。亡くなられるわずか二ヶ月前のことである。その精神力たるや、凄いの一語に尽きる。

昭和五十八年だったか、五回生の夏休みに初めて至誠館に田中先生をお訪ねした。現在とは違い、あの頃はまだ他大学との交流もなく、先生にお会いするのは春と夏の合気道部合宿のみ。幾多の弟子の中で自分などは何者でもなかったろう。それでも至誠館に田中先生を訪ねることが夢だった。小平市に姉がいるので、それを口実にした。金沢でお土産を買い姉の家に泊まった。至誠館に電話しようとして、何度も受話器（当時はダイヤル式の黒電話）を取っては置き、を繰り返した。「先生はきっと自分のことなんか知らないし、電話して冷たくあしらわれたら俺はもう立ち直れない」。ためらう私を姉が叱った。「もし先生があんたのことを覚えていないにしても、弟子が金沢から会いに来るというのは先生にとっては大変なことなのよ。先生もきっと喜ばれるに違いないわよ。ウジウジしてないで早く電話しなさい。なんなら代わりに電話してあげようか？」。姉に真後ろで監視されながら至誠館に電話をかけた。先生は幸いその時至誠館におられた。「はい、田中です」。電話機の前に正座していた。「金沢大学の藤澤と申します。実は今、小平市の姉の家にいるのですが、もしよろしければ至誠館に伺ってもよろしいでしょうか」。即座に先生は言われた「そうですか。では今からおいでになって下さい」。〝天にも登る〟というのはあの時の気持ちのことだろう。指示通り小田急参宮橋駅に降り至誠館に向かった。初めての明治神宮でもある。館長室で待っていると昼食から戻られた先生が至誠館の中を案内して下さった。その後、参宮橋駅前の喫茶店で昼食をご馳走していただくことになった。空腹などなかったがスパゲティナポリタンを注文した。食後「コーヒーも飲みなさい」。極度の緊張の中で食事もコーヒーも味など感じない。信じられないかも知れないが、とにかく先生の笑顔というものを一度も見たことがなかったのだ。先生の前にいるだけで緊張する。金沢大学合気道部第十期高橋歩主将が就職の面接試験を受けた時の感想こそが当時の部員の共通認識だったろう。私が彼に、面接の時は緊張したか？と訊いたら、彼はこう言ったのだ。「田中先生の目の前にいることに比べたら就職の面接なんか屁みたいなもんですよ」。とにかく怖い先生だったのだ。怒るとか怒鳴るとか、そういうことは一切なく静かで淡々としておられるのに、全てが見透かされているような感じで、つまり我々は先生の人格的迫力こそに圧倒されていたのだ。参宮橋駅で先生と別れた後の記憶はない。

この事がおそらくきっかけになった。次の合宿から先生がマンツーマンの剣術稽古をつけてくださるようになった。一通りの稽古の時間が終了した後、先生が木剣を二本手に持ち、「藤澤、剣術をやろう」と声をかけて下さる。私は基本太刀と裏太刀しか知らない。最初は裏太刀と相心を、次の夏合宿では実戦太刀を加え、その次の春合宿に合戦太刀が加わった。次の合宿までには必ず忘れてしまうという恐怖から、記憶の残っているうちに合宿所の部屋で技の形を絵に描き、先生から指摘された要点を書き加え、金沢に戻った後、一人で何度も形を反復した。この年の秋、金沢大学合気道部創立十周年記念演武会が開かれることになっていた。夏合宿では「藤澤は来年国家試験があるんだから演武は無理にやらなくていいよ。合宿の参加もほどほどにしなさい」と言われたが、この機を逃せば一生後悔すると考えたから、実戦は二回、合戦は一度しか習っていないけれども、演武会は出る、剣術の演武をやる、と決めていた。出ることに意義がある、と信じた。演武の後、間違いも指摘されたが、少しだけ先生から褒められた。演武会の最後を飾る先生の演武では、受けを当日に指名された。あの場での、舞台の明るさ、目の前に来た真剣の刃の煌めきなど、今も鮮明に思い出す。その後、合宿でのマンツーマン指導はなくなった。ただ、お話しする時、先生はいつも笑顔を見せて下さった。

平成三年九月から一年間、英国グラスゴー大学に留学した。その年の夏、至誠館に田中先生をお訪ねした際に「藤澤はまだ結婚しないのか?」と言われた。「実は九月からイギリスに留学することになりましたので結婚は先の話です」。「ああイギリスですか」と言って、英国合気道ユニオンのパット・ストラットフォード氏と、東京大学ＯＢで日本興業銀行ロンドン支店におられた小林英文氏を紹介して下さった。当時サザンプトン大学に金沢大学脳神経外科の先輩が留学中で、クリスマス休暇を利用してロンドン、サザンプトンに行くかも知れないというような内容を加えてパット氏に手紙を書いた。返事を期待していたわけではない。田中先生がご紹介下さったのだからという、半ば義理を果たすような感じだった。手紙を投函して数日後、研究所にパット氏から電話が入った。パット氏は「いつロンドンに来るのか」と熱心に訊く。とんとん拍子で話が進み、ロンドンでパット氏と落ち合った後、列車でコベントリーに行き、ご自宅に二泊、道場での稽古にも参加させていただいた。平成四年（一九九二年）の五月に田中先生、田尾先生がコベントリーの道場に指導に来られることになり、パット氏が「ついにMaster Tanakaがイングランドに来る」と、興奮気味の電話をかけて来た。田中先生、田尾先生のお供での英国合気道指導は計四回。道場でもバイロンハウスなどで行われた歓迎のディナーでも、沢山の英国人道場生に囲まれた先生は紛れも無いスターだった。英国人の前でも、先生は稽古の意義や武士道などについて淡々とお話しされる。彼らもまた、先生の人格的迫力と魅力に引き付けられていた。初めてパット氏と話をした時、彼は興奮気味にこう言った。「Master Tanaka is a man among men!」。

パット氏のお弟子さんに、「なぜ今まで合気道を続けて来たんだ?」と訊かれたことがある。「合気道が好きだから。でも、もし自分の師匠が田中先生でなかったら続けていなかったろう」。

名古屋至誠館合宿の最後に指導稽古の受けに指名された。驚きと嬉しさと、寂しさと…。十周年記念演武会から三十六年、英国での指導稽古からは二十年ぶりの受けだった。今、改めて思う。私は先生に褒めて欲しかったのだ。これからどうしたらいいのだろう。

志在千里

中央大学 昭和五十四年入学
中央大学合気道部 監督
副島 武

表題は、一九九七年の春に田中先生（以下「先生」）から個人的に頂いた書の文字です。

この年、当部の創立四十周年記念式典を控え、先生に「至忠至孝」とご揮毫頂き、これを手拭いに印刷して創部四十周年の記念品としました。原書は今なお中大合気道場に掲げられています。そして、至誠館にてこれをご揮毫頂く際、「書き損じで良いから個人的に頂きたいですね」と口にしたところ、傍にいた柳瀬先輩（十五期）から「田中先生に直接お願いしてみろ」と言われ、厚かましくもその通り先生にお願いしたところ、わざわざ「志在千里」と書いてくださいました。

もう四半世紀も前の事ですが、その時これを実家に持って帰って父に自慢したところ、父がとても嬉しそうに自らその出典を紙に書いて渡してくれました。父は先生より二歳年下の昭和五年生まれでしたが、居合道八段で中央大学居合道部の師範もしていたことから、常日頃から先生を目標にしていました。とは言っても父が先生にお会いしたのは一九九〇年の秋、私の結婚に際して仲人をお願すべく両親と共に先生のご自宅へお伺いした日と、翌年春の結婚式当日だけだったと思います。それでも父は事ある毎に「先生はお元気か？」と聞いては自分の励みにしており、父が後期高齢者の仲間入りをした頃、自転車で転倒して大怪我を負って医師から「もう正座が出来ないから居合道を続けるのは厳しいのでは」と告げられた際も、「田中先生は膝に激痛を抱えながらも稽古を続けている」と伝えると、諦めずにリハビリと稽古を続け、遂には以前と変わらず正座が出来るまでに回復しました。その頃の先生とそれを見習う父の姿は、私にとっては目標ではなく真似が出来ない畏れるべき存在であり、まさに「志在千里」の一節がある曹操の漢詩「歩出夏門行」の通り、齢を重ねても衰えない気力には驚くばかりでした。

先生は、至誠館の名誉館長になられてからずっと、中央大学の授業期間中の金曜日には多摩キャンパスにある合気道場まで当部のご指導にお越しくださいました。ご高齢になってもご自身で公共交通機関を乗り継いで往復されるので、白門合気会（OB・OG会）の先輩方からは「田中先生が大学道場にお越しになるときは往復ともタクシーを用意せよ」と現役部員幹部にご下命があるのですが、部員がその通りにタクシーを手配するたびに「無駄なことはするな」と先生から叱られるのが恒例で、私が若い頃のように稽古中には殆ど部員を叱ることが無くなった先生がこの時ばかりは部員を叱るので、心の中では懐かしみ楽しんでいました。

そんな先生が、私の車にはいつも快くご乗車頂けたので、稽古終了時に合わせて道場までお迎えに行き、多摩キャンパスからご自宅まで約四十分程度の道のりを幾度となくご一緒させていただきました。また時々は合宿地とご自宅の間の長距離もご一緒させていただきましたが、先生は乗車中に決してお休みになることはなく、運転手である私を気遣って様々なお話をしてくださいました。そのお話は「専修大学の〇〇さんに豪華な車で〇〇へ旅行に連れて行ってもらった」「東京大学の名医の〇〇さんに痛みが治まらない膝の具合を診てもらった」といった感謝のお話から、「中央大学の〇〇さんは最近見かけないがどうした？」といったご心配のお尋ねまで多岐にわたり、前回私にお話しされた続きからお話しされることもあり、その記憶力の凄さと話題の豊富さには驚くばかりでした。また、その内容は数多の門弟に対する先生の深い慈愛の心が伝わって来るものばかりであり、私にとってはとても貴重な時間でした。

今夏で七回忌になる父の晩年は、闘病しつつも大好きな酒を飲みながらの穏やかな在宅療養でしたが、図らずも昨年春に先生から頂いた最後のお便りには、父と同じような病状が記されており、その後は残念ながら直接お話することも叶わずお別れとなってしまいました。先生が車の中で「長生きをしていると、親兄弟や親しい友人知人が先立ち、何より若い門弟たちが先に逝ってしまうのが本当に辛い」と仰っていたことを思い出し、還暦を迎えた私は、その寂しさを今更ながら痛感しています。

そして改めて先生から授かったご薫陶に感謝し、「志在千里」の意味を噛み締め、父が目標としたように、私も及ばずながら記憶の中の先生を目標に、もうしばらく気力を振り絞って、頑張ってみようと思っています。

田中茂穂先生の御霊のご平安をお祈りいたします。

令和三年六月　記

＜参考＞『志在千里』＝三国志で有名な曹操の漢詩
「歩出夏門行」の一節
「老驥伏櫪　志在千里　烈士暮年　壮心不已（老いた駿馬は厩に伏していても千里を疾駆する志を持っている志のある人は年をとっても大志を持ち続ける）」訳文参考：白水社 中国語辞典

懺悔

金沢大学　昭和五十四年入学
金沢大学合気道部ＯＢ会副会長
石川　正人

「ところで、五右衛門、クラブ何かやってるの？」
「俺？　合気道部に入ってんねん」
「あ、そう。僕のおじさんも合気道をやっているんだ」
「へ～、どこか道場に通ってはんの？」
「いや、教えているんだ。明治神宮で」
「・・・・・。お名前、もしかして、田中先生・・・とちゃうやろな？」
「あれ、おじさん、知ってるの？」

これは私が幹部の春合宿を終えて大阪に帰省し、東京に転校した小学校のクラスメートが久しぶりに我が家へ遊びに来た時の会話。私は悩んだ。先生にこのことをお知らせすべきか、やめようか。自分から言うのも、何か厚かましいようで。こうして逡巡していると、田中先生からお便りが届いた。

「いや～、驚きました。石川が甥の○○と友人だったとは。本当世の中は狭いものですねえ」

慌てて返事を書いた。

以来、先生との距離はぐっと縮まり・・・そんなわけがない！　それどころか、私は先生に不義理をしっぱなしで、今でも先生とご一緒した時の場面、場面を思い出すたび、懺悔の念で布団の中で頭を掻きむしり、うめき声をあげている。

三年の夏、先生から「学習院中等部が夏合宿を金沢郊外でやっているから、行ってみては」との連絡をいただき、当時監督だった中川さん、同期山本、小山たちと稽古に参加した。島田先生、稲葉先生がいらっしゃっていて、剣術などをご指導頂いた。これが、島田先生、稲葉先生とのご縁ができたきっかけだった。

四年の秋、日本武道館で行われた連盟の演武会に参加し、藤澤さんと二人で先生の御宅に泊めていただいた。夕食後の一家団欒、立派な応接セットがある居間に二人同席させていただいたが、こちらは硬い表情をしている。先生はご家族から「お父ちゃま」と呼ばれていると知って腰を抜かした。我々二人の緊張を解きほごそうと、奥様がご家族の写真を見せて優しく語りかけて下さり、ご家族で「天才・たけしの元気が出るテレビ！」をご覧になって談笑されていたが、我々二人は顔が引きつって笑えない。

　卒業後。今でも冷や汗がでるが、先生に結婚披露宴の御来賓をお願いし、わざわざ東京から大阪までお出でいただき、その上スピーチまで頂いた。

　翌年東京に転勤になり、至誠館の門を叩いた。田中先生は温かく迎えて下さった。おかげ様で稲葉先生からも直接ご指導を仰ぐ機会も得た。しかし、一年足らずで英国へ留学することになり、劣等生のまま至誠館を去った。

　留学中、中川さんから「田中先生、田尾先生と一緒に英国に指導に行くので」とお誘いをうけたが、運悪く卒論関係でドイツ市場視察と重なりご一緒出来なかった。

　その後は、周年行事には参加するものの、合宿等には参加せず、田中先生、金大合気道部とも疎遠な関係が続いた。私の不徳でこのような情けない状態の中、これもまた先生のご厚意で、関東在住ＯＢ数人で先生の御宅にご招待をうけた。初回往訪いきなり、裏庭の竹藪にご案内いただき、タケノコを取らせて頂き美味しく頂いた。こうして先生から、じっくりお話を伺う機会を得ることが出来るようになった。

　以来、失礼を顧みず、図に乗って年に二、三回お邪魔するようになった。いつも奥様にはお気遣いいただき、閉めにはとっても美味なオリジナルおにぎりをご馳走になり、時には瑞穂子さんや長澤まさみそっくりのお孫さんにも同席いただいたりして、時間を忘れて楽しい時間を過ごすことが出来た。挙句の果てに、酔いつぶれた我々を心配して、穂積さんに車で駅まで送っていただくこともあった。

　こうして先生の御宅にお邪魔するのと同じ頃から、合宿にも参加するようになった。参加といっても、私の場合、夕食後の宴会がメインであった。先生は昼間の稽古でさぞかしお疲れでいらっしゃるのに、嫌なお顔を微塵もお見せにならず、遅い時間まで我々ＯＢ、学生と親しく交わって頂き、大変有意義なお話をお聞かせ下さった。

　今こうして先生を思い起こしながら、しみじみと自分は金大合気道部に入って田中先生とお会いできて本当によかったと思う。金大合気道部に入らず、先生にお会いできていなかったら、自分はどんなにつまらない人間になっていただろうとつくづく思う。

　先生は生前よく「人との縁を大切にしないといけませんよ」とおっしゃっていた。若い時は今一つピンと来なかったが、還暦を過ぎた今、この言葉の重みをひしひしと感じる。今こうして金大を含む五大学、至誠館、様々の方々と親しくお付き合いいただけるのも田中先生のおかげだ。

先生からは結局ご厚意をいただくばかりだった。何もお返しできずに終わってしまった。それがとっても心苦しい。せめて先生から頂いた御恩のほんの一部でも良いから、金大合気道部に返して行くことが出来たらと思う。先生、いつまで経っても進歩のないこんな私ですが、どうぞこれからも見守って下さい。何卒よろしくお願い申し上げます。

田中永世師範の演武について

東京大学 昭和五十六年入学
東京大学合気道部　部長
能智 正博

縁あって、二〇一三年から部長代理、二〇一六年から部長を務めさせていただいています。おかげで、出張などと重ならない限りは五月祭・駒場祭の演武には出向くようになり、ここ七、八年の間は田中永世師範の演武を年に一、二回は必ず拝見する幸運に恵まれました。これがまだしばらく続くと漠然と思っていたところもあるのですが、それが昨年唐突に断ち切られてしまったのは本当に残念でなりません。心よりご冥福をお祈り申し上げます。田中師範には現役時代以来、実にいろいろなことを学ばせていただき、思い出せば切りがないのですが、本稿ではここ数年の師範の演武から学ばせていただいたことを書いて、追悼の言葉に代えさせていただければと思います。

あれは確か二〇一九年の駒場祭での演武の時でした。おそらく田中師範最後の駒場祭演武ではなかったでしょうか。演武会の終了後に師範にご挨拶をさせていただいた折に私は、「相変わらず切れのある演武で感激しました」みたいなことを申し上げたように思います。自分の言ったことについては記憶があいまいなのですが、その時師範が返されたお言葉はよく覚えています。「いやいや、今は身体が動かないので全然だめですよ」といった内容でした。私はかなり素朴に、頭に浮かんできた言葉でご挨拶しただけだったのですが、私は自分の言葉が口先だけのリップサービスとして伝わってしまったような気がして、むしろ申し訳ないという気持ちが強くなり、その時は口をつぐんでしまったのでした。

田中師範がご自分の技に決して満足されていないのは、理解することはできました。確かに、二〇二〇年十一月の偲ぶ会で流されていた師範の演武のビデオを見ていると、技やお体の動き自体の違いは私にもわかりました。それは二十年か三十年前に撮影されたものでしたが、体術の場合であっても、手入れの行き届いた真剣を振るっているような、気迫と豪快さが伝わってきました。晩年の演武にそれがそのままの形で見られるかというと、さすがにそうは言えないでしょう。ご年齢の影響が――二〇一九年当時私は存知あげていませんでしたがご病気の影響も――そこには避けがたく現れていたのだと思います。

だとしたら、私が田中師範の演武を目の当たりにして「相変わらず切れのある」と表現したのは、私の方の勘違いか無意識のリップサービスであったのかというと、必ずしもそうとは言えないところがあります。師範の演武には、私にそう感じさせる何かが含まれていたに違いないと思うのです。

その何かを一言で言うのは難しいのですけれども、あえて言葉にするとしたら、九十歳を超えたご年齢でお体の衰えを感じられつつも、それでも合気道部現役部員の求めに応じて演武の場に立ち続けた姿勢、ということになるかもしれません。誰も老いに勝てる人はいないわけですが、そうした誰にも共通した宿命に対し、凛として立ち続ける姿を示し続けた永世師範の姿は、私に以前と変わらない「切れ」を感じさせたのではないかと思います。「技の切れ」というと誤解を招くかもしれません。むしろ、人間としての勁さと言った方がよいように、今は思います。

演武で演じられる「武」とは何でしょうか。少なくとも、見る側が演武から受け取るのは、演じている個人から全く切り離された「武」ではなく、ほかならぬその個人に体現された武なのではないかと思います。評論家の小林秀雄に、「美しい花がある。花の美しさなどといったものはない」、という有名な言葉があります。演武においても同じことが言えるのかもしれません。演武には演武する個人の生の深みが、切り離しがたく含まれます。それを見る側は、演武者について知っていればいるほど、演じられている技以上のものを感じるように思われます。

私も高齢者と呼ばれる年齢に少しずつ近づきつつあ

り、最近はちょっとした身体の不調を感じるようにもなってきました。「これは一時的な不調というよりも「老い」の一つの兆しなのだ」と考えるとき、それにどのように向き合うかが問われることになります。老いへの向き合い方には様々な形があり、どれが絶対的によいというようなことは言えないでしょう。しかし私は、できることならば、田中師範が演武で示してくださったような凛とした姿勢に少しでも近づけたらと思っており、また、最後までそうした範となる姿勢を示し続けて下さった師範に、今更ながら感謝の気持ちを禁じえないのです。

田中先生を偲んで

金沢大学 昭和五十六年入学　西垣 真

私が田中先生と初めてお会いしたのは、一九八一年に金沢で行われた大学一年生の際の秋合宿でした。卒業してからは、勤務先が神奈川県になり先生からのお誘いもあって、石川先輩、近藤君、石田君らと一緒に神奈川県川崎市にある先生のお宅へ何度となくお邪魔するようになりました。先生のお宅では食べ物とお酒を持ち寄り（私は先生がお好きであった小田原の守屋のあんパンを買っていく役割でした）、また先生が高価なお酒を用意していただき、先生とのお話を楽しむ時間を過ごさせていただきました。その際に金沢大学の夏合宿の話題になり、「君たちも今度の夏合宿にいらっしゃい」とお誘いを受けて、それから大学の合宿にも度々参加するようになりました。また先生のご指導を直接受けることができる喜びもありましたが、先生が稽古の合間に世の中の出来事や武道のことに限らず生きる上での心得等を道場でお話されるのを聞くのが、私は何とも心地よく大好きな時間でした。先生はよく「人として品格を持つことが大切」とよくおっしゃっていたのが、私の心にはよく残っています。

二〇一八年も夏合宿を楽しみにしていたましたが、私は八月初旬に心筋梗塞で倒れて一時心肺停止状態になりました。ドクターヘリで病院に緊急搬送され何とか一命はとりとめ、三週間ぐらいで退院することは出来ましたが、当然その年の夏合宿には参加することはできず残念な想いでいました。すると先生からは合宿後に直ぐにお見舞いのお手紙を頂き、私の体のことを大変気遣っていただきました。翌年の春に退院後初めて東京の江戸川橋体育館での修武館の稽古に参加してお会いした際にも、「よく戻ってきたな。良かった。水分をしっかりと取れよ」と優しい言葉をかけていただきました。また仰向けに寝て手と足を天に向けてぶるぶると震わせる動き（田中先生の奥様は、ゴキブリがひっくり返って手足をバタバタする姿に似ているのでゴキブリ体操とおっしゃっていました（笑））をすると体の末端の血流が良くなるとのアドバスを頂きました。確か先生の体にもステントが二本入っているとのことで、この動きをよくされているとのことでした。そんな私の体のことを気遣っていただいていた先生が、その後わずか一年余りでお亡くなりになるとは思いも寄らないことで、信じられない想いでした。

私は、縁あって神奈川県伊勢原市に合気道の道場（伊勢原合気道塾）を二〇一三年に持つことになり、近藤君と一緒に運営を続けています。そこへ二〇一九年の秋、先生に来ていただきご指導をして頂く機会を得ました。伊勢原合気道塾の稽古をおこなっている道場のある伊勢原体育館に続く道路の両脇には桜並木が続いていて、先生はそれらを見て「ここは春に桜が咲いたらきれいでしょうね」とおっしゃっていました。私は「先生、桜が咲く頃に是非また来ていただいて、ご指導をよろしくお願いします。」と言いましたが、今はもうそれも叶わぬこととなってしまいました。今年は先生に初めてお会いしてからちょうど四十年となる年です。先生、今までの長きに渡るご指導、本当にありがとうございました。先生からの教えは、私にとって唯一無二の貴重な財産です。先生のご冥福を心よりお祈りいたします。

戦後日本一の武士

専修大学 昭和五十七年入学
専修大学合気道部 助監督
佐藤 幸輝

私が最後に田中先生の稽古に参加したのは、令和二年（二〇二〇年）三月十九日の木曜日でした。当時、合気道部の助監督であった私は、近年導入されている「フレックス勤務」を活用して、木曜日には通常の勤務時間より早めに職場を離れ至誠館に行き合気道部の学生と接する機会を持つようにしていました。それでも田中先生のいらっしゃる時間には間に合わず、私が至誠館に到着するのは田中先生のお帰りになった後で、堀越指導員（専修大学師範）の稽古中に到着するのが常でした。行事や御自宅に御挨拶に行くなど定期的に先生にお会いしていましたが、先生の稽古には、おそらく十年以上は参加していませんでした。しかし、田中先生の体調が次第に深刻な状態になる中、ある時、至誠館に田中先生を訪ねた川端OB会長から先生は稽古を続け道場の畳の上で最後を迎える御積りである旨を伝えられました。先生がその御覚悟なら、お見舞いに行くより道場で稽古にお供する他ないと考え、三月十九日は休暇をとって至誠館に行きました。

私は、既に稽古が始まっている道場に入り、拝礼をした後、田中先生に挨拶をし、少しお話をして稽古に加わりました。そこには、堀越師範の他にコーチの小島君やOBの日比野先輩、岩崎君も稽古に参加していました。田中先生は、お元気な頃に比べれば顔色はよくありませんでしたが、合気道の技の指導などは九十歳を超える人とは思えないほど矍鑠《かくしゃく》としていました。そして、現役学生や一般の門人さんだけでなく、堀越師範もその他の指導陣もOBも、若者もベテランも皆田中先生の弟子として子供として、学生時代のように溌溂として投げたり投げられたり、みな話さないけど心でわかっていて、田中先生が長くないことを・・・。エネルギーが沸き上がるような稽古でした。すがすがしい風が道場の中を舞っているようでした。皆の魂が一つになっているような感じというのでしょうか。

私の認識では田中先生が至誠館で最後に稽古を指導されたのは、その翌週の火曜日、三月二十四日で、新型コロナウィルスの感染拡大に伴い田中先生から宇田川館長への提案で三月二十六日木曜日から至誠館は休館となりました。道場の畳の上で死にたいと考えていた田中先生が自ら休館を提案するところが、自制心が強く公私を混同しないように気を遣われている田中先生だと思いました。きっと宇田川先生も田中先生の御覚悟を尊重し、なんとか至誠館の運営を続けられないかということと、新型コロナウィルスの感染防止という社会的な責任との間で悩まれていたのではないかと思います。それを田中先生からお申し出になるところが日本武士道の美しさを体現されていると思うのです。

私が初めて田中先生にお会いしたのは、昭和五十七年（一九八二年）に専修大学入学、合気道部に入部した春、黒須先輩が亡くなった翌年です。私より相当期の浅いOBは田中先生が厳しい先生というイメージをお持ちの方が多いと思いますが、先生は私達の期の親世代にあたり、先輩方の印象よりかなり温厚になられていたのだと思います。本当に可愛がっていただきました。もちろん、不正義にたいしては厳しく、強くて優しい本当のサムライであったと思います。技の稽古の合間には時事問題について先生のお考えなどをお話になり、そういった中で戦後の我が国の自虐的な歴史観がいかに誤っているか、そして、本来の武士道精神再興の必要を我々に説かれました。先生のものの見方は常に正直であり、その教えはぶれることがありませんでした。私が現役のころ先生は「東西冷戦が問題だというけれど、それまで至る所でバラバラに戦争をしていたのが、少なくとも二つにまとまったのだからある意味平和になったんだよ」とおっしゃられました。もちろん、だから冷戦構造が良いことであるとおっしゃったわけではありませんが、時代に迎合することのない一流の武道家たる先生の冷徹な観察眼は確かで、私が昭和六十一年（一九八六年）に大学を卒業して数年後に冷戦が終結すると、宗教や民族の対立に起因する戦争が世界中に発生し、非国家主体による戦争同然のことまで生起するようになりました。先生の教えは、学生運動が真っ盛りな時も冷戦が終結し世界中が激変しても、時代の変化にかかわらず普遍的に通用するものでした。我々は合気道部の稽古でかけがえのない教育をしていただいたことになります。

おそらく、多くのOBが田中先生に対して抱いていることは、田中先生の弟子に対する思いやりと情の深さではないでしょうか。弟子が社会に出て幸せに暮らせているかということは常に気にかけていらっしゃったと思います。ですから、顔を出さない弟子が心配になるのだと思います。ずいぶん前の話で、私が現役学生のときに先生の御親友で学習院において教鞭をとられた島田先生が亡くなられた際には、先生は悲しみに打ちひしがれたご様子で、立ち直れないのではないかと思うほどでした。令和元年（二〇一九年）の十一月の専大合気道部の幹部交代式の懇親会であったと思いますが、それより三年前に亡くなった私の父について、先生から「お父様が亡くなってどう思ったかね」といわれ、ツーっと一筋の涙を流されました。先生の情けの深さは尋常ではありませんでした。また、私の妻はフィリピン人ですが、新婚の際に田中先生から「奥様を不幸にしたら俺が許さん」と真剣にいわれ、忘れられないありがたい御言葉になっています。フィリピンから何もわからない外国の日本に嫁いできた一人の娘に対する普遍的な博愛の情であったと思います。瑞穂子様という大事な娘さんを持つ父親としての気持ちもあったのかもしれません。私に日本男児としての責任は果たせということもあったかもしれません。ですから、田中先生は私にとって父親同然なのです。

田中先生の御家族の皆様にも我々弟子は大変お世話になってきました。正月や夏場にも毎年お邪魔して大騒ぎをしてご迷惑をおかけしてきました。恥ずかしながら、大学生になっても正しい箸の持ち方もできない私に御指摘をいただいたのは奥様でした。お陰様で、かろうじて社会に出る前に直すことができました。昭和六十年（一九八五年）には四年生と三年生の一部が小幡、越智両先輩が合気道を指導するカナダのトロントに初めて学生として親善訪問させていただき、日系文化会館（JCC）において合同稽古と演武をさせていただきました。その時は御息女の瑞穂子さんも一緒でした。御子息の穂積さんには、御家にお邪魔するたびに刀を見せてくれと無理を言ったり、お酒を嗜まない穂積さんを宴席につき合わせたりしましたが、嫌な顔をせずにお付き合いくださいました。これからも田中家の皆様とは家族同様のお付き合いをさせていただければありがたいと思っています。

我が国には、優れた武術家は何人もいるでしょう。功名な学者も数多くいます。しかし、本物の武士であり、武士道を通じて若者を導く真の教育者は、そう多くないのではないでしょうか。田中茂穂先生こそは、戦後における日本一の武士であり教育者であると思います。先生の教えを一人で伝えることのできる人材はなかなかいないと思いますが、我々弟子は、先生の伝えようとしたことをそれぞれの持ち場でしっかりと伝えていきたいと思います。田中先生の教えは生き続けます。

永遠に受け継がれる「厳しさと優しさ」

富山大学　昭和五十八年入学　鹿島 裕史

「厳しさと優しさ」は表裏をなすもので、厳しさの解らぬ者の真のやさしさは解らない。抽象的な表現になるが、凡そ厳しさとは、生命も金も名誉も欲することなく、己の信念に従って生死することである。（「合志」十二号昭和五十九年刊行　田中茂穂先生の寄稿より）

この度の追悼集の寄稿依頼を受け、長い間仕舞い込んでいた富山大学合気道部誌を読み返えすとともに田中先生に指導いただいた三十八年前を振り返ってみたいと思います。

昭和五十八年八月、入部して初めて迎える妙高高原きたむら山荘での夏合宿。当時師範で在られた田中先生が、厳しい稽古の途中、暑さと稽古で心身ともに疲れ果てた部員全員を座らせ、技の稽古だけではなく、文武とも高貴なる精神の考え方を踏まえて、私たち学生として人としての生き方など、説示いただく機会が幾度とありました。

精神的にも体力的にも不足する自分自身にとって稽古時間の中で、唯一身体を休めることが出来る貴重な時間でありましたが、田中先生は穏やかな表情でありながらも眼差しは厳しく、入部して半年にも満たない自分にとっては一瞬たりとも気が抜けない緊張感がありました。しかし、普段から正座に慣れていない足が段々と自分の足でない感覚に変わっていく中で「いつ話が終わるのだろう?」と誠に勝手な思いをしたものです。全く愚かな部員であったと深く反省する次第です。

二年生は心身ともに一番辛い時期でした。昭和五十九年五月の富山県民武道館で行った新歓合宿、同年八月の白馬村で行った夏合宿は「過酷」の一言。血だらけとなった合宿の中で行われた昇級昇段審査。田中先生、高柳先生に審査いただき、同期全員が二級、初段をとることができた時は、身体の辛さに勝る喜びで一杯でした。

私にとって田中先生が師範として指導いただいたのが一・二年生の時。昭和五十九年九月からは高柳先生が師範を引き継がれました。田中先生と変わりなく指導いただき本当にお世話になりましたが、若くして旅立たれたことは誠に残念でなりません。

昭和六十年九月には創立十五周年を迎え、第十四代主将の時に記念演武会を開催。残念ながら田中先生にご出席賜ることはできませんでしたが、高柳先生の指導のもと、夏の富山大学道場の厳しい暑さの中で演武会練習を積み重ね、そして部員全員と諸先輩のみなさまが結束したことで演武会を成功裡に終えることができました。直後に日本武道館で開催された全日本学生合気道演武大会で、田中先生に記念演武会の開催報告をさせていただきました。

昭和六十年五月と翌年一月には明治神宮至誠館へ遠征稽古を行いました。田中先生や稲葉先生を初め、多くの先生方より直接指導受けたこと、その中でも田中先生から鹿島神流を個別に指導をいただくなど、合気道部幹部にとって大きく刺激を受けることができた貴重な東京遠征でありました。

稽古終了後には、田中先生のご自宅へお招きいただき、奥さま、お子さまにもご挨拶させていただくこともでき、食事までご馳走になりましたが、ご自宅の田中先生は、直前の至誠館で指導いただいた時とは全く異なる、穏やかな表情を垣間見ることができました。余談ではありますが、田中先生が〝おとうちゃま〟と呼ばれているのを聞いて、驚いたのを記憶しています。

創立五十周年を向かえた富山大学合気道部。創立以来、田中先生、高柳先生をはじめ多くの諸先輩の指導の下、合気道を通じて関わってきた多くの人たちが、日々厳しい稽古と交流を通じて、自分自身に対する厳しさ、相手に対する思い・優しさが培われてきたと思っております。田中先生が部誌に寄稿された「厳しさと優しさ」。富山大学合気道部に関わる一人一人に受け継がれ、また今後も受け継がれていくのではないでしょうか。

一人一人にはそれぞれの個性があり、表現や努力の仕方、受け止め方は異なりますが、田中先生の教えを大切に受け継いでいきたいと思っております。

田中先生、本当にありがとうございました。

心よりご冥福をお祈りします。

中央大学三十周年記念行事　他

中央大学 昭和五十九年入学
中央大学合気道部 コーチ　山ノ井 和哉

私は中央大学合気道部三十期生になります。丁度節目という事もあり、創部三十周年記念として、記念誌の発刊と国内遠征（先輩や至誠館の関係でご紹介いただいたところを訪ねる）を実施させていただきました。記念誌には、田中先生からは以下の文書をいただきましたのでご披露したいと思います。

―創部三十周年を祝して―

ここに、中央大学合気道部創部三十周年の記念すべき年を迎え、慶賀にたえません。部が幾多の試練と、変遷を経過しつつも、団結よろしく発展を続け、今や、学生合気道界の重鎮として、ゆるぎない地位を確立し得たことは誠に欣快の至りであります。過去、我部は二十五周年の行事として、北米遠征演武、一昨年にはパラオ共和国への親善訪問演武を行うなど、例をみないほどの活発なる活動を展開してまいりました。本年、三十周年の記念としては、国内友好諸団体との交換稽古を行い、親睦を深める行事を計画中であります。普通、一つ大きな行事を終了すると、気も弛ぶし、息切れもするものですが、我部は無限のエネルギーに満ち溢れるかのように、つぎつぎと行事を計画し、推進していきます。これは、その時々の現役部員はじめ、関係各位の並々ならぬ努力のしからしむるところでありましょう。心から敬意を表すると共に、行事の成功を祈ってやみません。

申すまでもないことですが、合気道は目先きの勝敗にとらわれず、自他一体となり、心身の練磨にいそしむ道であります。これは他道にみられぬ特徴であり、この特色が国内外の志ある人々の共鳴をよび、今日みるような発展をきたしたのでしょう。しかし、我々はこれに満足することなく、脚下照顧しつつ、更に厳しい修業を続けなければならないのであります。ここに、三十周年を迎えるにあたり、OB・現役諸兄姉と共に初心にかえり、開祖植芝盛平先生の「合気道は皇祖皇宗の御遺訓ぢゃ」との教えを拳拳服膺し、部勢一段の飛躍を期する所存であります。（昭和六十二年一月十一日記）

国内遠征は、一九八七年三月二十一日～三十日の十日間、新潟（三条）・石川（金沢）・広島（尾道）・香川（高松）・大阪の五か所を周りました。先生には、金沢と香川にご参加をいただきました。

金沢では、金沢大学の案内で兼六園・成巽閣などの見学と、移動後、小松末広体育館にて金沢大学と富山大学との三大学合同稽古を先生のご指導で実施できました事は、とても思い出深いことでした。当時はほとんど顔を合わせる事がなかったため、ひと時とはいえ、同門の同期との稽古はとてもうれしかったことを覚えております。実は、昨年行われた「お別れの会」では、その時の写真を展示していただきましたが、その写真がきっかけで、金沢大学の同期のその後を知ることができました。先生がその機会を与えてくださったと思った次第です。

香川では、専修大学ＯＢの西村嘉明様にご尽力いただき、香川大学と丸亀武道館にて合同稽古を行いました。香川大学とは全く面識がありませんでしたが、田中先生の演武とご指導でとても良い交流ができたと記憶しております。

当時は最上級生になったとはいえ、先生と話をすることはとても恐れ多いと思い込み、近づけないままでした。その後、中央大学に奉職してから徐々にお話をさせていただく機会を得ることとなりました。特に、二〇一九年は、先生が本学に来てくださる金曜日の稽古に参加することができ、学生のご指導の合間にいろいろとお話を伺うことができました事は、私にとってとても楽しい大切な時間でありました。今となっては、先生をとても近くに感じることができた贅沢な時間であったと感慨深く思います。

現在、本学の道場には、田中先生の写真を神棚のそばに掲げております。稽古に参加して、正座をしていると先生にお声がけいただけているようであり、また、厳しくご指導されているような気持になります。その気持ちを大切にしながら、先生に教えていただいた気概と技を部員に伝えていくことを自分の責務とし、日々の稽古を続けていきたいと思っております。

師の師との邂逅
～高柳清孝先生の思いを通して～

富山大学 昭和六十年入学　浅岡　秀幸

自分が富山大学合気道部に入部した当時、田中茂穂先生は既に名誉師範となられており、先生と接した機会も諸先輩方に比して僅かであります。そんな自分が追悼集へ寄稿させていただくことに非常に恐縮いたしますが、自分の心に残る先生とのふれあいについて認めます。

田中先生の思い出は、前富山大学合気道部師範の高柳清孝先生との思い出を抜きにして記すことはできません。高柳先生は田中先生の後任として、当時富山大学合気道部のコーチから師範となられました。高柳先生が師範となられて最初の新入部員が自分達の代でした。最初は高柳先生の技そのものの凄さに圧倒されました。学年が進み素手の先生に剣で切り込む稽古を経験しましたが、もし実践で真剣を持って相対しても絶対に敵わないという恐怖というか畏敬のような気持ちを感じたことを鮮明に覚えています。技は勿論様々な教えもいただきました。「破邪顕正の道」を繰り返し言葉にされ自分達を導いてくださいました。正直当時は意味を理解せず聞いていましたが、後に人生においての大切なことをシンプルに伝えてくださっていたのだと認識し感謝いたしました。そんな高柳先生が大きな影響を受け崇拝する田中茂穂先生は、自分にとっては雲に上の存在でした。三年生の時に幹部数人で初めて至誠館で学ぶ機会があり、そこで初めて田中先生から直接指導を受ける機会がありました。その時は先生が道場に入られてからの行動を見続けていました。初めに、斜めとなっていた台の高くなった方に足を引っ掛け腹筋を始められました。稽古を見守りながら涼しい顔で五十回以上こなされていました。とうに還暦を過ぎていると認識していましたので、その基礎体力に先ず驚きました。さらにその後、持ち手から先が極端に太くなった鍛錬棒で素振りを始められました。先の一番太いところで二十センチ程度あったと記憶しています。いったい重さは何キログラムあったのか、それを肩口から振りかぶり振り下ろされた鍛錬棒は、田中先生の正面でぴたりと止まりました。それが五十回繰り返されました。その光景に驚嘆し青年の頃はどれほどの筋力だったのだろうと妄想したこともはっきりと記憶しています。合気道においても基礎体力が重要であることを強く認識した瞬間でした。直々に剣術の指導を受ける機会もありました。振りかぶった瞬間に上段で小手を当てられ、「違う、そうじゃない、動きが二段階になっている」等々と指導をうけましたが一度もまともに振り下ろすことはできませんでした。当時は自分の力不足が不甲斐なく、せっかく稽古をつけていただいた田中先生に申し訳ない気持ちで落ち込みましたが、今は貴重な機会得ていたのだと感謝の思いのみです。千葉での全国の大学が集まる合同合宿に参加し、そこでは体術の相手を務める機会がありました。自分は緊張で体に力が入り先生はやり難さもあったかと思いますが、難なく技を披露されました。動きの中で、普段稽古していただいていた高柳先生を感じたことも覚えています。師の師からの教えを通して、田中先生から高柳先生、そして自分も同じ流れの中にいることを体感出来ました。

卒業後、富山大学の二十五周年記念演武会にも田中先生にご参加いただき、前日の歓迎会の席に自分も同席させていただきました。その時に「浅岡はここに座りなさい」というような言葉かけをいただき感激したこともありました。五年ぶりに会う自分の名前を憶えていただけていたのかと。その後も気さくに話しかけていただき、緊張しながらも楽しい時間を過ごすことができました。また演武会後のパーティーでも自分も含め、大学や年代を問わず気さくに謙虚に話しかけられている姿に、多くの先輩の方々、後輩の皆さんは、合気道をきっかけとして田中茂穂先生の人間性に惹かれ尊敬しているのだと再認識しました。我が師の高柳先生も然りです。

高柳先生から田中先生の話を聞かせていただいた時、高柳先生が田中先生と語らう姿を見た時、高柳先生の心からのにこやかで楽しそうな様子が懐かしく思い出されます。高柳先生を通して田中先生とふれあえたことは、振り返れば何という僥倖であったのかと今さらながらに感じます。これまでの田中先生を中心とした様々な貴重な邂逅に感謝しています。

そして最後のお願いとして、これからは空から自分達を見守っていただければ幸いです。

田中茂穂先生、本当にありがとうございました。

田中先生ありがとうございました

金沢大学 昭和六十年入学　北﨑(肥田) あゆみ

田中門下の中でも私のような存在は珍しいかもしれません。もともと合気道が下手で、大学を卒業するとすっかり合気道から離れてしまいました。それでも、田中先生にかわいがっていただき、お目にかかると背筋が伸び前向きな気持ちになれるので、機会があると必ず足を運んでいました。合気道以外からもこんなにも多くのことを学び、影響を受けることができた幸せを感じています。

大学時代の一番の思い出は、同じ代の女子部員三人を先生のご自宅へお招きいただいたときのことです。私たちの緊張をよそに、ご家族の皆様は明るく気さくに出迎えてくださいました。それまで威厳のある田中先生しか存じあげなかったため、家で「お父ちゃま」と呼ばれ、冗談を言ったり家族にからかわれたりする普通の「お父さん」だったことにもびっくりしました。それでも、田中先生が話し始められるとご家族は真剣に耳を傾けておられ、先生を心から尊敬されていることが伝わってきました。女子部員が泊めていただくのは初めてだったそうで、先生自ら切符を買ってくださったり寝室の雨戸まで閉めてくださったり、ご自慢の竹藪を案内してくださったりと、心を込めて迎えてくださいました。

十年ほど前からは、近藤先輩に誘っていただき、再び田中先生のお宅にお邪魔しました。新百合ヶ丘の駅で先輩方と待ち合わせてタクシーでたわいもない話をしながら向かったこと、先生のお宅では、先生も奥様も気軽に話しかけてくださることがうれしくてあっという間に時間が過ぎたこと、ちょっとした世間話でも視野が広がり考えを深めるきっかけになったことなど、かけがえのない時間でした。こんな幸せな日々がいつまでも続くような気がしていました。

お亡くなりになられた後で、中川先輩から、先生がここ数年は体が弱り精神力の強さで道場に立たれていたと伺いましたが、金大合気道部四十五周年行事では、体が弱ってこられたことを露ほども感じない演武を披露してくださいました。思いがけず北陸新幹線が不通となり大変お疲れだったと思いますが、舞台に先生のお姿が見えた途端、会場の空気が変わったのを感じました。私が学生のとき、先生が、小泉八雲さんが練習中の道場を見学されたときのことをお話しくださったことがありました。小泉八雲さんが、「道場の空気が静まり返って、針が落ちる音も聞こえるようだった」とおっしゃったというような話だったと思いますが、先生の演武のときの水を打ったような会場の空気が、その話と重なりました。

先生に教えていただいたことは山のようにありますが、その中でも私は「和顔愛語」の言葉が好きです。昨年三月に校長として初めて迎えた卒業式の式辞で、これから出会う人とも思いやりの心で接してほしい、そして、優しい人ばかりでなく厳しい人のことも、自分と考えが違う人のことも理解しようと努めつながりを深めてほしいと、この言葉を贈りました。直前に、春合宿のため名古屋に来られていた田中先生にお目にかかったとき、先生からいただいた教えを、私にできる形でつないでいこうと決心したからです。先生の教えは、田中門下の手で、これからも各地で多くの人に引き継がれていくことでしょう。

これほど多くの方に敬われてこられた田中先生です

が、人とのご縁を非常に大事にされ、私のような者にまで何度も何度もお便りをくださいました。最後にお手紙をいただいたのは、九十二歳の誕生日にお花をお贈りしたことへのお礼でした。今まで見たこともないくらい弱々しい文字で、激しい痛みの中で一文字一文字、力を振り絞って書いてくださったことが伝わってきました。そのつい十日前くらいまで至誠館で指導をされていたなんて信じられないほどでしたので、至誠館では、気力と精神力だけで必死で指導をなさっていたのでしょう。

最期のお手紙には、「多年の少しも変わらぬご厚情、只々有難く銘肝し、死すとも忘れるものではありません。」「有難うございました。」と綴ってくださっていました。このときいただいた身にあまるお言葉は、私の生涯の支えになります。

そのあと私からもう一度手紙を差し上げましたが先生からのお返事はなく、奥様からお礼のお電話をいただいたのが五月四日、今思えば、お亡くなりになられる一週間前でした。

五月の葬儀の後に石川先輩からいただいたメールに、「先生のお顔はとても安らかで、我が人生に悔いなしという満足感が漂っていました」とありました。いつまでもくよくよしていてはいけないなと感じています。先生のような人生にはとても近づけませんが、いつか先生のもとに伺ったとき「こんな人生でした」と胸を張って報告できるよう、一日一日を大切に過ごしていきたいと思っているところです。

田中茂穂先生、本当にありがとうございました。安らかなお眠りをお祈りいたします。

二〇二〇年

金沢大学 昭和六十二年入学
金沢大学合気道部 監督
坂井健一

幸せとは曖昧なもので、平凡な日常に幸せを感じられなくても、その日常が崩れると、あの時は幸せだったと、後になってその有難さを知る。新型コロナウィルスは私たちの日常を一変させてしまった。悲願だった東京オリンピックが延期され、テレビではその日の感染状況がトップニュースになった。会いたい人に会いたい時に会う、行きたいところに行きたい時に行く、そんな普通のことが出来なくなった。

影響は合気道部にも及んでおり、対面での新入部員勧誘は禁止、稽古が出来ない時期もあった。稽古が再開されてからも制約があり、それまでのような稽古は出来なくなってしまった。行事は悉く中止になり、合気道部の伝統は今にも途絶えそうだ。

そんな年に、金沢大学合気道部は大きな柱を失った。令和二年五月十一日、田中茂穂名誉師範がお亡くなりになった。そして、七月十七日、今度は幸山彰一元部長が後を追うようにお亡くなりになった。

田中先生に初めてお会いしたのは、昭和六十二年八月の夏合宿。妙高の「きたむら山荘」でのことだった。瞬きが少なく一点を凝視するような先生の眼に何でも見透かされてしまいそうで、怖いというのが第一印象だった。先生と接してまず感じたのは、天皇、戦争という言葉をごく自然に口にされることだ。それまでの私にとっては、右翼や左翼を連想させるもので、不思議と周りにも口にする人は少なかった。学校教育では、天皇は日本国の象徴であるということと、戦争の客観的な事実という当たり障りのないことしか教わった記憶がない。先生は、「戦争は正義と正義のぶつかり合いである。」とよくおっしゃっていたが、思えば日本の正義をきちんと教えてくれた人はいなかった。

道場では驚きばかりだった。どっしりとしてそれでいて隙のない構え、決してぶれることのない体の軸。技をかける時の間合いとタイミングが絶妙で、それは先生の目測が優れているからなのか、それとも相手がそのように誘導されてしまうからなのかは分からなかった。呼吸法の稽古をつけていただいた時には、まるで巨大な岩でも押しているような感覚だった。当時、先生は六十歳前後。十八歳の私から見れば、六十歳は立派なお年寄りだったのだが、この出会いをきっかけに私の中のお年寄りの年齢基準は大きく引き上げられた。そして、年齢を重ねても強くあり続けられる合気道の奥深さを知った。

金沢大学の学生が田中先生とお会い出来るのは、一年のうち夏合宿と春合宿の二回だ。お話ししたいことをたくさん準備して臨むのだが、いざお会いすると畏敬の念と極度の緊張から、言葉が出て来ない。沈黙の時間が続く。黙りこくっている私たちに先生が放たれたお言葉が、「沈黙は賢者の美徳、愚者の知恵」だった。きついお言葉だった。それでも言葉が出ず、重い気持ちで先生のお部屋から退散したことがあった。今でも悔やまれる思い出だ。

　田中先生との嬉しい思い出は、金沢大学合気道部創立三十五周年記念演武会だ。以前からOBにもっと演武会に参加してもらいたいと思っていたのだが、一対一の演武はハードルが高いという声が多かったので、気軽に参加してもらえるようにと企画したのがOB団体演武だった。初めての試みだったが、呼びかけに快く応じて集まってくれたOB二十人で後ろ受け身を披露した。学生のように一糸乱れぬ団体演武ではなく、年相応、体力相応の頼りない演武だったが楽しかった。演武会が終わって、先生から涙が出そうになったというお言葉をいただいた時には、やって良かったという喜びと安堵の気持ちでいっぱいだった。その年の金沢大学合気道部の機関誌・志譽へのご寄稿に、「あーこのOB存する限り、金沢大学合気道部磐石たり、との思いが湧き、老視神経を刺激、ひそかに涙をぬぐっていたものである。」という一文があった。それを目にして私も涙をぬぐった。

　いつのころからか、当部OBの石川さん、西垣さん、近藤さんらが田中先生のお宅を訪問するようになっていた。私も一度だけ参加させていただいたことがある。前日は気分が高揚してなかなか寝付けなかった。早朝に家を出て、地元名物「ますのすし」を買って訪問した。道場とは違って非常にリラックスしたお姿を拝見した。その日初めて「坂井」と呼ばれた。一瞬自分のことだと分からなかったのを覚えている。先生と出会ってから三十年が経とうとしていた。嬉しい思い出だった。

　田中先生から多くの教えと思い出をいただいた。先生がいらっしゃったから、金沢大学合気道部があり、そこで大切な同期や先輩、後輩と出会うことができた。ある時期、先生は「伝統も大事だが、伝承も大事だ」とおっしゃっていた。先生が作ったこの金沢大学合気道部をいっそう発展させ、若い世代に先生の技と教えを伝承すべく、微力ながら尽力していくことで、このご恩に報いていきたい。

　最後になりますが、長きに亘りご指導・ご鞭撻を賜り、ありがとうございました。心よりご冥福をお祈り申し上げます。

及ばざるは過ぎたるに勝れり

金沢大学 平成五年入学
金沢大学合気道部 コーチ
坂田 信和

田中先生が亡くなられた。

大変大きな悲しみと大変大きな喪失感があり、ただただご冥福をお祈りするばかりである。

田中先生には大学に入学した一年生の夏合宿で初めてお会いした。当時一年生は自己紹介を兼ねて、昇級審査が終わったタイミングで、夜にお話をする機会をいただけた。

当時の幹部の先輩より、「田中先生への質問を考えておくように」と言われ、私は「ノストラダムスの大予言より、『一九九九年七の月に世界は滅びる』と言われていますが、先生は信じておりますか」といった内容で質問したように思う。

それに対して先生は、「私は信じておりません」の一言であった。今思えば、浅はかな質問であったと恥ずかしく感じる。死生観を既に確立されていたであろう先生に対して、何と浅い質問であったかと、今であれば当時の自分に「他の質問を」、と止めるだろう。

合気道部では大学卒業時に、色紙に添え書きをし、部員全員で送り出す形であったが、先生には最初に各部員それぞれに対してお言葉を書いていただいた。その中で、私の色紙には、「及ばざるは過ぎたるに勝れり」との言葉が書かれていた。当時は、何を言わんとしているのか、すっとは飲み込めなかったが、今に至ると良く分かる。何においても過剰に反応し過ぎる、やり過ぎてしまうところがあった私の性格をすでに見抜かれていたとも思う。

今ではいただいた言葉を良くかみしめて、日々活かしている。何事もほどほどが肝心。

学校を卒業して、就職後に一年半ほど埼玉に出向となり、その間至誠館にかよった。当時は若くて体力もあったので、平日でもお構いなしに、とにかく夢中で道場で稽古した。土曜日の夕方稽古の前は、田中先生の指導稽古の時間で道場に行くと良くお会いすることができた。

当時の先生は、金沢大学のOBだねとの認識であったと思うが、私は単純にお会いできると嬉しかった。

出向が終了し北陸に戻ってからは、合宿でお会いできる時がお話を聞ける機会となり、学生の頃とは違って、先生のお話を聞く姿勢（気持ち）が変わっていくことに不思議さを感じた。

今後お話を聞けなくなると思うと、やはり悲しい。

四十周年行事の時、小松空港に先生ご夫妻をお迎えにあがった際に、先生より「坂田」と名前を呼ばれて、声が裏返ってしまった。いまだに覚えているが、はっきりと名前を呼ばれたのが初めてではないかと思って、大変嬉しかった記憶がある。

その後、田中先生ご夫妻をお迎えし、令和元年に四十五周年行事を無事に遂行できたのは、先輩諸兄ほか関係各位、学生の皆様のおかげである。本当に感謝しております。

令和二年三月、コロナ禍の中であり、残念ながら春合宿は中止となった。穂和会主催での田中先生の指導稽古に参加させていただいた。その中で田中先生より受けとして一手授けていただいた技は生涯通じて磨いていきたい。

この時、田中先生ご夫妻をお見送りした際に、握手をしていただけた。別れ際、「またお会いできるのを楽しみにしております」と言ってしまった。今思い返すに、自らの浅慮を感じている。

もっと相応しい言葉があったのではないか。情けない、大きな後悔がある。

年を重ね、仕事を持ち、家庭を持ち、自主的な稽古、道場での稽古を重ねている。先生から学んだことの多くは、人生訓、生き方であったと思う。

また、合宿でお会いできる大きな喜びがあったと感じる。

これは自分が学生の時には感じることができなかったことで、非常に得難い時間であった。人生の中で得難い時間を過ごせることはそう多くはないと思うが、合気道を続けることでこの時間を得られたことは大変貴重であった。

田中先生が亡くなられた。

大変悲しく、喪失感は大きい。

これからその実感はさらに大きくなると感じる。また、越えねばならぬ大きな波もある。

これまで先生に教えていただいた人生訓を胸に、強くありたいと思う。

（了）

合気道を続ける理由

中央大学 平成六年入学
中央大学合気道部 コーチ
各務 武希

中央大学多摩キャンパスにある合気道場に田中先生が定期的にお越し下さるようになったのは、平成六年、私が一年生の五月からでした。前年十月に至誠館館長をご退任され、多摩までお越しいただけるようになりました。そのため、中央大学の多摩移転以降、私達四十期は、豪州遠征もあり、田中先生に稽古を付けていただいた回数が最も多い期だと自負しております。毎週金曜日は先生の稽古でしたが、一番最初の稽古のときは、先生がお越しになるとのことで、諸先輩が大集合し、騒然としていました。私は暢気にも「今日はＯＢが多いな。」と思っていましたが、ある先輩は有給休暇を取得したようでした。

先生の稽古は厳しいものでした。先生は稽古外では「私は手の向きがどうとか、足の角度が何度とかに興味はありません。」などとおっしゃいましたが、実際の稽古では、少しでも基本を外れると「ちがう！チガウ！違う！」「そうじゃないだろ！」「違うって言ってんだろ！」仕舞には「貴様も判らん奴だな！」「やめちまえ！」と道場中に響き渡る甲高いお声で怒鳴られ、部員一同、心臓が縮み上がるほどでした。それにもかかわらず、技のお手本はいつも三回でした。「そんな難しく考えなくったって。普通にやればいいんです。」とも。普通が一番素晴らしく、また難しいのだと思い知らされました。先生は、興味がないとおっしゃいましたが、合気道の基本的な技法を、ご自身が昭和二十年代に体得された植芝道場の合気道を、終生大切になさっていたのだと思います。先生はよく「（山口清吾先生、西尾昭二先生、黒岩洋志雄先生等）器用な人は、自分流に変えちゃいましたけど、私は、不器用なので、植芝先生や吉祥丸先生から教えられたまま、そのままをやっています。」とおっしゃいました。したがって、先生の稽古を受けるということは、植芝先生や吉祥丸先生の稽古を受けることと同じことだったのです。

金曜日の師範稽古で、あるとき、先生が「君らは、合気道は敵から攻撃されないと技を掛けられないと思ってるか知らんが、そうじゃないんです。」とおっしゃり、当時の丸山主将の手首を自ら掴み、四方投げと一教を見せてくださいました。しかも、片手取りと全く同じ動きと理合で。合気道は、警察官の持つ拳銃のようなものだと思いました。先制攻撃を出来るが、普段それはしないということだと。またあるときの稽古で、合気道の奥義についてお話になり、四方投げをされました。基本技こそが、合気道の奥義なのだと知りました。

主将になって毎週金曜日、主務の野原の運転する車で、多摩センター駅・中大道場間を送迎するようになり、車中、先生とお話する機会に恵まれました。当時はまだモノレールは不通でした。それで、なぜいつも三回なのかと暗に伺うと「植芝先生は一回しかお見せにならなかった。」とおっしゃり、私達は恵まれているのだと気づきました。車中では、植芝先生が杖の端を持ち、先生がその杖を両手で横に押しても押せなかったお話をしてくださり「そんなことってあるんですか?どういう原理ですか?」と伺うと「そりゃ自分の先生に『爺は倒せん』と言われたら、押せないよ。」と言われ大笑いしてしまったこと、植芝先生のように人の心理を操ることができなくても、技を繰り返して身体を作り技術を磨き、それによって精神力を養うことの大切さなど、いろいろとお話を伺いました。

先生との一番の思い出は、何といっても合気道部四十周年記念の豪州遠征です。ワインで泥酔した挙句そのまま演武を行い激怒されたのは、今では良い思い出です。遠征前、先生は二回も日曜日に中大道場までお越しくださり、演武のリハーサルをご覧になり、演武構成までご指導いただいていたにもかかわらずの体たらくでした。先生から「やめちまえ!」と顔面距離二十センチで言われたのは、私が最初で最後でしょう。なお、失敗の主因は、飲酒ではなく、初めての道場で、しかも海外で上座・下座も判らない場所で、事前の現場打合せもなく、一年生から演武させたことでした。しかも、当初の計画では、二日目に演武のところ、無計画にも初日に演武をしたことでした。なお、遠征ではその後も演武は続きましたが、以後は、ご好評いただき事なきを得ました。

豪州滞在中、ホテルで寛いでいると、同期女子の森山(英文科)から「師範が呼んでるよ。」と言われ、また何かお叱りを受けるのかな、今度は何がバレたのかなとドキドキしつつ、先生のお部屋に伺うと「各務はベッドの横で座っててくれ。」と言われ、意味が判らず座っていると、先生と森山は翌日のスピーチと同時英訳の練習をし始めました。約十五分で終わり、そのまま私と森山はお部屋から退出しました。当時の私には、なぜ呼ばれたのか皆目見当がつきませんでしたが、男性とホテルの一室で一緒になることについて、先生は、森山の気持ちを慮って、私も一緒にお呼びになったのだと判り、先生のお気遣いに驚きました。

先生は、遠征でも合宿でも、いつも学生と同じ食事を召し上がりました。先生は昭和一桁生まれですが、安いエビピラフでも、味の濃いカツカレーでも、薄いハムカツでも、衣ばかりのエビフライでも、学生と同じものを召し上がりました。食糧難を身をもって体験された方だったからでしょう。しかし、唯一お口に合わなかったものがありました。豪州でのBBQパーティの折「各務これ旨いか?」「おれはこれダメだな笑」とおっしゃったものがありました。それは、カンガルーの肉でした。脂身がなく柔らかい赤身肉で、私は美味しかったのですが、先生のお口には合わなかったようです。豪州ワインについては「ワインは美味いけど、お前は飲みすぎるなよ。」とおっしゃっていました。今でもワインを見ると酔い潰れたくなるのは、先生を思い出しているからです。酔い潰れていたら、後輩諸君、宜しくお願いします…。

先生との思い出で一番嬉しかったことは、主将の時に出場した武道館演武で褒められたことでした。「今日演武した学生の中で各務が一番上手かったよ。」と。しばらくそれが自慢で、より一層稽古に邁進したのですが、後輩の主将二、三名に聞いてみたら、「私も田中先生から言われました。」と異口同音。少しがっかりしましたが、学生をやる気にさせる先生のお心遣いに感服しました。

弁護士登録後、しばらく道場から足が遠のいていましたが、仕事も家庭も落ち着いてきたため、平成二十六年七月から、また、稽古に参加するようになりました。学生達は、私達のときと変わらず明るく元気でした。先生もお元気でした。「最近、身体中が悪くってね。」「先生どこかお悪いのですか?」「いや一番悪いのは頭なんだけどね。」ご冗談もお好きな方でした。

金曜日、先生の中大稽古に少し遅れて参加し、一人準備運動をしていると、先生が近づいてきてくださったので、ご挨拶をし「八十七歳ですので、先生はとうとう植芝先生を超えられましたね!」(開祖は享年八十六)とお話したところ「いやいや、母が強い身体に生んでくれただけだよ。合気道では植芝先生には及びもつかないよ。」と笑顔でご謙遜でした。そんな何気ないお話が今となっては大切な思い出です。

同年の後期納会の折、とある二年男子と話したとき「片手取り四方投げで、先生の手首を渾身の力を込めて掴んでも、どうしても肘が曲がり崩されてしまいます。何度か試したのですが、どうしてでしょうか?」と相談を受け、「おい、試すのかよ!」と驚きました。もちろん、崩しの原理について説明しましたが、学生は、今も昔も無邪気だなと感じました。この無邪気な学生達に、合気道の技について理合から考察することを身に付けさせたいなと思いました。彼も、今では法律家の卵（有精卵）になったようです。

そういえば、学生時代の送迎の車中で、先生に「なぜ先生は、永年、学生に合気道を教えておられるのですか?国を憂えて有為な人材を世に排出せんがためですか?」と伺ったところ「いやいや、そんな格好の良いもんじゃないよ。ただ好きだから続けてるんだよ。」とおっしゃいました。先生の真似などできる身分ではありませんが、私も同じ理由で、学生達と合気道を続けられたらと思っております。先生から教えていただいた合気道、即ち植芝先生の合気道を、少しでも後輩に伝えられたらと思っています。そして、先生は無くなってしまったのではなく、私達の合気道の中にこれからも生き続けていきます。

人生行路

金沢大学 平成七年入学
金沢大学合気道部 コーチ
三木 崇

私が田中先生と初めてお会いしたのは一年生の夏合宿である。当時の先輩方は常日頃新入生にホラ話を吹き込んでおり、合宿前には、とにかく怖い先生であり、身体は巨漢で筋骨隆々、髭は仙人のように床まで伸びていると聞かされてきた。見た目は話半分としても、先生をお迎えする合宿中盤ともなると、過酷な強化練や根性稽古で身体は満身創痍。これまでとは違った怖い稽古が始まるのだと戦々恐々お出迎えしたわけだが、送迎車から降りてこられた男性は、穏やかで気品のある御姿で、同期一同大変安堵したものである。ただ、先生の眼差しは力強く、人を見透かすように深く澄んで輝いており、素人ながら一般人とは何かが違うと察したことを鮮明に覚えている。

当方は他大院進学や地元就職を機に、いくつかの他派道場に通う縁があったが、高段の指導者でも八十歳ともなると、技術指導は体力的に中々困難であり、模範演武は受けがかなり遠慮気味に、軽めのタッチで行うことが一般的である。

田中先生はご高齢で決して万全の体調とは云えない時期でも、当部への思いから合宿には欠かさず参加され、指導稽古の際は必ず前に出て、凛とした四方投げや軽やかな呼吸投げ、受けが浮足立つほどの極め技を披露され、常に第一線で指導に当たってこられた。体術に限らず、先生の居合の美しさや杖の速さは圧巻であり、完全な武闘派であった。

手前味噌ながら、田中門下の技は日頃からの全力稽古で叩き上げて形作られたもので、質実剛健にして動作が洗練され、何より気迫がある。最も美しい流派であると思う次第である。

田中先生の技の凄さとして、実際に対峙した者でなければ分からない独特の間合いがある。先生が八十半ばの頃、夏合宿で中段突きに対する顔面肘打ち・肘ひしぎをご指導いただいた際には、先生の肘打ちが全く見えず、OBながら派手に出血したことがある。一緒に稽古していた現役部員や若手OBの動きと比べることが間違いないのだが、当方の中段突きを田中先生は悠然と構えたまま避ける素振りがなく、先生に当たってしまうのではと心配した瞬間、顔面への衝撃とともに頭が後ろに仰け反った。先生の姿は見えているのだが、意識の切れ目を突いてすっと入ってくるような、時間がゆっくり流れるような異質な感覚であり、口内から出血しつつ鳥肌が立った覚えがある。

―武道とは自己の使命を全うする道であり、いかに生き、いかに死すべきかを探究する道である―

田中先生は武道を志す部員達に、己の在り方についてよくお話になり、合気道など武道が「道」であることを、ご自身の生き方を通じて体現され、我々に示してくださった。普通の大学生活では向き合うことのない、武士道精神の継承や死生観について教わり、考える機会を頂けたことは、社会人となった今、大変幸甚であったと実感している。

田中先生から二十余年直接ご指導を賜ることのできた貴重な巡り合わせに感謝するとともに、先生の教えを胸に武の道を精進し、微力ながら金大合気道部の一助となるよう歩んで参りたい。

師の言葉

専修大学 平成十二年入学
専修大学合気道部 監督
小谷田 洋一

〈はじめに〉

私が専修大学に入学したのが平成十二年の四月となる。一年から三年生の夏までは先生とお話する機会は多くなかったが、凛とした姿勢、時折お見せになった厳しい表情、また稽古の合間に歴史や情勢についてお話される姿を鮮明に覚えている。三年生の夏合宿にて私は主将を拝命し、そこからは先生と接する機会も多くなった。稽古時の先生の受け、毎週水曜日の専修大学での先生の稽古後の昼食、合宿での生活、などである。ＯＢになってからも合気道部の行事や至誠館で先生とお会いしていた。

ここに、私の心に残っている先生のお言葉を数点、記したいと思う。

「我道盤石」

専修大学の道場には先生の書が掲げられている。人一人分くらいの大きい書でそこには「我道盤石」と書かれている。いつお書きになったのか、またどういった背景でお書きになったのか直接お言葉をいただいた訳ではないがそのお言葉は心に残っている。余談ではあるが専修大学の今の若い学生は我道盤石が先生の書と知らないかもしれないのでしっかりと伝えていく必要があると思っている。

「平常心是道也」

専修大学で稽古をしている時に先生がふと黒板に「平常心是道也」と書かれた。私がその言葉について二、三お話をしたので、おそらく主将になってからのことだと思う。確か先生は「也の位置がここで良いのか疑問」といったことをおっしゃっていた。意味は読んで字の如くで「平常心、これが自分の道ですよ」ということであるが、あの先生が書かれたことなのでやはり平常心は大事なのだなと思い、常にこのお言葉を意識している。

「嘘はついちゃいかんよ」

情けない話だが先生からお叱りを受けたエピソードを記す。主将になった後に東京大学の駒場祭演武にご招待いただいて演武をした。駒場祭を迎える数日程度前だったと思うが、先生と専修大学でお話した時は演武後の打上げにも参加させていただくという話をしていた。しかし当日は予定を変えて打上げに参加しなかった。後日先生とお会いした時に「打上げに参加しなかったのかね、嘘はついちゃいかんよ。」とお叱りを受けた。大きな声で叱りつけるでもなくいつも通りお話されていらっしゃったが、以降ずっとそのお言葉が心にある。先生は適宜文集等に「嘘はつかない」という言葉をお残しになっている。思いを持ち続け、それを体現し続けていらっしゃったのだなと改めて感じた。

「智仁勇」

私が現役の頃、専修大学では卒業の際に卒業生に先生の書を記した色紙を贈呈していた。年によってお言葉が違っており、私の代は「智仁勇」という言葉をいただいた。以来私の部屋にはその書を飾っており、お言葉が脳裏に焼き付いている。何が正しいかを知り、相手の立場でものを考える慈愛を持ち、勇気を持って打ち進む、先生の力強い筆使いで書かれた言葉は私の人生の指針の一つとして、今後も一緒に過ごしていくであろう。

「有難うございました」

平成二十八年、先生がそれまで各大学や各所に寄稿された文を選りすぐった「穂雲閑話」が発行された。数も限られていることから配布する人を限定する必要があり、専修大学の割り振り担当は私になった。任務を無事に終えることができた後に田中先生からお葉書が届き、「有難うございました」というお礼をいただいた。私としては当たり前のことを行ったまでと思っていたが、わざわざお礼を頂いた先生に恐縮した。もちろんお返事も出した。思えば年賀状以外に手書きの手紙、葉書を出したのは田中先生が初めてであった。私の字はものすごく汚いし、何を書けばいいかわからないし、間違えたら書き直さないといけないし、最初の頃はなかなか大変であったが先生と何度かやり取りをさせていただくことでそれも克服した。ありがたい経験をさせていただいた。

〈終わりに〉

先生はよく年始の武道事始式のご挨拶で「死ぬまで道場に立つ」とおっしゃっていた。実際新型コロナウイルスで至誠館が休館になるまで道場にいらっしゃっており、休館中にお亡くなりになられた。最後まで志ぶれることなく行動され、また誰にでも平等に、時には厳しく、その中にも優しさを持って接してくださる先生であった。

先生からいただいたお言葉はいつも私の心にあるし、そして今後もずっと一緒に過ごしていくと思う。また先生の弟子の端くれとして、これまで先生から教わったことを後世に伝えるよう力を尽くす、改めてそう誓う次第である。

田中先生へ感謝申し上げます

富山大学 平成十四年入学　山口 紘史

私が初めて田中先生に直接お会いしたのは平成十四年の夏でした。長野県で行われた夏合宿にて、同日に近くで行われていた東京大学の夏合宿に参加されていた田中先生が富山大学の稽古にお越しいただき、直接御指導頂きました。それまでは、（当時は白黒の）お写真でしかお顔を拝見しておりませんでした。田中先生は稽古の中で、「将来この国を背負っていく諸君が、合気道の稽古に励まれることをとても嬉しく思い、また諸君の今後の活躍に期待しています。」という旨のお話をされました。当時まだ一年生で「ただ、合気道が上手になりたい。」と思っていた私でしたが、合気道の技を通してこの合気道部で何を学ぶのか？そしてそれは何のためなのか？私達ひとりひとりが将来のこの日本や地域の一旦を担い、自分のためではなく、日本のため地域のために生きていかなければいけないという事をお示しいただきました。普段、富山にいる私達にとって、田中先生のご指導やお言葉のひとつひとつがとても貴重なものでした。

そんな中でも、特に田中先生とのお時間をご一緒させていただく機会がありました。平成十六年の夏です。長野県で行われた、富山大学の夏合宿に全日程ご参加いただき、ご指導いただきました。実は、同年三月に当時師範であった高柳先生が急遽引退され、現師範の長井先生が就任をされた頃でした。そういった部の状況にもお気遣いいただきご多用の中、貴重なお時間をいただけました。田中先生は他大学の夏合宿にも参加されておられ、「学生の合宿は一週間だけど、田中先生の合宿は一ヶ月らしい」という話を耳にしておりました。体力的にも過酷な中ご参加いただき、田中先生の大きな愛とエネルギーを感じました。また、合宿中の出来事ですが、田中先生を頼って、合宿所にＦＡＸが届いておりました。「門下生の方が新たな事業を興されるので田中先生にも応援をお願いしたい」との事でした。田中先生は直ぐに返信のＦＡＸを送られると共に、他の方にもお電話で「ぜひ協力して欲しい事がある」旨お願いをされていました。自分、というものはいつになってもなかなか手放せないものですが、我欲を捨て他人のために力を尽くされる田中先生のような人になりたいと思いました。また、そんな田中先生だからこそ、多くの方が頼り、慕われるのかと思います。

思えば、富山大学が苦しい時、いつも田中先生には寄り添っていただきました。高柳先生が急遽引退をされた時や、部員が減ってしまい休部寸前となった時などです。激励のお言葉をいただき、また合宿にも駆けつけていただきました。遠方ではありましたが、いつも私達に心を寄せていただいていた事に、今なお、感謝の気持ちでいっぱいです。

私事になりますが、学生時代実家に帰省をした際に、母に「随分変わったね」と言われました。母が言うには、私が大学に入学をして一人暮らしのアパートに送り届けた後、両親を見送る私をバックミラー越しに見た時の寂しそうな姿が忘れられなかったそうです。それが、合気道部で鍛えられ、帰ってきた時には随分成長したと感じたようでした。母にとっても、私にとっても嬉しい事でした。この素晴らしい合気道部で過ごした日々は、私の宝物です。田中先生にご指導いただきました合気道の技と心は、富山の地でも代々受け継がれています。私にとっても合気道は今の自分を形成している大きな要素であり、その中心には田中先生がいらっしゃいます。田中先生からいただいた大きな愛情に感謝すると共に、私達が受けた恩を少しでも次の世代に繋いでいきたいと思います。

最後に、田中先生のこれまでのご功績にあらためて敬意を表すると共に、心よりご冥福をお祈り申し上げます。

田中先生の思い出

東京大学 平成十五年入学　荒木 健太郎

平成十五年に入部し、卒部後は再受験して医学部に入学したため、平成二十年から二十五年まで数多くの田中先生の稽古に参加させていただいた。その間、夏合宿にも毎年のように参加させていただいた。平成二十六年からは業務多忙のため、年数回程度しか稽古に参加できていなかった。

現役時代は私の破天荒な祖父の話を気に入っていただき、合宿の度に祖父のエピソードを思い出して、先生の喜びそうな話を考えたことが懐かしい。「私もあなたのお祖父さんのような生き方をしてみたかったですよ。」「あなたが女性に縁がないのはお祖父さんに似て助平だからですよ。」など笑いながらおっしゃっていたのは良い思い出である。ちなみに私は助平ではないことはここで強く宣言しておく。

私達の代はポーランド遠征で盛り上がっていた一つ上の代と比べて小粒である感は否めず、初段審査の際に田中先生の機嫌がみるみる悪くなってしまった。講評で「一年生の皆さんも立派な演武ができるようになりました。」と無表情かつ無感情で仰ったときには冷や汗が噴出した。

多くの人はそうだと思うが、技に対する指導はほとんどされたことがない。一年生の時に技の手順を直されたことが数回ある程度。その他は思い出せる範囲では、平成二十五年の夏合宿での同期の増田と受けた四段の昇段審査で暑さで意識朦朧となってしまった時のことである。合宿後の打ち上げで「荒木と増田は息が合ってなかったね、あれじゃあやればやるほど疲れるだけだよ。」とご指導を受けた。自分としては四段不合格の可能性も充分あると考えていたので、四段を頂けてとてつもなく安心したことを覚えている。

技に関しては数回しか受けたことはない。強く印象に残っているのは、土曜の至誠館の稽古中に田中先生と雑談していた際に四方投げで耐えられたらどうするかという話になった。流れで実践していただけることになり、耐えるつもりで片手を持った。手を持った瞬間にきれいに四方投げされる体勢に持っていかれ、耐えようとすると投げられた場合に反応が遅れ、後頭部を打ってしまう状態であった。その結果、耐えるつもりで持ったのに瞬間的につい受け身を取ってしまった。技に入るタイミングや相手に持たれた時の立ち位置など、多くのことを学ばせていただいた。

合宿では田中先生と酒を飲むことも楽しみの一つであった。栂池高原だったと思うが、夕食後に田中先生と日置先輩と今は亡き田嶋と話していたところに高橋武彦先輩が宿舎に到着されたことがあった。「この酒を先生と飲みたいと思って持ってきたんですよ。後でぜひ飲みましょう。」「いや、今飲もう。」その場で晩酌が始まった。七時から飲んだくれた良い思い出である。話した内容は全く覚えていないが、楽しかったことだけは覚えている。これも栂池だったと思うが、現役がレクリエーションを行っている間に田中先生と堀下先輩と安部先輩と久冨と広瀬で山の中腹で酒を飲んだことがあった。これも内容は覚えていないが楽しかった。安部先輩は芝の上で気持ちよさそうに寝ていた。

近年は私の体力がみるみる落ちていき、道場から足が遠ざかっていた。一念発起してマラソンを始め、体力はかなり戻った。また、休日に休める頻度が増えたため、令和元年からは道場に顔を出せる回数も増えていた。合気道家としての現役復帰を決意し、田中先生の稽古に参加することを楽しみにしていた。

本年の二月十一日に駒場での田中先生の稽古に参加した。特に変わった様子は見受けられなかったが、稽古中の雑談で命がいつ尽きてもおかしくない状態であることを私に明かされた。検査結果を稽古後に見せてくださったが、残された時間は月の単位であるとしか考えようがなかった。休日の出勤日を調整して、できるだけ多くの稽古に出席しようと決意した。

二月二十三日の修武館での稽古に同期を招集した。守秘義務があるので詳しい事は話してはいないが、多くの同期が事情を察して集まってくれた。東大ＯＢや平岩先輩の門下生など多くの田中先生門下生が参加し、大盛況であった。

三月七日に名古屋で田中先生の稽古会が開催された。

二月十一日には参加できないかもしれないと心配されていたので、一安心されたのではないだろうか。名古屋や関西圏を中心とした田中先生門下生が多数参加していた。稽古中もお元気であり、夜間はソーシャルディスタンスを注意しつつ、楽しく酒を酌み交わさせていただいた。

三月二十二日の修武館の稽古では稽古中に立っているのが辛そうであった。そのような田中先生を見るのは初めてであり、目を逸らしたい現実を直視せざるを得なかった。以前から「老いゆく姿を見せるのも教育」という趣旨の発言を繰り返しされていたが、まさにその言葉を体現されていた。当然寂しさも覚えたが、それ以上に感謝の念を禁じえなかった。

その後はコロナ騒動で稽古を行うことはできなかった。徐々に体力が落ちていき、五月十一日に逝去された。危篤になられてからも、五日間の長きにわたり闘われたとのことである。

数年前に土曜の至誠館での稽古中に次のような会話をしたことがある。

「先生は人は死んだらどうなるとお考えですか?」

「人間は死んだら無に帰ると思いますよ。」

「寂しいですね。」

「寂しくなんかないですよ、これまで関わった人の中で生き続けるんですよ。」

確かにそのとおりであると思う。私の中には田中先生が根付いている部分がかなり存在する。多くの門下生もそうであろう。各人ごとに当然影響を受けた部分は異なるだろうが、協力しあってぜひ部に貢献したい。

田中先生、これまで本当にありがとうございました。先生の姿を思い出しながら、これからも稽古を続けていきます。

田中師範と中央大学創部五十周年記念行事について

中央大学 平成十六年入学　中村(渡部)美由紀

田中師範の追悼文集に寄稿するという大変なお役目を頂き、過去の記憶を紐解いてみた。記念行事のみを取り上げるのは到底難しいものであり、入部当初から振り返らせてほしい。なお、先生方、先輩方の役職について当時の表記で記すことをお許しいただきたい。

我々五十期は、入部当初から五十周年記念行事を行うものとして期待されていた。しかし、約一名を除き、我々新入部員の関心はそこではなく、いかに稽古を耐え抜くかにあった。当時はどの学年も十名程度部員がいたものだが、我々が一年の頃は恐れ多くも内野先輩をはじめとする四十七期の先輩が四年生として部を引っ張っておられ、一年足らずであれよあれよと浅間一貴、安藤祐と私の三名のみとなってしまった。OB諸先輩には我々の期を「少数精鋭」と言っていただくこともごくわずかにあったが、多くは「いやいや、ただの「少数」だよ」、と訂正されてばかりだった。人数が少ないことで、大変長らく四十九期の先輩方にはお世話になった。

毎週金曜夕方の師範稽古では、通常の稽古よりもさらに緊張感の増す道場だったが、先生には入部当初より目を掛けていただいた。稽古の中でも、ご指導いただく中で厳しいまなざしの中に確かに若年者に対する優しさを感じた。稽古の合間や前後でお話くださる内容は、武道の心構え、日本人としての精神など、人生の支えとなっている。

話を記念行事に戻そう。人数が減りゆく中で記念合宿が執り行われるか、当事者である我々も半信半疑だったが、諸先輩の多大なるご指導、ご協力のもと、最後は学生ならではの勢いにより、五十周年記念沖縄合宿は無事開催することができた。卒業して一応社会人として働く今、開催できるのかOB諸先輩はいかにやきもきされたことだろう。歯がゆい思いをされたのだろうなあと、部誌の創部五十周年記念号を見て反省する次第である。

合宿は平成十九年三月七日から同年三月十三日まで行われた。沖縄での稽古では、沖縄で合宿を開催するにあたり多大なご協力を頂いた中本先輩（三十五期）がご参加くださった。沖縄合気会の稽古にも参加させていただき、異なる流派を学ぶ機会を頂いた。

田中先生にははるばる沖縄までお越しいただいたことは、感謝に堪えない。三月十日に行われた創部五十周年記念演武会では、主将の浅間が受けとなり演武をご披露いただいたが、先生の気迫溢れる演武は今でも鮮明に覚えている。浅間が先生の突きを受け、倒れる場面があったが、いかばかりの気迫であったかと思う。

同日夜は創部五十周年記念懇親会が催され、多くの先輩、関係者の出席を賜り、盛大に開催された。故内田先輩※（二期）には顧問先がなくなるよとぼやかれながらも、はるばる沖縄までお越しいただいた。永井学長（当時）より田中師範へ長年の指導に対する感謝として感謝状が贈られ、部員一同、改めて田中先生の部に対する貢献に感謝する次第であった。

翌三月十一日には沖縄の史跡をめぐる研修を行い、首里城、平和記念公園、ひめゆりの塔を巡った。これら日本の重要史跡を田中先生と巡ることができたのは、大変幸運であった。ひめゆりの塔では、若くして戦争の犠牲になった女子生徒を思い、先生が涙されていたのが印象に残っている。

五十周年記念行事は夏期合宿でも行われた。

夏期合宿は新潟・湯沢で行われた。稽古では多くの方にご参加いただき、活気に満ち溢れたものとなった。納会は、鈴木真理子先輩（二十四期）が支配人を務めるホテルスポーリア湯沢で行われた。盛大な式典であり、校歌、応援歌、中大節を参加者全員で歌った時には、先生方、先輩方、現役部員が世代を超えて一体となることができ、記念事業としての合宿は大成功の内に幕を閉じた。夏期合宿は我々の期にとっては最後の合宿であり、同納

左から安藤（50期）、松尾部長、渡部（50期）、田中師範、浅間（50期）、内田顧問

会では田中先生より四年間の部活動に対するねぎらいの言葉を頂き、この上ない喜びであった。写真はその時のものである。

記念事業は平成十九年十二月二日にアルカディア市ケ谷において行われた創部五十周年記念祝賀会式典をもってフィナーレとなった。五十年という中大合気道部の歴史に刻まれる催し物としてふさわしい式典を盛大に挙行することができた。同式典では後輩らが指揮を執り、新しい時代へのスタートを象徴する式典となった。

私を含め、五十期の面々は、それぞれ我が道を行くタイプであり、部の存続が図られたのは岩井貴顕をはじめとする後輩諸君のおかげであった。合気道部の精神は後輩へと受け継がれ、現在は新入部員も倍増し、女性部員も半数を占めるなど、大変活気あふれる部であると聞いている。なんとも嬉しく、頼もしい限りである。

私は私生活では本年二月に二人目を出産し、子育て真っ盛りではあるが、地方の町弁として仕事も並行して続けている。田中先生には、折に触れて司法試験合格への激励を頂き、凌雲の志を持て、と私の人生の支えとなるお言葉もいただいた。高い志であるかは自信がないが、先生の門下として恥じることのないよう、初心を忘れず、不断の努力を重ねることをここに誓いたい。

※編集注：同氏は、都内で会計事務所を経営する税理士だったが、確定申告期限の迫る三月に、事務所を離れて沖縄に出張したことにより、業務の停滞を危惧していた。

遠くて近い存在

富山大学 平成十六年入学　森田 昌代

富山大学の合気道部員にとって田中先生は、近いようで遠い、遠いようで近い存在でした。

富山大学では稽古前に学生が必ず道場の正面に田中先生のお写真を飾り、正面に向かって座礼をしてから稽古を始めます。ですから学生は皆先生のお顔は存じ上げており、新入生も上級生から写真の由来などを教えてもらうので、皆お会いする前から知らず知らずに先生のことを身近な存在と感じてしまうのです。

しかし普段東京にいらっしゃる田中先生には滅多にお

会いできることはありません。その貴重な機会が年に一度、毎年長野で行っていた夏合宿でした。田中先生が合宿中の稽古に来て下さる、という年には、部員一同緊張と共にいつもに増して一層士気が上がり、充実した夏合宿を過ごせたことを覚えています。

私が初めて夏合宿の稽古で拝見したとき、田中先生は、そのすっと伸びた背筋や静かな立ち居振る舞いから形容しがたい空気を発しておられ、写真で見慣れた方だったのに当時の私は非常に緊張してしまったものでした。さらに稽古では、大木のようにどっしりとされ、大柄の男子部員をヒョイと担ぎ上げ投げ飛ばすなど、小柄な体躯からは想像もできないほど力強く鮮やかな技の数々に、投げられた本人も見ていた周囲の者も驚き興奮していたことを覚えています。

このとき私はすっかり夢中になり、技を指導してくださる際には先生の動きを少しも見逃すまいと身を乗り出すようにお姿を注視したものです。

また田中先生は、稽古の合間に学生へ沢山のお話を聞かせて下さいました。先生の若い時の話、昨今の時世の話、「君たち学生はこれからどう生きるか」ということを語り掛けて下さり、日々の稽古の事ばかり考えていた私には、技を磨く稽古とはまた別の修練になりました。

稽古後のお酒の席で先生のお話に感銘を受けた旨をお伝えすると、先生がお勧めの本を紹介し書名をメモしてくださったことがありました。後日そのメモを握って図書館へ向かった事も懐かしい思い出です。

直接お会いするとき以外の時にも、田中先生には当部に非常に多くの御配慮をいただきました。

私が幹部の年は幹部を務める三年生が二人の女子しかおらず、当部初の女子主将という代でありました。私は非力ながら副主将兼主務として後輩や先輩、ＯＢの方に支えられながら主将と共になんとか部を運営していましたが、先生は富大合気道部の行く末や私たちに対しとても心を砕いて下さり、不安だった我々を激励して下さいました。それがどれほど私達の心の支えになったかわかりません。このようなお姿を見て田中先生が多くの方に慕われる理由がよく分かりました。

卒業後に私は富山を離れ京都に住む事になりましたがこの時のご縁もあり田中先生とはずっと年賀状等のやり取りをさせていただいていました。これらの葉書には他大学での合宿の様子や稽古のお話など、先生の精力的な活動の御様子が達筆な文章でびっしりと綴られており、いつも背筋が伸びる思いで拝読していました。

またその後、当部は一時、存続が危ぶまれる程に現役部員が減少してしまった時期がありました。この際、新入部員勧誘のため現役部員だけでなくOBが一丸となって活動することとなり、私も微力ながら京都から富山に通いお手伝いをさせていただきました。

この時も先生からお手紙を頂戴したのですが、そこには「君たちのような先輩達が富山大学合気道部の宝である」と過分なるお言葉が綴られていました。遠方である富山大学の部員達に対するその驚くほど細やかなお気遣いに、今でも言葉に尽くせないほど深く感謝をしています。先生の慈愛の精神に励まされ奮い立った者がこのとき私も含め沢山いたことと思います。

私が最後に田中先生にお会いしたのは平成三十年の夏合宿でした。先生がいらっしゃると聞きおよび、機会にも恵まれ京都から飛んでいったところ、私の学生の頃と変わらず、驚くほどに覇気の漲る凛としたお姿であり、非常に嬉しく思いました。その晩の酒席では先生を囲む皆がそれぞれとても嬉しそうで笑い声の絶えない温かく楽しい時を過ごさせていただきました。

この度の訃報を受け、この席が先生にお会いする最後の機会になってしまったことが残念でなりません。

しかし、先生はたとえ今生を離れられてもきっと変わることなく遠くから我々を見守って下さることと思います。田中先生との素晴らしいご縁とこれまでの御情に、深く深く感謝を申し上げます。

田中先生から学んだこと

金沢大学 平成十七年入学　**藤井　康仁**

合気道の最高峰に直接触れさせていただく環境にいることができたのは本当に幸運なことでした。それは田中先生の寛大さやOBの先輩方が積み上げてこられた信頼等様々な軌跡だと思い感謝しています。

田中先生の技を受ける機会は副将という立場上ほとんどなかったのですが、私が幹部の時の夏合宿で一回受けることがありました。その時田中先生に順手でつかみに行った時の感触は今でも忘れないです。一言で表現すると丸太をつかんでいる感覚、もっと言うと表面上は田中先生もご高齢だったので皮膚の感触は柔らかいのですが、それはあくまでも表面上だけでその下はただの丸太をつかんでいるのではなく、大木の太い幹をつかんでいる感覚でした。

「本物の凄さというのは自分がある程度のレベルに達しないと感じることができない」というのはよく聞く話だと思いますが、私にとってのそれがまさに田中先生でした。

　年月を重ねれば重ねるほどあの感覚が尋常じゃないものであると感じられ、先生の動き一つ一つがはるか雲の上のレベルということが理解できるようになりました。田中先生からはとても多くのことを学ばせていただきましたが、「その道の最高峰に触れるということは、その道を歩んでいく未来の自分にとって必ず大きなプラスになる。」ということが私にとっての一番の学びだったように思います。

合気道という道

専修大学 平成二十年入学　岩崎 裕久

この度田中先生の追悼集に寄稿するにあたって、田中先生の御逝去を悼み、生前の御指導に対し改めてお礼申し上げます。

　私が合気道部に入部するきっかけを与えてくれたのは田中先生でした。私は幼少の頃から合気道を小さな町道場で学び、大学に入学する頃には黒帯を持っていました。これからも合気道を続けていこうという思いもあり、合気道の開祖から直接技を受け継ぎ、人生を合気道と共に過ごされてきた田中先生の経歴を知って、お会いしたいと興味が湧いたことがきっかけでした。

　いざ入部してみると稽古中は驚くことばかりでした。鍛え上げられた屈強な先輩たちが私の祖父母と同じくらいの年齢である田中先生に向かって手刀を合わせ、押しても先生は何事もないかのように動じず、少し動けば簡単に先輩たちを崩してしまうその強い姿勢と技術を最初はとても信じられませんでした。合気道を続け、鍛錬していった道の先にこんなにすばらしい技術があるのかと衝撃を受けました。私は田中先生の稽古を通じて、合気道の奥深さを知り、これからも合気道を続けていこうと強く思いました。

田中先生との思い出で一番印象に残っているのは我々五十一期が四年生に上がる年のことでした。当時私たちの学年も先輩方と同様に様々な苦難や苦労がありましたが、そのことを当時、先生が気遣ってくださり、先生のお宅に招いて頂いた事がありました。田中先生は私たちの近くに座り、一言お前たちはよくやっていると言ってくださり高価なお酒を振る舞い楽しい時間を過ごさせてくださいました。当時これから幹部として、専修大学合気道部を引っ張るときでもありましたので、私たちはそれぞれ自信とやる気を頂いたことを今でも覚えています。また私個人としては今まで尊敬の対象であり、畏れ多い存在だった田中先生の温かい人柄を改めて知った機会でもありました。

その後大学を卒業し、社会人になってからも大学の節目節目の行事で田中先生とお会いすることは自分の励みになりました。田中先生はＯＢが行事に参加して、部活動を盛り上げることをいつも喜んでくださいました。私が仕事の都合で千葉県に住んでいたときに、千葉県の勝浦で行われる全日本学生合気道連盟主催の合宿に飛び入りで参加させて頂いたことがありました。その時は挨拶だけさせて頂こうと先生の部屋を訪れましたが、「よく来たね。入りなさい。」と笑顔で大変喜んで迎えてくださり、先生のお部屋で稽古が始まるまでの間、様々なお話をしてくださいました。田中先生は稽古中の近寄りがたい厳しい姿と、稽古以外での親身に接してくれる優しい姿、両方を備えておられ、自然と尊敬の念を抱いてしまうような人柄の先生でした。

様々なお話の中でも、私の心の中に今も一番残っているのは「姿勢」についてのお話です。稽古前の時間に学生の一人が「常に正しく良い姿勢を保つにはどうすればいいのか」と質問したところ、田中先生は「常に神様が自分のことを見ていると思えば自然と姿勢は正され良くなる」と答えてくださいました。これは合気道のことだけを指すのではなく、生きていくうえでの一つの信条であると思いました。私も一人の社会人、公務員となった今、都民・国民に見られている立場にあり、改めてこの言葉を噛みしめると身が引き締まる思いがします。私のことを神様とともにこれからも先生が見守ってくださると思いながら、背筋を正して生きていこうと思います。

現在も私は自分なりに合気道を続け、また自分の仕事の一部として日々合気道を学び精進しているところでありますが、田中先生から教わったことをこれからも思い出しながら、理解を深め実践できるように努めて参ります。そして一つでも多くのことを後輩たちに伝えて行けるように努力していきます。今でも田中先生が繋いでくれた人との縁が公私ともに私を支えており、私の人生の土台を作ってくれていると心から感謝しております。田中先生はこれからも我々門下生たちを見守っていてくださると思っていますので、それに恥じない生き方を示せるように私も精進していきたいと思います。

結びの言葉となりますが、田中先生に心からの尊敬と感謝を捧げ、謹んで御冥福をお祈り申し上げます。

思い出と追悼

富山大学 平成二十年入学　萬谷 嘉亮

若輩者ではありますが、今回田中先生の追悼集寄稿にお誘いいただきましたので、筆をとらせて頂きます。

私の田中先生との出会いは、当合気道部の夏合宿が初めてで、お会いした当初はかなりお年を召していらっしゃるという印象でした。ですが、一度稽古が始まればその意気たるや学生をもしのぎ、繰り出される技も一層際立っておられました。特に剣術は切っ先にまで、その気が込められているように感じ、そのお姿に当時の私は釘づけにされておりました。後に知ったことでしたが、明治神宮の至誠館の初代名誉館長であられると知り、あの剣先の気迫はやはり、長い間研ぎ澄まされた感覚なのだなと感じました。田中先生は非常に気さくなお方で、当時の私が緊張でうまくお話しできない時にも優しく接して下さり、心救われたことを覚えております。

私は、大学三年時の幹部時代に主将を務めました。どの大学でも同様に、主将はその部の顔となる立ち位置にあるため、目上の方との接点が強くなります。また富山大学は関東圏から離れており、関東への遠征は、東京演武、勝浦合宿の二つのみで、この二つの行事で田中先生とお話する機会が増えたと思います。東京演武は、例年十月頃に開催され、日本武道館を貸し切り全国の合気道部が集合、その型を披露する場で、各々の大学が自分のこれまでの練習の成果の集大成もしくは、自分の型にアプローチするヒントを得る場所でもあります。私は、当時「富山大学合気道部四十周年記念式典」の幹部でしたので、その記念式典で披露する演目、「帯刀」を行いました。演目「帯刀」は、対峙する者に対し、抜刀せずにいかに相手を制すかに重点を置いた演目であり、帯刀する仕手は、帯刀する刀を使用せずに演武を行います。演武終了後に、田中先生とお話しする機会があり、そこで演武のご講評をいただき、お褒めいただだいた際には非常に嬉しかったことを覚えております。

また、東京演武では、他に田中先生の演武というものがあり、仕手田中先生、受け各大学の主将（田中門下生の大学のみ）で行う演武があります。各大学の主将には突や後ろ取、掴み等の大まかな技の括りは通達されるものの、基本的には即興の演武となるため、実際どのような技を仕手がかけてくるかはわかりません。ですが、田中先生は演武が始まると同時に、まるで蝶のように舞い、華麗な手さばき、足さばきで技を繰り出してこられます。ある程度技を受けてきた私も、その技の軽やかさ、そして技のずっしりとした重みに非常に驚き、田中先生への敬意と共に、自分の技への向上心の再燃に努めることが出来たのではないかと思います。

勝浦合宿でのお話をさせていただきます。勝浦合宿は文字通り合宿遠征であり、各大学は勝浦にある道場に集合し、二泊三日の合同合宿に精を注ぎます。その中で、田中先生仕切りの場があり、その受けとして門下生の主将が呼ばれるのですが、私はその時、座りの受けとして呼ばれました。座り技は足運びがほぼなく、膝行での動きとなりますが、田中先生は的確な動きで技をかけてこられ、当時の私は受けをしつつ、見事にきめられた二教や十字投げに悶えておりました。座り技は非常に難しいですが、この時の受けの経験が後の仕手の経験に生きたと思っております。

「富山大学合気道部四十周年記念式典」は私にとって非常に大きな行事でありました。加えて、非常に田中先生と繋がりが大きくなった行事であったと思います。当時の幹部就任直後より、四月頃から田中先生と打ち合わせのお手紙のやり取りをさせて頂いておりました。私の非常に拙い文章に対し、田中先生は丁寧なお手紙を下さり、毎度そのお心の広さに、感銘を受けておりました。

十一月になり、記念式典が開催される前日に田中先生とご夫人をお迎えし、私は田中先生と、富山大学前師範でおられます御方のお墓参りに同伴させて頂きました。私は当合気道部の前師範とは直接は面識がなかったのですが、田中先生のお話を聞いていると、非常に優秀なお方であったのであろうと感じました。墓前で手を合わせる田中先生のお姿を見て、その信頼の深さを感じ、また同時に当合気道部を支えてくださった前師範に感謝の念を憶えました。

記念式典での田中先生は非常にお元気で、田中先生の演武で私は受けをさせていただきましたが、演武も相変わらずのキレの良さ、そして技の重みを感じ、受けとして非常に学ぶ面が多かったと覚えております。技の最後に田中先生の抜刀をお見受けし、そのお姿に感銘するとともに、反面やはり自分の未熟さも感じ、田中先生のような剣を身につけたいと思うようになりました。演武後の会食時に、田中先生と当合気道部の初代のOBの方々とお話をし、当時の笑い話や苦労話をお聞きし、場が盛り上がり、田中先生の笑顔を沢山見られたことが非常に印象に残っております。記念式典が終わり、そのお見送りの際に、固い握手と「ありがとう」とお声がけくださったことが非常に嬉しく、そのお言葉が田中先生との一番の思い出になっております。

田中先生の訃報を聞き、その場に直接駆けつけることが出来ず、非常に悔しい思いでいっぱいでした。ですが、この寄稿という形で少しでも田中先生の思い出と共に追悼を捧げることが出来れば幸いです。数えきれない感謝とご冥福をお祈り申し上げます。

先生との出会いと学生時代の思い出

専修大学 平成二十一年入学　大野（須田）夕葵

私にとって田中先生は人生の師でした。大学一年のときから約十一年、先生には合気道を通じて大切なことを沢山教えて頂きました。専修大学体育会合気道部をご指導くださったのが先生だったからこそ、私は仲間と共に一生の糧になる経験と思い出を手に入れることが出来ました。

田中先生に初めてお会いしたときのことは、今でもよく覚えています。大学一年の六月、初めて専修大学体育会合気道部の稽古見学に訪れたときのことでした。体格の良い先輩方がまるで赤子のように次々と先生に投げ飛ばされている様を目の当たりにし、当時の私は自分の目を疑いました。失礼な話ですが、先生の第一印象はまるでフィクションの世界に出てくる仙人のようでした。

先生の稽古にはピンと張りつめた緊張感のような、それでいて澄み通るような空気感があり、私はあの集中した空間が好きでした。最初のうちこそ怖い、辛いと思いましたが、稽古は真剣に打ちこまないと怪我をする事を学び、また学年があがり合気道がだんだんわかるようになると、あの緊張感の中で集中して稽古に臨むことが楽しくなりました。そうしてひとしきり技を学んだ後、先生は稽古の合間に時世時節のお話やご自身のお話など、様々な話をしてくださいました。その数々のお話を通じて、国の為あるいは人の為に忠義を尽くすことや、人を信頼し一生懸命真面目に生きることの大切さなどを説いてくださいました。そんな先生のお考えを聞くと、稽古がどんなに厳しくても頑張ろうと思えました。

先生を慕う同じ門下生として様々な出会いもありました。至誠館稽古では門人の皆様と共に稽古に励んだり、東京大学、中央大学の合気道部と三大学合同稽古を行ったり、時には海外からいらした門人の方と稽古したこともありました。これらの出会いは全て先生を通じたご縁であり、本当に貴重な経験をさせて頂きました。

そして、先生との思い出の中で、私にとって特に印象深い出来事があります。それは、入部して間もない時に先生がお声をかけてくださらなければ、私は合気道部をきっと辞めていただろうということです。私が入部した当時は部員のほとんどが男性で、同期に女子はいませんでした。厳しい稽古に心が折れ、次こそ辞めようと思っていたある日、稽古中に先生が私に近づいてきて一言、「君はよく頑張っているね」と声をかけてくださいました。その一言が本当に嬉しかったのを覚えています。それまで何のとりえも無かった私にとって、先生の一言は一つの大きな自信となりました。何度も辞めようと思った現役時代でしたが、それでも私が合気道部を続けてこられた理由の一つに、先生の信頼に応えたいという思いがありました。

私が最後に先生にお会いしたのは、令和元年の六月に行われた田中茂穂最高師範及び堀越祐嗣師範就任のお祝いの席でした。その時の先生は以前と少しもお変わり無く、いつものように参列者に向けマイク越しにお話しされていたのが印象的でした。

最期の瞬間も道場で稽古ができればこれ以上の幸せはない、と先生が生前お話されていたことを思い出します。その言葉通り、先生は至誠館が休館となる二日前の三月二十四日まで道場に立ち続け、ご使命を果たされたと聞きました。

先生は合気道を通じて、生きるとはなにかを、その身を以て学生たちに示し続けてこられたのだと思います。人生を賭して忠義を尽くさんと奔走されてきた先生だからこそ、多くの方がその信念に共鳴し、先生を慕いました。私もその数多くの中の一人として、先生にお逢いできたことを光栄に思います。先生から学び得た数々の経験と思い出を胸にこれからを過ごしてゆきます。

先生、長きに渡りご指導ご鞭撻頂き、本当にありがとうございました。そして大変お世話になりました。今はどうかゆっくりお休みください。敬愛する田中茂穗先生のご冥福を心よりお祈り申し上げます。

先生の暑中見舞いに背筋を正す

中央大学 平成二十一年入学　太田 祐伎

大学を卒業し社会人となった最初の夏、私と田中先生との暑中見舞いのやりとりが始まった。

毎年のように達筆な楷書体で沢山のお言葉が記されたものを頂戴し、自分の乱字乱筆に丁寧にお返しいただくことに毎回ただただ恐縮していたものだったが、先生は稽古等でお会いするたびいつも「君は筆まめだね」と一言添えてくださるので、自分にとってモチベーションにもつながっていた。何よりご多忙な田中先生の貴重なお時間を拝借していただく本当に貴重なお便りなので、今でも大切に保管しているが、時が経って読み返すと、やりとりをしていた当時とは異なる気付きをいだくものだ。

特に印象的なお便りは、平成二十六年八月二十七日にいただいたものだ。印象的な理由は、この年の夏にTBSの番組「ぴったんこカンカン」にて、至誠館がタレントの森泉さんの所縁の施設として紹介され、先生も番組に出演されたことについてやりとりしたものだからである。

放送内容も鮮明に覚えている。技をかけられ悶絶する安住アナウンサーを見て朗らかに笑う先生のお姿など、当時も部員同士で大いに盛り上がっていた。

そんな思い出について、先生はお便りに「老醜を晒すのみでしたが、放送以来、思わぬ人々や愛弟子より電話や便りを頂戴し、改めてテレビなるものの力を思い知りました。旧（ふる）い人間ですねー。」と記しておられる。

当時の私は、「ぴったんこカンカンすごかったもんなぁ。先生もテレビ出たら色々感動するんだな」という程度の受け止めで、日常会話の延長線上のやりとりとして楽しんでいたものだったが、いまこの一文を改めて紐解くと、敬服の念を抱かざるをえない謙虚で真っすぐな先生の姿勢を垣間見ることができる。

先生はテレビの影響力を感じたご自身を「旧い人間」と表現されたが、これをそのまま「時代遅れの」という意味で表面的に捉えるのはミスリードだ。テレビは一九五〇年代以降、戦後もっとも身近でポピュラーな娯楽として長らく存在しており、普及から五十年以上経った二〇一〇年代当時では、むしろ我々よりも先生の方がテレビの歴史に長く触れている可能性すらある。であれば、「旧い」という言葉の真意は何なのか。私が思うに、先生がご自身を旧いと仰ったのは、テレビの影響力を体感し、その力を「ようやく理解できた」というニュアンスの婉曲表現なのであろう。もちろん、全国ネットのゴールデンタイムで取材を受けるという経験は、多くの人間にとって人生に一度あるかないかのきわめて稀な経験である。これまでのご自身の積まれた経験値と照らし合わせてもなお、ゴールデンタイムのテレビ番組に出演したことに多くの未知の発見があり、そのインパクトを知らなかったことについて反省に類するようなご感想を抱かれたのだということである。もちろん、我々も感覚的にはテレビの影響力を知っているが、実際に出演した人が知る解像度とは大きな差がある。

そんな刺激的な一連の体験について「テレビの影響力を今更知るなんて、旧い人間です」とご自身を卑下した表現をされた訳であるが、当時学生であった私に対するその謙虚な言葉選びや姿勢には本当に頭が下がる感を今になって覚える。そんな表現は今の自分には到底できそうもない。

またお便りの後半では、「これほどの老生でも元気なる姿を示すことが出来たのは望外の喜びで、幸せなことです」と記されている。これを見て思い出すのは、田中先生が稽古の合間でお話をされていた次のようなお話だ。「どんなに苦しくても、自分には何か特別な力があると、いつの日か、お天道様はきっと見てくれていて、その日までは根拠がなくても『なにくそ』という気持ちでやる。老人になっても若い皆さんにそういう強い気持ち、考え方、自分の身体をもって伝えられる何かがあればと、そう思いながらやってます」と。長きにわたり人生をかけて武道を通じ世に人の道と勇気を与えることに一貫して喜びを感じておられた先生だからこそ、テレビという爆発的な拡散力を持つメディアによりそれを示せたことに大きな大きな幸せを感じておられたに違いない。一貫してその信念を抱かれていたことをお便りから改めて感じ取り、深い敬服の念を抱く。

「実るほど頭を垂れる稲穂かな」とは使いつくされた言葉であるが、田中先生ほどそれを体現された方をいまだに知ることがないし、この先も出会うことができるのかは全く定かではない。卒業から八年経ち、職場では合気道部時代とほぼ同じ人数の部下を抱え仕事をしている。今回この寄稿を作成するにあたり、田中先生から頂戴したお便りを読み返し、職場に身を置く日々の中で、私を信頼して身を預けてくれている部下たちに、自分もまた姿勢を律し、実直かつ謙虚に自分の信念をもって向き合えていただろうかと自分を反省した。そういえば、いつか「どうして先生はそんなに姿勢がきれいなのですか」と聞かれた際の先生のご返答が強烈に耳に残っている。「それは意識しているからだよ」と。

垂れるにはまだまだ重みの足りない私の頭だと改めて痛感するが、文や耳に残る確かな先生の教えをいつまでも大切に、せめて背筋から正し直し、美しく伸ばしていたい。

ムラマツ？　モリムラ？
はい、マツムラです。
～尊敬すべき、そして愛すべき存在だった田中先生～

東京大学 平成二十五年入学　松村　康平

田中先生の追悼文として、何とふざけた、けしからんタイトルだろうかと憤慨される方もいらっしゃるかもしれない。しかし田中先生が亡くなられる直近の四～五年間ほど、いわゆる若手の中で最も名前を呼ばれ、かつ名前を間違われた者は私であろうと自負しているからこそのタイトルであるので、どうか大目に見ていただきたい。

私の入学当時、既に先生は齢八十五も近く、言葉を選ばず言えばヨボヨボであった。現役の頃は主将でもなく受けを取る機会などなかったから、しばらくは不遜にも本当にヨボヨボのおじいさんだと思っていた。二年の時にたった一度だけ、昼練で受けを取る事があった。手を持ったと思ったら、気が付けば地に伏していた事は生涯忘れることがないだろうと思う。あれがなければ、今こうして追悼文を書かせてもらえるほど田中先生に惚れ込む事もなかったかもしれない。やはり人の世は縁なのだろう。

三年の夏、穂和会の夏合宿で皆が「こちらから声をかけて技をかけてもらって良い」と言うものだから、それまでは雲の上の人だった先生にお願いし、投げて投げて投げまくってもらった。その夜の飲み会で先生が「クタクタに疲れた」とおっしゃったと人伝に聞いて恐縮したものだが、よほど投げ甲斐があったのだろうか、その後はちょくちょく先生から前に呼んで技をかけてもらえるようになった。全力でつかんでいると、先生もお歳なので腕が青く内出血してしまうのだが、先生が「これで良いんだ。これが良いんだ」とおっしゃるので手を抜いた事はついぞない。礼を尽くして殺しにかかっては、毎度死にそうな目に合う。畳の上の先生との思い出はそんな楽しいものばかりだ。

四年の頃と院の二年間はずっと駒場にいたものだから、道着を着た先生と過ごす時間は誰よりも長かったし先生もよく声をかけてくださった。冒頭の「題」の由来だが、マツムラという名前はよく間違えられるようで、ムラマツやらマツモトやら、自己紹介したばかりの相手にも間違って呼びかけられることが多々あり、先生もご多分に漏れずよく私の名前を呼び間違っていらっしゃった。一度、私のいないところで「モリムラ」と呼ばれて誰も私のことだと気づかなかった事がある、と聞いた際にはさすがに笑ってしまった。「はい。マツムラです」と言って返事をすると、いつも先生は申し訳なさそうな顔をされていた。私など歯牙にかけることもないというのに、先生は常に謙虚でいらした。私は呼んでもらえるだけで十分だったのに。

修武館の稽古後など、最晩年まで田中先生とは共に食卓を囲む機会があった。八十五歳を超えてなお、先生は驚くほどに食欲旺盛でしっかりとご飯を召し上がっていたのに、その先生が「最近は飯の味がしないんだ」とおっしゃるようになった時には気持ちを表現する言葉が見つからなかった。自分にできることはないと、ただ楽しく、楽しく先生と稽古する以外には何もできないと思った。今こうやって思い出すだけでも胸が苦しくなる。先生は、私にとって初めての、自分のプライドをかけて「師」だと言える人だった。

私は、田中先生のことをほとんど知らない。髪が黒かった姿も、何不自由なく正座ができた姿も知らない。先生に「この余った皮も昔はパツパツに張っていたんだ。細くなってしまったなぁ」と見せていただいた腕だって、私にとっては見慣れた先生の腕以上の何かではなかった。しかし、私は田中先生のことをよく知っている。子供に優しく笑いかけ、悪い笑顔で人の腕を極め、ドボドボと私のグラスに酒を注ぐ先生を知っている。先生は、たしかに私の中に生きている。

田中茂穂という人は、偉大で、素敵な、尊敬すべき合気道家だった。同時におちゃめで、クールな、愛すべきおじいちゃまだった。先生は常に人のつながりを大切にし、弟子同士の交流を心から喜び、流派を問わず友として受け入れていく、そんな方だった。先生から学んだ事はあまりにも多く、あまりにも少ない。本当はもっと一緒にいたかった、もっと先生のもとで教えを乞うていたかった。しかし、嘆くばかりではいられない。青は藍より出でて藍より青し。師とは超えるものだろう。そのような志で日々を生きていく、これが残された弟子のあるべき姿、亡き師への最高の恩返しではないだろうか。

最後に、田中先生へ。

皆と、先生のような格好良い背中になれるだろうか、と不安を感じながら先生を目指し、追い越そうとしています。何年かかるかわかりませんが、見守っていただけますと嬉しく思います。

合気道と素晴らしい仲間に出会わせてくださり本当に感謝しています。ありがとうございました。

田中先生の時代

東京大学 平成二十七年入学　湊本 真侑

合気道の一つの時代が終わった。田中先生の訃報は私にそう感じさせるものでした。

田中先生は、私が在部中の四年間で急速に弱っていかれました。私が一年生の頃の先生はお元気に見えました。私の祖父より年上の先生が、道場の隅で根性棒を振り、拳立てを始められると、部員同士は驚いて笑みを浮かべたものです。当時は老いなど一切感じさせませんでした。

時が経ち、私が主将を務めた年、先生は体調不良を理由に、初めて東大合気道部の夏合宿をお休みされました。昼練やOBOG合同稽古などのイベントに欠席されることも増えました。この頃の先生は、老いて稽古をするのも大変だが、部員に老いというものを見せるのも良いだろうといった話をよくされていました。

一年生の時の記憶と比べて、先生の眼は何処か虚ろでした。しかし、老いたこの眼にギラリと光が灯る瞬間がありました。五月祭や駒場祭の演武を行っているときと懇親会の上座で私にある問いかけをされたときでした。

演武に臨む眼はいつも異なりました。ギラリとした眼で私を見据えてきます。この眼に立ち向かって攻撃するには、相応の気力が必要でした。老いてもそこにある圧倒的武人の姿に直接触れることが出来たのは、貴重で光栄なことでした。

もう一つの眼が光った瞬間は、五月祭演武会懇親会の上座において、私にある問いかけを不意にされたときでした。それは、

君に日本を背負って行く気概はあるのかね。

というものでした。思わずたじろいでしまう様な眼の輝きははっきりと覚えています。正直に申し上げて、当時の私にはそのような気概は微塵もありませんでした。先生からの思いもしない問いかけに私はたじろぐしかなく、何の主張もできない自分を恥じました。先生も残念だったでしょう。

今はどうかというと、日本を背負う気概はやはり持てそうにありません。しかし、田中先生のお言葉で、少し日本という国を見る様になりました。私は今、どういう国に住み、どういう立場に置かれているのかを考えるようになりました。少しはまともな頭を持てるようになったと感じています。

冒頭で合気道の一つの時代が終わったと述べました。これは合気道の行く末を憂いているわけではありません。

私は合気道家をなんとなく世代に分けて考えています。即ち、植芝先生の世代、植芝先生に直接習った田中先生方の世代、そして田中先生方に習う私たちの世代です。なんとなくと述べたように、世代の境界線を厳密に決めているわけではありません。ただ、私が田中先生に見ていた合気道というものは、世代の壁に阻まれ、植芝先生のする合気道とは異なるのだろうと認識しているということです。

合気道は世代を経るにつれ変化し、どの時代にも全く同じ合気道は存在していないでしょう。それと同時に、世代間で一貫している合気道の本質もあります。この本質が体の外に出てきた時に、人によって形が異なっている。それが流派として分かれる事にもなるし、人によって少しずつ技の形が異なってくることにも繋がっています。

また、本質そのものは一貫しているとはいえ、個人間ではその蓄積や精製の度合いが異なっているものです。二つ以上の武道や流派、先生を習うことで、個人の武というものはより一層高まっていくでしょう。

本質が個人の中で精錬され、それが下の世代に引き継がれ、各々に最適な形へと変化する。この過程が昔から繰り返され、私の武道につながっています。

しかし、世の中には、世代間で形だけが引き継がれ、本質が異なっているという逆転現象が起きることもあるようです。おこがましくも、本質を下の世代に正しく伝えることは師の責任であると考えます。

誰に師事できるかは非常に重要です。そして世界中で優れた先生に師事できている人間の割合は多くはないと思います。やはり田中先生に短い期間ながら師事できたことは幸運でした。

創部時から先生に教わる東大合気道部にとっては、一つの時代の切れ目が出来ました。合気道部の大きな転換点になっていて、良くも悪くもなりえます。この先、先生がいらっしゃらないからと言って、東大合気道部が盛り下がることになっては先生も不本意でしょう。先生に師事できた人間として、東大合気道部を、大きくは合気道全体を盛り上げなくてはならないという風に感じます。私個人としてそのために出来ることは小さいかもしれませんが、個人の武を高め、合気道を次の世代へつなげる事に少しでも寄与する事で、先生から受けた恩を返す事になると思うのです。

田中先生の合気道および合気道部へのご尽力がなければ、東大合気道部は全く異なる形になっていて、私は合気道をここまで楽しめていなかったと思います。どうかごゆっくりとお休みになってください。

田中先生との日常

専修大学 平成二十九年入学　与那城 竜太郎

まずは、田中先生への哀悼の意を表します。

私が田中先生に稽古をしていただき、お世話になっていたのは、大学の四年になるまでの三年間でした。比較するようなことではないと思いますが、先輩方と比べるととても短い時間であり、本当に残念でなりません。よく、以前先生にお世話になられていたという先輩方が、稽古や部内行事に来られては嬉しそうに先生とお話をされている姿を見て、自分も卒業後は暫くぶりに先生とお会いすれば、人生の山や谷を聞いてもらいたくなるだろうと思っておりました。そのため、コロナ禍という未曾有の事態でお会いできない間にお亡くなりになられたことは、無念でしかありません。ひとえにこの災害を恨むばかりです。しかし、田中先生と出会うことのできる最後のタイミングであったと考えると、幸運だったと思います。

田中先生について感服する点は多々あり、また多くの方がご存知かと思いますので私が語るようなことはないでしょう。そのため私は現役最後の主将として、田中先生との日常的な思い出について回顧したいと思います。

田中先生は当時のご年齢を考えると、とてもよく食べる方でした。毎週水曜日に我々専修大学合気道部の道場で稽古をしていただいており、稽古後は決まって学食で昼食をご一緒させていただいておりましたが、田中先生はよく和風ハンバーグ定食を召し上がっておられました。この和風ハンバーグ定食というのが、学生が食べる前提ですのでボリューム感と食べ応えのあるメニューなのですが、田中先生はいつもサッと食べ終えておられました。当時二十歳だった私が同じメニューを食べるのと同じ時間でしたので、相当かと思います。そのことについて田中先生は、「やっぱり人間、食欲がなくなった時はだめだね。しっかり食べないと。」と、おっしゃられていました。齢九十を超えてもなお元気に稽古をされている秘訣はこういったところなのだと、とても勉強になりました。

私が知る田中先生は、とても寛容で優しい方でした。全日本学生合気道連盟の合宿で、委員として勝浦にある合宿所と東京駅との往復で付き人をさせていただいた際には、先生におやつを分けていただいたことがありました。夕方でしたが帰りの電車が来るまでかなりの時間があったため、しばらくベンチで待っていました。先生はバッグから小さい羊羹を二本取り出され、「これ帰りのおやつに部屋から持ってきておいたんだよ。ほら君も食べるか？」と、笑って一本くださりました。またその後も、「君も一日疲れているだろうから、寝てもいいんだぞ。」とも声をかけていただき、寝はしませんでしたが緊張は楽になりました。本来なら私が先生に気配りをしなければならない場面であったのですが、先生は私に気を使ってくださいました。

田中先生のお若いころに関するお話を先輩方からお伺いすると、昔の田中先生と比べると、今は温厚になったと聞くことが多く、優しい田中先生のイメージが強い私としては、先生がどれほど厳しく激しい稽古をされていたのか長らく疑問でありました。

この疑問は或る日の至誠館での稽古で解消されることとなります。その日は主に片手持ちからの技だったのですが、私は当時まだ主将ではなかったので周りから見ており、肘極めの手本を先生が前でやっておられる時でした。受けを取っていた先輩に先生が肘極めをかけ、普段はそこで技は終わりです。ところが、そこから「ここでこうすると良いんだよ。」と、床まで一気に体を落とし、肩まで極める技に派生しました。受けを取る先輩は肘が極まっているのでずいぶん前からタップしていたのですが、田中先生は周りで見る私たちにじっくり解説しながら教えてくださいました。稽古中に笑顔を見せることはあまりない田中先生ですが、その時はとても楽しそうに満面の笑みを浮かべていたことを覚えております。日頃は基本的にみんなの練習の様子を見守ることが多い先生ですが、その日は他の技も、やはり楽しそうに笑みを浮かべながら直接教えてくださいました。

なるほど、この現在の笑みを取り払ったとして、弟子に技をことごとく詳しく直接指導をされていたとすれば、これはもう当時の先輩方は一瞬の隙なく命がけで受けをとり続ける他はありません。昔の田中先生はきっと稽古中こんな感じで、相手を思いやりつつも鋭い技をかけ続けておられたのだろうと思いました。当時の先輩方は、笑顔なしに繰り出される技の鋭さゆえ、「厳しく激しい稽古だった」と話されたのだと思いました。

田中先生が亡くなられてから一年というのは未だに信じられません。私の中では、また火曜日か木曜日に至誠館に稽古に行けば先生がいらっしゃられるような気持ちです。今後は多くの田中先生門下の合気道部や団体で、田中先生を知らない世代が増えていくと思いますが、先生の教えや技はいつまでも語り継がれていくと思います。私もその一助となれたら、こんなに幸せなことはないでしょう。願わくば、先生もそれを見守ってくださると信じて尽力したいと思います。

覚悟の決め方

中央大学 平成二十九年入学　藤澤 留依

私が田中先生と初めてお会いしたのは入部して間もない金曜日の師範稽古の時でした。

その時の稽古で二教をやっていたとき「そうそう。それでいい。」と褒めていただいたことを今でも覚えています。田中先生とお会いして間もない頃はただすごい方なんだろうという漠然たる印象だけでしたが、学年を重ねるにつれて田中先生の存在の大きさや偉大さを感じました。

今回は特に印象に残っているいくつかのエピソードを書き留めたいと思います。

三年生の夏、私はポーランドで行われた国際武道講習会に参加しました。

参加を決めてから部の代表で行くということや必ず部に還元できる何かを身につけてこなければならないというプレッシャーに幾度となく押しつぶされそうになりました。

そんなとき、ある日の稽古で田中先生が仰ったことが私の考えを変えるきっかけになりました。

田中先生は「自分の身を守るということを考える時、武道をしている者の多くは「受け身」を連想する。それは間違いではないが大切なのは受け身だけでなく、まずは自分の中心を取られないようにすること。中心さえとられなければ、相手に負けることはなく、受け身も取る必要がない。」と仰っていました。

その時の私は当然の如く「受け身」を連想する側の人間であり、さらには中大合気道部の恥とならぬようどうすれば綺麗な受け身がとれるのかなど浅はかな考えしかありませんでした。ただ綺麗に受け身をとることが、技を綺麗にできることが重要なのではなく、何のために一つ一つの動きがあるのかを考えなければ相手に何の影響も与えることができません。どんなに綺麗な型を習得しても相手に通用しなければ大切な人は愚か自分を守ることすらできません。

私の浅はかな考えは田中先生のお話を聞いて大きく変わったと同時に合気道に対する取り組み方も変わったことで、国際武道講習会では多くのことを学ぶことができました。

ポーランドから帰国後、部員の前で活動報告を述べた際にも申し上げましたが、講習会で学び得たものの中で一番印象に残っているのが「勝てずとも負けない」ということです。もし田中先生のお言葉を聞かずに講習会に参加していたら、私は相手に勝たなければ中央大学合気道部が弱いと印象付けられてしまうなどと思い、勝とう勝とうと思うばかりに本当に大切なことに気づかないままになるところでした。どんなに相手が強くて倒すことができず勝てなくても、そこで諦めるのではなく負けないように工夫する大切さに気づくことができたのは田中先生のおかげです。

田中先生とのエピソードでもう一つ印象的だったことがあります。

それは三年生の十二月に行われた新幹部発表の場での出来事です。田中先生とお話をしていた時、「最近は、手紙を書く人が少ない。手紙を書いている間はその人のことだけを考えて書くからこそ思いが伝わるし、一筆一筆に感情を入れることができるから素晴らしい」と仰っているのを聞いた私は、早速田中先生にお手紙を書くことにしました。拙い文章ながらも田中先生は大変喜んでくださり、すぐにお返事をくださいました。

そこには中央大学合気道部の発展のために主将として

尽力してほしいということや本来なら師範についてこいと言いたいところだが、それができず申し訳ないということ、命ある限り道場に立ち続け稽古をしていきたいということなど多くのことが書かれていました。

一文字一文字に込められた力強い思いは真っ直ぐと私の心に届き、このお手紙をいただいた時、私は主将として部を守る覚悟を決めきれたように思います。しかし、覚悟を決めきれたと言ってもやはり迷いや不安はありました。それでも私が最後まで自分自身の限界を決めず頑張れたのは、信念を決して曲げず、努力され続けた田中先生の想いを肌で感じていたからです。火曜・木曜の至誠館稽古や金曜の大学での師範稽古で言葉で言い表すだけでは足りないほど圧倒的な存在感と強さ、どんなときも弱音を吐くことなく合気道に真摯に向き合い続ける姿は田中先生の技や動きや言葉一つ一つの決して揺るがない覚悟として表れていたように感じます。

三年間という短い期間ではございましたが、厳しく指導していただいたことも、日頃から中央大学合気道部を気にかけてくださっていたことも、私が国際武道講習会でポーランドに行く際頑張ってきなさいと声をかけてくださったことも、少し照れながらホワイトデーの日にバレンタインのお返しをくださったことも、一生忘れません。田中先生のもとで稽古することができ幸せでした。これからさらに成長していくために過去に田中先生から教わったことを振り返りながら、現在を見ることを忘れず精進して参ります。

田中茂穂先生という偉大な先生に出会えたことは私の人生において一生の財産です。長年にわたり、中央大学合気道部のご指導とお力添えを賜りましたこと、この場を借りて感謝申し上げます。

道場風景

明治神宮武道場至誠館

明治神宮鎮座五十年を記念して昭和四十八年十月に開設された。

明治神宮の御祭神であらせられる明治天皇の大御心を奉戴し、各種武道を通じて青少年の健全な心身の鍛錬と誠実な人格の陶冶を行い、以て次代を担う人材の育成に寄与すべく、日本武道修錬の総合武道場として創建された。

第一道場（柔道場）

第二道場（剣道場）

至誠館外観

東京大学合気道部

七徳堂

本郷キャンパスにある五武道部が共有で使用する武道場。

昭和十三年竣工、中国の古典『春秋左氏伝』の「武に七徳あり」の言葉から命名された。東京大学合気道部では、主に三・四年の稽古の場になっている（一・二年は駒場キャンパスの体育館を使用）。

平成の初めまではこの道場に布団を持ち込み合宿をすることもあった。

七徳堂内観

七徳堂外観（正面）

七徳堂外観（北側）

専修大学合気道部

専修大学生田キャンパス総合体育館に武道場が併設されている。

総合体育館は、昭和五十八年に専修大学創立百周年事業の一環で落成した。

道場内の書「我道盤石」は専修大学校歌の一節「我等が行く道盤石なせり」で、新道場落成の際に武道を志す若者たちへと田中先生から贈られた。

道場内観

田中先生ご揮毫の書

生田キャンパス総合体育館外観

中央大学合気道部

中央大学合気道場

多摩キャンパス第一体育館内にある合気道部専用道場。

中央大学文系学部が多摩キャンパスに移転した際に専用道場を獲得し、昭和五十三年に田中先生をお招きして道場開きを行った。

道場入口の看板は、創部六十周年を記念して、田中先生にご揮毫いただいたものである。

道場は百十畳。神棚向かって右に、田中先生のご遺影、開祖のご遺影、開祖ご揮毫の「武産合気」、田中先生ご揮毫の「至忠至孝」、やや右下に田中先生ご揮毫の「忠恕」。

多摩キャンパス第一体育館外観

道場入口

道場内観

富山大学合気道部

富山市内にある富山大学五福キャンパス内の武道場を稽古場所として、柔道部などと共に使用している。

四十年以上前から、稽古時に、道場正面に三種の神器（田中先生の顔写真、田中先生から頂いた植芝吉祥丸二代目道主の色紙『合氣』、田中先生直筆の道場訓）を据え、稽古に励んでいる。

（田中先生の顔写真、田中先生直筆の道場訓については、この間一度、新しいものに取替えられている。）

武道場内観

合気道部三種の神器 全体像

合気道部三種の神器 拡大版

金沢大学合気道部

もともとは城内キャンパス（金沢城跡）にあったが、大学キャンパスの角間移転とともに平成五年に道場も移転。郊外にあるため静かな環境で稽古に励んでいる。

道場に掲げられている額「不争之徳」は、老子の言葉で、武道の鍛錬における精神的教えになっている。

道場内観

道場入口

道場外観

お別れの会

令和二年十一月十五日（日）新型コロナウイルスの感染が日々増減する中、直前まで開催の可否について慎重に検討がなされたが、田中先生を慕う弟子たちの思いが通じたのか、何とか挙行することができた。

会場は東京元赤坂にある明治記念館。通常はハレの行事で利用される事の多い同館だが、明治神宮と縁深い田中先生の為、特別にお別れの会での利用が許された。

会の発起人は、明治神宮武道場至誠館館長、至誠会会長、五大学（東京、専修、中央、富山、金沢）の各ＯＢ会会長。また、至誠館、五大学、穗和会から十数名が実行委員として会の企画運営を担った。

参列者は来賓として明治神宮宮司中島精太郎氏をはじめ、合気会からは道主の名代として本部道場長植芝充央氏、田中先生の御友人で親交の深い近江神宮の佐藤宮司、賀茂別雷神社の田中宮司、東京大学合気道部創設期を支えた元衆議院議員亀井静香氏のほか、各団体関係の一般参列者、当日の運営を手伝ってくれたスタッフ等、およそ六百名が田中先生とのお別れに足を運んだ。

当日は暖かい小春日和となり、開始時刻である午後二時に間に合うようにと、昼過ぎにはスーツに身を包み、会場の最寄り駅であるＪＲ信濃町駅から足を運ぶ人々の姿が数多くみられた。うっすらと汗ばむ陽気で、先生をお送りするのにふさわしい青空であった。

明治記念館の玄関を入ると、コロナ感染対策の一環で、もはやおきまりとなった検温と手指に消毒液が吹きかけられて、玄関ホールの階段を上がり二階へと案内された。二階に上がるとそこは開けたロビーで、見知った顔もいくつかあったが、旧交を温めるのは後回しで、受付へと促される。

受付をする若い係員は現役部員だろうか、案内状と共に送られてきたチケットを渡し会費を支払うと会場へと案内してくれた。

会場は「蓬萊」と「富士」という二つの部屋を使っている。「蓬萊」は百六十席ほどで、正面に白と紫の花で飾られた祭壇が設けられていた。「富士」は「蓬萊」よりも大きな部屋で、前方と中央に大きなスクリーンがあり「蓬萊」の様子が映し出されていた。

それぞれの部屋には前後左右に間隔をあけながらもズラリと席が並べられ、その席の上には参列者用の小冊子がおかれている。

蓬萊の間

富士の間

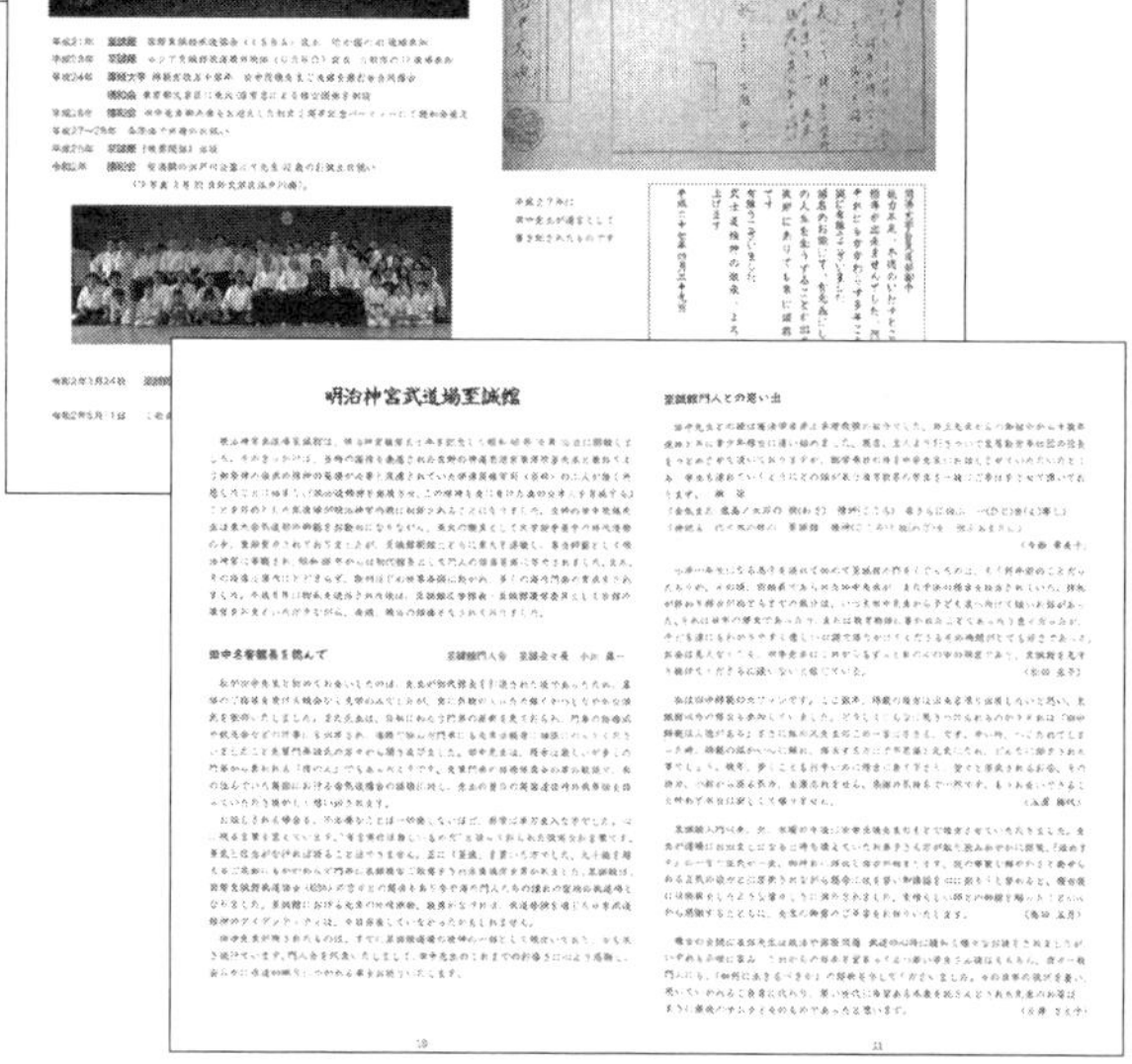

小冊子には、先生との歩みとして先生の年表のほか、田中先生から我々へ遺されたメッセージが載せられ、各団体からの追悼文も掲載されていた。

祭壇横には田中先生のご家族がお座りになっている。参列者も、小冊子をめくったり、静かに目を閉じたり、それぞれに会が始まるのを待っていた。

時間となり、まずお別れの会実行委員長より会の趣旨説明と挨拶が述べられ、その後参列者全員で黙祷を行い、各団体代表者の弔辞、その後弔電や各界からの追悼メッセージが紹介された後に田中先生のご長男、穂積さんからの挨拶が行われた。

穂和会修武館館長
高橋武彦

至誠館館長
宇田川哲哉

赤門合気道倶楽部会長
矢代隆義

明治神宮宮司
中島精太郎

献花では大きな田中先生の写真が飾られた献花台へ、田中先生への想いを込めて一人一輪白い菊の花を捧げていった。
初めに来賓や各団体の代表者が名前を呼ばれて一人ずつ献花をした。ＢＧＭに田中先生が生前よく歌われていた愛唱歌が流れており、久しぶりにお聞きする先生の声に胸が熱くなる。指名献花の後は、その他の参列者が前方の席より四列となり献花をしていった。

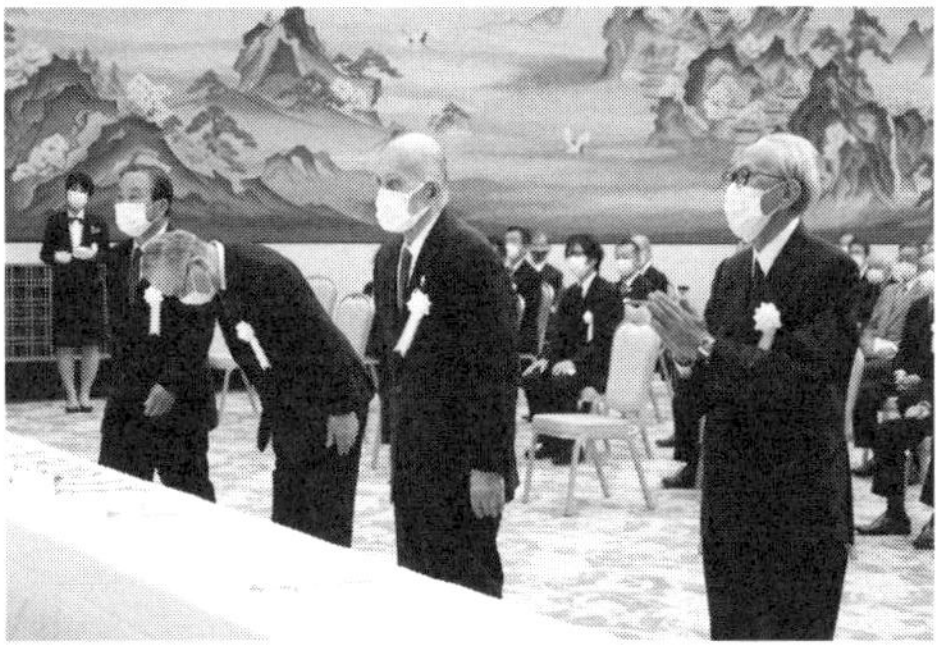

指名献花が終わると、「富士」のスクリーンでは田中先生の演武の様子が映し出された。先生が還暦の頃に作成されたビデオということだった。先生の一挙手一投足を目で追いながら、先生との稽古を思い出す。

「蓬莱」の会場の参列者が献花をし終わると「富士」の会場の参列者が案内をされた。約一時間の待ち時間もあっという間の事であった。

「蓬莱」に移動すると、献花台にはすでにたくさんの花が捧げられていた。菊の花を受け取って献花台の前に進み、先生に感謝とお別れをお伝えして花を置いた。

献花を終えてご家族に黙礼すると、会場横にある出口へと促され退室する。目の前の廊下を奥へと進むと、さささやかなロビーへとつながっておりそこには至誠館、五大学、穂和会の旗が飾られていた。

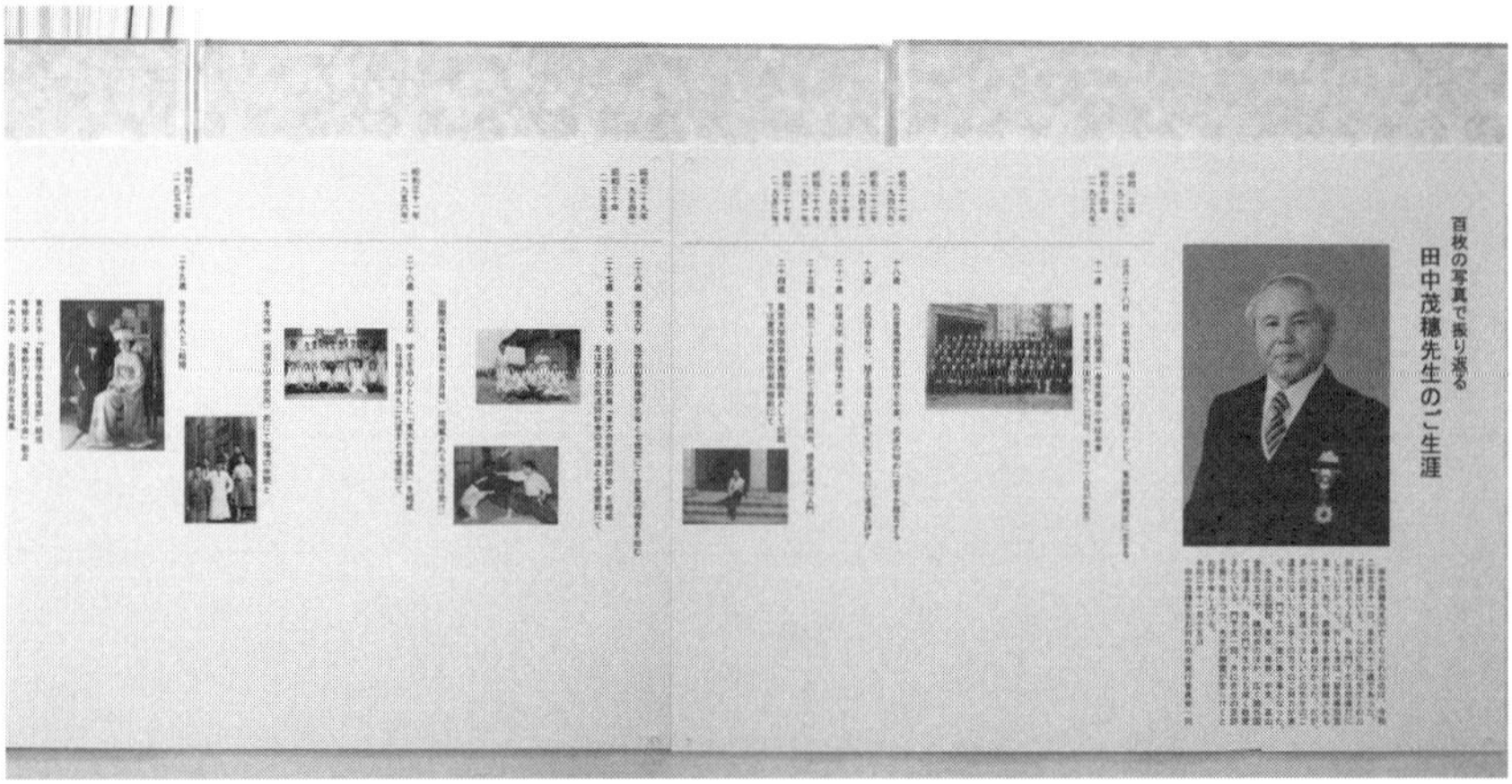

ロビーに連なる部屋には田中先生の生涯を一〇〇枚の写真とともに綴った年表が部屋一面に貼られ、まだ我々と出会う前の先生から各団体の創設期、共に歩んだ歴史のパネルが、ゆかりのある物と併せて展示されていた。

順路に従って進むと、まるで田中先生の生涯を追体験させるようなパネルと、先生の着用になったブレザーや道着、先生の書かれた書、また実際にお使いになっていた机や椅子を運んできて作成した、先生の過ごされた至誠館の名誉館長室の展示など、そこかしこに先生の面影を感じる展示についつい足を止め当時を思い起こしてしまう。

しかし、残念ながら感染対策の一環として、部屋の滞在時間の制約があり、係員に促されつつ展示室を後にする。外には献花が終わり、展示を見るために並んでいる人の列が出来ている。ソーシャルディスタンスに配慮しつつ、隣り合った人と田中先生との思い出話に花を咲かせていた。誰もが田中先生の話をする際にとても楽しそうな表情をしているのが印象的だ。

帰路につく前に記念品を手渡される。中身はお菓子と田中先生のお好きだった日本酒、それと会場でもかかっていた愛唱歌のCDのようだ。

今夜はこのCDとお酒で田中先生と一杯やろうと決め会場を後にした。

天狗舞

愛唱歌　CD

田中茂穂先生お別れの会

日時：令和２年 11 月 15 日 14 時～
場所：明治記念館
参列者（御遺族除く）
　御友人　６名
　御来賓・参列者　530 名
　運営スタッフ　55 名
式次第
　実行委員会委員長挨拶
　弔辞
　ご遺族挨拶
　指名献花
　一般献花

年表

昭和　三年
三月二十八日
父田中芳雄、母ナカの第四子として、東京都練馬区に生まれる

昭和十四年（十一歳）
東京市立開進第一尋常高等小学校卒業

昭和二十一年（十八歳）
私立豊島商業高等学校卒業
武道の始めに空手を稽古する

昭和二十二年（十九歳）
合気道を知り、植芝道場を訪問
も道主不在にて入門に至らず

昭和二十四年（二十一歳）
紅陵大学（現拓殖大学）卒業

昭和二十六年（二十三歳）
偶然ニュース映画にて
合気道に再会、植芝道場に入門

昭和二十七年（二十四歳）
東京大学医学部事務職員
として就職

昭和二十九年（二十六歳）
東京大学
医学部教職員学生等と七徳堂
にて合気道の稽古を開始

S30 国際写真情報（3月号）に掲載される（先生は受け）

S27 東京大学医学部本館前にて

S14 卒業写真（後列から2列目、左から2人目が先生）

昭和三十年（二十七歳）

東京大学
合気道部の前身「東京大学合気道同好会」結成

昭和三十一年（二十八歳）

東京大学
学生を中心とした「東京大学合気道会」を結成
五月祭に初参加　植芝盛平道主、植芝吉祥丸先生が演武

S30 東京大学合気道同好会の弟子達と七徳堂前にて

S31 職場前にて職場の仲間と

S31 植芝吉祥丸先生と七徳堂にて

昭和三十二年（二十九歳）

牧子夫人と結婚

米軍 キャンプ朝霞にて指導

専修大学

「専修大学合気道同好会」創立

中央大学

学内に三十余名の合気道同好の有志結集

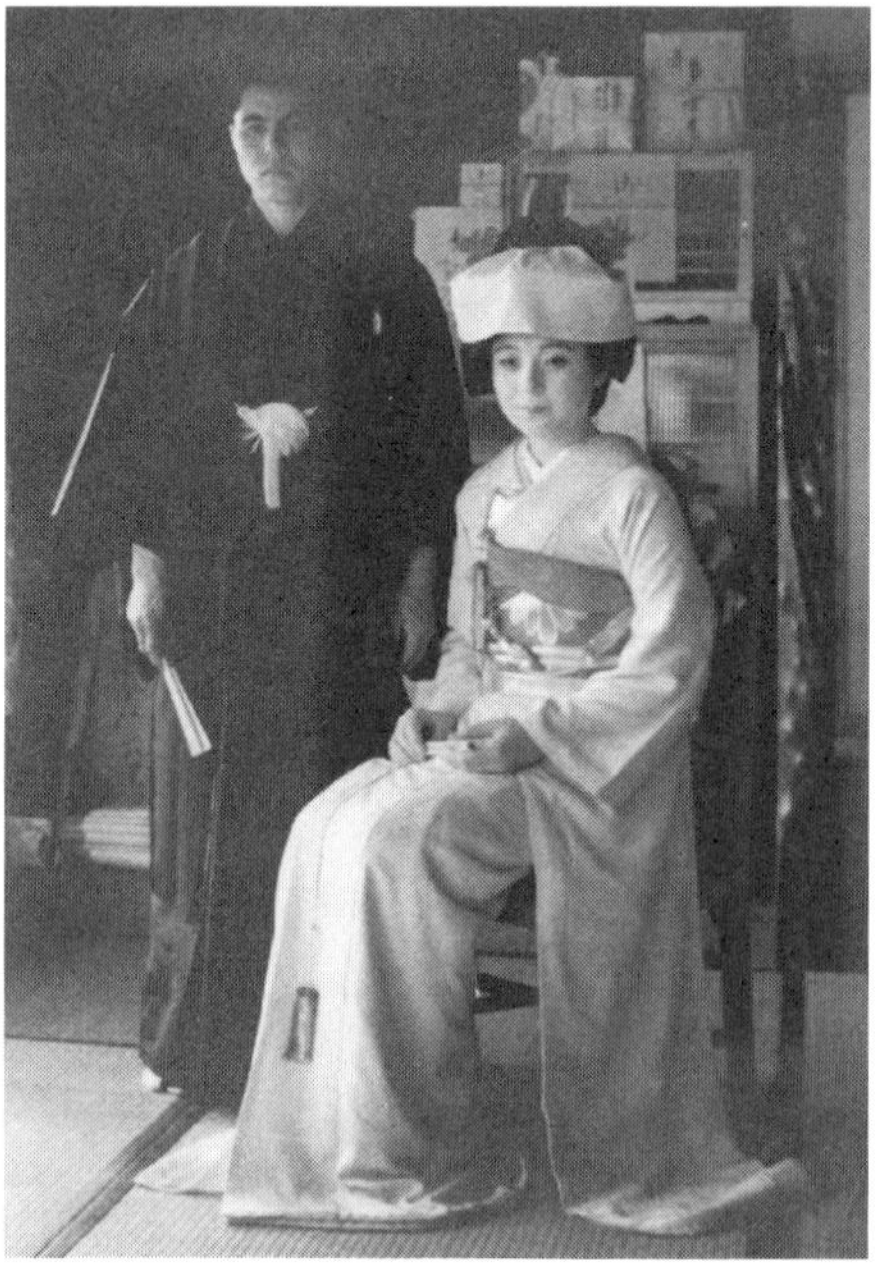

S32 結婚

S32 キャンプ朝霞にて指導

S33 自宅にてくつろぐ先生

昭和三十三年
（三十歳）

第一子　穂積誕生

東京大学
初の合宿を伊豆の宇佐美で行う（六十三名が参加）

中央大学
「中央大学合気会」を創立

S33 第一子誕生

S33 東京大学 宇佐美合宿　親睦が第一義で、午前に稽古 午後は水泳や麻雀に勤しんでいた

昭和三十四年（三十一歳）

東京大学
本郷にて運動会に正式加入
「学生合気道連盟」発足
（昭和三十六年「全日本学生合気道連盟」に改称）
東京・専修・中央大学などが加盟

昭和三十六年（三十三歳）

専修大学
「専修大学合気道部」に昇格

中央大学
「中央大学合気道部」公認部会に決定

S36 職場にて

S35 東京大学 夏合宿　会津若松鶴ヶ城址にて
(田中先生の左が盟友の島田先生)

S34 牧子夫人と私学会館にて

S35 医学部本館前にて職場の仲間と

昭和三十七年（三十四歳）

第二子 瑞穂子誕生

専修大学

師範に就任

昭和三十八年（三十五歳）

東京大学・専修大学

七徳堂にて

植芝盛平道主より免状授与

東京大学

翌年の北米演武計画成功を期し、

植芝盛平道主を招き演武会を挙行

S37 家族４人で

S38 七徳堂にて合同免状授与式

S38 七徳堂にて演武会

昭和三十九年（三十六歳）

東京大学

創部十周年記念アメリカ・カナダ親善演武旅行

日米親善選手団として二か月にわたって十一大学を訪問

S39 アリゾナ州グランドキャニオンにて

S39 ニュージャージー州立ラトガーズ大学にて

昭和四十年（三十七歳）

中央大学
師範に就任
植芝盛平道主・吉祥丸先生が来校し免状授与と演武

S39 帰国後 伊豆
東京大学戸田寮前の砂浜で

S39 出発当日自宅にて

S40 中央大学免状授与式

昭和四十一年（三十八歳）　東京大学学生課補導掛長

昭和四十二年（三十九歳）　**専修大学**
生田体育館　竣工（総合体育館ができる前の道場）
沖縄遠征
アメリカ統治下だった沖縄にて
琉球警察本部や琉球大学等で演武

昭和四十三年（四十歳）　大学紛争過激化
職員として対応

S42 専修大学 沖縄遠征

S43 中央大学 大学ロックアウト中にも 松戸警察の道場を借りて稽古

昭和四十四年（四十一歳）	東京大学学生課保健掛長 合気道道主植芝盛平翁追悼演武会 にて演武（日本武道館）
昭和四十五年（四十二歳）	**富山大学** 「合気道同好会」結成
昭和四十六年（四十三歳）	**富山大学** 「体育会合気道準クラブ」に昇格 師範に就任 専修大学との合同合宿で初指導 （八月、富山護国神社武道場）
昭和四十七年（四十四歳）	東京大学保健管理センター事務主任 **至誠館** 明治神宮武道場起工清祓式 **富山大学** 「体育会合気道部」に昇格
昭和四十八年（四十五歳）	東京大学離職、明治神宮奉職 至誠館専任師範就任 八段允可 **至誠館** 明治神宮武道場竣工清祓式

S47 東京大学「益荒男の歌」作成
先生が愛唱歌を学生・OB と共に録音
（お別れの会で配布した CD の音源）

S44「もっとも思い出に残る演武」と後に
語った植芝盛平翁の追悼演武

S48 明治神宮武道場竣工清祓式の日に

昭和四十九年（四十六歳）

至誠館

至誠会 発足

東京大学

創部二十周年記念演武会

昭和五十年（四十七歳）

金沢大学

富山大学合気道部による新歓演武と勧誘を受け新学期と同時に同好会発足

昭和五十一年（四十八歳）

至誠館

「第一回パリ日本文化祭」（ユネスコ主催）にて演武披露

専修大学

創部二十周年記念祝賀会

S51 金沢大学 夏合宿（木島平）

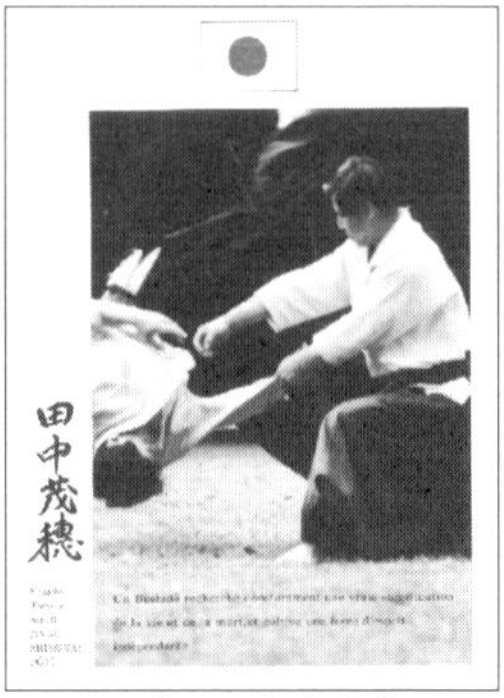

S51 パリ日本文化祭のパンフレット

S50 至誠館 稽古風景

昭和五十二年（四十九歳）

金沢大学
部に昇格
全日本学生合気道連盟に加入
「合気豪い一代（部誌の前身）」発刊

昭和五十三年（五十歳）

中央大学
多摩校舎第一体育館
合気道部道場開き

昭和五十四年（五十一歳）

至誠館
パリ警視庁スポーツ連盟及びフランス古武道連盟全国大会に招待され演武及び指導

東京大学
創部二十五周年記念演武会
十五大学を招待（七徳堂）

昭和五十五年（五十二歳）

富山大学
創部十周年記念行事演武会

S55 富山大学 10 周年

S55 至誠館
原付でのお出かけ風景

S54 富山大学夏合宿（白馬）

昭和五十七年（五十四歳）

専修大学

日系文化会館合気会十周年記念
専修大学指導陣とともに渡加
セミナーと演武会に参加
（カナダトロント市）

中央大学

創部二十五周年アメリカ遠征

S56 金沢大学 秋合宿（金沢大学正門石川門にて）

S57 中央大学 25 周年 成田空港まで田中先生がお見送りに

昭和五十八年（五十五歳）

至誠館
館長就任
開設十周年記念式典

専修大学
生田キャンパス総合体育館落成
（武道場併設）

昭和五十九年（五十六歳）

東京大学
創部三十周年記念訪韓演武旅行

富山大学
名誉師範就任

金沢大学
創立十周年記念演武会

S59 東京大学 30 周年
板門店在韓米軍基地にて

S58 至誠館 武道事始の後に

S59 金沢大学 10 周年演武会

昭和六十年（五十七歳）

専修大学
カナダ遠征

中央大学
パラオ共和国遠征
パラオ共和国から招聘

富山大学
創部十五周年記念行事演武会

昭和六十二年（五十九歳）

至誠館
ポップ先生の招待を受け
ドイツ訪問演武と武士道講義
東京・専修・中央大学の
主将同行

S60 カナダ

S60 カナダにて踊る先生

S62 ドイツ遠征前の安全祈願

中央大学
創部三十周年記念国内遠征
国内五都市を遠征、金沢で
富山・金沢大学と合同稽古

金沢大学
還暦を祝って
田中先生夫妻を囲む会を開催

昭和六十三年（六十歳）

専修大学
グアム遠征
米軍キャンプで演武
ＯＢが開設した道場の門人の
縁での招待

平成　元年（六十一歳）

金沢大学
創立十五周年記念韓国遠征

S62 中央大学 30 周年 国内遠征

S63 初孫誕生

H1 金沢大学 15 周年 韓国遠征

平成二年（六十二歳）

東京大学・富山大学・金沢大学
韓国明知大学二十余名を日本に招待し
東京・富山・金沢大学にて合気道交流

富山大学
創部二十周年記念行事演武会

平成三年（六十三歳）

東京大学
韓国明知大学より招待を受け
韓国での世界合気道連盟演武会で演武

平成四年（六十四歳）

英国合気道連合の招待により訪英
合気道国際講習会で指導

専修大学
カナダ遠征

H4 カナダ・トロントにて

H2 富山大学 20 周年

平成五年（六十五歳）

木杯叙勲
文部大臣体育功労者表彰受賞
九段允可

至誠館
名誉館長に就任
開設二十周年記念式典
大前奉納演武

金沢大学
木杯叙勲・文部大臣体育功労者表彰受賞祝賀会
道場が角間に移転

H5 至誠館 20 周年奉納演武

H5 伊勢神宮にて稲葉先生と（遷宮に合わせたイベントに学生と共に参加）

平成六年（六十六歳）

東京大学
創部四十周年記念東南アジア訪問演武
タイ・マレーシア・インドネシアを訪問

富山大学
木杯叙勲・文部大臣体育功労者表彰受賞祝賀会

金沢大学
創立二十周年記念演武会

H6 東南アジア滞在中の誕生日にサプライズの誕生ケーキ

H6 東京大学 40 周年 タイ マハサラカムにて

平成七年（六十七歳）

富山大学
創部二十五周年記念行事演武会
英国合気道連合の招待により訪英
合気道国際講習会で指導

平成八年（六十八歳）

専修大学
創部四十周年演武会
創部四十周年記念韓国遠征
（明知・壇国大学にて演武）

H8 専修大学 40 周年 韓国

H6 富山大学 木杯叙勲・文部大臣体育功労者表彰受賞祝賀会

平成九年（六十九歳）

中央大学

創部四十周年記念

オーストラリア遠征

演武会及び祝賀パーティー

H9 オーストラリア国立大学での指導の様子

H9 ニューサウスウェールズ合気会の方々と

H9 中央大学 40 周年祝賀会

平成十年（七十歳）	英国合気道連合の招待により訪英 合気道国際講習会で指導
平成十一年（七十一歳）	外務大臣表彰受賞 **金沢大学** 創立二十五周年記念演武会
平成十二年（七十二歳）	**富山大学** 創部三十周年記念記念行事 演武会 **金沢大学** 名誉師範就任
平成十三年（七十三歳）	英国合気道連合の招待により訪英 ハイドパークで日英両皇太子殿下を迎えての演武会開催のための指導 **至誠館** 皇孫殿下御誕生奉祝演武会

H12 富山大学 30 周年記念

H10 英国にて（先生の左が英国合気道連合のパット氏）

平成十四年
（七十四歳）

専修大学

カナダ遠征

師範就任四十周年祝賀会（兼訪加報告会）

平成十五年
（七十五歳）

至誠館

開設三十周年記念式典・大前奉納演武

平成十六年
（七十六歳）

東京大学

創部五十周年記念ドイツ・ポーランド訪問演武

「東京大学合氣道部五十年史」発行

祝賀パーティ

金沢大学

創立三十周年記念演武会

H16 東京大学五月祭記念演武会での師範演武

H14 専修大学 カナダにて

平成十七年（七十七歳）

富山大学

喜寿を祝う会（氷見市）

喜寿祝いの二泊三日夫婦旅

井波・五箇山他案内

英国合気道連合の招待により訪英

合気道国際講習会で指導

至誠館・三大学

喜寿を祝う会

富山大学

創部三十五周年記念行事

演武会

平成十九年（七十九歳）

中央大学

総長より感謝状

創部五十周年記念沖縄合宿

平成二十年（八十歳）

至誠館

開設三十五周年記念式典

専修大学

理事長・学長より感謝状

創部五十周年記念祝賀会

H16 喜寿祝い旅行
木彫りの町井波にて
牧子夫人と

H19 中央大学 50 周年記念沖縄合宿

平成二十一年（八十一歳）

旭日小綬章受章

至誠館
国際至誠館武道協会（ＩＳＢＡ）設立

東京大学
永世師範就任
叙勲記念パーティ

金沢大学
創立三十五周年記念演武会

平成二十二年（八十二歳）

富山大学
創部四十周年記念行事演武会

平成二十三年（八十三歳）

至誠館
至誠館武道道場共同体（ＣＳＢＤ）設立

H21 叙勲記念パーティー

H22 富山大学 40 周年記念

平成二十四年（八十四歳）

至誠館
明治天皇百年祭記念
奉納武道大会

専修大学
師範在位五十周年
田中茂穂先生ご夫妻を囲む会
日系文化会館合気会四十周年
記念演武に参加
田中先生による講演
（カナダトロント市）

中央大学
創部五十五周年記念高知合宿

金沢大学
学長より感謝状
創基百五十年記念演武会

穂和会
東京都文京区に東京大学ＯＢ
有志による稽古団体を創設

平成二十五年（八十五歳）

至誠館
開設四十周年記念式典
大前奉納演武

H24 金沢大学感謝状

H24 専修大学 師範在位 50 周年記念

平成二十六年（八十六歳）

至誠館
昭憲皇太后百年祭記念奉納武道大会

東京大学
創部六十周年記念南米訪問演武

金沢大学
創立四十周年記念演武会

穂和会
穂和会発足

平成二十七年（八十七歳）

東京大学
田中先生米寿を祝う会

専修大学
田中先生米寿を祝う会

富山大学
創部四十五周年記念行事演武会
創部四十五周年記念と田中先生の米寿の祝いを兼ねた祝賀会

H29 孫娘の結婚式にて

H29 中央大学 60 周年 田中先生揮毫の看板と

平成二十八年（八十八歳）

至誠館
先生のこれまでの講演や寄稿を編集し『穂雲閑話』として発行

専修大学
創部六十周年記念行事
日露学生合気道交流（ロシア）

平成二十九年（八十九歳）

中央大学
創部六十周年記念フランス研修合宿
創部六十周年記念祝賀会

平成三十年（九十歳）

至誠館
開設四十五周年記念式典

東京・専修・中央大学
代表による
田中先生卒寿を祝う会

中央大学
名誉師範に就任

H30 金沢大学
藤澤師範代息女（タカラジェンヌ）
激励会を先生が主催

H30 富山大学 夏合宿（戸狩）

令和元年（九十一歳）

至誠館
御即位奉祝演武奉納行事

専修大学
最高師範に就任
お祝いの会

金沢大学
創立四十五周年記念演武会

R2 家族全員が揃って

R1 至誠館で曾孫と

R1 金沢大学 45 周年

令和二年（九十二歳）

三月二十四日
至誠館にて最期の稽古

五月十一日 逝去

R2 穂和会合宿（愛知県立武道館）

R2 牧子夫人との旅行

R2 穂和会 江戸川橋の道場で稽古

追悼集編集後記

大変遅くなりましたが、田中茂穂先生の追悼集がこのほど発行の運びとなりました。これもひとえに関係者各位のご協力とご支援・熱意の賜物と感謝申し上げます。

令和二年五月十一日、田中先生はご自宅でご家族に見守られながら享年九十二歳の人生の幕を静かに降ろされました。

ご逝去される三か月前の二月に「余命三か月」と言われてから、ほぼ宣告通りとなったわけですが、先生は、生前「錬成中に倒れれば本望だ」とおっしゃられていた通り、コロナ禍により各道場が閉鎖される三月下旬まで通常の稽古を続けられて、まさにその意思を貫かれたといっても過言ではありません。

ご葬儀がコロナ感染の第一波の最中であったため、ご遺族を中心としたごく少人数での「家族葬」を余儀なくされ、多くの弟子・門人は、御礼のお別れも儘ならない状態でございましたが、十一月十五日、先生に長らく指導をいただいていた至誠館・五大学・穂和会の共同主催にて「田中茂穂先生お別れの会」を斎行し、我々にとっては実質ご葬儀を明治記念館で執り行うことが出来ました。現役の学生を含め六百人もの大勢の方々が参列され、先生の御霊に御礼とお誓いが出来たことは、皆様の熱意と先生の御人徳のなせる業《わざ》と申せましょう。

追悼集につきましては、早くから五大学の間では先生の遺徳を偲ぶものを形で残したいということで意思統一はされており、基本的な構想が固まった二月に五大学と至誠館で「田中先生追悼集編纂委員会」を発足させ、具体的な検討を開始いたしました。

以来、ほぼ十か月間、各委員の懸命の努力と各団体のご協力を得て、発行にたどり着くことが出来ました。本当にありがとうございました。

内容は、約八十名もの方に寄稿いただいた「追悼文編」と先生の思いを綴った「田中茂穂先生の足跡」が中心ですが、年表も加えて先生の人生を追うようなものになっているかと考えております。

「お別れの会」と今回の「追悼集」発行で、先生に関わる一通りの行事が終わりますが、長年賜った御恩に報いることが出来ましたら幸いに存じます。

これからも、先生がおっしゃっていた「武道を学ぶ者、貧しくとも高貴であれ」を忘れることなく、先生の弟子の名にふさわしい生き方をしていきたいものです。

結びに此度の追悼集発行にあたり、編纂に最初からご協力・ご助言を惜しまず我々を支えてくださった東洋出版・鈴木浩子さんをはじめ、ご協力頂きました執筆者他関係各位に重ねて厚く御礼を申し上げます。

令和三年十一月十五日

田中茂穂先生追悼集編纂委員会

田中茂穂先生追悼集編纂委員会

東京大学　　鴛海 徹、和田幸子、中山誠志
専修大学　　作田晃一、齋藤みどり
中央大学　　各務武希
富山大学　　越野俊博、安藤 稔
金沢大学　　石川正人
明治神宮武道場至誠館事務局

至誠《しせい》と情《じょう》の人《ひと》

発行日　2021 年 11 月 24 日　第 1 刷発行

編　集　田中茂穂先生追悼集編纂委員会《たなかしげほせんせいついとうしゅうへんさんいいんかい》

発行者　田辺修三
発行所　東洋出版株式会社
〒 112-0014　東京都文京区関口 1-23-6
電話　03-5261-1004（代）
振替　00110-2-175030
http://www.toyo-shuppan.com/

印刷・製本　日本ハイコム株式会社

ISBN 978-4-8096-8638-2
定価はカバーに表示してあります